KB124604

남자의 신
여　자

구석기시대 세계 여성사

장혜영 著

어문학사

책머리에

여성의 위상이 오늘날처럼 눈부시게 급상승한 적은 없을 것이다. 불과 100여 년 동안 여성은 탈 인습적인 초유의 행보를 통해 스스로의 신분을 수면 위로 부상浮上시킴으로서 전통적 남녀서열구조를 재편성하려는, 격렬한 움직임마저 표출하고 있다. 여성의 이미지 변신이 가능할 수 있었던 결정적인 계기는 남성 생활 방식의 구조적 변화와 여성의 사회적 또는 가정적 지위를 지정해주었던 생육과 가사노동의 방식 전환과 연관된다.

여성은 새롭게 굴기한 방직·식품가공업과 전산·기술·교육·보건·공연예술 등 체력 소모가 대폭 약화된 지능·경량·서비스 분야의 경노동 시장을 겨냥한 대거 진출을 통해 남성의 힘(체·지력)의 독점시대에 종지부를 찍었을 뿐만 아니라 부엌과 안방에서 나와 남자와 대등한 사회적 지위를 확보했다. 아울러 피임·산아제한, 유아보육시설 그리고 주방기기의 현대화와 식품의 인스턴트 상품화를 통해 무거운 가사家事의 멍에를 벗어던지고 개인의 삶을 경영할 수 있는 여가 시간을 충분하게 확보하게 되었다. 여기에 화장품·치레걸이·의복·성형기술까지 발달하면서 미모와 몸매 관리를 통해 이미지 격상에도 성공했다. 물론 이와 같은 변신은 수렵이나 중노동, 전쟁과 같은 에너지 발산 경로가 봉쇄된 남성의 부재와 활동 공간의 잠정적 위축으로 인한, 힘의 사각지대에서 싹튼 것이다.

그런데 인류 역사의 남녀 관계사에서 양성兩性 등위等位 또는 여성의 일방적인 상위시대가 현재에만 국한된 것은 아니다. 현존 역사 상식에 따르면 여성의 권력은 무려 수백만 년을 횡단하는, 구석기시대 전반을 지배해온 사회 현상으로 인지되고 있다. 이른바 우리 모두가 알고 있는 남성 배제의 모권제사회다. 그렇다면 지금에 비해 구석기시대의 남녀 관계 상황은 도대체 어떠했을까 하는 문제가 궁금하지 않을 수 없다.

이것은 본서가 수백만 년 전의 지나간 구석기시대를 담론의 배경으로 설정한 이유이기도 하다. 과거의 기호적 호출을 통해 현재를 조명함으로써 현재진행형인 "여성시대"의 의미를 반추하고 미래를 예측할 수 있기 때문이다. 그런데 과거의 검토 시점을 구석기시대, 더 나아가 유럽의 구석기시대로까지 확대하는 담론은 필시 집필의 노고를 동반할 수밖에 없다. 하지만 보다 확실한 진실을 규명하기 위해서라면 그 고통은 값어치가 충분하다는 판단 아래 망설임 없이 붓을 잡았다.

필자는 학구적인 연구를 통해 구석기시대를 샅샅이 점검하면서 초기 인류 여성의 생생한 모습과 만날 수 있었다. 물론 그와 같은 만남은 서양 학계의 어설픈 기존 주장들을 공중분해한 다음 진실을 복귀시키는 간고한 작업을 거친 결과였다. 이 책을 펼치는 독자들은 탁월한 예술적 감수성을 소유한 유럽 구석기시대의 천부적인 여류 화가들과 생육의 본능에 충실했던, 동양의 중후한 구석기시대 여성들과 감격적인 상봉을 하게 될 것이다. 게다가 지금까지 우리가 지면에서 만날 수 있었던 구석기시대 여성들과는 전혀 다른 모습으로 독자들 앞에 화려하게 등장할 것이니 대망待望을 품는다 해도 결코 실망하지는 않을 것이다.

그뿐만 아니라 주도권을 잡기 위한 양성兩性 사이의 미묘한 권력 쟁탈

과정을 구체적인 담론 정보를 통해 소상하게 요해하게 될 것이다. 주도권 싸움의 승부가 당사자들의 의지가 아니라 전혀 예상외의 조건에 의해 결정되었다는 사실과도 만나게 될 것이다. 여성이 모권제에 기대어 배당받은 혜택도 남성이 성을 통해 획득한 주도권도 모두 외적인 요인으로 결정된 것이라는 결론에 공감하게 될 것이다.

어려운 여건 속에서도 출판을 흔쾌히 허락해주신 윤석전 사장님께 감사드린다. 예쁜 책을 만들어준 배정옥 님을 비롯한 편집팀의 노고에도 사의를 표한다.

이 책을 펼치는 모든 분들의 행운을 빈다.

2015년 2월 28일

서울 이태원에서

| 차 례 |

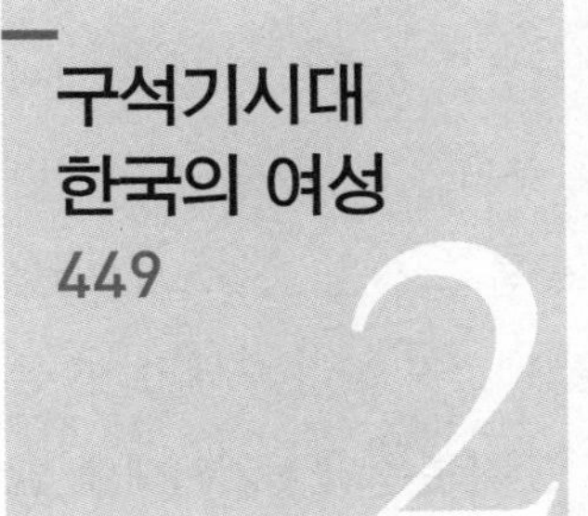
구석기시대
한국의 여성
449
2

서문

통상적 인지 범위 안에서 구석기시대는 여성을 주축으로 한 모계사회였다. 그런데 모계사회는 단지 정자 역할 부지不知라는, 불안한 지반 위에 구축된 잠정적 양성兩性 시스템이었다. 물론 그것을 배경으로 남성에 대한 여성의 우월감도 정자 역할이 명시될 때까지 무려 수백만 년 동안 지속되어 온 것도 사실이다. 하지만 이러한 결론은 구석기시대에 발생한 또 하나의 중대한 사건을 배제한 상황에서만 가능한 추측이다. 그것은 직립보행이라는 역사적인 사건이 개입되는 순간 구석기시대 남녀 관계사는 새로운 모습으로 재편될 수밖에 없기 때문이다.

남녀 사이의 위계 관계는 현재는 물론이고 구석기시대에도 여성의 사회적 지위를 지정하는 중요한 척도다. 지금까지는 구석기시대를 모계사회로 단정함으로써 남녀 관계사의 권력 구조를 여성에게 유리하게 배당하려는 연구가 학계의 관행이었다. 부친 부지不知, 모친 인지 시대에 남성은 여성에게 종속된 하위 개념에 불과하다는 게 이들의 지론이다. 그렇다면 이 지설持說은 불가피하게 여성에 대한 남성의 지배권은 정액 역할 인지 사건의 결과물이라는 것을 스스로 자인하는 꼴이 된다.

정액 역할 인지 사건이 남녀지배권 교체의 전환점이 된다면 그것이 초래하는 학문적 파장은 만만치 않을 수밖에 없을 것이다. 결국 여성 우위의 시대는 무려 수백만 년을 누린 데 반해 남성 우위의 시대는 불과

수만 년밖에 안 된다는 연대 계산이 나오기 때문이다. 이러한 결과에 과연 진실성이 존재하는지 의문이 따를 수밖에 없다.

솔직히 고고학계에서 모계사회는 구석기시대 남녀 관계사를 연구하는 유일무이한 방법론의 구실을 수행해왔다. 하지만 구석기시대 남녀권력 구조의 해석에서 모권제 이론에 비해 결코 손색없는 비중을 가진 또 하나의 중요한 데이터인 직립보행을 배제할 수 없을 것이다. 직립보행의 영향력은 비단 몸·두뇌·시야 등 신체 외적 발달과 도구 사용에만 미치는 것이 아니라 남녀의 성생활 방식에도 본질적인 변화를 불러일으켰기 때문이다.

세부적으로 관찰할 때 남녀 사이의 역사적 위계 변화는 성결합의 방식에 의해 그 역학관계가 조절된다. 그런데 직립보행 이후 인류는 네발걸음 시대와 다른 인류만의 독특한 성 결합 방식을 개발하게 되었다. 동물에게만 고유한 발정기의 소실에 의해 성행위의 주도권이 여자로부터 남자에게로 이양되는 순간 남녀의 위계 관계에는 일대 변혁이 일어났던 것이다. 남녀 사이에 어느 쪽이 성행위에서 주도권을 장악하는가 하는 문제는 양자의 위계 구성에 결정적인 영향을 미치는 변수로 작용한다.

구석기시대에 남녀 관계의 핵심은 성관계다. 그런데 구석기시대 남녀 관계는 생식기관만 연결되었을 뿐 정작 생식 과정은 양성 사이에 아무런 연관도 없는 것처럼 분리되어 있었다. 환언하면 성행위와 번식이 상호 독립된 셈이다. 네발 보행을 할 때 발정기의 통제와 성교체위의 단일화로 말미암아 여성이 향유하던 섹스 주도권은 직립보행에 의한 발정기 소실과 체위 다양화로 인해 남성에게 양도될 수밖에 없었다. 이렇듯 상황이 불리함에도 불구하고 여성이 구석기시대를 횡단하는 수백만 년 동안이나 남자에게 예속되지 않고 동등한 권리를 누릴 수 있었던 비결은 성행위와는 상관없이 독립적으로 존재한다고 믿었던 생식의 독점권 때문이었다.

한편 자신의 새끼임을 모르는 구석기시대 인류의 수컷들은 암컷을 새끼와 분리시켜야 차지할 수 있기에 유아 살해도 주저하지 않는다. 암컷은 홀로 낳은 새끼를 살리기 위해 수컷을 피해 독립생활을 하게 된다. 결과적으로 여성이 지배할 수 있는 남자는 새끼에 한정되며 새끼 외의 남자들에 대한 지배 역시 불가능해진다.

그뿐만 아니라 여성은 수명도 남성에 비해 짧다. 어려서부터 생육의 부담을 져야 하는 데다 난산 등으로 단명하기 때문이다. 설령 자식이라 할지라도 상대적으로 수명이 긴 남성에 대해 지배권을 행사할 시간이 제한될 수밖에 없는 이유다. 남성과의 공존에서 동등한 권위를 누리게 해준 구석기시대 여성의 이미지는 한마디로 생식 혹은 번식을 가능하게 했던 신娠의 기능이다. 물론 여성의 "신"의 은유는 단지 신성娠性 하나에만 안주하지 않고 역사의 흐름과 더불어 변천을 거듭해왔다. 그 과정을 열거하면 신석기시대의 신神, 고대·중세의 신鞋, 근대·르네상스시대의 신身, 현대사회의 신新 등이다. 본서는 구석기시대만을 다루는 만큼 담론의 범위도 신성娠性에만 국한시키기로 한다.

물론 구석기시대 여성의 이미지가 신성娠性 하나에만 그치는 것은 아니다. 그들은 생육의 주체인 동시에 인류 조기 예술을 발흥發興시키고 발전을 주도한 예술의 주체이기도 하다. 유럽의 구석기시대를 화려하게 빛낸 동굴벽화는 죄다 그들, 여성의 손에서 창조된 위대한 예술작품들이다. 구석기시대 여성의 활약은 결코 여기서 끝나지 않는다. 그들은 미술 걸작을 그려낸 화가일 뿐만 아니라 아름다운 장신구들을 수없이 제작해낸, 재능 있는 조각 예술가이기도 하다. 구석기시대 유적지들에서 수없이 발굴되는 장신구들은 그들의 장식품 가공기술이 얼마나 고도로 숙련되었는지를 말해준다.

그럼 이제 우리는 구석기시대 여성을 만나기 위해 몇만 년의 세월을 거슬러 올라가야만 한다.

구석기시대 서양 여성

一. 구석기시대 서양 여성

구석기시대에서 신석기시대 중엽까지 남성에게 여성의 이미지는 수태, 임신, 출산의 마법을 부리는 신비스러운 존재였다. 여성은 한마디로 남성이 엄두조차 낼 수 없는, 인간 창조라는 특권을 장악한 신娠성의 소유자였다. 여성의 신체는 오로지 임신과 출산 그리고 육아를 위해 특수 제작된, 애를 배는 신娠 전용 시스템이다.

이 시기 여성의 다른 하나의 중요한 특징은 그녀들의 인간 창조의 방식이 남성의 간여가 완전히 배제된 상태에서의 여성만이 누릴 수 있는 특권이라는 점이다. 구석기시대 말까지도 남성의 정자가 여성의 임신 그리고 출산에 어떠한 결정적 영향력을 끼치는지 베일에 가려져 있었기 때문이다. 혼자서 인간을 창조하는 여성의 그 신비한 신娠성은 초·중기까지도 남성과의 동등한 지위라는 막강한 권리마저 선물했었다. 하지만 구석기시대 말엽에 정자의 기능이 드러나면서 여성의 절대 권위는 역사적인 첫 번째 타격을 감수해야만 했다.

구석기시대에 인류를 동물과 갈라놓은 격동의 혁명은 다름 아닌 직립보행이다. 인류의 직립보행은 정면섹스를 유발했고 탈모와 발정기發情

期 은폐는 상시 섹스 가능성의 시대를 열어놓았다. 여성의 생리적 육체는 이러한 진화단계를 거치며 한층 더 신娠의 전용구조로 시스템화 되었던 것이다. 수태의 원인인 남성 정자의 역할이 베일에 싸였던 시대에 신娠성은 여성이 남성과의 서열 경쟁에서 당당하게 균등 또는 상위의 영광을 누릴 수 있게 해준, 보물과 같은 존재였다. 그러한 신성은 직립보행과 탈모, 발정기 소실 등의 진화 과정을 거치면서 갈수록 강화되었던 것이다.

직립보행의 혁명적 역할은 섹스의 자유와 신성의 강화에만 그치지 않고 한 걸음 더 나아가 예술의 발전에도 결정적인 영향력을 행사했다. 구석기시대부터 싹트기 시작하여 신석기시대에 이르러 활짝 꽃을 피운 음악과 무용은 직립보행을 떠나서는 그 탄생을 꿈도 꾸지 못했을 만큼 강력한 영향력을 미쳤다. 음악과 무용의 근본이라 할 수 있는 리듬과 박자는 모두 이 직립보행의 직간접적인 결과물이기 때문이다.

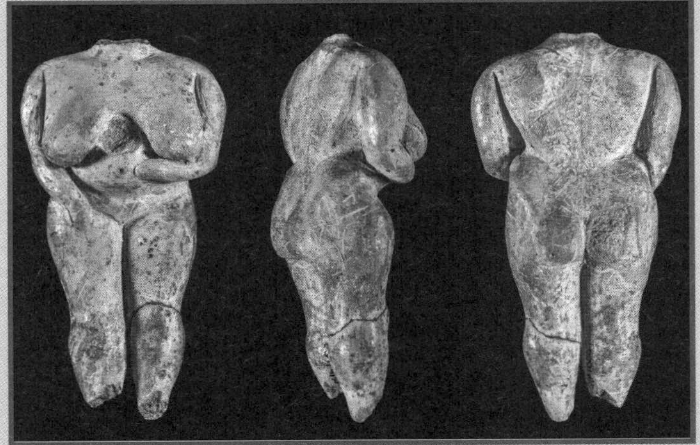

| 사진 1 | 코스티엔키 비너스(위)와 말타 비너스(아래)

인류 역사에서 여성의 생육 기능이 유달리 부각된 것은 구석기시대 전반全般과 신석기시대 초기였다. 구석기시대에는 정자 역할에 대한 몰이해 때문에 남성 배제 상태에서의 단성單性생식으로 인해 여성의 출산이 신비한 대상이었다면, 신석기 초기에는 정자 역할 인지認知 상태에서도 여성 출산 주기에 따른 반복적인 수태와 태아 생산 기능이 각광받았다. 여성의 신체는 항상 생식 준비가 되어 있는데 그중에서도 유방, 복부, 엉덩이, 허벅지, 음부 등의 부위는 중요한 생식 기관이다.

한편 직립보행은 진화된 자세 덕분에 뇌수의 안정을 보장받을 수 있었을 뿐만 아니라 눈높이의 변화에 의해 보다 넓은 시야를 확보함으로써 두뇌의 발달을 자극했다. 두뇌의 발달과 인간의 정서적 감수성은 긴밀한 연관성을 가지고 있다. 그러한 진화된 정서적 감수성은 결국 동굴벽화와 여인 조각상과 같은 예술작품들을 생산하는 원동력이 되었다. 구석기시대 여성들은 아직 화장 같은 건 하지 않았지만 장신구를 제작하고 소장함으로써 정서 생활의 시대를 여는 데 일익을 담당하기도 했다.

본문에서는 유럽 구석기인들의 삶을 중심으로 담론을 펼치면서 여성들의 역할과 지위를 고찰해보려고 한다. 이 글에서는 루시를 대표로 하는 몇백만 년 전에서부터 구석기 말에 이르기까지 상당히 긴 시기를 다루고 있다. 그런 만큼 이 책에 관심이 있으신 독자라면 인내심을 가지고 독서에 임할 준비를 해야 할 것이다.

여성과 사회적 지위

1장

달걀과 암탉의 선후 관계는 끝나지 않은 영원한 논쟁 주제다. 최초의 인간은 남자일까 여자일까 아니면 남녀가 동시에 조상이 되었을까. 『창세기』 2장 7절에 보면 하나님이 흙으로 지은 최초의 사람은 아담 즉 남자였다. 2장 22절에서는 하나님이 인류의 조상인 아담에게서 취한 갈빗대로 여자를 만드는데 그 이름이 하와다. 기독교 교리에 따르면 인류 최초의 조상은 남자다. 여자는 나중에 창조될 뿐만 아니라 남자의 부산물일 따름이며 불완전하고 연약하기까지 하다. 여담이지만 성경의 이 지독한 남성중심주의 사상은 그 뒤 천 년 중세 세월이 흐르는 동안 여자에 대한 경멸과 소외, 억압의 근원이 되기도 하였다.

그런데 우리가 이 책에서 만나게 될 최초의 인간 조상은 남자가 아닌 "여자"다. 그 이름도 화사한 루시와 하와다. 여자가 아무런 무리도 없이 최초의 인류 조상으로 등장하게 된 데에는 그럴만한 이유가 있을 것이다. 수백만 년 동안 남자들을 경외감으로 정복할 수 있었던 건, 다름 아닌 저 유명한 생육의 신비였다. 정자 작용의 몰이해로 말미암아 인류의 탄생이 남자에서 비롯된 것인지 여자에서 시작된 것인지에 대한 시비조차 가릴 수 없었던 그 지루한 시간 동안에 여성은 유일무이한 인류 창조의 원천이었기 때문이다. 물론 이러한 상황은 무리 속에서의 여성의 사회적 지위 고착에도 일정한 영향을 미쳤을 것으로 추정된다.

한마디로 여성은 오늘날에 말하는 여성성 즉 아름다움과 섹시함으로 남자를 고혹시킨 것이 아니라 인류의 지속적인 번식을 위한 유일무이한 책략인 생육의 신비로 남자를 제압했던 것이다. 구석기시대 여성은 이 생식전용 신체 구조 덕분에 매혹적인 미모나 몸매 같은 부수적인 이미

| 사진 2 | "쾌락의 정원"
(히에로니무스 보스)

창세기의 기재에 따르면 인류의 첫 여성은 남자의 갈비뼈로 만들어졌다고 한다. 여자는 결국 남자의 부산물에 불과하다. 그뿐만 아니라 여자의 창조 목적도 그에 걸맞은 남자의 외로움을 달래주는 데 있다.

지의 도움 없이도 남자들과의 지위 다툼에서 결코 뒤지지 않는 유리한 위치를 점할 수 있었을 것이다. 루시와 하와가 바로 그 대표적인 여성이다.

여성은 생육전용 신체 구조 덕택도 보지만, 그에 못지않게 피해도 입는다. 신娠성은 인간 창조라는 그 거대한 체계에 걸맞게 에너지 소모도 방대하기 때문에 그로 인해 여성의 신체는 생리상에서 허약함을 초래하게 된다. 생육의 메커니즘인 월경, 잉태, 육아의 영향은 물론이고 유방, 엉덩이 등 부위의 비만으로 운신이 불편해지며 남자들과의 활동 경쟁 면에서 열세에 처할 수밖에 없다. 임신기는 무려 10개월이나 되고 산모와 아기의 육체는 적어서 3~5년 동안 밀착된 채 완전히 분리되지 않는다. 그리하여 남자들과 동일한 장거리 이동이나 격렬한 활동이 불가능할 수밖에 없다. 결국, 많은 시간을 할애하여 캠프와 동굴에 남아 휴식을 취해야만 하는 것이다.

하지만 그 누가 예측이나 했으랴. 여자들에게 할당된 이 불공평하고 불리한 여건—캠프생활이 도리어 뜻하지 않은 행운의 결과로 이어질 줄이야. 동굴에 남은 여성들은 자식들을 사냥꾼으로 육성하기 위해 암벽에 그림을 그림으로써 인류 최초의 예술을 창조하게 되었다. 물론 짐승 사냥을 위해 풍찬노숙해야 하는 남자들은 동굴에 두고 온 여성들을 그리며 동산예술을 창조하게 된다. 결국, 세계를 놀라게 한 저 위대한 구석기 예술은 여성과 남성의 신체상의 생리적 차이가 만들어낸 결과물에 불과하다.

그럼 우리는 지금부터 이러한 상황들이 구석기시대 여성의 사회적인 지위에 어떤 영향을 미쳤는지에 대하여 하나하나 면밀하게 따져보기로 하자.

1

인류 최초의 여성

1) 루시와 하와

ㄱ. 인류 최초의 여성 루시

학자마다 견해가 다르지만 그래도 인류 최초의 여성으로 강력하게 부각되는 표본은 AL288-1Afar Locality 288이다. "하늘의 루시Lucy, comme celle du ciel"라고도 불리는데 던 요한슨Don Johanson을 비롯한 30여 명의 국제아파르탐사대가 에티오피아의 아파르Afar 계곡 하다르Hadar에서 발견한 330만 년 전의 화석이다. 그녀는 20세가 채 안 된 여성으로 "지금까지 알려진 인류 최초의 조상"[1]이다. 골격 전체의 40%에 달하는 루시의 화석은 10만 년 이전 고인류 화석 중에서도 발견된 적이 없는 "가장 오래된 선 인류 가운데 가장 완전한 형태의 골격"[2]이다.

---

1 李娟 編著, 『人类起源之谜』, 时事出版社, 2008年 8月, p. 94.
2 이브 코팡 저, 임봉길 역, 『루시는 최초의 인간인가』, 한울림, 2002, p. 191.

최초의 여성 루시가 인류에게 남긴 확실한 유산은 54점의 인골과 학자들이 과학연구를 통해 정립한 직립보행에 관한 결론뿐이다. 하지만 일단 연구의 범위를 확대하는 순간 우리가 도출해 낼 수 있는 결론은 오로지 추측과 가설뿐이라는 한계를 인정하지 않으면 안 된다. 루시의 존재는 인간과 성성猩猩이, 여자와 남자라는 이 원초적인 문제에서조차 학자마다 견해가 달라 식별이 어려운 상황이기 때문이다. 그런 만큼 그녀의 구체적인 삶에 대해서는 가설의 영역에 배제될 수밖에 없는 것이다.

그러나 필자는 루시가 최초의 인류이며 여성이라는 잠정적 가정의 기반 위에서 논리를 전개해보려고 한다. 왜냐하면, 루시가 인간 여성이 아니라면 이 책에서 다룰 여성의 역사는 아직도 300여만 년은 더 기다려야 나타나기 때문이다.

여성, 다시 말해 번식주체로서의 루시는 어떤 경우에도 임신과 출산이라는 자연의 섭리로부터 자유로울 수는 없었을 것이다. 물론 번식은 암수의 섹스를 전제로 한다. 하지만 이 문제는 3절에서 전문적으로 다루기로 하고 여기서는 번식에 초점을 맞추려고 한다.

번식은 남녀를 엮어주는 유대 역할을 수행한다. 인류가 생식을 둘러싸고 남녀 간의 권리 배분과 지위 쟁탈을 부단히 진행해 왔다는 것은 주지의 사실이다. 하지만 아쉽게도 루시가 생존했던 시대의 임신과 출산 상황에 대한 그 어떠한 정보도 제공되지 않고 있다. 다만 그녀의 골반 상태를 미루어 임신과 출산 가능성이 조심스럽게 제기되고 있을 뿐이다.

루시를 여성으로 판단하게 했던 최대 지름 약 90mm의 그 골반의 해부학적 구조에서 복잡한 출산 과정과 원숭이의 출산 과정과는 다르게

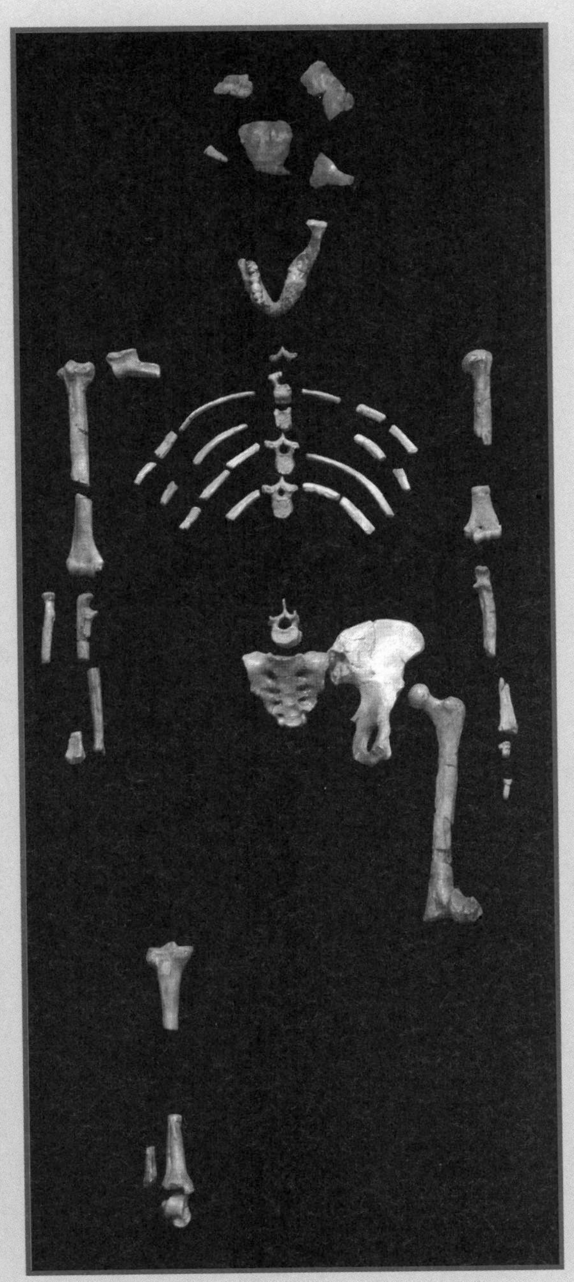

| 사진 3 | 루시의 화석

루시를 여자라고 판단케 한 증거는 그녀의 인골화석에 근거한 신장과 몸집의 왜소함이었다. 루시가 남자일 수도 있다는 의문을 잠재울 만한 유력한 증거가 제시되지 않는 한 그녀의 성별은 베일에 가려질 수밖에 없을 것이다.

오늘날의 여성과 마찬가지로 엉덩이뼈 결절 앞쪽으로 출산[3]했을 가능성이 제시되고 있다. 그러나 루시의 뼈가 발견된 주변에서는 그녀의 자식으로 판단되는 화석이 발견되지 않아 이 가설을 궁색하게 만들고 있다. 이 지점에서 학자들이 할 일은 그들의 특허라고도 할 수 있는 과학적 상상력을 최대한 동원하는 방법뿐이다.

> 루시에게는 세 자녀가 있었다. 그중 두 아이는 아버지를 따라 사냥하러 갔다가 맹수에게 잡혀 먹혔다. 나머지 한 아이는 말썽꾼이어서 혼자 나가 놀기를 좋아했다.[4]

일단 과학적 추론이라기보다는 한 편의 동화 같은 이야기라는 느낌이 드는 문구다. 자녀가 셋이라는 가설은 그녀의 나이를 감안한 데서 구해진 추정치라고 할 수 있다. 여성 평균 수명이 28세[5]이던 당시 20세 미만의 루시가 아이 셋쯤 출산한 것은 당연지사라고 생각한 것이다. 그러나 "20세기 40년대 아프리카 반투인the Bantu의 한 여성이 두 자녀를 기르기 위해 12번이나 임신"[6]해야만 했던 사례를 보면 생육기가 불과 5~6년밖에 안 되는 루시에게 자녀가 셋이나 된다는 주장은 어불성설이다. "기원전 7000년 이전에는 네안데르탈인 10명 중 겨우 2명의 어린이만 청소년기까지 살 수 있었다."[7]고 한다.

---

3 위의 책, pp. 201~202.
4 李娟 編著, 앞의 책, p. 94.
5 坦娜希尔 著, 童仁 译,『历史中的性』,〔美〕光明日报出版社, 1989年 3月, p. 45.
"신석기 이전 남자의 평균 수명은 33세이고 여자는 28세 전후였다." 참고.
6 위의 책, p. 23.
7 위의 책, p. 20.

두 자녀의 생존을 위해 열두 번의 임신이 필요하다는 공식을 차용하면(330만 년 전에는 출산 상황이 이보다 더 열악했을 것이다) 세 자녀의 생산을 위해서는 열여덟 번의 임신이 수반되어야 한다. 무려 18년이라는 시간이 필요하다. 그러나 20세에 요절한 루시에게 허용된 생식 기한은 고작 5~6년밖에 안 된다. "구석기시대 여자들이 7세에서 13세 사이에 초경을 겪었다"는 "오클랜드 대학 리긴스 연구소의 피터 글루크먼 소장과 영국 사우스햄튼 대학의 마크 한슨 교수의 공동 연구 결과"[8]를 믿는다고 하더라도 생육 가능 시기는 13~7년 전후다.

그런데 여기서 한 가지 짚고 넘어가야 할 것은 당시 번식을 위한 짝짓기 방법이다. 그 시기는 아직 남성의 정자가 여성을 임신시킨다는 사실을 인지하기 전이라는 전제에 입각할 때 루시 시대의 번식을 위한 암수 교접은 "난잡한 짝짓기"[9]라는 원시적 섹스의 단계에 머물러 있었음을 시사한다. 남녀 성관계는 번식과는 무관하게 오로지 본능적인 욕구 해소에만 그쳤음을 의미한다. 그러할진대 섹스는 때와 장소와는 상관없는 항상성을 띠었을 것이고 그것은 다시 여성이 해마다 반복하는 상시 임신이라는 결과를 초래할 수밖에 없다.

그러면 루시가 12~15세에 첫 출산을 하여 연연이 지속했다고 가정하더라도 그녀의 맏아들(혹은 맏딸)은 4세~7세의 어린아이에 불과하다. 두말할 것도 없이 둘째 아이는 연년생이라고 해보았자 3~6세에 지나지 않는다. 루시는 아직 20세 미만의 나이기 때문이다. 아직 "아버지를 따라 사냥하러 가기"에는 너무 어린 나이라 하지 않을 수 없다. 그뿐만 아

8 "〈과학〉 현대인의 사춘기 연령, 석기시대로 돌아갔다", 연합뉴스, 2005년 12월 6일.
9 앨리슨 졸리 저, 한상희·윤지혜 역, 『루시의 유산』, 한나번역출판, 2003, p. 432.

니라 330만 년 전에는 남자의 정자가 여성을 임신시킨다는 사실을 인지하기 전이므로 아버지라는 개념 자체가 존재하지 않았음을 염두에 둘 필요가 있다. 40~50명의 무리[10] 속에서 누가 아버지인지 알 수 없었기에 부자간에 수렵 같은 걸 나갈 일은 없었다.

5~2살에 불과한 막내는 아무리 "말썽꾼"이라 해도 엄마 곁을 떠나 혼자 밖에 나가 놀기에는 너무 어린 나이임에는 틀림없다. 또 이 가설에 따르면 그녀는 호숫가의 나무 위에서 놀러 나간 아들이 집으로 돌아오기를 기다리고 있었다. 이러한 상황 설정은 호숫가가 그녀의 주거 공간일 때에만 가능하다는 것은 자명한 일이다.

> **아파르 반도의 하다르 지역은 지금은 건조하지만, 지질 퇴적층으로 볼 때 당시에는 호숫가나 강가 주거지였을 것으로 판단된다.**
>
> **루시가 호숫가에서 죽었다 하더라도, 그녀가 거기서 살았다는 증거는 아닌 것으로 생각되었다. 화석에 늪과 호수 생물종의 뼈가 포함돼 있는 것은 틀림없지만 사바나 서식종의 뼈는 단지 물 마시러 왔다가 돌아가지 못한 것일 수도 있었다. 우리는 초기 인류가 호숫가와 사바나 중 대체 어디에서 살았는지 도저히 알 수 없는 상황이 되고 말았다.[11]**

이상의 간략한 점검을 통해 알 수 있듯이 루시가 호숫가에서 자신이 낳은 자녀 셋을 양육하며 살았는지에 대한 의문은 전혀 이유가 없는 것은 아니다. 출산 상황, 생존 공간, 생존 수단 등에 관한 학자들의 다양한

---

10 坦娜希尔 著, 앞의 책, p. 20.

11 일레인 모간 저, 김웅서·정현 역, 『호모 아쿠아티쿠스—인류의 조상, 수생유인원』, 한국해양과학기술원, 2013, pp. 20~22.

주장은 단지 하나의 가능성일 따름이다. 죽은 장소가 주거지와 직결되는 것은 아니기 때문이다.

남자와 여자가 낳은 자식 사이에 부자간의 연이 형성되지 않았다고 할 때 그들의 관계는 단순히 "자원(먹잇감)을 둘러싸고 벌이는 경쟁"상대일 따름이다. 남자는 여자의 성만을 욕망하고 먹이를 축내는 여자의 자식을 배척한다. "암컷에게 먹이를 가져다주는 수컷"[12]에 대한 러브조이O. Lovejoy의 천방야담은 여성에 대한 유혹이 목적이 될지는 몰라도 새끼에 대한 아비의 사랑이라고는 말할 수 없다. 자신의 자식인 줄을 모르기 때문이다. 늙고 병든 여자, 유방과 몸매 모두 매력이 없는 박색녀의 자식은 더구나 먹잇감 같은 걸 구해주지 않았을 것이다. 러브조이의 말을 빌리면 영장류의 일종인 "침팬지는 먹이를 나누지 않"는다.[13]

임신이나 출산 또는 육아기에 오로지 여성의 성에만 탐하는 남자는 여성과 자식에게 도움을 주기는커녕 도리어 포악한 수사자처럼 위협적인 존재일 따름이다. 육아의 가장 좋은 방법은 이러한 위협으로부터 잠시 동안 피신하는 것이다. 다시 말해 무리에서 이탈하여 홀로 독립적인 생존을 선택하는 것이다.

> **유인원은 한 번에 새끼를 한 마리만 키우는 습성이 있다. 어미는 새끼를 데리고 다니면서 먹이고 돌보고 키우는 데에는 상당한 오랜 시간이 걸리는데, 그 시간이 지나야만 어미는 또 다른 새끼를 가질 수 있다. 어미**

---

12 도널드 조핸슨 저, 이충호 역, 『루시, 최초의 인류』, 김영사, 2011, p. 10.
13 위의 책, p. 512.

| 사진 4 | 남자와 동행하는 루시

구석기시대 여자가 남자와 함께 생활하는 시기는 출산 또는 육아 이전일 뿐이다. 구석기시대 인류 수컷들에 의해 자행된 유아 살해의 위험에서 벗어나기 위해 인류 암컷들은 새끼를 데리고 무리에서 나와 홀로 살아야만 했다.

> 침팬지는 새끼가 만 5세가 될 때까지 교미를 하지 않는다. …… 생물학적 이유는 새끼를 돌보며 키우는 행동이 실제로 발정을 억제하기 때문이다.[14]

어미는 새끼가 혼자서 살아갈 수 있을 때까지 키운 뒤에야 다음 새끼들을 가진다.[15] 새끼가 성장할 때까지 5년 동안이나 발정이 억제되는 침팬지처럼 인간 여성도 임신과 출산 내지는 육아기간 성욕을 억제함

14 위의 책, p. 509.
15 위의 책, p. 512.

으로써 남성과 갈라져서도 별 무리 없이 살아 갈 수 있다. 실제로 "어미 혼자서 새끼를 완전히 돌보는"[16] 원숭이 종도 존재한다. 여성의 임신이나 육아 기간에 남성의 도움을 필요로 하는 것은 오로지 먹잇감을 구해다 주는 것뿐이다. 그렇다면 여성이 자신과 자녀들의 먹잇감만 확보할 수 있다면 얼마든지 남성 무리를 이탈할 수 있다는 추측에 설득력이 실린다.

330만 년 전 인류, 오스트랄로피테쿠스는 어떤 먹잇감을 주식으로 섭취했을까? 먹잇감의 종류에 따라 어린애를 부양해야만 하는 여성의 식료 확보에 육아 난이도가 결정되기 때문에 이 문제는 아주 중요하다.

> **루시의 이빨들은 두꺼운 에나멜질로 덮여 있었다. 또 교합면의 홈들은 루시가 초식에 의존했다는 사실을 보여준다.**
>
> **이빨들은 뿌리와 괴경 식물, 거기서 딸려 있는 흙의 섭취로 인해 매우 닳은 모습을 보이고 있다.**[17]

당시 그들은 작고 거친 열매나 잎사귀가 아니면 초원의 풀이나 고기[18] 견과류와 괴경 식물, 씨앗 등을 주식으로 섭취했다. 루시는 주로 "초식에 의존"[19]했지만 그밖에도 개미나 벌레 같은 곤충도 광범하게 식용했을 것으로 추측된다. 그뿐만 아니라 스스로 죽은 동물의 사체도 질 좋은 먹잇감의 내원이었다. 그것은 남성의 참여와 무리의 공동 협력 그

---

16 위의 책, p. 513.
17 이브 코팡 저, 앞의 책, pp. 195~197.
18 앨리슨 졸리 저, 앞의 책, p. 432.
19 이브 코팡 저, 앞의 책, p. 195.

리고 사냥 도구를 전제로 하는, 그래서 연약한 여성과 어린이들로서는 수행하기가 어려운 수렵 과정을 생략하고서도 쉽게 획득할 수 있는 먹잇감이었다. "세렝게티 연구자들이 발견한 사체의 70% 가량은 포식의 결과가 아니라 자연사"였다고 한다. 초식동물들의 이동로 주변의 반경 5km 지역에서는 하루에 그런 사체가 적어도 하나씩"[20]은 있었다.

반경 5km면 아이를 대동한 어미가 하루 이동 가능한 보행 영역에 속한다. 루시의 생존 시대보다 훨씬 이후인 중석기시대 초기 "약 기원전 6000~5000년 인류의 연내 활동 범위가 직경 50~80마일(약 80km~120km—필자 주)"[21]보다는 협소하지만, 추운 유럽이 아닌 물산이 풍부한 아프리카 열대지방임을 감안할 때 비록 여성과 아이들이긴 하지만 먹잇감을 구하기가 별로 어렵지 않았음을 알 수 있다.

이러한 종류는 여성은 물론 어린아이들도 남성의 도움 없이 얼마든지 스스로 획득할 수 있는 먹잇감들이다. 이러한 경우 "남성의 보호하는 듯한 자세는" 애드리엔 질먼Adrienne L. Zihlman의 주장처럼 도리어 "터무니없는 성차별주의"에 그치고 말지도 모를 일이다. "기후가 온화하고 먹잇감이 풍부한 지역에서는 1평방마일마다 1~2명을 먹여 살릴 수 있다."[22]고 하니 루시 모녀 4명을 먹여 살릴 수 있는 면적은 2평방마일이면 충분하다. 게다가 300만 년 전 아프리카는 열대기후여서 각종 동식물들이 풍부하고 곤충들도 많았다. 루시는 이렇듯 자신과 자식들에게 유리한 자연 조건을 이용하여 남자들과 결렬하고 독립적으로 육아 목적

---

20 존 리더 저, 남경태 역, 『아프리카대륙의 일대기』, 휴머니스트출판그룹, 2013, p. 94.

21 简·麦金托什 著, 刘衍钢·张元伟 等译, 『找寻史前欧洲文明』, 〔英〕 商务印书馆, 2010年 11月, p. 41.

22 斯塔夫里啊诺斯 著, 董书慧 等译, 『全球通史』, (上册) 〔美〕 北京大学出版社, 2005年 1月, p. 24.

을 달성할 수 있었던 것이다. 물론 그것은 학자들의 어설픈 가설처럼 세 아이를 동시에 데리고 나와 홀로 기른 것은 아니다. 한 아이를 기른 다음 다시 남자들한테로 들어가 그들을 유혹하여 임신하기를 반복했을 것이다.

의문은 여기서 멈추지 않고 루시의 죽음에 대한 학계의 가설로 확장된다. "루시가 질병으로 죽었는지 아니면 익사했는지 정확한 사망 원인은 알 수가 없다."[23] 그녀는 홀로 밖에 놀러 나간 말썽꾸러기 막내아들이 걱정되어 나무 위에서 돌아오기를 고대하고 있었다고 한다.

> (루시는) 집으로 돌아가려고 나무 위에서 내려오려던 순간 실족하여 호수에 빠져 죽었다. 사지가 그렇게 건장하지도 못하고 민첩하지도 못한 그녀는 물에서 헤어 나올 수가 없었다.[24]

고고학자들의 이처럼 궁색한 주장은 따지고 보면 허술하기 이를 데 없는 시나리오라는 사실이 금시 드러난다. 그녀가 익사한 장소가 그녀가 몸담고 있는 무리가 사는 주거지라면 이 호수는 그녀에게는 너무나 익숙한 환경이었을 것이 틀림없다. 호숫가에 자란 나무 위에서 추락해 보았자 3~4미터였을 텐데 그처럼 짧은 거리를 얼마든지 자력으로 헤엄쳐 나왔을 가능성이 충분하다고 해야 할 것이다. 한 걸음 더 나아가 무리 중 누군가가 구해주었을 가능성도 배제할 수 없는 상황이다.

---

23 도널드 조핸슨 저, 앞의 책, pp. 42~43.
24 李娟 編著, 앞의 책, p. 94.

| 사진 5 | 짧은 다리, 긴 팔, 굽은 손가락의 루시
루시의 신체 특징을 통해 우리는 그녀가 지면과 수상樹上생활을 병행했음을 알 수 있다.

호숫가가 주거지가 아니고 다른 곳에서 물 마시러나 먹잇감 구하러왔다가 자식을 잃어버렸다고 가정해도 이해가 안 된다. 실종된 막내가 반드시 이곳으로 귀환한다는 보장도 없는, 속절없는 기다림이기 때문이다. 막내 혼자 벌써 집으로 돌아갔을 지도 모른다.

루시가 나무 위에서 실족 사고로 물속에 추락했다는 가설에는 신빙성이 결여되어 있다. 왜냐하면 루시는 비록 직립보행을 했지만, 그때까지도 "인체비율에서 루시는 다리 길이에 비해 팔 길이가 우리와 비교했을 때 더 길어"[25] 보행과 수상樹上 생활을 병행했음을 알 수 있다. "손가락들이 길고, 구부러져 있어, 쉽고 강하게 움켜쥐는 기능"[26]을 가지고 있다는 것은 아직 나무타기 유인원습성에서 완전히 탈피하지 못했음을 의미한다.

> **루시는 여전히 짧은 다리와 회전하는 어깨 관절, 아래로 약간 굽히는 능력도 있는 구부러진 손가락과 발가락을 갖고 있었다. 그(그녀)는 열매를 따고 포식 동물에게서 피신하기 위해 나무도 탔다.**[27]

---

25 이브 코팡 저, 앞의 책, p. 192.
26 위의 책, pp. 205~206.
27 앨리슨 졸리 저, 앞의 책, p. 427.

수상생활 특기를 타고난 루시가 웬만해선 실족 같은 실수를 범하지 않으라는 건 상식이다.

루시의 실족을 그녀의 건강 상황과 결부시키려는 학자들도 있다. 이들은 루시가 "관절염과 뼈 질환"[28]환자라는 점을 강조하면서 실족은 물론, 추락 후 물에서 헤엄쳐 나오지 못한 원인에 모범 답안으로 제시하고 있다. 그러나 그녀가 관절염과 고질적인 뼈 질환 때문에 나무에서 추락했을 뿐만 아니라 물에서 헤엄쳐 나오지 못할 만큼 건강 상태가 악화되었다면 애초 나무 위에 올라가지도 못했을 것이다. 나무는 하강보다 상승에 더 관절 부담이 크기 때문이다.

그렇다고 타살의 가능성도 희박하다. 피타被打 흔적이 전혀 없다. 개인적 원한에 의한 타살이나 공동체 질서를 위반한 죄로 처형당했을 가능성도 배제된다. 암수 또는 여자끼리의 갈등이 죽음을 초래할 만큼 격렬한 것도 아니다. 수컷끼리의 불화가 여자한테까지 불똥이 튕기려면 남녀사이에 서열과 소유 관계의 형성이 전제되어야 하는데 그때는 아직 결혼도 가족도 없었다. 여자가 남자의 소유로 되기 전에는 여자에 대한 남자의 절대적 권위는 구축될 수 없으며 따라서 개인적 원한 때문에 여자를 죽일 선택권도 주어지지 않을 수밖에 없다. 공동체 질서 역시 당시는 종교적이든지 조직적으로든지 그 어떤 측면에서도 권력체계가 구축되지 않아 집단의 명의로 구성원을 처형할 수 있는 명분 같은 것은 없었을 것이라 간주된다. 포식동물에게 잡혀 먹혔을 가능성 역시 연구자들에 의해 간단하게 배제되고 있다.

28 李娟 編著, 앞의 책, p. 95.

뼈에는 이빨 자국이 전혀 없다. 사자나 검치 호랑이에게 물려 죽었다면 뼈가 바스라지거나 쪼개졌을 것이다. 그리고 하이에나가 시체를 처리했다면 머리뼈와 다리뼈가 여기저기 흩어져 있어야 할 테지만…… 시체는 전혀 손상되지 않은 채 남았다.[29]

그렇다면 혹시 자살을 한 것은 아닐까? 현대 사회에서 자살은 흔히 두 가지 원인으로 귀납될 수 있다. 생활고와 정신적 스트레스다. 생활고로 말하면 빈궁과 채무와 같은 경제적인 어려움이 주원인이고 정신고로 말하면 진로, 범죄, 사랑, 가정문제 등 사회적인 문제가 원인제공이 된다. 그런데 이런 것들이 자살 원인이 되자면 반드시 하나의 터널을 통과해야 하는데 그것은 바로 보편성 원칙이다. 즉 생활과 정신상에서 타인과의 불평등에서 나오는 비교라고 할 수 있다. 빈부 격차, 고시 합·불합격 등과 같은 차이에서 시작되는 정신적 육체적 불안감 때문이다. 이런 보편성 원리를 이탈할 때, 다시 말해 누구나 생활여건이 똑같을 때 생활고든 정신고든 자살의 원인으로 될 수 없다. 전쟁이나 자연재해로 인한, 공동체가 공통으로 부담해야 하는 생활고 때문에 자살하는 사람은 없기 때문이다. 바로 그런 의미에서 무리 전체가 공동생활을 하는 당시 루시가 자살해야 할 아무런 이유도 없다는 것을 단정 지을 수 있는 것이다.

사고, 횡사, 타살, 자살…… 이 모든 것에 가능성이 없다면 루시는 과연 어떻게 죽었을까? 역시 가설의 범주에서 자유롭지 못하지만 필자의 몇 가지 견해를 피력해 보려고 한다. 호수나 하천에 빠진 자식을 구

---

29 도널드 조핸슨 저, 앞의 책, pp. 42~43.

하기 위해 물에 뛰어들었다가 익사했을 가능성과 떠내려가는 먹잇감, 동물의 사체나 과일을 건지려 호수에 들어갔다가 익사했을 가능성이 그것이다. 자식의 죽음과 먹잇감의 유혹은 결코 수수방관하거나 무심하게 지나칠 평범한 사건이 아니기 때문에 설득력이 추가된다.

우리는 루시의 죽음을 통해 다음과 같은 결론에 도달할 수 있게 되었다. 루시가 자신의 생존 공간인 주거지에서 익사한 사건을 사실로 받아들일 때 독자들은 무심코 그녀 곁에 아무도 없음을 발견했을 것이다. 그곳이 40~50명의 사람이 살고 있는 집락이었음에도 불구하고 말이다. 당연히 도움을 얻을 수 있는, 러브조이가 주장하는 일부일처제하에서의 남성이 아니더라도 "친구들이나 동족"[30]의 도움의 손길마저도 보이지 않는다. 그녀의 죽음은 사람들의 관심으로부터 철저히 방치되고 있다.

이와 같은 상황은 무엇을 의미하는가? 그녀가 남성들의 무리와 유리된 채 자신과 새끼들만 독자적으로 활동하고 있다는 사실을 암시하는 것이 아닌가. 호숫가에 물 마시러 왔거나 먹잇감 구하러 왔다고 가정을 해도 여자에게 먹이를 가져다주는 러브조이의 선량한 남자 모습은 자취를 감추고 있다. 한 마디로 여성은 적어도 육아 기간에는 남자의 무리에서 이탈하여 독립적인 생존 방식을 영위했음을 말해준다. 남녀는 오로지 섹스를 통해서만 서로 관계를 발생할 따름 임신, 출산 육아와는 아무런 연관도 없다. 남녀는 서로 독립적인 개체일 뿐이다.

우리는 상술한 담론에서 유럽의 구석기 여성들이 남성들과 분리된 삶을 살았던 기간이 상당히 오랫동안 지속되었음을 알게 되었다. 한 가

---

30 앨리슨 졸리 저, 앞의 책, p. 431.

임 여성이 아이 둘을 출산할 경우 3살까지 길러도 6년이 걸리며 성인이 되어 홀로 활동할 수 있는 7세까지 기르면 무려 14년이라는 세월이 걸린다. 여성의 반생 내지는 거의 한평생을 남성들과 갈라져 독립적인 생활을 한다는 결론이 나온다. 결국, 루시의 생존시대는 상대적으로 여성의 독립성이 확보되었음을 시사한다.

여기서 루시가 설령 체격이 왜소한 남성이라 할지라도 이와 같은 상황에는 변화가 없다. 다른 암컷은 존재했을 것이고, 번식은 암수 결합을 전제로 하기 때문이다. 그래서 루시로부터 310만 년 이후, 지금으로부터 20만 년 전 하와의 등장은 이러한 근본적인 번식 시스템을 전복시키는 사건일 수밖에 없는 것이다.

ㄴ. 인류의 조상 하와

그러나 아쉽게도 우리는 이즈음에서 루시와 작별을 고할 수밖에 없게 되었다. 본문 서두에서 가정했던 '지구상의 가장 오래된 여인'이라는 루시의 영광은 말소의 위기에 봉착했기 때문이다.

> **루시는 인간의 조상이 아니다. …… 우리는 루시를 호모속屬을 낳게 한 조상으로 믿고 있다. 아직도 많은 연구자들이 그렇게 믿고 있다. 하지만 나는 이미 오래전에 이것을 믿는 신봉자들과 결별을 선언했다. 왜냐하면, 루시의 여러 특징이 나에게는 호모속屬으로 전환되었다기보다는 오스트랄로피테쿠스의 자생적 형질전환autapomorphie에서 비롯된 것들로 보였기 때문이다.**(나는 루시가 속하는 문門, phylum을 구분하기 위해 루시를 선오스트랄로피테쿠스 아파렌시스Pre Australopithecus afarensis라 부르기로 하였

> 다)…… 사실 루시와 호모속屬은 동시대에 존재했다고 볼 수 있을 것이다.[31]

그녀는 인간의 조상이 아닐뿐더러 최초의 여성과도 인연이 없다는 주장이 제기되고 있다. 루시가 조상의 권좌에서도 쫓겨나고 여성의 자리에서도 밀려나게 된 이유는 수백만 년 이후의 까마득한 후배 하와의 반란과 하극상 때문이었다.

> 실제로 루시가 여성이었을까? …… 루시는 단지 그(그녀)가 몸집이 작았기 때문에 여성으로 판단된다. 요한슨과 다른 많은 고고학자들은 300만 년 전에 어떤 한 장소에서는 고릴라처럼 큰 남성과 작은 여성으로 구성된 오직 하나의 종이 있었을 것이라고 믿는다. 그러나 큰 것과 작은 것으로 이루어진 두 가지 종이 있을 수도 있다. 각 종 안에는 성별에 따른 크기 차이가 거의 없을지라도.[32]

이제 우리는 최초의 여성을 만나려면 루시로부터 3백만 년 이후인 20만 년 전

| 사진 6 | 알브레히트 뒤러가 그린 하와

하와는 「창세기」에서 여호와가 아담의 갈비뼈를 뽑아 만든 남자의 부산물이다. 그녀의 창조 목적은 단지 남자의 외로움과 심심함을 해소하기 위한 데 있다. 레베카 칸 등 페미니스트 학자들은 이 여성 비하론에 맞서 도리어 하와를 하나님의 권능에 필적匹敵하는, 인류의 조상으로 둔갑시키고 있다. 여성의 진실은 이 양극의 마찰에 파인 심연 속에 묻혀버릴 수밖에 없다.

---

31 이브 코팡 저, 앞의 책, pp. 208~209.
32 위의 책, p. 424.

Mitochondrial DNA and human evolution

Rebecca L. Cann*, Mark Stoneking & Allan C. Wilson

Department of Biochemistry, University of California, Berkeley, California 94720, USA

Mitochondrial DNAs from 147 people, drawn from five geographic populations have been analysed by restriction mapping. All these mitochondrial DNAs stem from one woman who is postulated to have lived about 200,000 years ago, probably in Africa. All the populations examined except the African population have multiple origins, implying that each area was colonised repeatedly.

MOLECULAR biology is now a major source of quantitative and objective information about the evolutionary history of the human species. It has provided new insights into our genetic divergence from apes[1-8] and into the way in which humans are related to one another genetically[9-14]. Our picture of genetic evolution within the human species is clouded, however, because it is based mainly on comparisons of genes in the nucleus. Mutations accumulate slowly in nuclear genes. In addition, nuclear genes are inherited from both parents and mix in every generation. This mixing obscures the history of individuals and allows recombination to occur. Recombination makes it hard to trace the history of particular segments of DNA unless tightly linked sites within them are considered.

Our world-wide survey of mitochondrial DNA (mtDNA) adds to knowledge of the history of the human gene pool in three ways. First, mtDNA gives a magnified view of the diversity present in the human gene pool, because mutations accumulate in this DNA several times faster than in the nucleus[15]. Second, because mtDNA is inherited maternally and does not recombine[16], it is a tool for relating individuals to one another. Third, there are about 10^{16} mtDNA molecules within a typical human and they are usually identical to one another[17-19]. Typical mam-

* Present address: Department of Genetics, University of Hawaii, Honolulu, Hawaii 96822.

| 사진 7 | 레베카 칸의 『네이처』 지 논문

레베카 칸은 난자를 통해서만 전달되는 미토콘드리아 이론에 근거하여 이브를 인류의 조상으로 급조함으로써 인류 역사에서 남성을 축출하고 여성을 중심에 세우려고 시도하였다.

의 “인류의 조모” 하와에게 시선을 돌려야만 한다. “레베카 칸Rebecca Cann과 그녀의 동료들은 현대 모든 인간이 10~20만 년 전 사이에 아프리카에 살았던 한 미혼 여자로부터 나왔다고 주장”하는데 그녀의 이름이 바로 “하와”다.

그런데 이 “이브이론” 또는 “하와이론”의 창시자와 논문 발표 연대가 심상치 않다는 느낌을 준다. 학술지 『네이처Nature』 지에 「미토콘드리아 DNA와 인간의 진화Mitochondrial DNA and human evolution」라는 논문이 발표된 연대는 1987년이고, 그 연구팀의 수석학자는 레베카 칸이라는 여성이다.

문제는 이 기간이 미국과 서구 사회에서 페미니즘 사상이 바야흐로 성행했던 시기와 일치한다는 사실이다. 미국에서 여성 연구가 일종의 새로운 과학영역으로 개척되기 시작한 것은 60년대 말 70년대 초다.[33] 60년대 말부터 대학에 여성 연구교육과정이 설치되었고 1968년 이후로는 급진적 페미니즘계열의 “여성해방조직이 전국 각지에서 우후죽순처럼 나타났으며”[34] 70년대 중엽에는 사회주의계열 페미니즘 세력이 대

33 闵冬潮, 鲍晓兰 主编, 「妇女研究在美国·西欧的历史·现状与发展」, 『西方女性主义研究评介』, 三联书店, 1995年 5月, pp. 174~175.

34 王政 著, 『女性的崛起「当代美国的女权运动」』, 当代中国 出版社, 1995年 6月, p. 127.

두[35]하였고 60~70년대에는 여성 전문 연구센터가 창설되었다. 80년대 초반에 이르러서는 이러한 연구센터가 50여 개소로 늘어났다. 유럽 전역에서도 여성 연구가 흥기한 시기는 70~80년대[36]에 해당한다.

이와 같은 현상은 무엇을 암시하는가. 필자는 "하와이론" 역시 가부장주의를 반대하는 페미니즘운동의 연장선상에 놓여 있는, 근현대 여성해방운동의 일환이라고 단언한다. 전 세계의 다양한 인종 136명의 여성으로부터 미토콘드리아 DNA 분석을 한 이들의 주장에 따르면 현대 인류는 모두 하와 한 여성의 후손이라고 한다. 미토콘드리아 DNA가 부계는 배제되고 모계로만 유전된다는 주장이다. 결국 하와만 임신 또는 출산을 하고 "기타 여성들은 결코 후대를 생산하지 못했거나 자식은 낳았어도 모두 남자들만 낳음으로서 그녀들의 미토콘드리아 DNA전수傳授가 중단되었을 지도 모른다. 오로지 "하와"의 후손들만 대대로 여자를 출산하여 미토콘드리아 DNA가 광범위하게 전해 내려왔다"[37]는 가설이다.

하지만 "하와이론"에 대한 학계의 반론도 만만치 않다. "컴퓨터 조작 실수"[38]에서 초래된 오판이라는 비판은 그래도 유연하다고 해야 할 것이다. 미토콘드리아 DNA에 대한 연구 결과를 "가치가 없다"(마크 스톤킹Mark Stoneking)거나 아예 "쓰레기"(헨리 기Henry Gee)라며 원색적으로 비난하는 학자들까지 있다.

---

35 위의 책, p. 148.
36 闵冬潮, 앞의 글, pp. 183~190.
37 李娟 編著, 앞의 책, p. 126.
38 위의 책, p. 126.

"무성생식이나 단성생식을 할 경우에는 어머니만 있으면 족하기"[39] 에 그 의미는 "14만 년에서 29만 년 전에 아프리카에 살았던 어떤 여자"[40] "우리의 공통적인 아프리카 조상"[41] '미토콘드리아 이브'가 인류의 공통 선조라는 결론을 넘어서 여성을 중심으로 한 생물학적 질서를 정립하려는 야심과 의도마저 꿈틀거린다.

필자는 "하와이론"은 도저히 풀리지 않는 몇 가지 의문들 때문에 그 신빙성이 결여된 것이라 생각한다. "하와이론"은 일단 세 가지 전제를 배제하지 않으면 성립될 수 없다. 부모와 성적인 남성파트너 그리고 동성 자매다. 우선 모친의 존재는 최초 여성이라는 하와의 특권을 해체한다. 남성파트너는 그 남성을 낳은 부모가 전제돼야 하기 때문에 그 존재가 배제되지 않으면 안 된다. 자매는 임신과 출산은 허용되지만 생녀불가라는 조건부가 달릴 뿐만 아니라 최초의 여성에 도전하는 언니의 존재는 금물이다. 남성파트너와 자매들은 모두 부모의 배제를 전제로 한, 자율적 혹은 신의 피조물이어야 한다는 공통점을 가지고 있다. 환언하면 루시를 포함한 하와(이브) 이전의 그 어떠한 인류의 존재도 절대적으로 부정해야 한다는 의미를 내포하고 있다. 물론 부동한 대륙의 부동한 선인류도 척결 대상일 수밖에 없다.

---

39 닉 레인 저, 김정은 역, 『미토콘드리아 「박테리아에서 인간으로, 진화의 숨은 지배자」』, 뿌리와이파리, 2009, p. 20.

40 마빈 해리스 저, 김찬호 역, 『작은 인간: 인류에 관한 102가지 수수께끼』, 민음사, 1995, p. 98

41 존. H. 릴리스포드 지음, 이경식 옮김, 『유전자 인류학』, 휴먼앤북스, 2010, p. 110.

인류의 공동 선조 "하와"의 일부 후손들이…… 대략 9만~18만 년 전 아프리카를 떠나 세계 각지로 이동하여 현대 인류로 발전하였다.[42]

하지만 유럽은 물론이고 아시아의 중국, 인도 등 아프리카 이외의 대륙들에도 이미 선사인류가 하와가 살았던 20만 년 전부터 그곳에 정착하여 살고 있었다. 이들은 두말할 것도 없이 유럽의 네안데르탈인이 이유도 없이 어느 날 갑자기 역사의 무대에서 자취를 감추었던 것처럼, 하와의 후손들이 도착하는 순간 순식간에 지구에서 사라져 버려야만 하는 운명을 타고 나야만 한다.

결국 페미니즘 사상의 그늘 아래서 급조된 "하와이론"의 과학적 신빙성은 신성神性에 의해 대체되든지 아니면 여성 단독 생식 기능에 의존한 무성無性출산과 같은 엉뚱한 출구를 찾을 수밖에 없을 것이다. "하와" 또는 "이브"라는 학명 자체부터 "성경"에서 따온 것이어서 종교적 색채가 더욱 짙을 수밖에 없다. 어쩌면 그처럼 이기적인 미토콘드리아 DNA는 여성 공통의 생리적 현상인지도 모를 일이다.

위의 경우처럼 여성의 DNA를 중심으로 한 번식시스템에서 남자의 역할은 주변적일 수밖에 없다. 남성의 권위는 남편이 되고 아버지가 될 때부터 구축되기 때문이다. 유전의 주체가 될 수 없는 남편 그로 인해 아버지의 권력을 상실할 수밖에 없는 남성은 부권夫權, 부권父權 양자를 죄다 상실한 채 주어진 단 하나의 역할, 여자의 아들로서 만족해야만 했다. 환언하면 여자와의 관계에서 남성의 지위는 예속적일 수밖에 없다는 의미다.

---

42 위의 책, p. 126.

하지만 남성의 이러한 피동성은 여성과의 성적 관계의 상대성에서만 그러한 것이다. 힘으로 상징되는 남성의 주도권은 연약한 여성 앞에서, 먹잇감 획득과 맹수로부터의 무리 보호 등의 면에서 여전히 유효하다. 여성은 설령 인류의 조상이라 할지라도 임신과 출산 및 육아의 부담에서 자유롭지 못할 뿐만 아니라 그 영향이 신체 활동의 범위를 제약하기 때문이다.

이와 같은 사실은 여성이 남성의 지배적인 영향으로부터 철저히 탈피하기 위해서는 무성 또는 단성생식 능력 하나에만 의존해서는 실현 불가능하다는 것을 암시해준다. 생식의 독립성 외에도 체력의 독립성도 겸비해야만 한다. 정자 역할 인지 전인, 구석기시대에 남성의 진정한 지배 근간은 번식에 대한 수태 결정권보다는 먹잇감을 획득하는 데 필요한 에너지—체력이었기 때문이다. 따라서 남성의 기성 권력을 송두리째 전복하려는 레베카 칸의 미토콘드리아 DNA 전략은 애초부터 수포로 돌아갈 운명에 처해 있었다고 보는 것이 타당할 것이다.

미토콘드리아 DNA 작용을 명분 삼아 남성의 개입을 전제로 하는 통상적인 양성兩性생식으로부터 탈피한 여성 단독 생식 기능—무성생식 또는 단성생식! 우리는 이러한 기이 현상이 굳이 현대 페미니즘의 어설픈 주장이 아니더라도 고대의 신화를 통해 하와의 후손인 여신들에게서 실제로 등장하고 있다는 사실을 이미 숙지하고 있다.

2) 무성번식의 시대

ㄱ. 번식의 전략

여성이 남성으로부터 자립하려면 반드시 양성兩性 사이에 얽힌 하나의 견고한 연결 고리를 단절시켜야만 한다. 그것은 성 결합에 의한 여성의 임신과 출산이다. 출구는 두 가지인데 그 하나는 여성의 개체를 생식의 주체로 택한 양성의 합체이고 다른 하나는 여성에게 주어진 자연의 섭리인 임신과 출산의 생리적 기능을 스스로 포기하는 것이다. 이러한 추측의 신빙성은 루시와 하와를 넘어 농경사회의 상징이라 할 수 있는 여신의 특이한 번식 전략을 면밀히 검토함으로써 확보될 수 있다고 생각한다.

여신의 임신과 출산 방식은 남성 역할 개입 수위에 따라 대체로 세 가지 형태로 분류할 수 있다.

1. 독자일체獨雌一體 생식
2. 자웅동체雌雄同體 생식
3. 자웅동체+자웅이체雌雄異體 생식
4. 자웅이체 생식

독자일체 생식의 특징은 양성兩性 중 웅성雄性이 배제되고 자성雌性만으로 임신·출산 과정이 가능한 상황을 말한다. 물론 자웅雌雄교합도 개입되지 않는다. 자성雌性으로서의 여성 개체가 생식시스템의 일체 과정을 소화해 내야만 한다. 그것은 "만물은 대지의 어머니에 의해 창조되었고 대지의 어머니는 어떠한 남성의 도움도 받지 않은 상태에서 우주의 모든 것을 창조"[43]했기 때문이다.

이러한 방식의 생식 전략에 명분을 실어주는 여신은 다름 아닌 그리스신화의 가이아다.

> **맨 처음 생긴 것은 카오스고**
> **그다음이…… 넓은 가슴의 가이아다.**[44]

대지 모신 가이아가 존재할 때 남성은 없었다. 여기서 카오스Chaos는 "혼돈混沌"을 상징하지만 남성이 아니라 "우주가 들어갈 공간[45]" 즉 중성中性을 지칭할 따름이다. 가이아는 남성과의 "사랑으로 교합"을 이루지도 않고 오로지 자성雌性 하나만으로 우라노스Ouranos와 여신, 산山과 폰토스를 출산한다. 유일한 남성인 에레보스Erebos는 카오스의 아들이라는 주장도 있지만 가이아가 "혼자서 출산한 아들"[46]이라는 설도 병존한다. 헤시오도스에 의하면 카오스 역시 아들 에레보스와 딸 닉스Nyx를 생산했다고 한다. "혼돈" 또는 "공간"으로서의 카오스가 출산했다는 것은 유성생식을 넘어 무성생식의 가능성까지 제시하고 있다. 무성생식은 보통 "창조의 여신 아루루Aruru가 물속의 진흙으로 엔키두Enkidu를 창조"[47]했다거나 닌후르사그Ninhursag 여신이 "점토를 반죽하여 최초의 인간"[48]을 창

---

43 梅姬·阿贝蒂 著, 李燕鸿 译,『每个女孩都是女神』,〔美〕东方出版社, 2004年 9月, p. 1.
44 헤시오도스 저, 천병희 역,『신통기』, 한길사, 2004, pp. 32~33.
45 위의 책, p. 32.
46 다카히라 나루미 외 저, 이만옥 역,『여신』, 들녘, 2002, p. 19.
"그녀는 자신의 힘으로 지상과 땅 밑에 두 신을 창조했다. 지상에 태어난 것은 아름다운 신 에로스(에레보스)였으며, 땅 밑에 태어난 것은 타르타로스라는 신이었다."
47 李賢周 역,『길가메시 서사시』, 범우사, 1989, p. 19.
48 다카히라 나루미 외 저, 앞의 책, p. 265.

| 사진 8 | 대지의 여신 가이아
가이아는 남성을 배제한 상태에서 자성雌性만으로 아들 에릭토니오스를 비롯한 자식들을 출산한다. 가이아보다 먼저 존재한 카오스Chaos는 중성이다. 신화에서 독자獨雌생식의 원조라고 할 수 있다.

조했듯이 신외지물身外之物을 사용하지만 『신통기』에서 카오스의 창조에는 예외다.

이러한 현상은 수메르 신화에서도 그 실례를 찾아볼 수 있다. 전설에 의하면 수메르의 심연深淵의 여신이자 저승의 여신인 남무Nammu는 어둠과 원시 바다밖에 없는 태초에 "두말할 것도 없이 독자獨自생육을 통해 하늘과 대지 그리고 우주를 창조"했다.[49]

49 坦娜希尔 著, 앞의 책, p. 49.

| 사진 9 | 단성생식의 여신 남무

남무 여신 역시 독자獨自생육을 통해 하늘과 대지 그리고 우주를 창조한다. 이는 구석기시대 말엽 정자 인지 이후 단성생식 주체에서 탈락한 여성이 신석기시대의 특수 상황에 직면하면서 그 위상이 격상되었음을 단적으로 나타낸다.

이렇듯 남성 부재에서 초래된 독자獨雌생식과 중성 또는 무성생식은 남성의 등장과 함께 슬그머니 종식을 고한다. 가이아는 자신이 낳은 아들 우라노스를 남성으로 받아들이고 생식 방식을 양성생식으로 전환하며 크레이오스Crius, 휘페리온Hyperion, 테이아Theia, 이아페토스Iapetos, 레아Rhea 등 수많은 자식을 낳는다. 남편 우라노스의 정자는 죽은 다음 잘린 남근에서 흐르는 핏방울에도 살아남아 아내 가이아를 잉태시키는 마력을 발산하고 있다. 여자의 임신과 출산이 구석기시대를 횡단하는 단성생식에서 이탈하여 남성의 정자에 의존하려는, 강력한 역사적인 메시지를 던져주는 사건이라 할 수 있다.

> **여신이 지닌 가장 두드러진 본성은 모든 것을 품고 있다는 점이다. 여신은 자신 안에 모든 상반된 것들, 즉 여성과 남성, 창조와 파괴를 품고 있다.**[50]

웅성雄性의 등장과 함께 독자獨雌 또는 무성생식의 광란은 비록 침체기를 맞이했지만 결코 신들의 세계에서 깨끗하게 자취를 감춘 것은 아

50 샤루크 후사인 저, 김선중 역, 『살아 있는 인류의 지혜—여신』, 창해, 2005, p. 6.

니었다. 인류 역사상 유일하게 여성에게 최고 권위를 선물했던 그 사건! 배웅排雄출산이라는 이 보배를 그렇게 쉽게 버릴 수는 없는 것이다. 그것은 형식만 바꾸며 끈질긴 지속성을 유지했다. 수메르의 사랑의 여신 이스타Istar가 "여신인 동시에 남신"[51]인 것처럼 자웅雌雄동체의 생식 기능을 통한 여성 독자생육은 멈추지 않았다. "이스타의 신성은 당지(아시리아)의 여신 아세라Asherah에 흡수"되었을 뿐만 아니라 셈족문법의 접미사가 붙은 '이스타'라는 이름 자체가 "'여신'이라는 동의어"[52]이기 때문이다. 이 경우 위에서 언급한 무성생식과 다른 것은 임신, 출산 과정을 거치거나 신체의 기타 부위를 사용한다는 점이다.

> **첫 번째 남자와 여자는 양성兩性의 이미르의 겨드랑이에서 생겨났다. 남자 거인 트루드겔미르Thrudgelmir는 두 발에서 나왔다.**[53]

> **이미르가 잠든 사이 그의 겨드랑이로부터 남자와 여자가 생겨났다. 그의 발에서는 머리가 여섯 달린 거인 트루드겔미르가 출생했다.**[54]

남녀 식별이 쉽지 않은 상황인데도 아이언스Ions가 『신화의 역사』에서 양성 생식이라고 분명하게 지적한 이유는 세 거인을 출산한 인체부위가 겨드랑이와 발이라는 사실 때문일 것이다. 비록 여성의 전문 임신, 출산기관인 자궁과 생식기를 사용하지 않았지만 육체가 이를 대체하고

---

51 亚齐伯德·亨利·萨伊斯 著, 赵伟佳 译, 『古巴比伦宗教十讲』, 〔英〕 黄山书社, 2010年 3月, p. 66.

52 위의 책, pp. 66~67.

53 维洛尼卡·艾恩斯 著, 杜文燕 译, 『神话的历史』, 〔英〕 希望出版社, 2003年 6月, p. 25.

54 『欧洲神话ABC』, 原著 方壁(矛盾), 世界书局, 1930年 初版, 上海书店, 1990年再版, pp. 8~9.

있으므로 양성兩性생식이라고 단언할 수 있었을 것이다. 출산 부위가 인체에 국한될 때 수태와 임신의 가능성은 한층 커지기 때문이다.

> **이미르는 잠자는 동안 땀을 흘리기 시작했다. 이미르의 왼쪽 겨드랑이에서 흘러나온 땀에서 한 남자와 한 여자가 자랐고 이미르의 한쪽 다리에서 다른 다리의 자식이 태어났다.[55]**

"땀"은 액체다. 여성은 출산이 임박하면 양수가 터진다. 양수도 몸에서 흘러나오는 땀처럼 자궁 안에서 분비되는 액체다. 그리고 겨드랑이는 음부가 위치한 부위처럼 털이 생장하고 팔을 내리면 보이지 않는 은밀한 곳에 있다. 가랑이 사이와 팔과 몸뚱이로 분리된 겨드랑이 사이는 벌리면 현시되고 가두면 은폐되는 모양도 흡사하다. 분만할 때 임산부의 첫 동작은 가랑이를 벌리는 것이다. 팔을 벌릴 때의 겨드랑이 동작 역시 상징적으로 출산의 모습을 연상시키는 인체 유사 부위다. 이런 부위들은 출산과 연계시킬 때는 모두 여성성을 나타내는 전문 기표들이다. 그녀는 "모든 서리 거인의 조상"일 뿐만 아니라 이 책에 따르면 아우둠라Audumla 암소도 그녀의 뒤에 긴눙가가프Ginnungagap의 얼음이 녹아 흘러 생겨난다.

> **출산 방식의 세 번째 경우 즉 자웅동체+자웅이체雌雄異體 생식일 경우 우리는 그리스의 여신 헤라의 사례를 통해 요해할 수 있다.**

55 케빈크로슬리-홀런드 저, 서미석 역, 『북유럽 신화』, 현대지성사, 1999, p. 60.

| 사진 10 | 헤라(좌), 이슈타르(상), 이미르(하)
구석기시대 여성의 단성생식이 정자 역할 몰인식에서 비롯된 것이라면 신석기시대 여신들의 단성생식은 남성 인구 급감 극복을 위한 다산 숭배가 극대화된 결과물이라고 할 수 있을 것이다.

> **헤라는 화가 나서 남편과 다투고는**
> **사랑으로 교합하지 않고도 이름난 헤파이스토스Hephaistos를 낳으니**[56]

헤라는 이미 남편(제우스)이 있기에 자웅이체의 생식 방식을 취하고 있다. 하지만 그녀는 남편이 자신을 배제한 상태에서 아테네를 낳은 사실에 반발하여 혼자서 헤파이스토스를 낳은 것이다. 헤라뿐만 아니라

56 헤시오도스, 앞의 책, p. 77.

남자인 제우스 역시 자웅동체와 자웅이체생식 기능을 모두 가지고 있음을 알 수 있다. 다른 것이 있다면 남자의 경우는 자웅동체일 때만 생식이 가능할 뿐 이성교합에 의한 수태나 출산의 사례는 찾아볼 수 없지만 여성은 그 반대라는 사실이다. 환언하면 여성은 두 가지 임신·출산 방식이 다 가능하지만 남자는 자웅동체생식에만 제한된다.

우리는 제우스에 대한 헤라의 불복사건을 통해 몇 가지 결론에 도달할 수 있을 것이다. 신들의 시대(신석기시대)에 비록 정자 역할 인지로 인해 폐기되었던 단성생식이 잠깐 부활했지만 이미 보편적 번식수단으로는 양성생식이 위주라는 것이 그 첫 번째 결론이다. 단성생식은 보조적인 번식 수단일 뿐, 특수한 경우에만 사용됨을 알 수 있다. 그리고 여신이 남신의 일방적인 지배에서 독립할 수 있는 유일한 수단은 이 시기에도 여전히 단성생식이라는 것이 그 두 번째 결론이다.

독립에 대한 여성의 강력한 염원은 독자출산 수단을 신석기시대 이후까지도 면면히 계승되게 한 추동력이 되었다. 여성의 독자출산 전략은 성 결합에 대한 저항 방식의 다양한 변조變造를 통해 지속적으로 활성화시킴으로써 남성에 의해 주도되는 생식시스템으로부터 탈피하는 비상 탈출구로 삼으려는 것이었다. 이를테면 남성 부재를 성 결합에 대한 기피 기회로 삼는다든지 스스로 남성과의 결혼을 포기함으로써 성 결합의 억압에서 해방된다든지 하는 현상들이다. 고대 그리스사회에서 스파르타 여성은 전쟁에 동원된 남성의 부재 공간을 탈취함으로써 잠시지만 독립적인 존재감을 누릴 수 있었다. 현대사회에서 페미니스트들 역시 결혼 배제를 통해 남성의 지배에서 벗어나 여성의 독립성을 구축하려는 시도를 하고 있다.

결론적으로 말하면 여성의 임신과 출산은, 그로 인해 사회적 지위가 수시로 변화할 수밖에 없는, 생식 절차의 변화와 밀접한 연관이 있다. 출산 방식의 부단한 교체와 변경은 여성의 남성으로부터의 독립과 예속이라는 두 지점에서의 불안과 갈등 내지는 방황을 설명해주는 것이다. 헤라가 남자(제우스)의 권력에 저항하기 위해 동원한 방법이 다름 아닌 독자 출산이었다는 사실은 이 점을 잘 말해준다. 생식 절차의 방황은 여성에게는 곧바로 자신의 지위와 직결되는, 남성으로부터의 독립과 예속이라는 양극 선상에서의 방황이기도 하다.

독자생식은 출산 때문에 체질상 천부적으로 연약한 여자가 남자의 지배에서 벗어날 수 있는 유일무이한 탈출구다. 실제로 구석기시대 여성들은 정자 몰인식이라는 우연한 혜택으로 남성과 거의 대등한 삶을 누릴 수 있었다. 하지만 신석기시대에 들어와 정자 역할이 밝혀지면서 여성은 생식의 독립성을 상실함과 동시에 불운의 수렁에 빠지게 된 것이다. 다행히도 궁지에 몰린 여성을 구해준 것은 신석기시대 초기에 발생한 메가톤급 사건이었다. 인류의 운명을 뒤바꿔놓은, 천지개벽이나 다름없는 그 사건으로 인해 여성은 신으로 변신했을 뿐만 아니라 다시 한 번 단성생식의 주체로 화려하게 복귀한 것이다.

ㄴ. 정자의 역할과 여성 지위의 변화

여성의 운명을 결정하는 사건은 놀랍게도 동물 가축화와 연관된다는 이론이 현재까지는 지배적이다. 이 경제적인 사건은 인류생식문화의 변화에 거대한 영향력을 행사했다. 몽매의 베일 뒤에서 생육의 메커니즘을 암암리에 조종하던 여성의 원시 위계에 치명적인 타격을 가함으로써 그들이 출산으로부터의 탈권력 이후 대피할, 유일하면서도 비참한 퇴로를 두절시켰다. 20세기 초반까지 지속된 이 수난의 역사는 1만여 년을 단위로 계산할 만큼 여성을 괴롭혀왔던 것이다.

야생동물 사육의 기원에 대해서는 학자에 따라 다소 차이가 있지만, 대체로 석기시대의 전반에는 가축화된 동물이 없었고, 석기시대 후반부터 가축 사육이 시도되었을 것으로 추정하고 있다.[57] 맨 먼저 길들여진 야생 염소와 양의 사육 연대는 기원전 9000년경까지 거슬러 올라간다. "온난화가 재개된 직후 몇 개 지역에서 동시에 시작"[58]되었다고 한다. 그보다 멀리 "중석기 말기에 이미 가축 길들이기가 시작"되었다는 설도 있다. 가축화의 과정을 보면 "개와 여우, 순록과 산양 그리고 면양, 돼지, 소, 말에 이어 당나귀 순"이다. "소와 돼지는 신석기시대 말기에 사육이 본격화되었고 면양과 산양 가축화는 기원전 6000년에 이미 시작되었다. 산양의 사육은 이보다 훨씬 이전에 시작"[59]되었을 것이다.

57 백용순, 『인간과 가축생활』, 축산저널사, 1998, p. 12.
58 브라이언 페이건 저, 남경태 역, 『기후, 문명의 지도를 바꾸다』, 예지, 2007, p. 158.
59 査尔斯·幸格 E·J 霍姆亚德 A·R 霍尔 主編, 王前 · 孙希忠 主译, 『技术史』(第1卷), 世紀出版集团·上海科技教育出版社, 2004年 12月, p. 234.

【도표 1】 고대 근동 지방의 동물 가축화 연대

동물	문화	연대
개	나투프 문화	기원전 12000년
양과 염소	토기 없는 신석기시대	기원전 9000년
돼지	토기 없는 신석기시대	기원전 8000년
소	토기 없는 신석기시대	기원전 6000년
당나귀	금석병용시대	기원전 4000년
말	후기 청동기시대	기원전 1500년
낙타	철기시대	기원전 1200년

자료 출처: 엮은이 스테판 버그, 옮긴 이 박혜경, 『중동의 역사—문명 탄생의 요람』, 푸른길, 2012, p. 41.

야생동물 가축화 원인에 대해서도 학자들의 견해가 부동하다. 가축 사육과 인간의 수요를 연계시킨 학자들은 "제사에 사용할 제물을 마련하기 위해서라는 종교적 관점이나 고기와 옷감을 마련하기 위해서라는 경제적 관점에서 파악하지만 구석기시대 수렵으로 인한 동물 획득이 사육을 통한 획득보다 많다"[60]는 주장에 밀려 설득력을 상실하고 있는 실정이다.

아무튼, 학자마다 연대 계산에서 차이가 존재하지만 확실한 것은 가축화 시기가 신석기 전·후반이라는 사실이다. 그중 "많은 동물들은 농경 이전부터 사육"[61]되었다는 점은 의심할 바 없다.

동물의 가축화는 비단 "제물"과 "고기, 옷감"을 제공했을 뿐만 아니라 권위 할당에서 여성에게 평분平分해야만 했던 남성들에게 주도권 찬

60 查尔斯·幸格 E·J 霍姆亚德 A·R 霍尔 主編, 王前 · 孙希忠 主译, 앞의 책, p. 219.
61 皮特·N·斯特恩斯(Peter N Stearns)等著, 赵轶峰 译, 『全球文明史』(全三册), 〔美〕 中华书局, 2006年 4月, p. 12.

| 사진 11 | 이집트 벽화, 가축 사육

가축사육은 정자배제시대의 막을 내림과 동시에 남성의 권력에 절대성을 부여하는 계기가 되었다. 여성의 독자 생식의 신비는 남성 개입의 결과물이 되면서 남성의 부속물로 전락하게 된 것이다. 하지만 이 사건은 아직 구석기시대에는 해당되지 않는다. 구석기시대 여성은 여전히 정자무용無用의 연막 뒤에 은폐하여 남성과 대등한 지위를 누리고 있었다.

탈의 강력한 계기를 마련해주었다. 선사시대 남성들은 가축 사육을 통해 비로소 그동안 미스터리 속에 묻혀 있던 생육시스템에서 정액이 차지하는 결정적인 역할과 "자신들이 지닌 생식력의 비밀"[62]을 알게 되었기 때문이다.

동물을 사육하면서 "양우리의 숫양 한 마리가 50마리의 암양을 임신"[63]시키는 격동적인 장면을 목격하게 된 남성은 "여성의 뱃속에 생긴 아이가 성행위 도중에 자신의 정액에 의해 만들어진 것"[64]이라는 위대한 발견을 한 것이다. 그전까지는 아이가 남성의 개입 없이 여성 독자생육이라고 믿고 있었기에 그 발견은 순식간에 남녀 사이의 서열과 지위를 전복하는, 역사적인 사건으로 번지게 된 것이다.

그러나 솔직히 인류 생식 계통에서 남자의 정자가 노는 역할이 가축화에 의해 발견되었다는 논리에 대해서 의문을 가질 수밖에 없다. 생물학적 사전 지식이 없었던 당시 선사인류가 보기에 양성수태兩性受胎가 남성의 개입에 의한 결과라기보다는 단순히 동물과 사람의 생식 방식이 전혀 다르다고 생각할 가능성도 배제할 수 없기 때문이다.

필자는 남녀 사이의 원시적인 위계를 전복시키는 데 결정적인 원인을 제공한 사건은 가축 사육보다는 일부일처제라고 간주한다. 수렵, 잡혼시대에 정자의 역할이 장시간 잠복기를 거쳤던 건 몇 가지 조건이 있다. 잡혼으로 인해 아버지를 모른다는 사실과 40~50명의 무리 속에서 진행되는 근친 번식의 패턴에서는 면부面部유사성 때문에 얼굴 식별이

---

62 파울 프리샤우어 저, 이윤기 역, 『세계 풍속사』, 까치, 1991, p. 28.
63 坦娜希尔 著, 앞의 책, p. 43.
64 파울 프리샤우어, 앞의 책, p. 13.

어렵다는 요소가 한몫했을 것이다. 게다가 남성의 얼굴은 깎지 못한 장발과 긴 수염 그리고 수렵을 위한 상시 이동과 야외활동으로 인해 햇볕에 검게 타고 먼지가 올라 식별에 어려움을 더했을 것이 틀림없다. 그러나 아버지와 아들의 관계를 안갯속에 은폐시켰던 이 모든 차단장치들은 일부일처제가 도입되는 순간 거짓말처럼 깨끗이 제거되고 만다.

이에 대한 궁금증을 풀기 전에 먼저 일부일처제의 기원에 대해 잠깐 시선을 돌려보는 것도 의미 있는 일일 것이다. 루시의 발견과 그에 대한 학자들의 연구 결과 일부일처제의 기원은 러브조이에 의해 무려 330만 년 전까지 소급해 올라간다. 러브조이는 그 원인을 "수컷의 도움을 바라는 암컷의 수요"[65] 때문에 발생한 사건으로 해석하고 있다. 수컷은 암컷의 임신, 육아 기간 먹잇감을 운반해주는 역할을 감당해야 하는데 그것이 일부일처제의 필요조건으로 된 것이다. 또한 섹스 상대인 "암컷을 둘러싸고 벌어지는 수컷들의 경쟁을 완화"[66]하는 방편으로 도입된 제도가 일부일처제라고도 한다.

그러나 음식 운반 기능은 수컷이라면 누구나 가지는 능력이며 운반 속도에 따라 남성 개체도 수시로 변할 수 있다. 이러한 사정은 일부일처제가 아니라 일처다부제의 조건이 되기에 더 용이하다. 섹스의 기회는 먼저 도착한 수컷에게 배당될 것이기 때문이다. 그러한 기회는 음식물 획득 시간과 거리 내지는 속도에 따라 날마다 달라진다고 보는 것이 옳다.

일부일처제는 한마디로 가축 사육과 농경과 함께 역사 무대에 등장

---

65 앨리슨 졸리 저, 앞의 책, p. 430.
66 도널드 조핸슨 저, 앞의 책, p. 514.

한 생육제도다. 다시 말해 신석기시대 말기에 와서야 도입된 새로운 생활제도라고 할 수 있다. 야생동물의 가축화와 농경은 이동을 전제로 했던 선사인류의 생활 패턴을 정착 근본의 생활 방식으로 전환시키는 계기를 마련해 주었다.

> **어머니는…… 이제는 기름진 경작지 근처에 지은 오두막이나 집에서 또는 풍요한 목장 부근의 천막 안에서 일을 하게 되었다.**[67]

고정된 우리나 목책 안에서의 폐쇄적 가축 사육으로 인해 수컷의 몫이던 전통적인 먹잇감 운반 같은 건 사라지게 되었다. 가축 우리와 목장이 사람이 주거하는 오두막이나 천막과 공간적으로 공유되면서 수시로 이동하는 먹잇감을 구하기 위한 원정 탐색의 필요가 사라졌기 때문이다. 문밖에 나서기만 하면 손쉽게 원하는 육류를 구할 수 있게 된 것이다. 가축을 많이 소유함으로써 풍부한 여유 식량을 확보했을 뿐만 아니라 무리 안에서 힘센 남성은 젊고 건강한 여성을 우선 선택해 자기 집에 데려다가 개인적인 소유로 삼기 시작하면서 가족이 탄생되었다.

자식은 부친을 알게 되었고 일부일처제로 말미암아 가족구성원들의 얼굴 모습도 다른 가족들과 차이가 생기게 되었다. 활동공간과 시간이 옥외로부터 실내로 전향함으로 인해 얼굴이 타거나 먼지가 오르지도 않았다. 몇백만 년 동안 광선과 먼지와 털 속에 묻혀 있던 인간의 얼굴이 그 피부를 드러내기 시작한 것이다. 개개인의 얼굴 모습은 그 개성과 특색에 따라 각이한 용모를 가지게 된 것이다. 사람들은 점차 자신의 얼굴

---

67 파울 프리샤우어, 앞의 책, p. 28.

에 관심을 보이기 시작했다. 그 증거가 터키 남부 차탈회위크Çatalhöyük에서 발굴된 흑요석 거울[68]인데, 이는 신석기시대부터 대량으로 사용된 거울이다.

선사인류는 늦어도 신석기 말기부터는 흑요석을 일상생활 도구로 사용하는 방법을 터득했다. 흑요석이 흔한 곳이 "사람들이 모여드는 요인"[69]이 된다는 사실만 보고서도 그 중요성을 알 수 있다. 흑요석 편을 나무에 고정시키면 그대로 날카로운 칼이 된다. 거울로 사용했을 뿐만 아니라 고기를 자르거나 머리 또는 수염을 자르는 데도 사용했을 것이다. 정액 역할 발견 이전에 아버지를 모르게 했던 긴 머리털과 수염이 잘리는 순간 그들의 얼굴은 부자간임을 알아볼 만큼 식별 가능해졌을 것이다. 그뿐만 아니라 수염을 자르면 얼굴 세척도 훨씬 쉬워진다는 것은 상식이다.

그러나 어쩌면 여성은 임신의 원인이 남성 정액이라는 사실을 구석기시대에 벌써 알고 있었을지도 모른다. 그러면서도 내막이 드러나면 자신들의 이미지가 추락할까 봐 전전긍긍하던 나머지 진실을 베일에 철저히 감추는 대안을 궁리해낸 것이다. 물론 이러한 가설은 필자의 추측에 불과하지만 그렇다고 명분이 전혀 없는 것도 아니다. 우리는 고대 여성들의 특이한 출산 풍속에서 그 같은 견해가 전혀 근거 없는 것이 아님을 알 수 있다.

---

68 皮特, N. 斯特恩斯(Peter N Stearns) 等著, 앞의 책, p. 20. "부싯돌(수석〔燧石〕)과 흑요석으로 제작된 무기와 진주와 보석 그리고 흑요석 거울을 사용했다."

69 데이비드 아블라피아 저, 이순호 역, 『위대한 바다(지중해 2만 년의 문명사)』, 책과함께, 2013, p. 46.

| 사진 12 | 터키 아나톨리아Anatalia의 차탈회위크 신석기 유적과 흑요석

흑요석은 견고하고 날카로워 고기나 두발 또는 수염을 깎는 칼로 사용되었다. 흑요석의 출현은 수백만 년 동안 털 속에 묻혀 있던 인간의 얼굴을 가시화하는 획기적인 사건이었다. 그뿐만 아니라 표면의 광택을 이용한 거울을 통해 인간은 자신의 얼굴을 발견하게 되었다. 용모의 가시화—이는 미모의 소유자들인 신석기시대 여신의 등장에도 결정적인 영향을 미쳤다.

> **고대의 여성들은 집안에서 출산하지 못했다. 이러한 현상은 전 세계적으로 거의 보편적이었다. …… 혼자 밖에 나가서 수림 속의 강가에서 분만했다. 산모의 야외분만은 남자를 피하기 위해서다. …… 이런 풍속의 유래에는 여러 가지 원인이 존재한다. 첫째는 산모의 야외분만으로 인해 토양이 비옥해지며 둘째는 천지의 기운을 받아 해산이 순리롭게 되며 셋째는 나쁜 기운을 피하기 위해서다. …… 산모의 야외분만은 남자를 피하기 위해서다.**[70]

"토양이 비옥해진다"는 주장은 태아분만 시 흙에 묻는 탯줄과 양수를 의미하는 듯싶지만 그 양을 감안할 때 과장이 너무 심하다. "천지의 기운을 받는다"고 하지만 땅의 경우 고대 집촌集村의 형성 구조가 토옥土屋과 흙으로 된 마당에 흙길이었음은 두말할 필요도 없을 것이다. 그러므로 산고産故가 들었을 때 굳이 야외에 나가지 않고도 충분하게 지덕地德의 기운을 흡인할 수 있었다. 게다가 고대에는 출산이나 분만을 돕는 여신들을 모신 신전들도 모두 마을 안에 위치하고 있었다. 나쁜 기운을 말할 것 같으면 바람 불고 먼지 날리는 야외 역시 집안보다 청정하다고는 할 수 없다. 다만 확실한 포인트는 야외분만의 목적이 "남자를 피하기 위해서"라는 사실이다.

여성이 야외분만으로 사수해낸 것은 구석기시대라는 수백만 년의 유구한 역사를 횡단하며 그녀들에게 독립적인 입지를 확보해주었던 생식의 신비와 주체성이다. 파열하는 하신으로 피와 양수를 흘리며 혹독한 산고에 몸부림치는 산모의 망가진 모습, 동물과 조금도 다를 바 없는 해산 현장을 남성에게 보여주지 않음으로써 여성만이 가질 수 있는 생육

---

70 作者 刘达临, 『世界性史图鉴』, 郑州大学出版社, 2005年 9月, pp. 104～105.

의 숭고한 신비감을 옹위할 수 있었다. 인간의 생식이 동물과 동일할 때 여성의 품위는 동물만큼 추락할 수밖에 없기 때문이다.

그보다 더 중요한 이유는 야외분만 중 의외의 사고로 태아나 산모가 사망하면 출산 과정이 산모 본인의 의지로 진행되는 것이 아니라 여성이 3자의 개입과 지배로 움직이는 피동적인 위치에 있음이 폭로될 수밖에 없다는 우려감이다. 만일 분만 주체가 여성이 아니라면, 출산 과정이 여성의 의지에 따라 진행되는 것이 아니라면, 수태와 임신 역시 여성의 독립적인 능력이 아니라 타자의 개입으로 초래된 결과라는 자연스러운 결론에 도달할 수밖에 없다. 여성이 두려워 한 것은 바로 이러한 결과였고 그러한 결과를 피하기 위해 택한 전략이 야외분만이었던 것이다.

야외분만은 구석기시대 초기부터 행해졌을 것이다. 그때는 가옥도 따로 없어 모든 곳이 야외나 마찬가지였다. 이렇게 그 전통은 신석기시대까지 이어져 온 것이다. 여성은 야외로 나와 분만을 한 후부터 남성과 갈라져 아이를 데리고 독립적인 생활을 영위했을 것으로 간주된다. 구석기시대 여성이 남성과의 사회적 지위를 다투는 우열 경쟁에서 유리한 위치를 차지하기 위하여 얼마나 고통스럽고도 막대한 대가를 지불해야만 했던지 짐작이

| 사진 13 | 현대인의 야외분만

미국 「라이프 타임Lifetime」에서 매주 수요일마다 방송하는 야외분만 프로그램 영상이다. 장소는 숲 속이나 계곡인데 의료진의 도움이 배제된 상태에서 자력으로 분만한다. 출산 전문가인 론 재클 씨의 주장에 따르면 야외분만은 "역사적으로 많은 인명 손실"을 초래했다고 한다. 여성들이 이처럼 생명의 위험을 무릅쓰고 야외분만을 시도하는 것은 지금은 자연분만이 제왕절개보다 건강에 이롭기 때문이지만 구석기시대에는 단지 출산의 신비를 지키기 위해서였다.

간다. 한마디로 생명 전체를 내건 위험천만한 도박이 아닐 수 없다.

생육메커니즘의 독점 하나로 수백만 년이라는 기나긴 석기시대를 횡단하며 남자와 어깨 나란히 독립적인 존재로 군림했던 여성의 영광은 이처럼 야생동물 사육과 일부일처제에 의해 역사 무대에서 안개처럼 사라지고 말았던 것이다. 잃어버린 그 영광을 되찾으려거나 남성과의 평등을 위해 누군가 생육을 포기한다면 이는 먼저 여성근본인 여성성에 대한 살해를 수반함을 인정할 때 그리고 석기시대로 역행하는, 무지몽매라는 타임머신이 존재하지 않는다는 사실을 인정할 때 사실상 원상복귀는 어렵다고 해야 할 것이다.

지난날의 영광을 그냥 역사의 한 페이지로 남기는 것에 만족할 수밖에 없을 듯하다.

2

생식 전용 신체 구조
—남녀 신체 구조의 차이

여성의 신체 구조는 남성과 달리 수태, 임신, 출산을 중심으로 형성되어 있다. 생식과 관련이 없는 신체 부위와 생리구조는 생략 또는 기능이 억제되어 있고 생식과 관련이 있는 신체 부위와 생리구조는 고도로 발달되어 있다. 우리는 그와 같은 특징들을 남성 신체와의 비교를 통해 쉽게 이해할 수 있을 것이다. 주로 아래와 같은 세 가지 측면에서 차이를 보이고 있다.

1. 신체 사이즈의 차이
2. 뇌 용량 크기의 차이
3. 수명의 차이

여성은 남성에 비해 신체 사이즈가 훨씬 작다. 인류의 첫 여성이라 불리는 330만 년 전의 루시에서부터 나타나고 있는 현상이다. 루시를 여성이라고 단정 지은 이유도 그녀의 몸집이 왜소했기 때문이다. 루시는 1m~1.2m 정도밖에 안 되는 작은 키에 체중도 20kg~25kg밖에 나가지 않는다. 거의 어린 아이 몸피와 유사한 체격을 소유하고 있다.

> **요한슨과 다른 많은 고고학자들은 399만 년 전에 어떤 한 장소에서는 고릴라처럼 큰 남성과 작은 여성으로 구성된 오직 하나의 종이 있었을 것이라고 믿는다.[71]**

물론 남대여소男大女小의 차이는 루시에게서 끝나지 않고 인류역사와 더불어 수백만 년이라는 세월을 흘러왔다. 아쉬운 것은 학자들이 여성이 남성보다 몸집이 작다는 사실만 추측했을 뿐 그 원인은 밝혀내지 못하고 있다는 사실이다.

암컷을 향한 수컷의 천부적인 욕망은 번식이다. 암컷과의 짝짓기를 통해 자신의 후대를 번식시켜야만 하는 수컷은 다른 수컷을 힘으로 몰아내고 암컷의 자궁에 정액을 쏟아 넣어야 섭리의 목적을 달성할 수 있다. 그것은 치열한 경쟁이며 사활을 건 싸움일 수밖에 없다. 두말할 것도 없이 결투의 승자가 암컷을 차지하게 된다. 그러나 싸움에서 이기려면 반드시 상대를 제압할 충분한 에너지가 비축되어 있어야 한다. 수컷의 우람한 몸집과 탄탄한 근육, 굵은 뼈는 모두 이 싸움을 위한 본능적인 대비인 것이다.

여기서 암컷에게 부과된 섭리는 승자를 맞이하여 짝짓기를 통해 수태하는 것이다. 격렬한 몸싸움을 할 필요도 없이 인내력을 발휘하여 기다리기만 하면 된다. 가만히 앉아 있어도 힘세고 건장한 수컷(싸움에서

---

71 이브 코팡 저, 앞의 책, p. 424.

이긴)이 제 발로 나타나 자궁 속에 우량아의 씨앗을 뿌려줄 것이기 때문이다. 따라서 암컷은 구태여 스스로를 먹여 살리기도 힘든 거창한 체구가 필요 없을 뿐만 아니라 자그마한 육신으로도 족한 것이다.

남녀는 뇌 용량에서도 현저한 차이를 보여주고 있다. 아프리카 남방 유인원의 뇌 용량은 "남성이 700~800밀리리터고 여성은 500~600밀리리터"[72]다. 수컷은 짝짓기 경쟁에서 승자가 되려면 힘에서 상대를 능가해야 할 뿐만 아니라 요령과 기술개발에서도 뒤지지 말아야 한다. 수컷들은 짝짓기를 위해 평소 너나없이 체력을 축적했기에 비슷한 나이또래끼리는 막상막하여서 승부를 가르기가 어려울 경우가 많다. 상대방을 확실하게 제압하려면 부단히 고난도의 공수攻守 요령을 습득하고 새로운 싸움기술을 개발해야 한다. 이 때문에 수컷들은 항상 머리를 써야만 한다.

반면 암컷들은 싸울 일이 없고 그에 대비하기 위해 싸움에 필요한 요령습득이나 기술개발 같은 일로 고민할 필요가 없다. 암컷이 수컷에게 요구하는 건 단 하나 정액이다. 수컷의 정액을 받아 수태에만 성공하면 그 암컷의 수컷과의 교제는 임신, 출산, 육아가 끝날 동안 잠정 종결상태에 돌입한다.

| 사진 14 | 짝짓기 경쟁

수컷은 짝짓기 경쟁에서 이겨야 자신의 유전자를 전파할 수 있다. 그러려면 평소에 충분한 체력을 비축하고 싸움기술을 연마해야 할 뿐만 아니라 불리한 상황에 대처하기 위해서는 머리도 굴려야만 한다.

남녀 수명의 차이도 같은 맥락에서

---

72 李娟 編著, 앞의 책, p. 153.

해석이 가능하다. "신석기 이전 남자의 평균 수명은 33세고 여자는 28세 전후"[73]였다는 주장에 신빙성이 있다면 남녀 수명 차이가 자그마치 5년이나 된다. 아마 이 수명 차이는 운동량의 차이와 정비례하는 것이 아닐까 생각한다. 짝짓기를 위해 다른 수컷들과 싸움을 해야 할 뿐만 아니라 먹기 위해 수렵을 해야만 하는 수컷은 어쩔 수 없이 암컷에 비해 상대적으로 많은 운동시간이 소요 될 수밖에 없다.

한편 암컷은 신체적, 생리적인 특징 때문에 임신과 육아기간이 삶의 상당한 기간을 점유함으로 수컷처럼 격렬한 운동을 소화해낼 수 없는 처지다. 새끼들 때문에 활동반경도 위축될 수밖에 없으며 이동 속도도 느릴 수밖에 없다. 결코 운동이라 칭할 수 없는 미소한 활동뿐이다. 게다가 출산과 수유로 인해 피로와 영양실조까지 겹친다. 생명의 근본이 운동이라 할 때 이러한 변별성은 암수 수명 차이에 영향을 미치지 않을 수 없었을 것이다.

그런데 28~30세는 당시 여성에게 있어 임신, 출산의 왕성기라는 데에 더 의미가 있다고 해야 할 것이다. 『황제내경』에 의하면 여성은 35세에 기와 혈이 쇠퇴하여 생육의 황금시절이 저문다.

> **五七 陽明脈衰 面始焦 髮始墮.**
> **35세가 되면 양명맥이 쇠약해져 얼굴이 초췌해지고 머리카락도 빠지기 시작한다.**[74]

73 坦娜希尔 著, 앞의 책, p. 45.
74 『黃帝內經』, 「素問」 〈上古天真论篇第一〉

「소문素問」의 저작연대가 진한시대라고 해도 그 역사가 2300년 전후 밖에 안 된다. 그러니 수십, 수백만 년 전 단명했던 석기시대 여성들의 생식 왕성기는 이보다도 훨씬 짧았을 것으로 간주된다.

많은 경우 여성 신체의 기본 특징을 "대원大圓, the Great Round과 대용기大容器, the Great Contairner"[75]형태로 이해하고 있다. 여기서 원형과 용기容器는 주로 복부를 지칭하며 수용과 보호라는 기능을 수행한다. 원형과 용기의 상징이 "석류石榴, 앵속罌粟, 새의 보금자리, 요람, 침대, 배, 병, 주전자, 사발, 술잔 등의 사물에 그 연원을 두고 있다"[76]면 그것은 두말할 것도 없이 정액을 받아 수태하고 태아를 담아 기르는 배, 즉 자궁을 가리키는 것이다.

하지만 원형과 용기容器라는 여성의 이 신체 특징은 결코 복부에만 국한된 것이 아니다. 복부를 중심으로 하여 상하전후上下前後에 모두 포진되어 있다. 유방(위와 앞)과 허벅지(아래) 그리고 엉덩이(배후)는 모두 원형 형태를 띠고 있을 뿐만 아니라 수용 기능도 동시에 가지고 있다. 원형과 용기라는 형태와 기능은 모두 생육이라는 이 하나의 과정을 위해 유기적으로 연결된 생육기계의 부분품들이라 할 수 있다.

남자가 신체 에너지를 밖으로 발산(사냥, 짝짓기 경쟁 등)한다면 여자는 에너지를 안으로 소비한다. 소비수급收給을 양극으로 외부와 연결된 시스템은 비축과 소비라는 내부 작동체제의 통로를 경과해야만 한다. 임신 전부터 비축된 자양분은 수태 후 태아의 발육을 위해 공급된다. 구

---

75 诺依曼 著, 李以洪 译,『大母神原型分析』,〔德〕东方出版社, 1998年 9月, p. 25.
76 위의 책, p. 45.

체적으로 열거하면 유방, 둔부, 허벅지 등의 부위들이다.

여성의 반구형半球形 유방 형태는 양육 기능[77]을 수행하는 생육기관이다. 여성 유방의 대부분은 지방조직으로 구성되어 있다. 오로지 아주 작은 일부분만 유즙분비와 필연적 관계가 있는 분비선조직일 뿐이다. 유방뿐만 아니라 둔부, 허벅지에도 지방이 대량 축적되어 있으며 피하지방도 신체의 여러 부위에 널리 분포되어 있다. 이러한 "지방은 기근에 대비하여 비축"[78]된 것이다. 그뿐만 아니라 "인간 여성의 가슴과 엉덩이가 커진 것은 임신 및 수유에 필요한 지방을 저장하기 위해 진화된"[79] 것이기도 하다.

이 지방은 태아의 발육과 직결된 산모의 건강을 보장해주는 역할을 한다. 산모가 기근으로 건강이 훼손되면 태아의 발육에 직접적인 영향을 미칠 수 있다. 태아는 산모와 생사를 함께하기 때문이다. 물론 여기서 기근이라 일컬음은 자연재해와 인적 요소를 포함하는 의미다. 여성은 임신하면 운신이 어려워 음식물을 구하는 활동이 위축될 수밖에 없다. 이러할 경우 굳이 자연재해가 아니더라도 기근에 시달릴 가능성이 생기기 마련이다.

> **임신 30주 정도가 지나면 태아의 성장 방식은…… 그때까지 빨랐던 골격 형성이 느려지는 대신 지방이 집중적으로 축적된다. …… 임신 30주에서 40주 사이에 지방 양은 30그램에서 430그램으로 급격히 늘어난다. 기**

---

77 莫里斯(Morris·D) 著, 施棣 译,『裸女: 女性身体的美丽与哀愁』,〔英〕新星出版社, 2006年 11月, p. 215.

78 위의 책, p. 213.

79 애드리언 포사이스 저, 진선미 역,『성의 자연사』, 양문, 2014, p. 148.

| 사진 15 | 면관面罐, 붉은 점토 조각(트로이 유적 제4층) 아기에게 젖을 먹이는 이집트 여인 조각상(좌)

여성 신체의 기본 특징은 용기容器 즉 타자를 수용하는 그릇이다. (여자의 몸은 젖을 담는 용기—병이다.) 그 형태는 반구형을 이룬다. 유방, 복부, 엉덩이, 허벅지는 모두 둥근 원형 형태를 가지고 있다. 그와 같은 모양은 미관과 용도가 결합된 형태의 결과물이라고 할 수 있다. 수용에도 편리하고 보기에도 좋기 때문이다. 용기로서의 유방의 기능은 모유의 저장이며 복부의 기능은 수태된 정자와 난자 및 태아와 양수의 저장이다. 한편 엉덩이와 허벅지의 기능 역시 지방 비축이다. 생육에 필요한 모든 것을 담는 용기로서의 여성의 신체는 어느 하나도 생육과 동떨어진 부위란 존재하지 않는다.

간이 다 차면 지방은 아기 몸무게의 16%에 달한다. …… 아기가 태어날 때 지방을 많이 가질수록 생존 가능성은 커진다. …… 성장하는 태아에게 영양분을 공급하기 위해 어머니 혈액에서 지방 비율은 50% 이상까지 증가한다. …… 가임 여성의 영양에 심각한 문제가 있다면, 건강한 아기를 낳을 확률이나 임신 중 자신이 생존할 확률이 거의 없어진다. 가임 여성의 지방 축적이 일정 비율 이하일 때는 임신을 하지 않는 것이 위험 상

황을 방지하는 데 도움이 된다. 16살 소녀는 몸무게의 27%가 지방이지만, 이 비율이 22% 이하로 떨어지면 월경이 중지된다.[80]

성숙한 여성의 유방이 여느 동물들과 달리 포유기가 아닐 때에도 풍만한 이유는 임신기와 수유 기간이 긴 것과 관련이 있다. 보통 육식동물의 임신기가 100일 미만인 반면 초식동물의 임신기는 일 년 전후라고 한다. 육식동물은 어미가 사냥을 못하면 새끼가 굶어 죽기에 수렵 불가의 임신기를 줄여야 할 필요성이 대두된다. 반면 초식동물은 먹잇감 확보보다 포식자가 우글거리는 노천 환경이 더욱 위협적이기에 새끼를 자궁 속에 오래 두는 것이 더 안전하다. 완전하게 발육한 새끼를 분만하기에 낳자마자 포식자의 공격을 피해 걸어 다닐 수 있을 뿐만 아니라 이유離乳 기간도 단축된다.

인간은 육식, 초식을 다하는 잡식성동물이다. 배태기가 10개월인데 비해 수유 기간은 그보다도 훨씬 길어 2~7년이나 된다. 그리하여 인간의 유방은 수유를 위해 항상 포만할 수밖에 없었고 시간이 흐르며 그 형태가 점차 고정된 것이다.

여성의 둔부가 신체에 비해 상대적으로 풍만한 것은 그 부위가 지방을 비축하는 공간이라는 사실 말고도 두세 가지 이유를 더 꼽을 수 있다. 엉덩이는 일단 태아의 안전한 발육을 위해 신체의 균형을 유지하는 기능을 한다. 임신한 여성의 신체는 유방, 커다란 복부 등으로 인해 무게의 중심이 심하게 앞으로 쏠리는 현상이 발생한다. 전방으로 기울어진 동체를 뒤에서 엉덩이가 무게를 눌러줌으로써 태아와 산모의 편안함

80 일레인 모간 저, 앞의 책, pp. 114~115.

을 보장하는 것이다. 앞주머니에 든 새끼 때문에 뒤의 무거운 꼬리로 신체 균형을 유지하는 캥거루와 유사한 형태라고 할 수 있다.

또한 풍만한 엉덩이는 앉았을 때에도 좌대처럼 밑 부분을 안전하게 지탱해주는 역할을 한다. 일어서서 아기를 등에 업을 때 엉덩이는 아래로 흘러내려 가지 않도록 방지 턱 역할도 한다. 유방이 크고 엉덩이가 큰 여성이 생식력이 강하다는 속담도 아마 상술한 부위들이 이런 역할을 수행하기 때문이라는 사실을 인식했기 때문일 것이다. "넓은 엉덩이와 둥글고 큰 가슴은…… 아기를 임신하고 젖을 먹이기에 가장 적당한 체형"[81]이다. 유방이나 자궁 그리고 태아가 없는 남자는 엉덩이가 신체 부위에서 상대적으로 커야할 아무런 이유도 없다.

신체 비율에서 남자보다 상대적으로 굵은 여성의 허벅지 역시 생식 수요에 의해 특수 진화된 부위다. 결코 그 기능이 "앞으로 걸어가 음식물을 획득하고…… 위험에 봉착했을 때 달아나기"[82]위한 인류의 다리 진화의 보편성 원리에 국한되지는 않는다. 우선 굵은 허벅지에 비축된 지방은 산모가 기근과 같은 어려운 시기를 극복할 수 있도록 도와준다. 그보다 더 중요한 기능은 여성에게만 특이한 신체 부위들 즉 유방, 복부, 둔부와 같이 무거운 부하를 떠받드는 지지대 역할을 함으로써 산모와 태아의 안전을 도모한다.

임신기에 유방의 무게는 400~600g으로 불임기에 비해 2~3배 증가하며 태아와 자궁 그리고 양수의 무게도 갈수록 늘어난다. 임신 8~9주가 되면 임산부의 몸무게는 0.5kg 증가하지만 31주가 되면 무려 8.4kg

81 위의 책, p. 149.
82 皮斯 等著, 王甜甜·黄佼 译,『身体语言秘密』,〔英〕中国城市出版社, 2008年 1月, p. 168.

이나 폭증한다. 임산부의 몸무게는 평소보다 최대 20kg까지 증가하면서 여성의 고질병인 무릎 통증을 유발하는 원인이 되기도 한다. 임신 후 5개월 된 태아는 자궁 내 양수 속에서 팔다리를 움직이기 시작함으로써 발육할수록 산모의 평온한 자세를 불안하게 하고 무게를 가중시킨다. 그뿐만 아니라 성숙한 여성의 엉덩이 또한 여성의 체중에서 중요한 위치를 차지한다.

출산 후에도 태아와 양수의 무게는 덜어지지만 대신 수유를 위해 팽창한 유방의 무게가 600~800g까지 증가하고 엉덩이도 펑퍼짐하게 변형하며 커진다. 거기에 갓난애까지 등에 업거나 안거나 "무릎 위에 앉혀야"[83] 하기에 실로 그 무게는 임신기 때보다 줄어들기는커녕 도리어 날이 갈수록 증가할 따름이다. 튼튼한 허벅지가 없이는 도저히 그 무게를 감당해낼 수가 없다.

이렇듯 생육을 둘러싸고 형성된 여자의 신체 특징들은 설령 그것들이 수컷들을 유혹하기 위한 "성신호의 기능"[84]을 가지고 있다 하더라도 그 또한 생육과 동떨어진 것은 아니다. 남성에 대한 유혹은 생식의 단초가 되는, 정액을 입수하기 위한 수단이기 때문이다. 다시 말해 하나의 생식 과정일 따름이다.

이렇듯 생육의 기계로서의 여자의 신체 특징 중에는 또 하나의 중요한 구성요소가 존재한다. 수분, 즉 물이다. 물은 "신생과 부활의 상징"[85]

---

83 诺依曼 著, 앞의 책, p. 96. "갓 태어난 자식은 (여신의) 다리 위에 앉아……."

84 莫里斯(Morris·D) 著, 앞의 책, p. 215.

85 博纳维尔 著, 郭昌京 译,『原始声色: 沐浴的历史』, 〔法〕百花文艺出版社, 2003年 6月, p. 13.

이다. 비단 인간만이 "어머니 배 속의 양수에서 탄생"[86]한 것이 아니라 지구상의 모든 생명체가 물에서 형성된 것처럼 물은 창조의 공간이며 그 공간이 물의 존재를 통해 여성의 몸속에 흐르고 있는 것이다.

> **석기시대의 초기인류와 개화되지 못한 현대사회의 일부 부족들은 여자의 임신은 생명이 있는 물체가 여성의 뱃속에 들어가 이루어진다고 여겼다. 바람은 불고 물은 흘러가며 구름은 떠돈다. …… 이러한 것들은 모두 여성을 임신시킬 수 있다. …… 그리스신화에는 (여성이) 바람에 의해 수태된 이야기를 전한다.[87]**

바람과 구름은 모두 물과 관련이 깊다. 바람은 물의 고향인 바다에서 불어오고 강에서 불어온다. 비바람은 물인 비와 바람이 함께 이동한다. 구름은 말할 것도 없이 고온에 의해 증발되어 기체화된 물이다. 그래서 바람에 의해 수태되었다는 이야기는 물에 의해 수태되었다는 의미와 다르지 않다. 그리스의 여신, 아름다운 아프로디테Aphrodite는 바다의 거품에서 태어났다.

> **한편 남근은 처음에 그가 아다마스의 낫으로 잘라**
> **그것을 육지에서 파도치는 바다 속으로 던지자**
> **오랫동안 그렇게 파도 위를 떠다녔다.**
> **그러다가 그 주위로 불사不死의 살에서 흰 거품이 일더니**
> **그 안에서 한 소녀가 자라났다.[88]**

---

86 김영호, 『물 지구의 선물』, 경상대학교출판부, 2012, p. 110.
87 作者 刘达临, 앞의 책, p. 99.
88 헤시오도스, 앞의 책, p. 37.

| 사진 16 | 물과 바다의 요정 헤시오네(상좌) 님프, 운디네(중) 캄보디아 압사라(우)
고대 물의 요정 또는 신들이 대부분 여자들이라는 사실은 결코 우연의 일치가 아니다. 여성의 체내에서 생산, 소비되는 유즙乳汁, 양수, 경혈頸血 그리고 수분은 성분만 다를 뿐 그 근원은 모두 액체, 즉 물이다. 자연수와 여성 체내 액체의 공통점은 생명의 원천이라는 데 있다. 결국 신화의 세계에서 물을 장악했다는 것은 생존을 관장管掌함을 의미한다. 생존 관장은 여성의 지위를 남성과 어깨를 겨룰 만큼 격상시켜준, 막강한 권력 공간이기도 하였다.

물론 생명을 창조해낸 바닷물의 거품은 정액의 개입으로 가능해진다. 정액 역시 물과 같은 일종의 액체다. 웅성이 배제된 태초의 수중 생명 탄생과는 조금 다른 스토리를 구성하고 있다. 수태와 임신이 물과 연관된 건 여성의 생식기관 자체가 바다와 강 또는 물의 축소판이기 때문이다. 여성의 신체 구조는 물을 기반으로 한 창조 공간이다. 자궁은 압축된 우주고 양수는 압축된 대해다. 생명은 거기서 태어난다. "물이야말로 아이를 임신하는 데 없어서는 안 될 인소"[89]다.

동방에도 여인국의 여인들이 "물속"[90]이나 "우물"[91] 또는 "목욕"[92]하고 난 뒤에 임신하지 않으면 "바람을 맞고 임신"[93]하는 등 물과 임신이 연결된 수많은 전설들이 사서나 문헌을 통해 전해지고 있다.

지구상의 생명체가 원시 바다에서 탄생했다는 주장은 이미 학계의 보편적인 인식으로 자리 잡고 있을 뿐만 아니라 신화에서도 예외가 아니다. "대략 4억 6천 년 전 지구가 형성될 때 뿜어져 나온 수증기가 빗방울로 응결되어 지면에 쏟아지면서 바다가 형성된 것"[94]이다.

> **지구가 금방 탄생했을 때 온도가 아주 높아 암석 중에 있던 물 중에서 많은 부분이 공중에 증발하여 수증기 형태를 취하고 있다가 지구 온도가 점차 낮아짐에 따라 빗방울로 응결되어 다시 지면으로 내려와 하천을 형성한 것이다. 하천이 흐르는 과정에 지나가는 유역의 일부 물질들이 물속에 용해되었고 그 용해된 물질을 싣고 바다로 흘러들었다. 그렇게 되어 생명이 없던 원시바다에 충분한 유기물이 제공된 것이다.**[95]

89 向相宋 著,『中国水崇拜』, 上海三联书店, 1999年 6月, p. 26.

90 『梁书·东夷传』, 扶桑东千余里有女国…… 至二、三月、竞入水则任娠、六七月产子(부여 동쪽 천리 밖에 여인국이 있었는데…… 2월과 3월에는 물속에 들어가서 임신을 하며 6~7월에 아이를 낳는다.)

91 『后汉书』(卷115)「东夷传·东沃沮」或传其国有神井, 窥之, 辄生子云. (이 나라에 신기한 우물이 있는데 이를 엿보면 임신을 한다고 전해진다.)

92 『山海经』,「海外西京」郭璞注"有黄池, 妇人入浴出, 即怀妊矣"(곽박의 주에 의하면 '황지가 있었는데 여자들은 목욕을 하고 나오면 바로 회임했다.')

93 『诸蕃志』,「海上杂国」〔宋〕赵汝适 著, 其国女人遇南风盛发, 裸而感风, 即生女也 (이 나라의 여인들은 남풍에 머리를 풀어헤치고 벌거벗은 채 바람에 감응하면 즉시 딸을 낳는다.)『异域志』「女人国条」〔元〕周致中 著, 女人遇南风, 裸形感风面生 (여자가 남풍을 만나 벌거벗고 바람에 감응하면 아이를 낳는다.)

94 江本胜 著, 猿渡静子 译,『水知道答案 1』,〔日〕南海出版公司, 2009年 5月 1日, p. 82.

95 作者 马新华,『生命之源—地球上的水』, 海南出版社, 1997月 4日, p. 5.

"바닷물 속에서 처음 출현했던 코아세르베이트coacervate의 액적에는…… 이미 일정한 조건에서 생물체가 형성되기 위한 계기를 부여하는 발전의 가능성이 숨겨져 있었던 것"[96]이다. 지금도 지구의 3분의 2는 물이다. 바다의 면적은 3.6억 ㎢로 지표 총면적의 71%나 된다.

앞에서도 언급했지만 신화에서도 생명의 탄생은 물과 연결되어 있다. 시베리아 알타이 창세 신화에 의하면 태초에 세상에는 물 이외에는 아무것도 없었다. 원시바다 위를 배회하던 천신과 마귀는 협력하여 바닷물 속의 돌덩이와 흙으로 세상을 창조했다. 이처럼 "인류는 자고이래로 물에는 생명이 있으며 물은 생명을 낳아 기르는 어머니이자 발원지"[97]라고 여겨왔다. 따라서 사람 역시 물로 형성되어 있다. 인간은 출생 전 "수정란 때부터 99%가 물"[98]이고 출생 후에도 체중의 90%를 물이 차지한다.

물이 남성과 여성의 인체 내에서 작용하는 경로는 분명한 차이를 나타낸다. 아래에 남녀 인체 내에서의 수분의 용도와 소모에 대한 상황을 도표로 묶어 보았다.

96 A·I 오파린 저, 양동춘 역, 『생명의 기원』, 한마당 글집, 1990, p. 113.
97 江本胜 著, 앞의 책, p. 81.
98 임영모, 『인간의 생명과 물』, 성문미술공사, 2003, p. 295.

【도표 2】 남녀 체내 수분 용도와 소모 차이

남		여	
혈액	체내 생성, 순환 작용	혈액	체내 생성, 순환 작용
소변	체외 흡수와 체외 배설	소변	체외 흡수와 체외 배설
땀	체외 흡수와 체외 배출	땀	체외 흡수와 체외 배출
눈물	체외 배출	눈물	체외 배출
		월경	체내 생성과 체외 배출
		모유	체내 생성과 체외 공급
		양수	체내 생성, 순환과 체외 배출

남성의 경우 체내 수분의 입수 경로는 혈액을 제외하고는 모두 몸 밖인 반면 여성의 수분 입수 경로는 상대적으로 체내 생성에 보다 많이 의존하고 있다. 그것은 임신과 자궁 속 태아의 발육 때문에 형성된 특수 시스템이다. 남성의 수분 소모 경로는 땀의 경우처럼 흡수와 배출이라는 단일하면서도 직선적인 코스를 따라 진행한다. 그러나 여성의 수분 소모는 이보다 훨씬 복잡하다. 체내에서 생성할 뿐만 아니라 산모와 태아라는 두 개의 생명체를 고루 순환해야만 하는 병렬코스에 따라 진행된다.

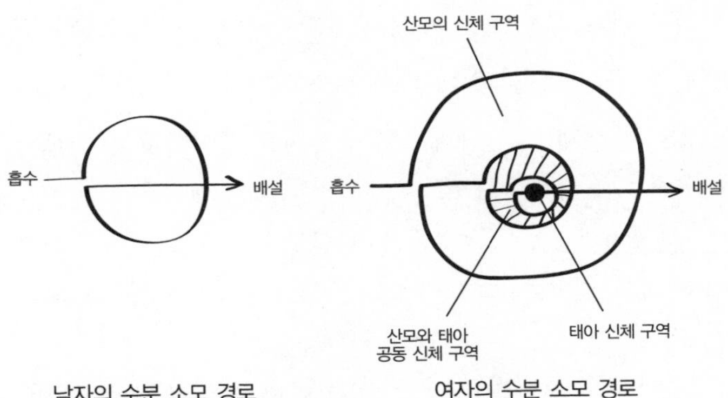

【그림】 남녀 수분 소모 경로도

산모와 태아는 하나의 생체 기관을 사용하는 동일한 합체이자 동시에 별도의 생리조직을 가진 두 개의 생명체이기도 하다. 그뿐만 아니라 산모와 태아가 각각 독립적이면서도 서로 의존하는 연대체이기도 하다. 그래서 수분 순환과 공급도 세 개의 부동한 경로를 거쳐야만 한다. 남성의 경우 하나의 개체 속에서의 단일 체내 순환 또는 흐름만 존재하는 것과는 판이한 대조를 이룬다. 이것은 복합 생육과 단순 생존의 차이이기도 하다. 생육의 필요가 생산해낸 특수 생리시스템인 셈이다.

그럼 남성과 다른 여성만의 수분 소모와 순환 경로에 대해 진일보 알아보도록 하자.

월경의 경우 그 신비함에 걸맞게 무수한 전설들과 담론들을 생산해내고 있다. 정리하면 임신, 모유, 달, 무속 등과 연관 지은 몇 가지 가설로 귀납된다.

임신이 월경으로 인한 결과라는 사실은 과학적 증명 이전부터 사람들은 알고 있었다. 미개인인 파푸아뉴기니의 "트로브리안더스Trobrianders인들은 월경이 임신과 태아와 연관된 현상"[99]임을 알고 있었다. 원시인류의 인식에 따르면 배태는 혈액에서부터 시작된 것이다. …… 임신이 되면 혈액은 더 이상 밖으로 흐르지 않기 때문이다.[100] 임산부 체내에서의 "혈액 즉 물의 흐름"[101]에 대해서도 인지하고 있었다. 물론 태아는 여성의 통로를 통해 다른 세계로부터 들어온 것이라고 생각했지만 그럴

---

99 B·马林诺夫斯基 著, 刘文远 等译, 『野蛮人的性生活』, 〔英〕 团结出版社, 1991年 2월 1月, pp. 124~125.

100 诺依曼 著, 앞의 책, p. 31.

101 B·马林诺夫斯基 著, 앞의 책, p. 131. (원주민〔Indigenous〕들은 경혈이 복부에서 머리 부위로 솟구쳤다가 다시 머리에서 자궁 속으로 내려온다고 여겼다.)

경우에도 생명체의 전제 조건은 역시 물이었다.

> **여성은 천성적으로 혈액과 불가분의 관계다. 중의학에서 여성은 혈을 신체의 근본으로 삼는다고 여긴다. 월경, 임신, 출산 그 어느 하나도 혈과 연관되지 않은 것은 없다. …… 그런 연고로 인하여 대략 평균 20%의 일반 여성들과 50%의 임산부들은 모두 빈혈이다.**[102]

월경은 일단 임신의 가능성에 대한 신호다. "14세가 되면 여성은 월경이 시작되고 아이를 낳을 수 있게"[103] 되는데 이때부터 난자의 성장과 배란을 전제로 혈관 속에 수정란을 수태시키기 위한 준비 과정에 돌입한다. 배란기의 수정에 실패했을 경우에는 경혈로 배설해버리고 처음부터 다시 반복한다. 자궁벽의 경혈은, 혈액은 수태되었을 경우에는 배설되지 않고 자궁 속에 남아 "양수 생성의 원시공급원"[104]이 된다. 이렇듯 자궁 내에서는 혈액에서 시작된 물의 흐름이 양

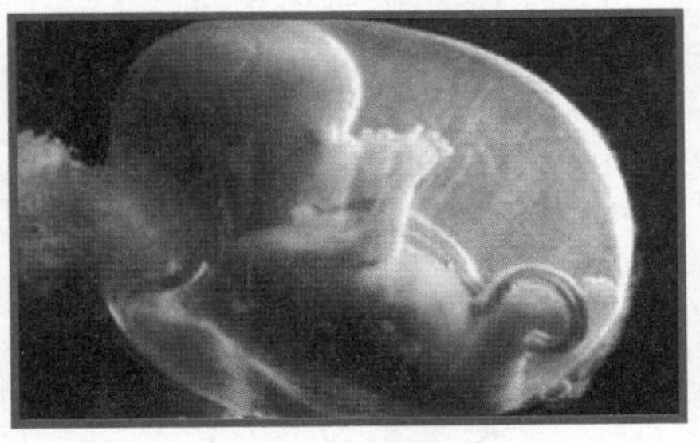

| 사진 17 | 물(양수) 속의 태아

여성의 임신은 물에서 발단하여 물에서 종료되는, 물의 변화 시스템이다. 가임을 예고하는 경혈과 남성 정액 그리고 난자를 나팔관卵管으로 운송하는 여성의 난포액은 모두 액체(물)로 형성되어 있다. 이렇게 액체의 맹활약에 의해 수태가 된 이후에도 새 생명은 물(양수) 속에서 생산되고 성장한다. 그뿐만 아니라 출산 후에도 영아는 모유라는 특수한 물을 섭취함으로써 생명을 지속할 수 있다. 그런데 남성 정자 역시 일종의 물임에도 불구하고 임신에 미치는 역할을 몰랐던 구석기시대에는 여성만이 독립적인 생명의 주재자로 군림했다.

---

102 张续传 著, 『气血才是命根子』, 2010年 4月 1日, p. 184.

103 『黄帝内经「素问·上古天真论」』, 十四岁时, 天癸产生, 任脉通畅, 太冲脉旺盛, 月经按时来潮, 具备了生育子女的能力. (열네 살이 되면 천계〔天癸〕의 발육이 무르익어, 임맥〔任脈〕이 통하고 충맥〔衝脈〕이 왕성해지면서, 월경이 때맞춰 이르게 되므로 자식을 낳을 수 있게 됩니다.)

104 郑玉巧 著, 『郑玉巧育儿经「胎儿卷」』, (上) 二十一世紀出版社, 2008年 10月, p. 75.

수로, 양수에서 다시 모유로 줄기차게 이어지는 것이다.

모유 역시 피와 무관하지 않다. "어머니의 모유는 기혈이 변화하여 만들어진 것"[105]이다. 기혈의 다소가 모유의 다소를 결정하기에 모유부족은 보혈에 의해서만 가능하다. 임신한 여성의 혈은 월경, 임신이라는 변화 과정을 경과한 후에도 모유의 원천이 되며 "세 번째 변신"[106]의 마술을 선보인다. 다만 물이라는 사실만은 변화가 없다.

여성의 월경은 고대로부터 달과 깊은 인연을 맺어왔다. 이시진李时珍은 「본초강목本草綱目」에서 월경은 "위로는 태음(달)과 조응하고 아래로는 조수와 조응"[107]한다고 쓰고 있다. 달은 "차올랐다가 기울고 죽었다가(잔월) 재생하는 과정을 반복"[108]한다. 고대 메소포타미아에서 여성(여신)의 상징은 달과 뱀이었다. 달이 차오르고 기울며 떠오르고 지는 것처럼 뱀 역시 죽음의 껍질을 벗어버리고 새롭게 태어난다.

수메르 사람들은 태양신보다 달신을 더 숭배했다. 상고시대 바빌로니아의 두 도시 우르Ur와 하란Harran에는 달신을 모시는 거대한 신전이 있었다. "고대 바빌로니아인들에게 달은 태양보다 더욱 중요한 신"[109]이었다. 바빌로니아와 "수메르 사람들이 달의 신을 더 존귀하게 여긴"[110] 원인은 자연환경과 관계가 있을 거라고 생각한다. 거북등처럼 땅을 갈라 놓는 혹독한 햇볕, 말라버린 호수와 강 그리고 바닥을 드러낸

---

105 〔唐〕孙思邈 撰,「卷第五上 少小嬰孺放上」,『备急千金要方』, 择乳母发.
106 诺依曼 著, 앞의 책, p. 32.
107 『本草纲目』,「人部」
108 梅姬·阿贝蒂 著, 앞의 책, p. 46.
109 亚奇伯德·亨利·萨伊斯 著, 앞의 책, p. 50.
110 다카히라 나루미 외 저, 앞의 책, p. 267.

| 사진 18 | 달의 여신 다이애나(키아라몬티박물관)와 셀레네(세바스티아노)

달과 여성의 형상은 닮은 점이 많다. 산모의 복부 모양의 변화, 경혈의 주기, 양수潮水(조수)의 흐름 등이다. 결국 이 모든 현상은 생명과 연관이 된다. 다이애나 여신이 달의 신인 동시에 동물의 신, 수렵의 신, 가축의 신일뿐만 아니라 임신과 출산의 신이라는 사실은 이와 같은 추측을 입증해준다. 생명은 생겨남과 사라짐의 반복을 통해 지속된다. 그러나 월신月神숭배의 절정기는 신석기시대부터였다. 규칙적으로 반복되는 곡물의 생멸生滅 순환 과정은 여성의 생육 및 달의 생멸 주기와 공통성이 있기 때문이다.

사해…… 세계에서 가장 뜨거운 여름[111]이 군림하는 메소포타미아 지역에서 태양은 시원한 달에 비해 혐오의 대상이 아닐 수 없었을 것이다. 달과 여자 즉 월경 사이에 인연이 맺어진 이유는 달이 차고 비워지는 과

111 브라이언 페이건(2007), 앞의 책, pp. 191~192.

정과 생겼다 사라지는 월경 과정이 유사하기 때문이다. 그뿐만 아니라 달의 인력에 의해 바닷물도 썰물과 밀물 현상이 월경처럼 주기적으로 반복된다. 이처럼 월경은 생겼다 사라지는 과정을 주기적으로 반복하며 육체적 고통을 감수하면서까지 생육을 위한 만반의 준비를 갖추고 있는 것이다.

월경은 남성의 정자를 수태하면 즉시 배설을 멈추고 태아의 생존 공간이 될 자궁 속의 양수생성에 원천을 공급한다. "임신 중기에는 태아의 배뇨가 양수의 주요 내원이지만 초기에는 산모의 혈액이다. 양수는 매 시간마다 600ml의 속도로 부단히 교환된다."[112]

양수는 태아를 위해 활동 공간 제공, 외계 충격 완화, 체온과 체액 조절, 산도 확장과 감염예방 등 기능을 수행한다. 자궁은 협착하고 밀폐되었을 뿐만 아니라 어두우며 무려 1,000~1,500ml의 물이 들어찬 수중 공간이다. 보통 상황에서 코와 입, 피부로 호흡하는 인간의 생명은 이러한 폐쇄적인 공간에서 질식사할 수밖에 없다. 그럼에도 불구하고 태아가 배뇨와 흡수를 통해 자궁 속에서 "수중발레"[113]를 하며 정상적인 생명 활동을 할 수 있는 비밀은 역시 혈액에 있다. 산모의 혈액이 탯줄을 통해 태아에게 산소와 영양물질을 공급하기 때문이다.

월경의 신비는 여기서 끝나지 않고 실생활 속에까지 그 영역을 확장해 나간다. "오스트레일리아의 몇몇 부족사회에서는 월경 중인 여성이 활과 화살을 만지거나 혹은 단순히 이것을 넘어가는 것만으로도 화살이 똑바로 날아가지 않는다고 믿고" 있으며 "남아메리카의 어떤 부족사

---

112 郑玉巧 著, 앞의 책, p. 75.
113 배리 워쓰 저, 이은주 역, 『임신에서 출산까지—새생명의 신비』, 학원사, 2006년, p. 270.

회에서는 사냥꾼이 월경 중의 여성과 성생활을 하면 사냥이 되지 않는다."[114]는 이유로 금기시한다.

그러나 월경 금기사항을 "원시사회"에까지 시간을 무한대로 역행시키려는 요코야마 유지의 시도는 설득력 결여 때문에 좌절될 수밖에 없다. 고서 기록이나 고고학적 발견이 결여된 상태에서 현대의 일부 부족들의 생활상을 근거로 삼았다는 데 그 단점이 있다. 학자들이 원시시대의 비밀들을 현대부족들의 생활 방식 속에서 찾으려 하지만 거기에는 한계와 모험이 수반되어 있음을 인정하지 않을 수 없다.

현대 미개인들의 생활은 고대나 상고 혹은 원시시대의 어느 한 시기를 대표하는 것이 아니라 이 모든 시대가 압축 또는 혼재되었기 때문이다. 환언하면 위에서 인용한 금기사항들이 반드시 원시시대라고 보장할 만한 근거가 부족하다는 의미다. 필자가 보건대 월경이 남성사회에서 금기시된 것은 원시시대가 아니라 남성 정자가 여성 임신의 원인이라는 사실이 드러난 이후의 일이었을 것으로 간주한다.

필자가 여성의 생리 특징에 이처럼 과분한 편폭을 할애한 이유는 임신 원인이 정자인가 여부를 떠나서 여자라는 존재는 생육을 위해 전문적으로 창조된 생명체임을 밝히기 위해서였다. 이 문제를 정의하지 않고서는 이 책의 집필취지를 도저히 만족시킬 수 없기 때문이다. 이 천부적인 사명으로부터 자유로운 여자는 한 명도 없다. 한 치라도 초탈하는 순간 그녀는 여자이기를 포기하지 않으면 안 된다.

---

114 요코야마 유지 저, 장석호 역, 『선사예술기행「동굴 속 미술관과 그 작가들을 찾아서」』, 사계절 출판사, 2005, p. 214.

3

동굴미술과 비너스 그리고 여성

1) 동굴미술의 주인—여자

ㄱ. 동굴미술의 화가

인류미술의 화려한 서막을 열어 놓은 위대한 걸작, 유럽 동굴벽화의 작자가 남성이라는 해묵은 주장은 이론異論의 여지가 없는, 불변의 진실로 고고학계에서 전횡했다. 그러나 최근 들어 이러한 상식의 견고한 지반을 와해시키는 연구 결과들이 속속 나와 세간의 이목을 끌고 있다. 이 새로운 주장의 과학적 증거로는 벽화에 남겨진, 화가의 것으로 추정되는 손바닥 흔적이 유력하게 제시되고 있다.

> **고고학계는 줄곧 선사동굴벽화의 대다수가 남성이 그렸다고 여겨왔다. 그러나 최근 미국 펜실바니아주립대학의 고고학자는 미국 『국가지리』 잡지에 기고하여 실은 수많은 작품들이 선사 여성 예술가들에 의해 창작된 것이라는 견해를 밝혔다. 7월 6일 자 소식에 따르면 펜실바니아주립**

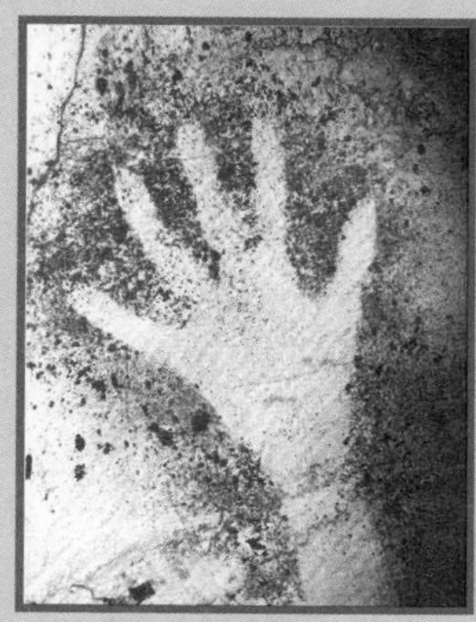

| 사진 19 | 유럽 동굴벽화의 여성 손자국

동굴벽화가 기존 주장처럼 주술적 의식을 위한 성스러운 공공물이라면 굳이 개인적 창조물임을 낙인찍을 이유가 없다. 화가의 수인手印(날인捺印)은 개인명의 지속을 통한 무단 도용 방지에 있다. 그런데 화가 확인은 수인이 없어도 가능한 반면 사망 또는 동굴 이탈 후에는 수인이 있어도 확인이 불가능하다. 결국 수인은 유아 손자국이 설명하듯 그림의 작가를 지칭하는 기호가 아니라 그림을 통해 진행된 수렵기술의 전수와 수강 과정을 밟은 모든 참여자들(어린이를 포함)이 이수履修 기념 또는 다녀간 구성원들이 남긴 흔적일 것으로 추정된다.

> **대학의 딘 스노Dean Snow교수는 프랑스와 스페인 두 나라에서 발견된 여러 점의 선사동굴벽화 연구를 진행한 결과 벽화 옆에 남겨진 손자국은 고고학계가 줄곧 주장해온 남성의 손자국이 아니라 여성의 것이라는 사실을 발견했다. …… 스노 교수는 벽화 위의 손자국 모형을 컴퓨터에 입력한 후 현대 유럽인의 손 모양과 비교 연구를 진행함으로써 선사 여성들이 확실히 거폭의 벽화를 그리는 과정에 참여했음을 확인했다.[115]**

스노의 분석에 따르면 28만 년 전의 작품으로 추정되는 스페인 살바도르 카스틸로Salvador Castillo동굴벽화의 무명지가 아주 긴 왼손과 매우 긴

---

115 『深圳特区报』, 2009年 7月 7日, 「考古发现远古时代已有女性画家」发稿 梁杉.

검지와 아주 짧은 약지小指의 손바닥 흔적은 모두 여성 손의 특징들이며 적외선 디지털카메라에 푸른빛을 발산하는 프랑스 가르가스Gargas 동굴 벽화의 손자국도 여성의 손으로 결론이 나왔다. 페쉬 메를Pech Merle 동굴의 "얼룩말 그림"에 찍힌 손자국에 대한 측량과 분석 역시 동일한 결론에 도달했다.

그림에 찍힌 손바닥 자국의 의미에 대해서도 "신성한 행위를 나타낸다."[116]는 주장, 즉 수렵의 순리와 풍요를 기원하는 무속 행위라는 설과 "동굴 소유의 표시"[117]라는 설이 압도적이다. 이런 그림들은 "손가락을 펴 벽에 대고 거기다 입에 머금은 물감을 뿜어서 그린"[118] 화폭들인데 공통된 특징은 대부분 "손가락이 잘렸거나 손가락을 굽혀서"[119] 찍은 것들이다.

> 그 손은 손가락 마디가 잘려져 있는 것이 많다. 231개 손 가운데 손가락이 완전히 갖추어진 것은 겨우 열 개에 지나지 않는다. 브뢰이 신부와 카르타야크는 원시민족에게서 보이는 손가락 자르기 의식이라고 생각했다. 그러나 잘린 손가락은…… 엄지·중지·약지 등 각양각색이며 단 한 개 또는 세 개의 손가락이 잘린 경우도 있다. "의식이라고 하기에는 너무나 부자연스럽지 않은가. …… 지금은 추위가 원인이 되어 손끝의 신경이 마비되어 손가락이 떨어져 나가는 레이노병이라고 보는 설이 설득력을 얻는 추세다.[120]

---

116 브라이언 페이건(2007), 앞의 책, p. 48.
117 요코야마 유지, 앞의 책, p. 156.
118 위의 책, p. 339.
119 드니즈 드 쏜느빌르 보르드 저, 鄭永和 역, 『舊石器時代』, 대한민국학술원, 1981년 5월 31일, p. 137.
120 요코야마 유지, 앞의 책, p. 15.

단지斷指의 원인이 추위라는 주장에는 필자도 동감이다. 이들 벽화가 그려진 시기는 다름 아닌 빙하기여서 추위가 혹독했기 때문이다. 그뿐만 아니라 발병 환자의 90% 이상이 20~49세 여성이라고 한다. 그러나 레이노병으로 인한 단지는 주로 손가락 끝부분에서 발생하는 괴저壞疽라는 사실을 감안할 때 여전히 설득력이 부족하다. 더구나 당시 여자들은 동굴 안에 있었기에 손이 추위에 노출되지도 않은 상태였고 짐승의 털가죽으로 피부표면을 보호할 수도 있었다.

필자는 다른 견해를 피력하려고 한다. 단지의 원인은 그림을 그리기 위한 안료 채취와 운반 그리고 물감 제작 과정에 있다고 간주한다. 당시 사용된 색료로는 "목탄이나 골탄도 있었지만 적철광(적철석)과 갈철광"[121]과 같은 경질硬質의 광물들도 많이 사용되었다. 주지하다시피 적철광은 철 성분이 보통 50~60% 차지하는 무거운 돌덩어리이다. 아프리카 잠비아의 라이온봉 주변에서 발견된 기원전 20,000~26,000년 전의 고대 채광 흔적 입구에는 무려 5톤이나 되는 적철광 덩어리가 입구를 막고 있었다고 한다. 이렇듯 거대하고 무거운 광석을 야외의 혹한 속에서 채취, 절단하려면 손발이 얼어들고 상처 입는 고통을 감내하지 않으면 안 될 만큼 고역이었을 것임이 틀림없다.

뿐만 아니라 채취 후 무거운 광석을 동굴 안까지 운반해 오는 일도 용이하지 않았을 듯싶다. 적철광이 있는 곳은 동굴에서 꽤 먼 거리에 있었기 때문이다.[122] 안료감이 대자석처럼 동굴 근처에 있는 경우에도 동

---

121 임두빈, 『원시미술의 세계』, 가람기획, 2001, p. 90.
122 요코야마 유지, 앞의 책, p. 50. (물감 원료의 산지는 동굴로부터 40km 이내다.)

토를 끄고 "황토를 파낸 후 불에 굽는"[123] 복잡한 작업이 필요하다. 당시는 곡괭이나 괭이도 없었다. 게다가 동굴로 드나드는 통로까지 어둡고 좁고 험해 출입할 때 상처가 생기기 쉬운 곳이었다. 간신히 들어와서도 준비 작업은 끝나지 않는다. 광석을 돌에 "갈아서 가루를 내야"[124] 하고 "화석화된 호박과 결합체"[125]를 만들어야 하는 제조과정이 기다린다. 그러고도 그림을 그릴 암벽 주위의 바윗돌들을 치워야 한다. 연약한 여류 화가들의 손가락은 이러한 노동 과정에서 동상을 입거나 상처를 입고 떨어져 나갔다고 보는 것이 정확할 것이다.

하지만 여성에게 동굴미술 창작의 주인공이라는 화려한 월계관을 씌워주려면 아직도 당위가 부족하다. 필자가 아래에 제시하는 조건은 모르긴 해도 결정적인 명분이 될 것이라 확신한다. 그러한 명분을 얻으려면 먼저 무슨 이유로 동굴화가 "그처럼 접근하기 어려운 장소에 그려졌는지"[126]에 대한 미스터리부터 풀어야 한다.

> **개가 겨우 들어갈 정도의 작은 구멍이 나있다. …… 큰 돌을 빼내자…… 큰 소리를 내며 깊이를 모르는 구멍 속으로 돌이 굴러떨어졌다. …… 어두운 구멍 속…… 동굴은 거의 수직에 가까운 좁은 침니**Chimney(암벽에 세로로 난 굴)**였다. 어깨까지 들어가자 좁아서 더 이상 움직일 수 없게 되었다. …… 칼로 구멍을 넓혔다. 발부터 들어가면 몸통이 구멍을 가로막아 밑이 보이지 않으므로, 이번엔 머리부터 먼저 들어가 보기로 했다. 안쪽**

123 임두빈, 앞의 책, p. 92. (쿠냑 동굴벽화에서는 대자석과 대자석과 혼합된 망간산화물 및 목탄 등의 다양한 색소가 확인되었다. 대자석은 쿠냑 동굴과 그 근방에 많이 존재하는 노란색 황토를 태워서 얻은 것이다.)

124 위의 책, p. 50. (원료를 갈아서 가루를 만들고, 돌조각위에 응고시켜 분필을 만들었다.)

125 임두빈, 앞의 책, p. 59.

126 H·W·잰슨 저, 김윤수 역, 『미술의 역사』, 삼성출판사, 1986, p. 22.

으로 조금 들어갔을 때 무언가 일이 잘못되었다는 걸 알 수 있었다. 물구나무를 선 자세로는 오래 버틸 수가 없었던 것이다.

이런 고생 끝에 어렵게 5~6미터 정도 내려갔다. 조금 평평한 곳에 닿았다. 굴속은 완전히 캄캄한 어둠이었다. 준비해간 횃불에 불을 붙였다. 그러다가 몸의 중심을 잃었다. 마르셀은 대굴대굴 굴러 떨어지는 돌멩이와 함께 어딘지 모르는 곳으로 미끄러져 내려갔다. …… 머리 위에 무수한 종유석의 석순이 번쩍번쩍 빛나고 있었던 것이다. 그것에 정신이 팔려 발이 미끄러졌다. 그래서 모두 동굴의 밑바닥까지 굴러 떨어졌다. ……

발판을 쌓아 임시 계단을 만들었다. 라발이 내려가려고 했지만 가시나무에 얼굴이 긁혀 피가 나면서 엉겁결에 뒷걸음쳤다.[127]

이 장면은 라스코 동굴Lascaux Cave을 발견한 소년들이 처음으로 동굴 속으로 들어갈 때의 상황이다. 대략 13,000년 전 산사태에 의해 동굴의 입구가 완전히 막혔다는 설도 있지만 이 동굴 말고도 프랑스의 퐁드곰Font-de-gaume 동굴, 레콩바렐Les combarelles 동굴, 니오Niaux 동굴 역시 석회암 바윗덩어리 속에 생긴 가늘고 긴 틈이거나 좁고 구불구불하고 어둡거나 작은 구멍이어서 사다리를 타고 내려가야할 만큼 들어가기가 매우 힘든 곳이다. 르 뒤크 동굴은 안으로 들어가려면 지하의 시냇물을 배로 거슬러 올라가야 하는, 깊은 수직의 굴이다. "동굴 내부도 바닥이 매우 험하고 천장이 낮아 탐험이 어려울"[128] 지경이었다.

이렇게 동굴마다 출입통로를 반 폐쇄화시킨 데에는 분명 그럴만한 이유가 있을 것이다. 타자의 침입으로부터 자신을 보호하기 위한 방어 장치임은 두말할 필요도 없을 것이다. 외출 견제, 내입 저항의 통로는

---

127 요코야마 유지, 앞의 책, pp. 11, 12, 17.
128 위의 책, p. 99.

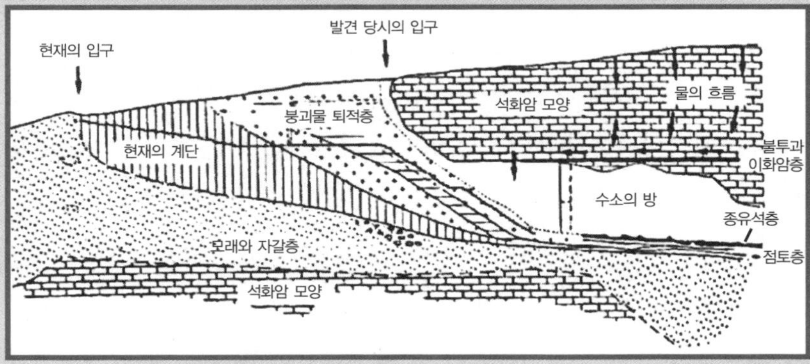

| 사진 20 | 라스코 동굴의 험난한 입구

학자들은 벽화가 그려진 동굴을 수렵의 풍요를 기원하는 의식의 공간으로 추정하고 있다. 수렵을 위해 출타, 귀환할 때마다 이곳에서 의식이 진행되었음을 감안한다면 입구는 당연히 출입이 원활하도록 평탄하게 닦여져 있어야 할 것이다. 하지만 그와는 반대로 발견 당시의 동굴 입구는 출입에 불편한, 폐쇄적인 구조였다. 이와 같은 상황은 동굴벽화가 있는 다른 동굴들도 예외는 아니다. 이는 입구의 기능이 소통보다는 차단 쪽에 편향되었음을 의미한다. 환언하면 벽화가 그려진 동굴은 상시 생활 공간이 아니라 임시 은신공간이었다.

내부를 외부로부터 격리시키는 특수 구조이기 때문이다. 그것은 외부 잠재 위험 공격으로부터 대응할 만한 내부 역량 결여 해소를 위한 물리적인 장치로서의 역할을 수행하고 있다. 동굴과 같은 천연적인 방어 요새 속에서도 입구의 자연 천험을 빌려서야만 신변 안전을 도모할 수 있는 인류의 군체는 두말할 것도 없이 여성과 노약자들일 것이다. 임산부, 아기 엄마, 유아와 어린이 내지는 노인, 환자들과 같은 구성원들이 이에 속한다. 동굴 안에 찍힌 "유아의 손자국"[129]이 이와 같은 주장에 명분을 달아준다. 수유를 전제로 해야만 생명을 지속할 수 있는 유아의 존재는 그래서 모친의 존재를 동반해야만 하기 때문이다. 그래서 벽화 속 손자국의 주인인 유아와 엄마는 추호의 의문도 없이 동굴의 잠정 입주자로 확실시된다. 결국, 동굴의 주인도 벽화를 그린 천재적인 "예술가"도 이들 중에 있을 거라는 필자의 견해에 당위가 부여되는 것이다.

동굴 내부에 칩거하는 사람들의 입장에서 통로의 용도는 단 하나, 출구다. 이 통로가 출입이 불편한 장애물에 의해 차단되어 있다는 사실은 외출 필요성이나 외출 여건의 부재를 의미한다. 다만 완전폐쇄만은 회피했다는 것은 그나마 밖으로 나갈 일이 간혹 있었음을 뜻할 것이다. 물론 그것은 그림을 그릴 원료 채취 때문일 것이다.

이즈음에서 그녀들의 입주 목적이 수렵의 풍요를 기원하는 무속 의식이나 단순한 회화작업을 위한 잠깐 동안의 진입이었는지, 주거 공간을 확보하기 위한 일상생활 장소인지 하는 문제가 궁금해진다. 그런데 이상한 것은 발굴 조사 자료에 의하면 비단 라스코 동굴 내부에만 인간

---

129 브라이언 페이건 저, 김수민 역, 『크로마뇽』, 더숲, 2012, p. 364.

이 "생활했다는 흔적이 남아 있지 않았"[130]을뿐만 아니라 "대부분의 벽화가 창작된 동굴에는 사람이 살았던 흔적이 없다."[131]는 사실이다. 동굴바닥에서 발굴된 유물은 "물감, 등잔, 횃불, 숯" 그리고 "조가비화석과 부싯돌"[132] 정도였다. 그렇다면 이들은 왜 남자들 없이 여자와 아이들 그리고 노약자들만 동굴에 남았을까.

> **동굴은…… 서구인의 발원지다. …… 제4기第四紀하반기를 기점으로 프랑스라는 이 공간 속에 동굴과 인류가 존재했다. 혹한의 기후는 그들로 하여금 바람과 비를 피하기 가장 좋은 서남부(도르도뉴강The River La Dordogne) 혹은 손강Saone Rive-론강Rhone River협곡Saocirc;ne-et-Loire지방으로 숨어들도록 핍박하였다.**[133]

"지구 기온이 가장 낮았던 때는 1만 8000년"[134] 이전으로 정확하게 동굴벽화가 흥행하던 시대와 맞먹는다. 당시 여자들은 임신이나 육아 때문에 수렵보다는 "캠프에 남아…… 음식 준비"를 하거나 "옷을 만들고 가축과 모피를 손질"[135]했다. 아이를 기르는 어머니들은 "노영지나 동굴 속에서 자식들을" 보살폈다.

이보다 더 중요한 것은 수렵 동물의 이동과 연관이 있다. 주요 수렵 대상 동물인 순록은 겨울이 되면 따스한 남쪽으로 대이동을 시작한다.

---

130 『요코야마 유지, 앞의 책, p. 46.
131 위의 책, p. 47.
132 위의 책, p. 273.
133 皮埃尔·美盖尔 Pierre Miquel 著, 蔡鸿滨·张冠尧 等译, 『法国史』, 〔法〕 商务印书馆, 1985年 5月, p. 11.
134 존 리더 저, 앞의 책, p. 184.
135 브라이언 페이건(2012), 앞의 책, p. 354.

수렵꾼들도 이들을 따라 남천南遷할 수밖에 없다. 간고艱苦하고 기나긴 원정수렵을 앞둔 공동체는 이동이 불편한 임산부나 아기 엄마, 노약자, 어린이들은 안전한 동굴 속에 남겨두었던 것이다. 그들은 동굴 속에서 남자들이 잡아주고 간 순록들을 먹으며 수렵꾼들이 돌아오기를 기다리는 것 외에는 별다른 수가 없었다.

ㄴ. 육아교육 캠퍼스

그러나 우리는 이제 구석기시대 여성의 진정한 신분은 예술가가 아니라 교육자라는 사실을 알게 될 것이다. 동굴은 인류 최초의 예술가로 부상한 여류 화가들의 야심찬 아틀리에가 아니라 어린이를 유능한 사냥꾼으로 양성하기 위한 조기교육의 현장—특설 캠퍼스였다.

당시 "여류 예술가"들의 심신을 가장 괴롭혔던 것은 먹고 자고 수유하고 자식을 보살피는 외에도 깊고 어둡고 폐쇄된 공간에서 수없이 남아도는 무료한 시간을 어떻게 소비하는가 하는 문제였다. 그 대안으로 부상한 것이 벽화였던 것이다. 벽화의 내용은 자연스럽게 생계와 직결된 수렵과 본능적인 모성애와 연결되었다. 자연스럽게 수렵의 대상인 동물이 그림의 주제가 되었고 그 그림은 다시 자식이 커서 사냥해야 할 동물과 수렵 방법을 가르치는 교재 역할을 하게 된 것이다.

필자의 이러한 견해는 "동굴벽화에서 발견된 까다롭게 얽힌 낙서와 같은 선의 불분명한 흔적"[136]들과 "천장이나 벽에 분명하게 배열되어

---

136 임두빈, 앞의 책, p. 55.

| 사진 21 | 무질서한 선들의 얽힘으로 사물 형상이 실종된 동굴벽화
질서와 구성이 결여된, 뒤죽박죽의 낙서나 덧그림에 불과한 벽화들은 물론 폐기 처분된 실패작일 가능성도 배제할 수 없다. 하지만 정상적인 작품이라 가정할 때 이 벽화는 의식이나 보존을 위해 창작된 것이 아니라는 결론이 나온다. 지우고 다시 그릴 수 있는 가능성을 포기하고 있기 때문이다. 그것은 어떤 목적을 위해 한 번 이용하고 버려도 되는 그림이었다.

있지도 않고 어떤 질서나 구성없이 뒤죽박죽으로 그리거나 이미 있었던 그림 위에 덧그린"[137]벽화들에 의해 설득력이 강화된다. 질서와 구성조차 무시된, 낙서와 다를 바 없는 덧그림—그것은 성스러운 의식을 위한 그림도 아니거니와 감상이나 보존을 위한 예술작품도 아니었다. "이런 그림들은 이따금 서로 중첩되는데, 이것은 화가들이 그림을 그릴 때 자신의 작품을 보존하려는 생각이 없었다는 것을 나타낸다."[138]

왕왕往往 자식에게 성장한 후 사냥하게 될 동물상을 기억 속에 익혀주고 사냥방법을 가르쳐 주는 것만으로도 교양적 가치를 획득할 수 있었기에 더 이상의 예술화는 필요 없었기 때문이었다. 예술성이 뛰어난 일부 벽화 역시 작자 본인의 개인적인 회화 내공이 출중한 원인일 수 있다.

---

137 에른스트 곰브리치 저, 백승길·이종승 역, 『서양 미술사』, 예경, 2010년 11월 15일, p. 42.
138 斯塔夫里阿诺斯 著, 앞의 책, p. 13.

여기서 벽화 속에 등장하는 동물과 식용동물 간의 차이가 문제가 되지만 결코 필자의 주장을 훼손시키지는 못한다. 상식대로라면 당연히 순록과 같은 식용동물이 그림의 주인공이어야 하지만 실제 상황은 그와 정반대다. 예를 들면 라스코 동굴에서 식용 비율이 90%에 육박하는 순록 그림은 단 한 점에 불과한 반면 먹지도 않는 말 그림이 60%나 차지한다.

【도표 3】 라스코 동굴벽화에 등장하는 동물과 식용동물 비교[139]

종류	식용동물%	벽화동물%	종류	식용동물%	벽화동물%
순록	86.8	0.2	소	0.0	16.6
말	0.7	59.5	산양	0.0	6.0
사슴	1.5	16.3	곰	0.0	0.3
노루	4.4	0.0	사자	0.0	1.6
멧돼지	4.4	0.0	코뿔소	0.0	0.2
토끼	2.2	16.6			

조사에 의하면 동굴벽화에 그려진 동물들의 등장 빈도수는 "말은 26.9%, 비종 들소는 17.5%, 야생염소는 11.8%, 오로크 들소는 7.4%, 수사슴 7%, 암사슴 7.4%, 매머드 6.3%, 순록 3.7%, 곰 2%, 사자 1.9%, 코뿔소 0.8%, 물고기 0.9%, 사람 4.4%, 그 외의 기타 형상들이 1.9%"[140]로 집계되었다.

일단 순록과 말馬의 비교를 통해 제기된 모순을 밝혀보도록 하자. 동굴 속에서 순록의 뼈가 대량으로 발견되는 현상은 순록이 선사인류의

139 요코야마 유지, 앞의 책, p. 61.

140 임두빈, 앞의 책, p. 37.

주요 식품 내원이었음을 암시한다. 그런데 순록의 특징을 잠시 살펴보면 그 원인이 금시 파악된다. 순록은 시력이 나쁠 뿐만 아니라 이동 속도마저도 느리다. 그런 이유로 포식동물들과 선사인류의 주요 수렵 목표물이 되었던 것이다. 게다가 포획은 용이한데 획득하는 식품의 양은 풍요롭기까지 하다. 대량 수렵이 가능하기에 겨울에는 많은 양을 포획하여 동굴 속에 저장해두고 섭취할 수 있다. 동굴 속에서 발견된 순록의 뼈는 남자들이 사냥을 떠나면서 귀환할 때까지의 예비식량으로 미리 잡아서 저장해둔 것일 가능성이 많다.

그러나 순록은 그 공급원이 방대하고 일상적이라는 점에서 희소가치와 구미가 격감될 뿐만 아니라 용맹한 사냥꾼의 수렵대상으로도 흥미가 떨어지는 동물이기도 하다. 그에 비해 말은 순록으로 인해 감퇴된 다방면의 욕구를 충족시켜주는 동물이라 할 수 있다. 홍적세洪績世초기(100만 년 전~50만 년 전)에 베링해협을 건너 온 북아메리카의 말Equus은 빙하기에 전멸되어 그 수가 희소했을 뿐만 아니라 체력도 강하고 속도도 빨라 웬만한 사냥기량과 용맹을 겸비하지 않고서는 잡을 수가 없는 동물이었다. 말을 포획하는 사냥꾼은 공동체에서 영웅 대접을 받았을 법도 하다. 모든 남자들의 우상이었을지도 모른다. 여성들도 암벽에 그린 말 그림을 통해 자식들에게 이담에 커서 이런 동물을 잡는 사냥꾼이 되라고 어려서부터 세뇌시켰을 것이다.

사자는 물론이고 들소의 일종인 바이슨Bison도 "거대한 동물로 체중만도 수놈이 900kg(암컷은 그 반 정도)에 달한다. 얼른 보아 둔하고 느린 것처럼 보이지만, 사실은 민첩하며 사냥이 아주 위험했다고 한다."[141] 사슴의 경우 육질이 맛있었음에도 이동 속도가 빨라 포획에 어려움이 따랐을 것이다. 지금처럼 엽총도 없었고 석기나 몽둥이에 의존한 사냥이었기 때문이다. 토끼의 경우에는 빙하기시대 소형 초식동물을 만족시킬만한 서식지가 확보되지 않은 탓에 수량이 적었을 가능성도 배제할 수 없다. 왜냐하면 "기후의 변동은 인간뿐만 아니라 동물과 식물의 번식에도 영향을 미칠"[142] 수 있기 때문이다. 게다가 토끼는 먹잇감을 따라 계절성 이동도 할 수 없는 동물이다. 주어진 서식지의 공급원에 소극적으로 의존할 수밖에 없다.

결론적으로 말하면 동굴은 어머니들이 자식들을 훌륭한 사냥꾼으로 배양하기 위한 교육 장소였으며 벽화는 이 교육을 위한 교재였다고 할 수 있다. 위대한 모성애가 위대한 예술을 잉태한 것이라고 감히 단언할 수 있겠다. 위대한 것은 언제나 가장 평범한 것에서부터 시작된다는 이치를 여성들은 자신들의 실천으로 증명해냈다.

ㄷ. 동굴벽화와 마법사

일부 서양 학자들은 유럽의 구석기시대 예술을 "샤먼이 본 환각"이라고 규명하고 있다. 그런데 프랑스의 동굴벽화 속에 나타난 최초의 무당은 남자라는 점을 미리 짚고 넘어가려 한다. 적어도 구석기시대에는 무속과 여성은 연관이 없다는 사실을 암시하기 때문이다. 구석기시대의 예술은 지금부터 3만 5천 년 전의 오리냐크문화Aurignac에서 시작되어 1만 2천 년 전의 마

---

141 위의 책, p. 207.
142 슈테파니 펭크 외 지음, 조이한·김성조 역, 『아틀라스 서양 미술사』, 현암사, 2013, p. 11.

들렌문화 말기에 끝나지만 절대 대부분의 그림소재가 동물일 뿐 이른바 무당·마법사·주술사로 불리는 인간의 형상은 고작 몇 점에 불과하다.

라스코 동굴의 "상처 입은 들소" 벽화, 레 트루아 프레르Les Trois Frères 동굴의 '사자獅子의 제단'이라고 불리는 선각벽화, 레콩 바렐Les com barelles 동굴의 반인반수의 마법사 벽화, 생 시르크Saint-cirg 동굴의 기괴한 사람 형상 마법사 벽화, 르 뒤크 동굴의 선각 마법사 벽화, 레 트루아 프레르 동굴의 마법사 벽화 등 손가락으로 꼽을 만큼 그 수가 빈약하다. 학자들은 거의 이구동성으로 이들 벽화를 마법과 주술 또는 무속과 종교와 연결시켜 분석한다.

학자들의 견해에 따르면 생산 활동에서 완전히 유리되어 샤머니즘의식을 전담하는 무의巫醫 또는 무당(남자)은 구석기시대 말기에 이르러 출현했으며 동굴은 무당이 씨족 구성원들을 소집하여 종교의식을 진행했던 장소[143]일 따름이다. "캄캄한 석실에서 무당이 주술에 사로잡혔다가 깨어나 그린" 그림은 "산 자의 세계와 초자연적인 조화 사이의 영적 관계를 반영"[144]한다는 것이다. 프랑스에서는 이 무당이 등장한 시기를 서남부에서 마법사 그림이 발견된 "기원전 25,000년 전후"[145]로 추측하고 있다.

브뢰이유Henri Edouard Rosper Breuil 신부는 구석기 미술을 수렵의 풍요를 기원하는 마술행위로 보았고 래밍 앙프레르Annette Laming-Emperaire는 동굴 벽화들은 종교예술로, 동굴은 성소로 단정했다.[146] 결국, 이 그림들은

143 斯塔夫里阿诺斯 著, 앞의 책, p. 12.
144 브라이언 페이건(2007), 앞의 책, p. 48.
145 皮埃尔, 美盖尔 Pierre Miquel 著, 앞의 책, p. 12.
146 임두빈, 앞의 책, p. 98.

"사냥의 성공을 보장받는 수단으로서 일종의"[147] "주술적呪術的인 의미"를 띠고 있는 것이다.

> 그림과 실제의 차이를 깨닫지 못한…… 그들은 짐승의 모습을 그림으로써 그 짐승들이 자신들에게 잡혀 있다고 생각했으며, 그림에서 '죽이는' 행위는 곧 짐승을 죽이는 행위와 같다고 믿었다.[148]

보다시피 주술행위는 비단 인간 마법사와 연관된 그림에만 해당하는 것이 아니라 동물 그림 전체에도 영향력을 행사하고 있음을 알 수 있다. 동굴그림을 주술행위로 간주하는 학자들의 주장은 이외에도 막스 라파엘Raphael, Max의 동물숭배 토테미즘과 르루아 구랑André Leroi-Gourhan의 성적 상징주의 이론이 있다. 회화의 목적을 유희라고 단언함으로써 해석을 주술성으로부터 탈피시키려는 유일한 시도가 있지만 공감대를 얻지 못하고 있다.

여기서 이른바 인간 마법사 그림만 놓고 말할 때 이들 학자들의 공통점은 무당이 "남자"라는 판단이다. 이들은 본의 아니게 상호 공모하여 여성을 성소인 동굴과 주술인 미술로부터 배제시킨 것이다.

> 수 세기 동안 연구원들은 성년식 같은 의식을 치르기 위해 남자와 소년들만 동굴을 방문했을 거로 생각했었다. 이것은 잘못된 생각이다. 동굴 깊은 곳에 남아 있는 발자국을 조사한 결과 남녀노소 할 것 없이 지하 동굴을 방문했었다.[149]

---

147 H·W·잰슨 & A·F·잰슨 저, 최기득 역, 『서양 미술사』, 미진사, 2013, p. 44.
148 위의 책, p. 44.
149 브라이언 페이건(2012), 앞의 책, p. 364.

이제 필자 앞에는 동굴에서 소외된 여성의 존재를 진실의 궤도를 따라 주인공의 자리로 복귀시키는 과제가 남았다. 사실 "동굴벽화는 종교적 혹은 마술적 목적을 지녔던 것으로 추측되지만 정확한 의미는 알 수 없다."[150] 밖에서 거행해도 가능한 의식을 위한 그림치고는 장소가 너무 구석지고[151] 좁은 것[152]에 대한 의문은 차치하고서라도 "종교적 믿음을 입증할 만한 유물이 발견되지 않았다."는 사실에서부터 샤머니즘이론은 흔들릴 수밖에 없는 운명이다.

동물 그림과 여성의 관계에 대해서는 앞부분에서 언급했으므로 생략하고 여기서는 마법사에 관련된 그림에 대해서만 분석 텍스트로 삼으려고 한다.

① 라스코 동굴벽화

브뢰이유 신부의 분석에 따르면 그림 「상처 입은 들소」의 내용은 "수렵 사고"이거나 "수렵 마술의 의식이 최고조에 달해 황홀상태에 빠진 사람"을 의미한다. 막대기는 토템인 동시에 말도 안 되는 "신성한 지팡이로서의 솟대"[153]이며 새는 넘어져 있는 사냥꾼의 수호신이다. 심지어 어떤 학자들은 넘어진 사람을 샤먼으로 추정할 수 있는 근거를 새로 변신해서 공중을 나는 능력이 있는 시베리아의 샤먼에서 찾고 있다. 그

---

150 스티븐 파딩 저, 하지은·이사빈·이승민 역, 『This is Art: 1,100점의 도판으로 설명하는 세계 미술』, 마로니에 북스, 2011, p. 17.

151 H·W·잰슨, 앞의 책, p. 22.

152 요코야마 유지, 앞의 책, p. 312. ('퐁 드곰 동굴' 이 벽화를 앞에 두고 원시적으로 의식이나 주술 춤을 추었다고는 상상하기 어렵다. 무엇보다도 동굴 안은 좁아서 춤을 출 만한 장소가 없는 것이다.) p. 316. ('레콩 바렐 동굴' 폭이 넓은 곳이 고작 1m, 높이도 2m 이하다.)

153 임두빈, 앞의 책, p. 72.

러나 앙드레 루르아 구랑이 지적한 것처럼 "선사시대 사람의 종교나 습관 등이 하나도 알려지지 않은 현재, 정확한 것은 아무것도 없다."는 사실을 염두에 둘 필요가 있다. 동물이나 기호들은 남성과 여성, 둘 중의 하나를 상징한다는 그의 성적 상징이론은 그나마 종교의 유혹에서 어느 정도 탈피했다고 할 수 있을 것이다. 막대기 토템에 상당하는 그림 역시 이곳 말고는 다른 동굴에서는 전혀 발견되지 않는다.

> **사냥을 하다가 사고가 난 것을 기념하는 장면인지 또는 주술적인 장면인지 잘 알 수 없지만…… 성기性器는 과장되어 있으며 입은 새의 부리처럼 생긴 아주 엉성하게 그려진 한 남자가 양팔을 벌리고 땅에 벌렁 누워 있는데 내장이 튀어나온 들소가 이를 노려보고 있는가 하면 코뿔소는 멀어져가고 있으며 이 남자 옆에는 새가 올라가 있는 장대와 투창기가 놓여 있는 그림이다.[154]**

필자의 관심을 끈 것은 이 사람의 생명이 직면한 위기보다는 넘어져 있는 사람이 남자라는 사실과 그 남자의 궁색한 모습이 "전부 박진감 있는 기교로 멋지게 그려진 동물 그림에 비해" 아주 엉성하면서도 "서투른 스케치로 치졸하게 그려진" 형상이라는 점이다. 남자는 들소의 무서운 공격 앞에서 투창과 막대기를 내버린 채 사경에 처해 있다. 그가 만일 "새로 변신해서 공중을 나는 능력"을 소유한 신들린 마법사라면 이렇게 속수무책으로 죽음만을 기다리고 있지는 않았을 것이며 화가 또한 "존경의 대상"[155]인 마법사를 엉성하고 졸렬한 필치로 묘사하지는 않았

154 드니즈 드 쏜느빌르 보르드, 앞의 책, p. 138.
155 브라이언 페이건(2007), 앞의 책, p. 48. (사람들은 무당을 존경하고 두려워했다.)

| 사진 22 | 라스코 동굴벽화 「상처 입은 들소」와 「마법사」

사냥꾼에게는 무엇보다도 숙련된 기술, 풍부한 경험, 유효한 무기 등이 필요하다. 하지만 그보다 못지않게 중요한 조건은 수렵행위에서의 용맹함이다. 죽음이 두려워 비겁해진 사냥꾼은 맹수를 잡을 수 없기 때문이다. 이 그림은 동굴에 남은 여성들이 자식들에게 비겁한 사냥꾼이 되지 말라는 교훈을 전수하는 데 사용된 교육 도판이다. 그리고 벽화 속의 인물이 "마술사"라는 해묵은 주장은 투창에 명중되어 탈장脫腸한 들소의 무력한 공격 앞에서도 속수무책으로 유린당하는, 무능함에서도 공감대가 떨어진다.

을 것이다. 이 벽화에는 투창을 맞고 창자가 흘러내리는, 부상당한 들소도 이기지 못하는 사냥꾼(혹은 마법사)에 대한 화가(여성)의 노골적인 비난과 혐오가 섞여 있다. 과장된 성기는 위기에 봉착한 사냥꾼이 남자임을 강조하고 있다.

단도직입적으로 말해 이 그림은 동굴 속의 어머니 화가들이 자식을 훌륭한 사냥꾼으로 육성하기 위해 진행한 그림교육의 일환이라고 할 수 있다. "상처 입은 들소" 앞에 쓰러져 있는 남자는 동물을 두려워하는,

비겁한 사냥꾼의 형상이다. 그것은 막대기와 남자의 머리에 달려 있는 새의 형상으로 상징화 되고 있다. 구석기시대 인류에게 새의 이미지는 그 무슨 "하늘과 땅을 이어주는 상징체"[156]가 아니라 사람이 근처에 가기만 해도 도망치기에만 급급한 겁쟁이였을 것이다. 새가 샤먼을 상징하는 이미지로 부상한 것은 신석기시대의 농경시기부터였다. 조류는 독수리, 매 등을 제외하면 보편적으로 공격성도 결여되어 있다. 인간의 머릿속에 오로지 도망에 의해서만 위험으로부터 생명안전을 지켜낼 수 있는 연약한 동물로 각인되었을 법도 하다.

"의미가 불분명한 여섯 개의 점"[157]은 떠나가는 들소의 배설물이다. 비겁한 사냥꾼에 대한 여류화가들의 풍자와 능멸이 이보다 더 적나라하게 표현될 수는 없을 것이다. 모친 화가들은 동굴의 가장 깊숙한 곳에 들어와 주변에 괴물과 사자, 추락사하는 말과 같은 무시무시한 공포와 으스스한 두려움을 발산하는 그림들을 통해 자식들에게 용감한 사냥꾼이라면 반드시 가져야 하는 사내대장부의 담력을 심어주려 했음이 분명하다.

한편 라스코 동굴에서 발굴된 등잔의 존재에 대해서도 종교적인 의식과 연결시키려는 학자들이 있다. 백 수십 개의 원시적인 등잔들은 "10cm 정도 크기의 편평하고 가운데 부분이 약간 오목한 돌 조각으로서, 약간 가공되었거나 아니면 전혀 가공되지 않은 것"들이지만 단 두 개만은 "훌륭하게 가공"된 것인데 공교롭게도 마법사 그림이 있는 "우물"바닥에서 발굴됨으로써 의식용儀式用으로 사용되었을 것이라는 추측

156 임두빈, 앞의 책, p. 71.
157 요코야마 유지, 앞의 책, p. 39.

을 난무하게 했다. 그리하여 로베르 베그앙과 장 클로트는 등잔을 "동산 예술의 성역에 그려진 신성한 동물이나 사람 형상에 바쳐진 '공물'이라고 생각했으며…… 공물의 존재야말로 벽화를 앞에 두고 의식을 거행했다는 가장 확실한 증거"[158]라고 판단했다. 하지만 동굴 안은 의식을 거행하기에는 너무 비좁을 뿐만 아니라 여성들과 어린이들의 출입이 힘든 수직 통로이다.

필자는 특제 등잔은 의식용이 아니라 여성들이 깊은 굴속으로 그림 그리러 진입할 때 휴대하던 이동식 등잔이었을 것으로 판단한다. 이른바 요즘의 플래시 역할을 한 셈이라 하겠다. 좁고 험한 굴속으로 이동하려면 등잔이 흔들려 기름이 쏟아지거나 바람에 불이 쉽게 꺼진다. "가운데 부분이 약간 오목한 돌 조각"에 담긴 기름은 쏟아질 위험이 더 많다. 부싯돌로 "마른 풀에" 점화해야 하는 만큼 한번 불이 꺼지면 재점화도 어려웠다. "지방 덩어리 50g으로 한 시간가량 불을 밝힐 수 있다"[159]고 하니 원거리 이동에는 많은 양의 지방이 필요하다. 기름을 다량 수용하려면 가운데 부분을 인공적으로 깊이 파낸 특제 등잔을 사용해야 이동할 때 유리했을 것이다.

지금까지 살펴본 바에 의하면 여성의 존재는 동굴벽화의 분석에서 시도된, 구석기시대에는 아직 출범하지도 않은 종교나 무속과 연계시키려는 무리한 사고방식 때문에 역사의 무대에서 퇴장할 수밖에 없는 곤욕을 치러야만 했음을 알게 되었다. 구석기시대 유럽의 동굴미술—그것

158 위의 책, p. 273.
159 위의 책, p. 48.

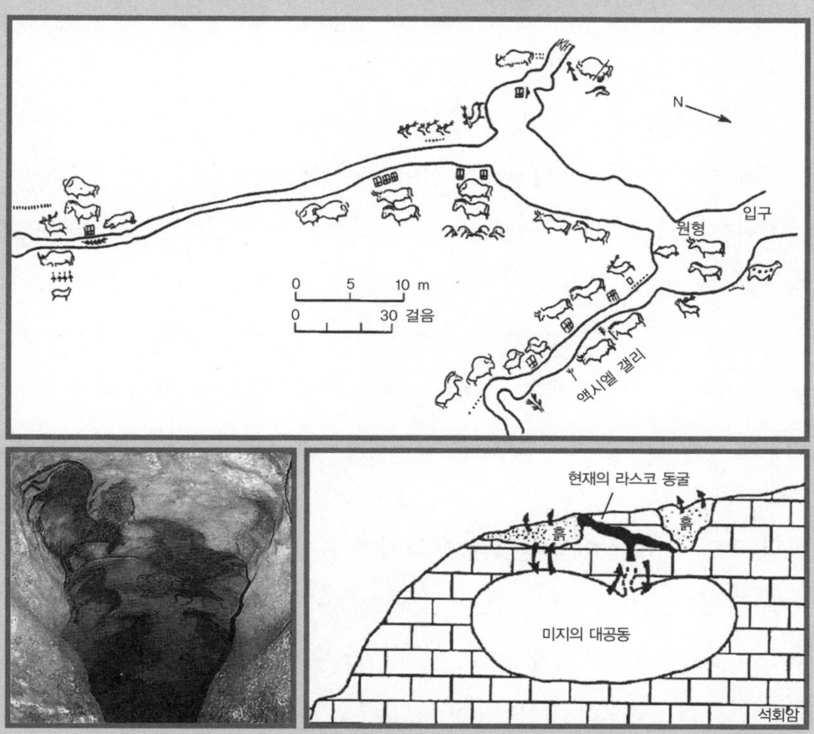

| 사진 23 | "상처 입은 들소" 벽화 가까이에 있는 수직 "우물"과 미지의 대공동

"상처 입은 들소" 그림 아래에 있는 "우물"은 이 벽화를 통한 정신교육과 함께 담력을 기르기 위한 고난도 훈련 장소였다. 엄마들은 자식들을 5미터나 되는 수직의 깊고 어두컴컴한 웅덩이 아래로 내려가게 한 다음 벽이나 넝쿨 줄을 타고 다시 기어오르도록 했을 것이다. 수직 굴 아래의 무시무시한 대공동大空洞 또한 담기膽氣를 연마하는 데 도움이 되었을 법도 하다. 천험에서의 반복적인 훈련을 거쳐 아이들은 어려서부터 위험을 두려워하지 않는, 강인한 사냥꾼으로 성장했을 것이다.

은 여성의 본능적인 모성애와 식품확보를 위한 생명의식이 창조해낸 위대한 걸작이었다.

② 르 뒤크 동굴벽화

브뢰이 신부에 의해 "뿔이 달린 신"이라고 명명된 작품이다. 동물의 번식과 수렵의 성공을 담당하는 신이라고 한다. 그러나 "구석기시대 동굴벽화에 등장하는 반인반수半人半獸의 형상은 동물가면을 쓰고 의례를 행하는 주술사를 그린 것"[160]이라는 견해는 신석기 이후 농경사회에나 있을 법한 사고방식에 짜 맞춘 확대 해석에 지나지 않는다. 그나마 반수半獸의 의미가 의장儀裝 또는 가장假裝이라는 주장에는 설득력이 있어 보인다. 가장은 포획 확률이 높은 근접 사냥에 유리하기 때문이다. 그러나 가장의 목적이 동물의 시선을 혼란시켜 동질성의 착각을 유도하는 것이라면 당연히 사냥 대상 동물과 동일하거나 친화적인 동물의 가장이 필수일 것이다. 그런데 벽화의 "마법사"는 여러 가지 동물상을 동시에 이용하고 있다. 몸에는 노루 가죽, 얼굴은 올빼미, 머리는 사슴뿔, 귀는 순록, 엉덩이는 말꼬리 등 네댓 마리의 부동한 동물상을 혼용하고 있다. 책에 따라 부동한 동물상까지 합치면 그보다도 더 많다. 예를 들면 "늑대 귀와 곰의 어깨"[161]와 같은 것들이다.

가장 주목되는 점은 새의 형상이 자취를 감추었다는 사실이다. 그리고 레 트루아 프레르 동굴의 "'신전'의 동물 그림은 모두가 단순한 선각

---

160 임두빈, 앞의 책, p. 133.
161 斯塔夫里阿诺斯 著, 앞의 책, p. 12.

에 지나지 않지만, 마법사만은 선각 위에 채색"[162]을 칠한 것은 라스코 동굴의 "엉성하고 조촐한" 마법사의 그림과는 극명하게 대조된다. 이는 라스코 동굴의 새머리 마법사에 던져졌던 여성의 부정적이던 시선이 "뿔이 달린 신"을 그릴 때는 긍정적으로 전향하고 있음을 의미한다.

| 사진 24 | "뿔이 달린 신"

이른바 "뿔이 달린 신"은 반신반인이라기보다는 사냥물에 가까이 접근하기 위해 동물의 탈을 쓴 사냥꾼이다. 다른 한편으로는 가면을 통해 시각, 청각, 속도 면에서 특출한 동물들의 기능을 빌리고 있다.

실제로 "뿔이 달린 신"이 몸에 부착한 동물의 상징들은 모두 수렵과 밀접한 관계를 지니고 있다. 올빼미는 육식 수렵 동물인데 주로 고요한 밤에 사냥한다. 특히 밤눈이 밝아 어둠 속에서도 사물을 명확하게 관찰하고 먹잇감을 공격하는 기능을 소유하고 있다. 사슴, 노루, 그리고 말은 야생동물들 중에서도 달리는 속도가 가장 빠르다. 귀는 순록이라는 견해와 늑대라는 주장이 병존하는데 필자의 판단에는 말의 귀라고 생각된다. 청각은 말의 모든 감각 중에서도 가장 출중하다. 사람이 들을 수 없는 소리까지 들을 수 있다.

만일 어떤 남자에게 고도로 출중한 시력과 청력 그리고 속도까지 모두 겸비되어 있다면 그는 두말할 것도 없이 훌륭한 사냥꾼일 뿐만 아니라 공동체에서 떠받드는 영웅일 것이다. 짐승의 동정을 면밀하게 관찰

---

162 요코야마 유지, 앞의 책, p. 340.

하며 "허리를 굽힌" 채 쏜살같이 먹잇감을 향해 돌진하는 사냥꾼! 여류 화가는 저도 모르게 그에 대한 존경심이 우러나 그의 몸에 채색을 한 것이다.

이제는 구석기 예술을 무참히 농단하고 유린했던 종교와 무속을 청산하고 그 자리에 평범한 여성—어머니를 복권시키는 일만 남았다. 사실 무속이 분만되려면 농경이라는 모태가 전제되어야만 하는데 구석기 예술을 무속과 연결시키려는 시도가 아직은 시기상조이기 때문이다. 고대의 농경은 전적으로 하늘의 지배에 의존해야 했기 때문에 그 하늘과 작물이 성장하는 땅 그리고 인간과의 사이에서 양자의 관계를 조율하고 소통할 수 있는 무당의 필요성이 생긴 것이다.

2) 동산 미술의 주제—비너스

ㄱ. 동산 미술의 화가와 제작의 이유

동굴벽화와 변별되는 동산 미술의 특징은 그림의 소재는 사람(여성)이고 재료는 점토나 뿔 또는 뼈이며 화법은 조각(또는 선각)이고 감상법은 이동과 휴대가 가능하다는 몇 가지로 집약할 수 있을 것이다. 그런데 이 속에는 고금중외의 학자들도 해석하지 못한 하나의 불가사의가 잠복해 있다. 동산 미술이 동굴미술의 교체에 의해 퇴장하면서 다산과 출산을 기원하는 의식이 감쪽같이 역사무대에서 자취를 감췄다는 미스터리다.

그렇다면 동굴미술시대 즉 마들렌시기에 들어와 인류는 더 이상 학자들이 줄기차게 주장해온, 다산과 출산에 대한 주술이 필요 없게 되기라도 했단 말인가. 혹자는 동굴미술시대에도 장소와 방식만 바뀌었을 뿐 주술의식은 여전히 진행되었다고 주장할지도 모르겠다. 그러나 이러한 주장은 일고의 가치도 없는 억측에 불과하다. 이들의 견해에 따르면 동산 미술이 경배한 신적 대상은 풍요와 다산의 상징인, 풍만한 여성상이라고 한다. 하지만 동굴미술의 소재는 동물(먹잇감)이 주인공이고 사람은 극히 희소하다. 그뿐만 아니라 여성이 주인공이던 동산 미술에서는 극소수에 불과한[163] 남자 무당이 느닷없이 동굴미술에 등장하고 있다. 게다가 인간의 모습도 제대로 갖추지 못한 반인반수의 형상이다. 이는 여성숭배 의식의 종결을 단적으로 입증해준다.

동산 미술의 주인공이던 "주술적 조형물" 여성과 "아이를 잘 낳아 튼튼하게 길러야 한다는 구석기시대인들의 염원"[164]은 갑자기 어디로 사라졌을까?

이 미스터리를 파헤치려면 전혀 엉뚱한 곳, 기후와 지형 내지는 인류 이동에 대해서부터 분석의 메스를 들이대야만 한다. 이와 같은 분석 코스는 과학계에서 이미 공인된 "기후결정론"[165]과 "지형결정론"[166]에서 그 명분을 배당받는다.

"기후결정론"에 따르면 인류의 문화는 기후변화에 많이 의존한다. 그렇다면 유럽에서 꽃을 피운 동산예술의 발전도 이 조건에서 결코 자

---

163 요코야마 유지, 앞의 책, p. 144. (홀렌슈타인 슈타텔 유적에서는 상아로 만든 한 조의 사람 형상이 출토되었다. 그것은 선사예술에서는 드물게 나타나는 남자의 모습이다.)

164 임두빈, 앞의 책, p. 25.

165 엘스 워드 헌팅턴(E.Huntington)의 "기후결정론"은 기후의 조건들이 자극을 주어 문명을 고도의 수준으로 만들었다는 가설이다. 그는 고도의 문명은 특정의 기후(최적의 기후)를 가진 곳에서 일어난다고 주장한다.

166 칼 리터(K.Ritter)의 "지형결정론"은 지구의 형태가 문화적 성장에 결정적인 영향을 준다는 가설이다. 불규칙적인 해안선과 다양한 지리 조건들을 구비한 대륙이 국가 발전의 유일한 환경을 제공한다고 주장한다.

유로울 수는 없을 것이다. 크로마뇽Cro-magnon인이 유럽에 첫발을 들여놓은 것에 대해 학자마다 주장이 각이하지만, 단 하나 그것이 시간적으로 어느 때이든지 기후와 지형조건의 허락이 전제되어야 한다는 점에서는 공통성을 가지고 있다.

인류의 이동은 발상지인 아프리카에서 시작되어 중동, 서아시아 등 여러 단계를 거쳤는데 학자마다 시기 판단에 상이성을 보이고 있다. 10만 년 전후[167], 10만 년 전[168], 10만 년 전쯤과 5만 년 후[169], 대략 4만 5천 년 전[170], 4만 3천 년 전 혹은 3만 7천 년 전[171], 3만 4천, 2만 8천 년 전[172], 3만 3천 년 전[173], 중앙아시아에서는 3만 년 전[174], M173의 Y—염색체 분석 결과 3만 년 전[175] 등이다. 출발지점도 아프리카와 중앙아

---

167 박선주, 『인류의 기원과 진화』, 충북대학교, 1999, p. 35. (10만 년을 전후해서 중동 지역에 도달한 슬기 사람은 30,000~40,000년 전에 유럽과 아시아로 퍼져 나간 것으로 추정된다.)

168 존 리더, 앞의 책, p. 24.

169 브라이언 페이건(2012), 앞의 책, p. 37. (첫 번째 이주는 10만 년 전쯤에 있었던 것으로 가뭄으로 인해 근동 지역에서 멈춤. 두 번째 이주는 잘 기록된 것은 아니지만 약 5만 년 후에 일어난 것으로 보인다. 이번에는 현생인류가 근동 아시아(Near East Asia)전역에 걸쳐 정착해 살았는데 네안데르탈인과 같은 지역에서 살았을 것이다.)

170 宾塞 韦尔斯 著, 杜红 译, 『人类祖先的迁徙史诗「出非洲记」』, 〔美〕 东方出版社, 2004年 5月, p. 80. (대략 4만 5천 년 전 현대인은 그들의 구석기 후기의 도구를 휴대하고 중동 지역으로 진입하였다.)

171 弗根(Brian. M. Fagan; 브라이언 페이건) 著, 杨宁 等译, 『世界史前史』, 〔美〕 世界图书出版公司, 2011年 11月, p. 109. (크로마뇽인은 늦어도 4만 3천 년 전에 이미 유럽 동남부와 중부 지역에 거주하고 있었다.)

172 박선주, 앞의 책, p. 296. (유럽의 경우 34,000년 전 동부 유럽에서 현생인류의 슬기 사람이 먼저 나타나고 서부 유럽에서는 이보다 늦은 30,000~28,000년 전 사이에 나타난다.)

173 슈테파니 펭크, 앞의 책, p. 11. (기원전 3만 3천 년경부터 시작된 마지막 빙하기가 끝날 무렵 유럽에서는 현생인류인 호모 사피엔스사피엔스가 호모 에렉투스와 네안데르탈인을 대체했다.)

174 简·麦金托什 著, 앞의 책, p. 30. (대략 3만 년 전부터 가능하게 중앙아시아에서 온 새로운 현대인〔그라베트인, Gravettias〕이 유럽 동부로 유입하기 시작했다.)

175 宾塞 韦尔斯 著, 앞의 책, p. 106. (M173의 Y—염색체의 몇 개 "STR유전자 좌〔Locus〕" 변화의 수량 검사를 통해 그것의 출현 연대가 대략 3만 년 전이라는 추산이 나온다. …… 이는 대다수 서구인들의 공통 조상은 대략 3만 년 전에 서유럽에 들어왔음을 의미한다.)

시아, 근동 등으로 다르다. 이동의 시간대 불일치와 공간상 상이성이 엄연히 존재함에도 불구하고 이 속에는 하나의 공통성이 내재되어 있다는 점을 간과해서는 안 된다. 한마디로 기후조건과 지형변화다. 구석기시대 인구 유동이 잦았던 이유는 기후변화와 그로 인한 서식지(숲, 초원)축소라고 할 수 있다.

> **선사시대의 인류에게 '이동'이란 자연스러운 활동이었다. 우리 조상들은 한 지역에서 동물들을 많이 사냥하여 먹잇감이 고갈되면 다른 지역을 전전하는 떠돌이 생활을 했다. …… 기후변화는 장소를 이동하는 가장 중요한 원인이었다.**[176]

가뭄이나 홍수로 인한 기후변화는 먹잇감 감소로 이어질 수밖에 없었다. 이렇게 되면 먹잇감이 있는 곳으로 떠나 갈 수밖에 없었을 것이다. 아프리카와 중동의 인류가 유럽으로 이주한 원인도 이런 사정에서였다. 아프리카에서 "오랜 기간 비가 내리지 않아 수원이 말라붙고 식물과 동물 자원이 줄고, 출산이 감소되고 사망률이 상승"[177]하는 기후변화는 인구이동의 중요한 원인이 되고 있다. 기후의 변화는 이동의 숫자와 주기를 조율하는 배후조종자이기도 하다. 기온이 상승할 때는 이동하고 하강할 때는 멈추는, 시간적으로 단계적 이동을 진행한 것이다. 숫자는 많아서 100명 적으면 대여섯 명으로 구성된 "소수의 무리가 한 무리씩"[178] 간헐적으로 이동했다.

---

176 조반니 카라다 저, 이희정 역, 『선사시대』, 사계절출판사, 2006, p. 31.
177 존 리더 저, 앞의 책, p. 179.
178 브라이언 페이건(2012), 앞의 책, p. 177.

이렇게 근동의 인류가 유럽으로 진출한 시기는 그것이 언제가 되었든 모두 기온의 상승과 연관된다고 봐야 할 것이다. 30,000만 년 전 후기 빙하기시대 "크로마뇽인이 유럽에 진입할 때 마침 짧은 온난 기후"로서 "중간 중간 따뜻했던 기간이 포함"[179] 되어 이주를 촉진하는 계기가 마련되었던 것이다. 온난 기후는 숲 면적을 확장시켰을 뿐만 아니라 충분한 지형의 변화 즉 서식환경을 창조함으로써 인간을 비롯한 각종 생명체들을 유혹했다. 먹이사슬로 얽혀진 동물과 사람은 언제나 함께 이동한다. 열악한 기후로 인해 서식지가 줄어들면 동물은 먹이를 찾아 다른 곳으로 이동했고 사람들은 사냥감을 따라 이동했다.

기후의 핍박에 의해 유럽에 진출한 인류는 이번에는 지형의 통제를 받아야만 했다. 숲이나 초원이 발달하여 동물들이 서식할 수 있는 곳을 찾아다녀야 했을 뿐만 아니라 "항상 물을 구할 수 있고…… 환경으로부터 보호가 잘되는 지역"[180]을 생활 공간으로 선택해야만 한다. 진입 초기만 해도 그리 춥지 않아 그들은 강이나 계곡, 야산 혹은 바위 근처나 동굴 입구에 거처를 잡고 사냥을 했다. 동산 미술품들이 발굴되는 장소가 바로 이런 곳이다. 남성들은 사냥을 나가고 여성들은 노숙지에 남아 임신몸조리와 출산 후 육아에 전념했다.

한마디로 동산 미술에서 휴대가 가능한 예술품은 사냥 나간 남성들이 캠프에 두고 온 여성을 그리며 창작한 것이라면 바위 그늘이나 동굴 입구의 영구 정지된 예술품들은 여성들이 그린 것이라고 단정 지을 수 있다. 남성들 중에는 근동에서 유럽으로 진입할 때 임산부들이나 아기

179 위의 책, p. 176.
180 위의 책, p. 177.

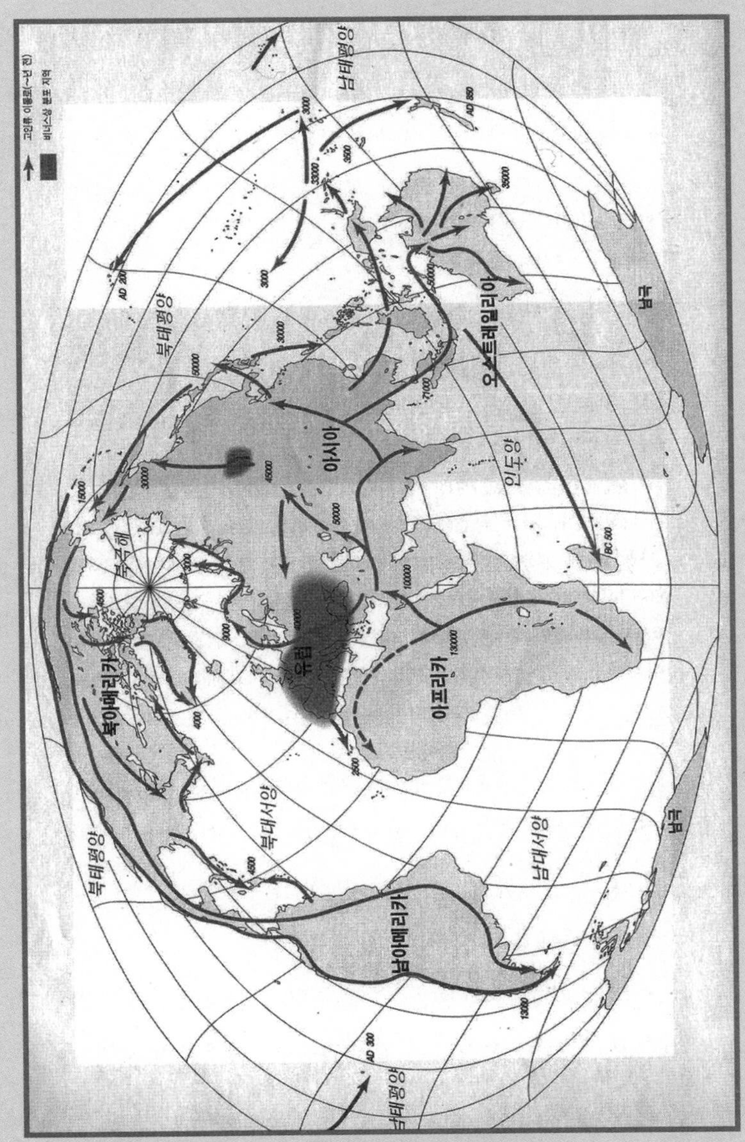

| 사진 25 | 현생 인류의 이동 노선과 비너스상 분포 지역

기후 변화는 비단 현생 인류의 이동에만 영향을 미친 것이 아니라 주거 형식에도 영향을 미쳤다. 한둔과 동굴 칩거蟄居는 기후의 온난 변화에 따른 주거 방식이다.

를 기르는 여성들을 본지에 남겨두고 온 사람들도 많았을 것이다. 이들은 고향에 두고 온 여자들을 그리며 그 모습을 상상하여 조각을 만들었을 것이다. 소형의 여성상은 휴대가 간편해 사냥 중에도 항상 몸에 지니고 다닐 수 있기에 오늘날의 사진과 유사한 역할을 했으리라 짐작된다. 그래서 그 조각품들은 동물을 제외한 대부분이 임산부이거나 출산 준비가 된 풍만한 여성상이다.

남자들은 사냥 중에 찰흙이나 짐승의 뼈 또는 뿔을 사용하여 조각품을 제작했다. 아프리카에서 최초로 발굴된 토기가 9,500년 전(나일 강 유역의 토기는 이보다도 훨씬 늦다.)이라는 사실을 감안할 때 찰흙을 구워 조각을 제작하는 토기기술을 소유한 이들은 아프리카가 아니라 그때 이미 상당한 토기제작기술을 장악한 근동에 뿌리를 두고 있음을 설명한다. 현대인류는 아프리카에서 발원하여 세계로 확산되었지만 토기제작기술과 야생동물 사육기술은 역으로 중근동에서 아프리카로 전해졌을 가능성이 많기 때문이다.

물론 사냥을 나가지 못하거나 하나의 거점에 오래 체류할 때는 남자들도 바위 그늘과 같은 곳에 휴대할 수 없는 영구성 대형 그림(선각)들을 그렸다. 그러나 이 그림도 여성이 그린 그림과는 차이가 난다. 그 주제가 풍만한 여성상이다.

여성들은 바위 그늘이나 동굴 속에 주로 동물을 그렸다. 그림에 찍힌 것은 대부분 여자의 손자국이지만 그중에 포함된 남자의 손자국도 보인다. 그것은 엄마와 함께 캠프에 머물러 있던 아동이나 남성 환자 또는 노약자들의 것으로 추측할 수 있다.

그러면 이즈음에서 약 3만 년 전에 멸종된 네안데르탈인에 대한 미스터리를 풀어볼 때가 왔다. 학계의 주장을 정리하면 크로마뇽의 유럽 점령설과 지능 저하로 인한 육체적 과부하, 사회구조의 분산, 독립 그리고 공통 언어의 부재와 수렵 도구의 낙후함 등에서 원인을 찾고 있다. "점령가설"은 전쟁의 흔적이 발견되지 않는다는 사실 앞에서 설득력을 상실한다. 지능저하와 사회구조의 불합리성 그리고 언어와 수렵 도구의 후진성은 멸망 전에도 몇만 년 동안을 지속해온 상황이라는 사실 앞에서 무색해진다.

필자는 네안데르탈인의 멸종은 서식지를 둘러싸고 소리 없이 벌어진 두 인종 집단 간의 치열한 쟁탈의 결과라고 간주한다. 악천후의 연속이던 구석기시대에 서식지 확보는 최대의 난제였다. 기후의 변화에 따라 수시로 변화하는 서식지의 확장과 축소는 여기에 생명을 걸고 살아가는 동물과 인간의 숫자변화에도 심각한 영향을 미쳤다. 서식지가 줄어들면 동물도 덩달아 줄어들었다.

> **10만 년 전 150명의 씨족 집단 하나마다 약 750㎢의 서식지가 필요했고 도보로 12시간 거리 이내에 수원이 있어야 했다. 당시 아프리카 영역 총인구를 90만 명으로 잡으면, 씨족의 수는 6,000개, 인간의 활동 영역은 밀도 450만 ㎢에 달했을 것이다.**[181]

이것은 10만 년 전 아프리카의 상황이다. 빙하기에 처해 있던 유럽의 상황은 이보다 훨씬 더 넓은 서식지가 필요했을 것이다. 그러나 본토민인 네안데르탈인이 살기에는 충분한 서식지였다. 그러던 어느 날 느

181 존 리더 저, 앞의 책,p. 172.

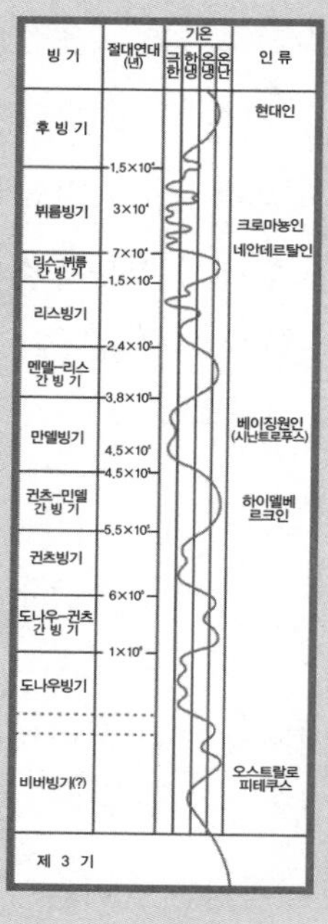

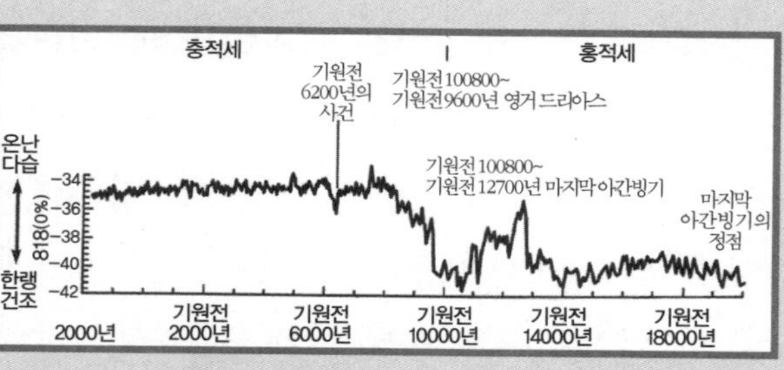

| 사진 26 | 홍적세 말, 충적세의 기후 변화도

이 시기 빙하기와 간빙기의 부단한 교체에 의한 기후 변화는 극심한 굴곡 형태를 취한다. 현생인류의 활동도 기후 변화에 따라 위축 또는 활성화되었다. 인류의 활발한 이동과 동산 미술을 탄생시킨 노천 야숙이 간빙기와 연관된다면 동굴벽화를 탄생시킨 동굴 칩거蟄居는 빙하기와 연관된다.

닷없이 크로마뇽인이 나타나 그들의 서식지를 위협하게 된 것이다. 게다가 그들은 토착민들보다 인지 능력이 발달했을 뿐만 아니라 "네안데르탈인들이 사용하는 나무로 만든 창보다 더 치명적이고 사정거리가 더 먼 가벼운 돌살촉을 장착한 창"[182]과 "바구니, 밧줄, 어렵 도구와 함께 옷을 깁는 바늘"[183]까지 휴대하고 들어왔다. 먹잇감 확보는 물론 운반과 저장의 가능성에 방한 능력까지 완벽하게[184] 정비한 크로마뇽인과의 사

182 브라이언 페이건(2012), 앞의 책, p. 43.
183 简·麦金托什 著, 앞의 책, p. 30.
184 宾塞·韦尔斯 著, 앞의 책, p. 107.

냥감 쟁탈전에서 네안데르탈인은 도저히 상대가 될 수 없었다. 먹잇감 확보에 실패하는 쪽은 죽음을 감내하지 않으면 안 된다. "사망률 증가 1%면 1천 년이라는 시간 내에 네안데르탈인의 멸종을 초래"할 수 있다는 인류학자 이슬라·소버트의 주장을 상기할 때 쉽게 설득되는 이유다. 이처럼 유리한 환경을 차지한 이방인(크로마뇽인)들은 여성을 소재로 한 특이한 그라베트 문화—동산 미술의 발전 기반을 닦을 수 있었다.

ㄴ. 비너스 조각의 비밀

"대략 2만 5천 여 점"[185]이나 되는 방대한 동산 미술 작품 전체를 분석대상으로 삼는다는 것은 힘에 부치는 작업이 아닐 수 없다. 그러나 우리는 이 미술 유물 중에서 일단 비너스상만을 추려낸 후 이들 조상彫像이 지니고 있는 공통점에 착안하여 대표적인 작품을 선택, 분석할 수는 있을 것이다. 10~5cm 크기, 과장된 유방, 엉덩이, 복부와 생략된 이목구비 등의 조형 특징을 가장 잘 체현하고 있는 작품은 "빌렌도르프 비너스상"과 "손에 뿔을 든 여인"일 것이다.

① 빌렌도르프의 비너스

이 조상의 가장 큰 특징은 유방, 엉덩이, 복부와 같은 생육과 연관된 신체 부위가 과장되고 얼굴의 이목구비가 생략되었다는 사실일 것이다. 앞에서도 언급했지만 동산 미술은 남자들의 작품이다. 이 여성상은 남자들의 시선에 비친 모습이다. 구석기시대 남자들의 시선을 자극한 여

185 임두빈, 앞의 책, p. 30.

성의 신체 부위는 얼굴의 미모가 아니라 몸매였다. 몸매 중에서도 생육과 연관된 부위가 각별히 남자들의 관심 대상이었음을 알 수 있다. 당시까지도 자신들의 정자가 생육에 미치는 역할을 인지 못했던 남자들에게 여성의 생육 기능은 신비 그 자체였다. 그래서 남성에게 여성미는 얼굴이 아니라 생육의 과정에 처한 임산부의 모습이었다. 출산, 그것은 "일상생활에 필요한 노동력"[186] 즉 새로운 사냥꾼의 탄생을 의미하기 때문이다.

| 사진 27 | 동산 미술의 정화, "빌렌도르프의 비너스"(오스트리아, 길이 11cm)

멀리 사냥을 나간 남자들이 야영지에 남겨 둔 여자들을 사모하며 손수 빚어 몸에 휴대하고 다닌 조각상이다. 과장된 유방, 복부, 성기, 허벅지 등은 오늘날 사람들의 시선에도 충분한 관능미를 발산하고 있다. 부피가 작아서 휴대하기에도 간편하다.

여기서 반드시 방점을 찍고 넘어가야 하는 대목은 미모의 부재다. 이목구비의 생략은 생활 방식과도 연관되지만 가치 기준과도 연관성을 가지고 있다. 장시간 동안의 야외생활은 얼굴이 햇볕에 노출되어 검게 타고 바람에 그을고 피부가 거칠어질 수밖에 없다. 게다가 이발 조건도 구비되지 않아 항상 장발의 머리카락이 면부를 가리고 있었기에 용모판단에 어려움이 수반될 수밖에 없다.

그보다도 더 이목구비의 실종에 결정적인 영향을 미친 것은 구석기 시대 여성의 존재가치가 백퍼센트 생육 즉 신성娠性에 초점이 맞춰졌기

186 전국역사교사모임, 『살아 있는 세계사』, 휴머니트, 2013, p. 33.

때문이다. 그래서 리처드 레윈손Richard Lewinsohn은 동산 미술 조상彫像은 "생육으로 인해 몸매가 변형된 부녀자"일 따름이라고 주장하고 있다. "조상 전체는 왕성한 생식력을 상징"[187]하고 있다. 얼굴은 여성의 수태와 임신 그리고 출산과 육아와는 아무런 연관성도 없다는 점에서 관심의 비중이 떨어질 수밖에 없었다. 물론 남자의 정자가 생육에 미치는 영향이 공개된 후 여성의 자본이던 생육의 신비성은 퇴색했고 그 대안으로 떠오른 것이 미모지만, 뒤에서 담론하기로 하고 접는다. 생육에 기여하는 여성의 모든 신체기관은 남자들의 시선에는 아름다움 그 자체였고 그러한 심리상태가 물체에 반영된 것이 이른바 저 유명한 비너스상이다.

② 손에 뿔을 든 여인

이 작품 역시 생육 관련 신체 부위들의 과장과 "얼굴이 생략"[188]되었다는 점에서는 빌렌도르프의 비너스를 닮아 있다. 다만 기법에서 부조浮彫형태를 취했다는 점과 손에 소뿔을 들고 있다는 면에서 경미한 차이를 보이고 있을 뿐이다. 소뿔이 주술의식을 행하기 위한 무구인지에 대해서는 다음 절에서 논하기로 하고 여기서는 그 용도에 대해 점검하기로 한다.

여성의 신체 구조가 생육을 중심으로 형성되었다는 사실에 대해서는 이미 앞에서 살펴보았다. 그런데 구석기시대의 여성의 경우에는 신체

187 皮耶尔·基廷 原著, 赵之江 编译, 『美神维纳斯的故事』, 〔法〕 京华出版社, 2003年 4月 1日, p. 13.

188 김용우, 『미술의 이해』, 한맥출판사, 2011, p. 5.

외적 물체까지도 생육과 절대적으로 분리된 것은 없음을 지적해야 하겠다. 소뿔 그것은 임산부가 태아의 생명을 지속시키기 위해 필요한 육아 필수품이다. 한마디로 물을 담는 용기다. 구석기시대에는 석기를 사용하여 그릇을 만들기가 용이하지 않았다. 등잔 하나도 기름을 담을 옴폭한 구멍을 내기가 쉽지 않았음을 우리는 앞에서 보았다. 물론 수자원 공급지에서 물을 담아 운반하는 데는 짐승의 위장 같은 것을 사용할 수도 있지만 그대로 마시기는 쉽지 않다. 입에 대고 마시기 좋은 용기로는 속이 비어 있는 우각牛角과 같은 짐승의 천연 뿔이 제격이었을 것이다. 더구나 운신하기 힘든 산모나 어린 신생아의 음수에 편리하다.

| 사진 28 | 손에 뿔을 든 여인 "러셀의 비너스"

러셀의 소뿔은 무구가 아니라 배속의 태아(또는 임신한 산모)를 위해 필요한, 물을 담는 용기이다. 구석기시대 여성에게 생육과 연관 없는 소지품은 존재하지 않는다.

소뿔이 물그릇이라는 추측은 중국 은나라 때의 갑골문에 나오는 술 주(酉) 자에서도 알 수 있다. 술병(또는 술잔) 아래가 뾰족한 것은 선사시대 사람들이 사용하던 뿔 그릇의 전통이 전해져 내려온 것이라고 할 수 있다.

하나라 때는 물을 떠놓고 제사를 지냈다. 제주祭酒는 아침이슬을 사용하는데 명수明水라고 불렀다. 청주淸酎 바로 청수 즉 맑은 물이다. 주周나라 때에도 현주玄酒를 제주로 사용했다. 현주는 물淸이고 한국에서는 '정화수'라고 한다.[189]

189 장혜영, 『술, 예술의 혼』, 어문학사, 2012, p. 27.

"러셀의 비너스"가 들고 있는 소뿔은 태아와 산모를 위한 필수품인, 물컵이다. 술병이나 술잔을 이런 모양으로 제작한 이유는 아래가 뾰족하여 손으로 잡기에 편리하며 윗부분은 통이 넓어 물을 많이 담을 수 있는 장점이 있기 때문이다. 게다가 이러한 추측에 명분을 실어 주는 것은 한 손에는 소뿔을 들었지만 "다른 한 손은 복부를 가리키고 있다."[190]는 사실이다. 뿔 그릇에 든 물이 태아를 위해 필요한 것임을 암시하고 있다.

ㄷ. 비너스와 주술

무속과 관련해 동산 미술에서 풀어야 할 학문적 과제는 여성상의 풍만함과 예술품 폐기에 대한 해석이라고 할 수 있다. 사실 빌렌도르프의 비너스상만 놓고 봐도 그것이 "주술적으로 쓰였는지 호신용으로 쓰였는지, 장식용으로 쓰였는지는 알 수 없음에도"[191] 불구하고 학계에서는 한사코 주술적 의식과 연결시키려는 집착에서 탈피하지 못하고 있다. 비너스 몸매의 풍만함을 "풍요로운 생산과 자식을 많이 낳기를 바라는 선사시대 사람들의 소망에서 비롯된"[192]것이라거나 "다산多産에 대한 염원이…… 담긴 주술적 조형물"일 거라는 등 협착한 판단의 골목에서 맴돌고 있는 것이다.

문제는 "그라베트기 사람들에게 종교적 믿음이 있었다는 것을 보여주는 유물은 발견되지 않았다."[193]는 사실과 동굴미술에 의해 교체된 후 동산 미술의 여성상도 동시에 사라졌다는 데 있다. "다산과 풍요의 염

---

190 张石森 等译, 『原始时代及古埃及艺术』, 远方出版社, 2006年 1月, p. 4.
191 김용우, 앞의 책, p. 5.
192 전국역사교사모임, 앞의 책, p. 33.
193 브라이언 페이건(2012), 앞의 책, p. 299.

원"이 마들렌기에 와서 갑자기 인류의 관심사에서 배제될 수 없기 때문이다. 앞에서도 언급했듯이 비너스의 풍만함은 여성의 생육기능이 독립적이라는 신비성 때문에 남자의 관심 대상이었으며 아름답게 보였을 따름이다.

"로셀의 비너스" 부조에서 여인이 손에 들고 있는 뿔에 대한 학자들의 해석 역시 주술의 깊은 수렁에 빠진 채 이른바 "마법"의 유혹에 심취해 있는 실정이다. 일부 학자들의 주장에 따르면 우각배牛角杯를 든 "로셀의 비너스" 부조 작품을 "원시시대의 제사"와 연관시킬 뿐만 아니라 이 여자를 "수렵의식을 주관"[194]하는 무녀巫女라고 간주한다. 이 여성 형상은 씨족공동체의 번영을 기도하는 데 사용"[195]했다고 추측하고 있다.

뿔이 용기로부터 무구巫具로 전환한 시점은 신석기시대의 농경문화와 일치한다. 그 뿔이 하필이면 소뿔인 이유는 농경문화에서 차지하는 소의 비중이 그만큼 지대하기 때문이다. 아마 소가 없었다면 인류의 농경문화는 실패했을지도 모른다. 소에 의해 심경深耕이 가능해졌고 토기土氣가 훼손된 지표면을 풀과 함께 갈아엎어 거름으로 만들고 토기가 왕성한 저토底土를 갈아 번져 비옥한 파종환경을 조성함으로써 씨앗이 습도와 온도를 확보할 수 있었을 뿐만 아니라 더 나아가 냉해, 한해는 물론 풍해, 수해로부터 안전하도록 보호막을 형성해주기에 소출이 증산할 수 있기 때문이다.

소의 이러한 중요성 때문에 중국에서는 일찍부터 소와 관련된 것들이 무속제의에서 무구로 사용된 것이다. 고대 중국에서 한발旱魃 기우제

194 张石森 等編, 앞의 책, p. 4.
195 皮耶尔·基廷 原著, 앞의 책, p. 14.

| 사진 29 | 잠의 신 히프노스(손에 든 물병은 소뿔의 오작誤造)
히프노스가 이마에 액체를 뿌려 잠들게 하는 행위는 다분히 주술적, 무속적 색채를 띠고 있다. 하지만 이 주술행위와 직결되는 것은 액체(양귀비)이지 소뿔이 아니다. 소뿔은 단지 액체를 수용하는 용기일 따름이다. 무당의 부채, 방울을 담은 상자가 무구가 아니라 단순한 그릇일 뿐이라는 사실과 다름없다.

를 지낼 때 무당은 "손에 소꼬리를 들고 무무巫舞를 추었다"[196]고 문헌에 전해진다. 그뿐만 아니라 무당의 무구 중에는 "우각牛角도 포함"[197]되어 있다. 소뿔을 머리에 쓰고 무속 춤을 추는 것이다.

그러나 서양에서는 그리스신화에 소뿔이 등장하지만 무구로 사용된 기록은 없다. 수면의 신 히프노스hypnos가 오른손에 소뿔을 들고 있지만, 그 뿔은 액체를 수용하는 용기일 뿐 무구는 아니다. 사람의 이마에 쏟으면 잠을 자게 만드는 액체만 마법의 작용을 가지고 있다. 히프노스가 왼손에 양귀비 꽃봉오리를 들고 있음을 감안할 때 그 액체는 인간을 마취시키는 마약 성분의 액체일 가능성이 많다. 히포노스의 소뿔이 무구가 아닌 것은 방울, 부채와 같은 무구를 보관하는 상자가 무구가 아닌 것과

196 『周礼·春官』, 若国大旱率巫而舞雩…… 这种舞也要手执牛尾.
197 尹建德, 「巫具的传说与作用」, 『中国民间文化艺术之乡建设与发展初探』, 2010年.

똑같은 도리다. 결국, 서양에서의 소뿔은 동양과는 달리 단순한 용기일 따름이다.

빙하기였던 당시에는 겨울이 엄청 길었을 것이다. 많은 경우에 식수는 얼음이나 눈을 녹여서 해결해야 했을 것이다. 그런데 가죽부대는 불에 익어 구멍이 쉽게 나고 토기는 유약이 없을 경우 물과 함께 불에 가열되면 흙이 우러나 가라앉혀야 하는 불편함이 수반된다. 가라앉힌 후에도 흙냄새는 제거되지 않는다. 당시로써는 소뿔만큼 내열성이 좋은 용기는 없었을 것이다.

동산 미술 작품들을 제작 후 불에 던져 폐기 처분하는 행위에 대해서도 "의식의 필요에 의해 가마에 넣어 구워낸 토기 모형"[198]이라거나 "일종의 의식을 위한 것,…… 미래의 운명을 점쳤다."[199]는 식으로 주술과 연결시키려는 의도가 강하다. 조상彫像들이 완성품 없이 모두 파편 형태로 나타나는 원인을 지압에 의한 파괴 또는 과열로 인한 파열로 간주하는 것은 일리가 있다고 생각한다. 그렇다고 하여 결코 "만들어 진 것을 물에 적신 후 성스러운 불 속에 던져서 그것이 폭발할 때 부서지는 모양을 보고 미래의 운명을 점쳤다."는 추측에는 동의할 수 없다. 이러한 의식은 동굴벽화시대에 들어와서는 전혀 나타나지 않기 때문이다.

그 원인은 간단하다. 앞에서도 언급했듯이 원정사냥을 떠난 남성들이 캠프에 두고 온 여성들을 그리워하며 제작했다가 마음에 드는 성공작만 소장품으로 휴대하고 나머지는 모두 불 속에 던져 폐기했던 것이다. 설령 그것이 전부 성공작이라고 할지라도 사냥을 나가야만 하는 그

---

198 简·麦金托什 著, 앞의 책, p. 30.
199 요코야마 유지, 앞의 책, p. 283.

들은 모두 휴대하고 다닐 수 없었을 것이다.

이상의 담론 내용을 집약하면 구석기시대 여성의 역할은 임신, 출산, 육아에 국한되었을 뿐 무속이나 신적인 이미지와 전혀 연관되지 않았다는 결론에 도달하게 된다. 도리어 찰스 세트만Charles Seltman의 주장처럼 이 조상彫像들에 "종교적 의미의 염원이 담겼다는 추측을 거부할 때에만 비로소 타당성"[200]을 획득한다. 이 시기 여성의 상징성은 신娠 한 글자로 압축할 수 있을 것이다. 그리고 구석기 미술은 여성의 본능적인 모성애와 이런 생육기능을 소유한 여성에 대한 남자의 사랑이 만들어낸 위대한 예술이었다.

---

200 坦娜希尔 著, 앞의 책, p. 276.

여성의 미모와 화장

2장

한마디로 화장의 기능은 암컷이 수컷을 유혹하기 위한 책략이다. 그 목적은 수컷의 정자를 자궁에 흡수하여 수태하기 위해서다. 그런데 구석기는 아직 남자의 정자를 체내에 흡수해야 수태한다는 생리적인 이치를 깨닫지 못한 시대였다. 그런 만큼 암컷이 구태여 시간과 품을 들여 화장을 함으로써 수컷을 유혹할 이유가 없었다. 여성의 화장은 남자의 정자를 받아야 수태된다는 사실이 알려진 뒤에야 비로소 시작된 행위였다.

| 사진 30 | 화장을 한 이집트 나파타리 왕후
여성의 화장은 단성생식의 신비가 사라진, 신석기시대 이후에 와서야 시작되었다. 신비감을 상실한 여성이 이제는 미모로 남성을 유혹해야 했기 때문이다. 이 사건으로 인해 여성은 남성의 지배권에 종속되는 한편 아름다움이라는 값진 이미지를 여성성에 추가하게 되었다.

따라서 최초의 여성 화장 기원은 남성과 아무런 연관도 없는 데서부터 나타난 현상이다. 그것은 캠프에 남은 여성이 포식자의 공격으로부터 자신의 신변안전을 도모하기 위해 선택했던 위장 도구에 그 뿌리를 두고 있다. 예를 들어 여자들이 몸에 바른 황토나 숯(최초의 화장)은 위장 내지는 항균 기능뿐만 아니라 탈취脫臭기능까지 함유했기에 경혈, 모유 등으로 유발된 여성 특유의 체취를 중화시킴으로써 포식자의 후각을 교란시키는 작용을 했다.

한편 장신구는 현대는 물론이고 상고시대에도 인간의 미모 특히는 여성의 미모와 연관되는, 문화적 층위 개념으로서의 장식품이다. 그것의 첫 번째 특징은 진귀함과 희소성이다. 조가비, 상아, 보석과 같은 것들은 소장가치가 충분했다. 그것들을 무리가 이동할 때 효과적으로 보관할 수 있는 대안으로 떠오른 방법이 몸에 휴대하는 것이었다. 구석기시대 사람들에게 장신구는 미모 구성의 일부이기 전에 귀중품을 소장하는 일종의 보관방식이라 할 수 있다. 물론 신석기시대에 이르러서는 몸을 치장하고 미모를 돋보이게 하는 치레걸이로 둔갑한다.

복식의 기원에 대한 담론에서도 필자는 기존의 "수치심"설이나 "미적 추구"설에 반하는 새로운 주장을 제시하려고 한다. 이러한 주장의 근거는 구석기시대 원시인은 알몸에 대해 전혀 수치심을 느끼지 않았다는 사실에서부터 건져낸 것이다. 필자의 견해를 입증이라도 하듯 구석기시대의 예술품인 모든 비너스상들은 라마들렌 동굴의 "나부裸婦"나 오스트리아의 "빌렌도르프의 비너스"상처럼 전부 나체의 상태로 표현되어 있다.

인간이 옷을 입게 된 동기를 "아름다운 것을 소유하려 하거나 시야내에 그것을 두려는 욕망"[1]이라는 추정 역시 구석기시대의 상황을 설명하기에는 역부족이다. 몸매는 의상보다 아름답다. 현대 패션 특히 여성패션에서도 될 수 있는 한 신체의 볼륨과 곡선을 살리는 디자인을 선호

1 블랑쉬 페인 저, 안혜준·김선영·정영숙 역, 『복식의 역사 「고대 이집트에서 20세기까지」』, 까치, 1988, p. 14.

하고 심지어는 의상의 일부를 파서 속살을 드러내도록 하는 디자인이 추세다.

남성 복식의 기원은 수렵에 그 기원을 두고 있다. 구석기시대에 광범위하게 사용된 수렵 도구는 돌멩이와 몽둥이였다. 짐승과의 거리가 멀수록 사냥효율이 낮을 수밖에 없었다. 아직 활이 등장하지 않았던 구석기시대에 투창기는 유효 살상무기였지만 그 무게 때문에 사냥감과의 거리가 멀면 여전히 효력이 떨어지기 마련이다. 이처럼 구석기시대에는 장거리무기가 발달하지 않았기 때문에 근접 공격의 수렵방식을 채택할 수밖에 없었다. 그렇게 나타난 것이 동물의 가면(가죽과 뿔 등)이었다. 사냥물의 시선을 교란하거나 속여 가까이 접근할 수 있기 때문에 선호했을 것이다. 이 가면이 남성들이 착복한 최초의 복식이었다.

한편 여성의 복식은 초기에는 개인적인 소장품을 몸에 간수하기 위해 끈으로 꿴 대신구帶身具 즉 띠 또는 끈의 형태를 취하다가 일정한 시간이 지난 뒤에 장신구의 형태로 변화되었고 그런 다음에야 복식의 형태로 굳어졌다. 물론 남성의 경우이든 여성의 경우이든 복식은 방한의 용도가 포함되었을 것이다.

1

여성의 화장

1) 화장—구석기시대 미모의 개념

여성의 역사는 생육을 자본으로 휘황찬란한 서막을 열고 영광의 길을 달렸으나 정자 역할 인지認知 이후부터 그 가치가 급속하게 퇴락하며 서서히 미모라는 새로운 영역을 개척하는 방향 전환을 시도하기 시작했다. 고대 이후 현대에 이르기까지 미모는 실추된 생육의 신비를 대신하여 여성의 최대 가치로 부상하고 있음은 주지하는 바이다. 국가 형성 이후 미모는 문자 그대로 여성의 제2의 생명이기도 하다.

그러나 구석기시대 여성은 생육 기능 하나만으로도 충분히 사회 속에서 자신의 위치를 확보할 수 있었기에 미모는 아직 여성 이미지를 구성하는 중요한 인소가 아니었다. 그리하여 당시 여성의 얼굴(미모는)은 여성을 대표하는 상징성에서 배제될 수밖에 없었다. 빌렌도르프의 비너스상이 그러했고 로셀의 비너스도 그러했다. 동산 미술에서는 아예 여성이 실종되고 남자가 그 자리를 대체했을 뿐만 아니라 두상頭像(머리) 자

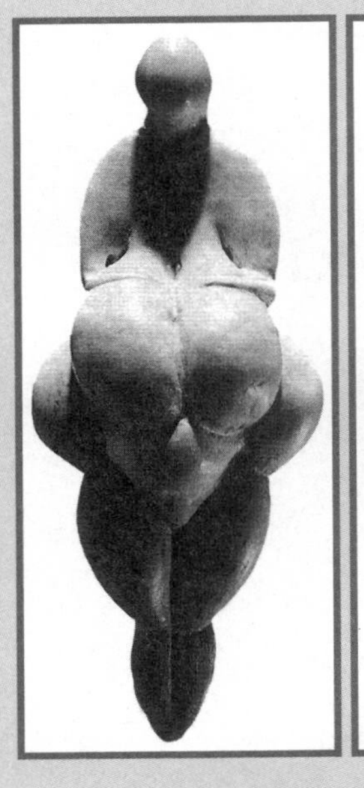

| 사진 31 | 얼굴 없는 여자(레스퓨그의 비너스. 좌, 빌렌도르프 비너스. 우)
남성 정자가 임신의 원인이라는 사실을 모르고 있던 구석기시대에 여성은 단성생식 기능 하나만으로도 남자들과의 지위 경쟁에서 그다지 불리하지 않았다. 굳이 용모의 지원 없이도 충분하게 그들과 어깨를 나란히 할 수 있었기 때문이다.

체마저도 사라지고 말았다.

이렇듯 얼굴이 생략된 상태에서 진정한 화장이란 있을 수 없다.

화장의 개념은 신석기시대 이후에는 용모와 몸매의 아름다움에 그 뿌리를 두고 산생한 것이다. 그리스에서도 화장품을 발명하고 그 사용법을 널리 확산시킨 장본인이 모두 미인이라는 사실은 화장과 미모와의 끈질긴 관계를 암시하고 있다. 화장품의 발명자는 미의 여신 아프로디테이고 그 사용법을 세상에 널리 알린 여인은 트로이 전쟁의 화근이 되었던 경국지색의 여성 헬레네Helene였다.

로마시대에는 화장의 의미가 "미장술美粧術(아르스 오르나토리쿠스)"과 "화장술化粧術(아르스 푸카토리쿠스)" 두 가지로 나뉘어 있었다. 전자는 오르나레(장식)가 어원으로 넓은 의미에서 아름다움을 유지하는 방법을 뜻하며, 후자는 푸크스(붉은색)가 어원으로 납 가루나 연지로 보기 싫은 곳을 감추는, 한자의 '화장'과 같은 뜻을 가진 말이다.[2]

얼굴을 염료나 분말 또는 향기 등으로 장식함과 동시에 못생긴 부분을 칠하여 감추는 목적은 두말할 것도 없이 미모 관리다. 그러나 이 미모의 역사는 신석기시대 이후에야 비로소 그 서막을 연다. 터키 아나톨리아고원Anatolian Plat의 신석기시대 유적인 차탈회위크에서 발굴된 "보석거울"[3]이 그 좋은 실례다. 물론 학계의 기존 연구를 집약하면 그 개념의 영역이 무속과 건강으로까지 확대된다. 그런데 인간의 미모에 기여하는 화장의 이러한 정의를 신석기 이전 구석기시대에 적용하려면 무리한 시도라는 것을 금시 깨닫게 된다. 그것은 구석기시대의 "화장(그것을 화장이라고 할 수 있다면)"은 미모와 어떠한 연관도 없기 때문이다. 당시의 "화장"이 무언가와 연결된 의미가 있었다면 그것은 오로지 원시적인 생명 그 자체였을 뿐이다.

"인간은 피부표면의 털이 없어진 뒤에 피부에 무엇인가를 그리거나 새기는 행위인 화장을 시작하였다."라고 한 다윈의 예측은 화장의 역사를 수십만 년 전이나 수백만 년 전까지 끌어올려 놓았지만 그 원시 행위가 미모와 연결된 인류문화인가 하는 문제에 대해서는 진화론의 분석 시스템이 기능의 한계를 드러내고 있다. 설령 "피부에 무엇인가를 그리

---

2 베아트리스 퐁타넬 저, 김보형 역, 『치장의 역사』, 김영사, 2004, p. 28.
3 차하순, 『새로 쓴 서양사 총론 1』, 탐구당, 2011, p. 25.

| 사진 32 | 터키 아나톨리아의 흑요석과 차탈회위크 유적의 흑요석 거울

신석기시대에 사용이 보편화된 흑요석은 인간 면모를 가시화한, 획기적인 도구였다. 예리한 가장자리는 칼이 되어 두발과 수염 및 면모面毛를 깎게 했고 광택 표면은 거울이 되어 용모 관리의 가능성을 열어 놓았다. 결국 털에 가렸던 구석기시대 인간의 얼굴을 현시해준 흑요석은 미모를 생명처럼 여기는 여성에게는 정자 역할 인지認知 이후 가장 값비싼 행운을 선사膳賜해준 보물이었다.

거나 새기는" "최초의 화장"이 미모 또는 무속과 연관된 행위라고 하더라도 그것은 인류의 진화와는 아무런 관계도 없기 때문이다.

구석기시대의 "화장"이 미모가 아니라 생명과 직결된 원시행위라는 필자의 추측에는 명분을 달아줄 만한 충분한 근거가 있다. 동물 중에서 유일하게 직립과 탈모의 신체를 가지고 살아야 하는 원시 인류는 수렵이나 포식동물의 공격에 유난히 선명한 목표로 노출될 위험성이 컸다. 사냥물에 접근할 때 혹은 맹수에게 습격당할 때 자신의 노출을 은폐시키기 위해 등장한 것이 이른바 최초의 "화장"이었다. 더 정확하게 표현하면 위장 또는 가장이라고 말해야 할 것이다. 그 기능이 아직 미모에까지는 미치지 못했기 때문에 화장이라고 할 수 없는 것이다. 몸에 뭔가를 바르거나 새기는 이러한 위장술은 생명보호 기능과 먹잇감 획득이라는

| 사진 33 | 선사시대 동굴그림, 늑대 남자(좌)와 리비아 수렵 벽화(우)

그림에서 늑대가면과 사슴가면을 확인할 수 있다. 구석기시대 사람들은 사냥감에 더 가까이 접근함으로써 수렵 효율을 제고하기 위해 짐승가면을 이용하여 동물의 경계심을 완화시켰다. 이렇게 시작된 가면 사용은 우연하게 복식과 화장의 기원이 된 것이다. 결국 화장은 물론 복식에서도 최초의 기원을 연 사람은 여성이 아니라 남성이라고 할 수 있다.

두 가지 기능[4]을 동시에 수행했을 것으로 간주된다. 수렵행위에만 국한시킬 때 화장의 기원은 남자에 의해 열렸다고 해고 과언은 아닐 것이다.

구석기시대에 미모의 개념이 형성되지 않았다는 추정은 화장을 통해 미모를 다듬으려면 몇 가지 전제가 충족되어야만 하는 조건부가 아직은 충족되지 않았다는 사실에서도 입증이 가능하다.

① 영양섭취의 충족과 그로 인한 정신적 여유.

② 여자의 경우 수컷을 유혹하기 위한 미모 관리.

---

4 베아트리스 퐁타넬, 앞의 책, p. 19. (이집트인을 비롯한 중동 사람들이 화장을 한 이유는 강렬한 태양으로부터 피부를 보호하려는 것이 주된 목적이었다.)

③ 피부노출을 위한 온도 조건 충족.
④ 피부보호를 위한 정착과 주거 공간의 충족.
⑤ 미모와 경제적 이익 간의 연결을 위한 조건 충족.

하지만 구석기시대에는 이 모든 조건들이 구비되지 않았다. 먹잇감의 부족은 영양실조와 수명 내지는 생명까지 위협했다. 아직 임신에 미치는 정자의 작용이 인지되지 않았던 당시에는 암컷이 미모로 수컷을 유혹할 필요도 대두되지 않았다. 빙하기에 처한 유럽에서 선사인류는 추위 때문에 얼굴까지 가죽으로 가리고 다녀야 했을 것이다. 이집트에서 화장이 가장 먼저 시작된 원인은 열대지역의 고온이라는 가설이 있을 정도니 이해가 될 것이다.

정착과 주거 조건이 미비할 때 화장을 해도 그 효과를 연장시킬 수 없다. 자연 상태에서의 이동생활 방식은 피부가 먼지, 바람, 추위, 햇볕에 그을고 타고 거칠어지기 때문이다. 구석기시대의 경제생활 방식은 개인소유가 아니라 먹잇감을 공동생산, 평균 분배하므로 소득에서의 이득 불균형이 존재하지 않는다.

여성과 미모가 연대하게 된 결정적인 계기는 생활환경 적응, 주술의식, 남성유혹이라는 이유로 마련되었다고 할 수 있다. 이 중 앞의 두 경우는 남자와 여자에게 모두 해당되지만 세 번째 경우는 여자에게만 해당되는 특수 조항이다. 여성은 천성적으로 미모를 추구하는 수컷의 단점을 이용하여 화장을 통해 자신의 미모를 관리함으로써 우량아를 수태시킬 수 있는 이상적인 남자를 선택하는 것이다. 남자들은 미모의 암컷을 차지하기 위해 동성들끼리의 사투도 마다치 않는다.

하지만 구석기시대에는 아직 여성의 임신에 미치는 남자 정자의 역할에 대해 모르고 있을 때였으므로 여성은 수태를 위해 이상적인 남성을 선택할 필요 자체가 없었다. 여성이 우량아를 생산하기 위해 필요한 것은 미모가 아니라 건전한 생육기관 즉 풍만한 유방과 엉덩이 그리고 자궁과 복부, 생식기만 갖추면 되었다. 여성의 독자적인 생식 과정에서 남성은 배제되는 것이다. 생식에 어떠한 기여도 할 수 없다고 생각한 남성 역시 당시로써는 미모가 결여된 여성의 생식기관들을 통해서만 성적 만족을 이룰 수밖에 없었다.

한마디로 귀납하면 석기시대의 여성의 미모는 생육의 신비에 억압된 채 문화의 저변에 숨어 탈출의 기회가 나타나기를 대기하는 수밖에 없었다.

ㄱ. 화장의 기원

인류사회의 역사가 인간과 인간관계의 역사라면 인류문명의 역사는 인간과 자연 사이의 역학관계를 통해 발생하는 변화 과정이다. 비무속, 무속, 과학 등 세 단계로 구분할 수 있다. 비무속 단계에서 인간은 자연의 물리적 기능을 단순 이용하는 데 머물렀다면 무속단계에 진입하면 무당이 일부 자연 현상의 기능을 확장하고 거기에 추상성과 신비성까지 추가함으로써 승화된 자연의 힘(신성神性)으로 원시 자연의 권능을 극복하려 했다. 과학단계에 이르면 자연의 기능을 인간의 기능에 부속시킴으로써 인간은 자연의 지배자로 부상한다.

화장의 역사는 이 양자와 모두 연관된다. 화장은 수렵과 신변보호의 필요로 자연을 단순 위장물로 이용했고 초자연적 능력의 소유자인 무당의 필요로 자연의 물질적 기능은 신적 기능으로 둔갑했으며 성적 유혹의 필요로 화장을 통해 미모가 창조되었던 것이다.

다윈의 주장에 따르면 화장의 역사는 인류의 역사와 함께 시작되었다고 한다. 이 주장의 진실 여부는 차치하고 일단 구석기시대 화장과 연결시킬 수 있는 고고학 발굴은 황토, 꽃가루, 산화철, 그림의 염색 등 몇 가지에 지나지 않는다. 구석기시대의 화장은 미모와는 상관없이 생계와 생존과 밀접한 연관이 있다는 사실은 이미 앞에서 언급하였다. 그런데 황토, 꽃가루, 산화철은 모두 제사, 장례와 연계되었다는 특수성을 보이고 있어 주목된다. 장례와 연결된다는 점에서 이들은 자연스럽게 "특정한 종교적, 주술적 사고"[5]와 연계지어질 수밖에 없다.

> 붉은 황토를 시체 주위에 뿌리고 매장한 것도 이 시대의 매장에서 보이는 두드러진 특징이다.[6]

구석기시대에 황토는 무속, 화장, 조각, 안료, 식용, 약용 등과 연관되어 있다. "종교적 원인에서 출발하여 몸에 염색을 칠함으로써 재난을 방지"[7]한다는 주장은 그 첫 번째 경우에 속한다. 하지만 무덤에 뿌려진 황토가 무속과 연관된다는 고고학적 증거 자료나 학자들의 연구 성과가 미비한 상황에서 선불리 무속적인 행위로 규정지을 수는 없다.

황토 즉 토양 또는 흙이 구석기시대에는 그렇게 중요한 위치를 차지하지 않았다는 사실을 지적해야겠다. 이때는 수렵과 채집이 중요한 시

---

5 임두빈, 앞의 책, p. 90.
6 요코야마 유지, 앞의 책, p. 154.
7 董银卯 主编, 『化妆品』, 中国石化出版社, 2000年 7月, p. 4.

기여서 농경시대처럼 땅 또는 흙이 인간의 삶에서 차지하는 비중이 상대적으로 높지 않았기 때문이다. 그뿐만 아니라 황토는 희소한 것도 아니었다. 황토黃土, Loess는 빙하기에 해수면이 낮아진 북해 바닥의 흙먼지들과 강가의 흙먼지들이 바람에 실려 대서양 연안과 중부유럽 평원에 퇴적된 토양[8]인데 유럽평원은 물론이고 "서쪽으로는 프랑스 서북, 벨기에와 네덜란드에서부터 시작되어 중부유럽과 우크라이나를 횡단한 후 러시아 동부평원까지 이를"[9] 정도로 광대한 분포망을 형성하고 있어 그 어디에서나 손쉽게 구할 수 있는 토양이다. 유럽의 황토는 북위 22~55° 사이에 위치하며 "유라시아대륙을 횡단하는 '황토의 길'을 구성"[10]하는 일부다.

흙의 색깔 역시 "종교적, 주술적 의미를 부여" 받기에는 아직 지반이 될 만한 고고학 자료나 설득력을 적재한 이론이 나타나지 않고 있다. 무속과 연결시키는 고리가 색깔이라고 해도 명분은 확보되지 않는다. 황토는 적토라고도 하지만 엄밀한 의미에서는 "노르스름한 색깔"[11]이다. "빨강은 산화철이며 황토색은 황색 점토"이기 때문이다.[12] 동굴벽화에 사용된 색상에서도 토색과 식물빛깔인 녹색은 붉은색에 밀려나고 있다.[13] "구석기시대의 동굴벽화에 사용했던 색채는 검은색과 붉은색, 노

8 드니즈 드 쏜느빌르 보르드, 앞의 책, p. 21.
9 杨晓燕·刘东生 著, 「欧亚大陆的黄土带与旧石器早期人类活动」, 『第四紀研究』(第28巻 第6期), 2008年 11月, p. 979.
10 위의 글, p. 982.
11 드니즈 드 쏜느빌르 보르드, 앞의 책, p. 20.
12 요코야마 유지, 앞의 책, p. 50.
13 위의 책, p. 50. (라스코 동굴벽화에 사용된 물감은 주로 검정, 빨강, 황토 세 가지 색이다.)

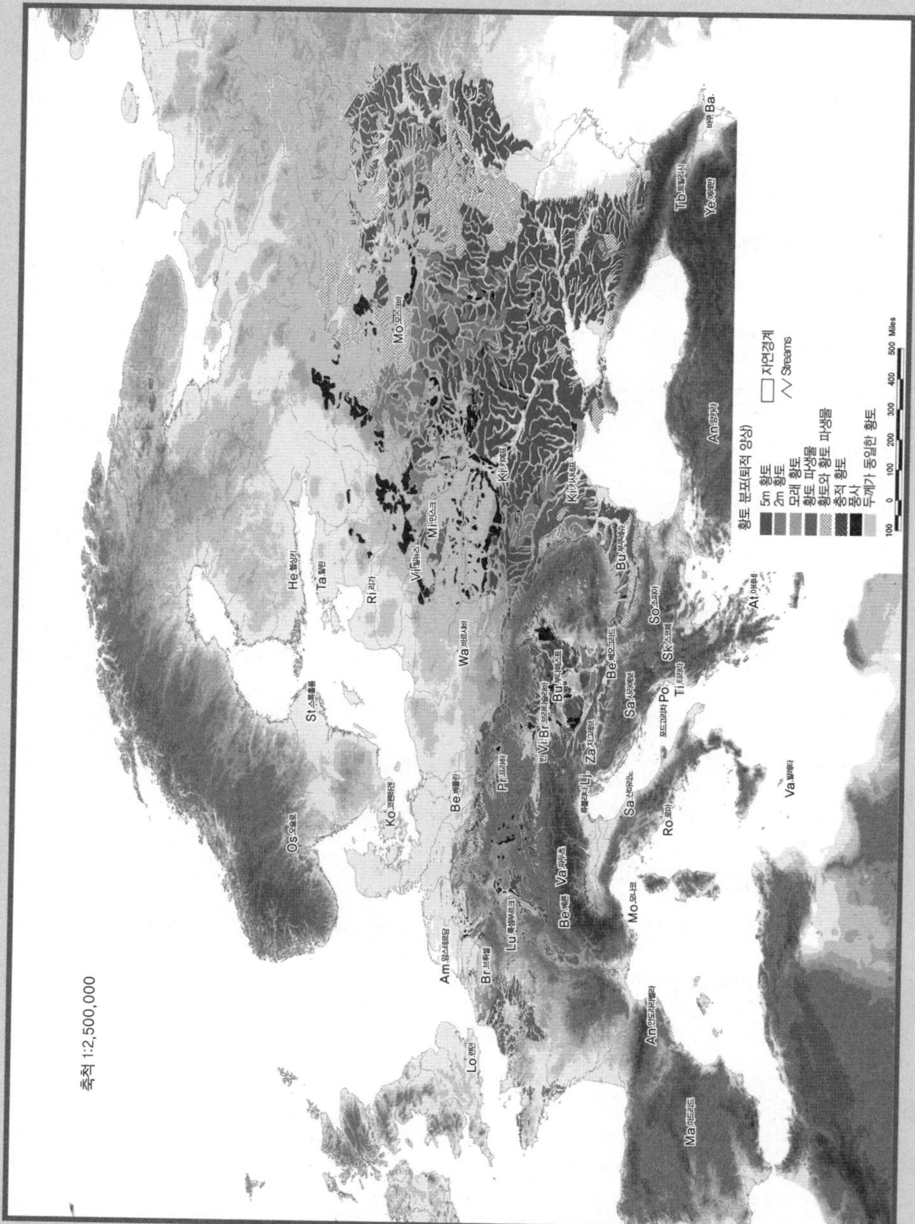

| 사진 34 | 유럽의 황토 분포 지도

빙하기에 바람에 의해 퇴적된 황토(적토 포함)는 유라시아대륙을 횡단할 만큼 광범위하게 분포되어 있었다. 그리하여 희소가치도 없었거니와 수렵과 채집을 위주로 하는 구석기시대에는 더구나 그 가치가 미미했을 것이다. 황토가 화장품이 되려면 농경이 시작된 신석기시대를 기다려야만 했다.

란색, 갈색이었으며, 파란색이나 녹색, 흰색은 사용되지 않았다."[14] 두 말할 것도 없이 붉은색은 피를 상징한다. 동물벽화에 붉은색을 많이 사용한 것은 피를 흘리며 죽은 사냥물을 의미하는 것이다.

매장 시 시신에 황토를 뿌린 제의가 화장이 아니라는 필자의 주장에도 근거가 충분하다. 화장이란 색소나 염료를 얼굴이나 기타 신체 부위에 고루 펴서 바르거나 대칭 구도(눈썹)나 모양(입술)에 따라 칠하는 행위를 의미한다고 할 때 소량의 황토 산포는 이 정의에 부합되지 않는다고 할 수밖에 없다. 화장은 또한 화장품, 즉 염료를 제조하는 과정을 배제할 수 없다.

황토일 경우 물이나 기름에 반죽하여 그 액체를 화장품으로 사용하는 것이다. "메소포타미아 여성들은 황토를 얼굴에 칠하거나"[15] 이집트 여성들이 "입술과 뺨에 바르는 연지"와 "입술과 볼에 염색"[16]한 황토 립스틱은 "기름이나 지방에 혼합"[17]한 것이었다. 하지만 시신에 뿌린 황토는 이러한 과정이 생략된, 원시 형태 그대로의 흙일 따름이다.

시신에 뿌려진 황토와 의미연계가 전혀 불가능한 조각과 안료를 배제하면 황토의 용도는 식용과 약용 가능성만 남는다. 황토가 식용되었다는 사실은 결코 선사시대에만 국한된 일이 아니다. 문헌에도 "쌀가루 한 말에 흙 다섯 되씩을 섞어서 떡을 만든다"[18]는 기록이 전해지고 있다. 『성호사설』은 성호 이익李瀷이 쓴 책으로 조선 후기까지도 황토를 식

---

14 임두빈, 앞의 책, p. 90.
15 하루야마 유키오 저, 임희선 역, 『화장의 역사』, 사람과 책, 2004, p. 18.
16 查尔斯·幸格 E·J 霍姆亚德 A·R 霍尔 主編, 王前 · 孙希忠 主译, 앞의 책, p. 193.
17 莎莉·戴维(Rosalie David) 著, 李晓东 译, 『探寻古埃及文明』, 〔英〕 商务印书馆, 2007年, p. 490.
18 『星湖僿說II「萬物門」』, 土異.

용했음을 알 수 있다. 그러니 구석기시대는 말할 것도 없을 것이다. 실제로 "죽은 자가 먼 길을 가는 데 필요한 식량"[19]으로 무덤 속에 넣었을 짐승 뼈가 발견되는 것으로 미루어 볼 때 황토 역시 식량의 일종일 가능성도 배제할 수 없다.

약용의 경우는 보다 가능성이 더 커진다. 중국의 명대 약학서藥學書 『본초강목本草綱目』 「토부土部」와 한국 약학서 『동의보감東醫寶鑑』 「잡병雜病」(해독解毒)에 보면 황토(지장수地漿水)가 물고기, 고기, 과일, 야채, 버섯 등의 중독을 치료하는 해독제로 사용되고 있음을 알 수 있다. 구석기시대에도 황토가 해독제나 기타 약물로 사용되었을 가능성이 충분하다. 황토가 주로 몸을 웅크린 상태의 시신에 뿌려진 상황도 중독이나 굶주림으로 고통받다가 치료를 위해 섭취한 황토가 시체가 부패한 뒤 뼈와 함께 남았거나 피부 중독 치료를 위해 황토가 뿌려졌을 가능성을 암시해 준다. 구석기시대 원시인류는 부족한 먹잇감을 얻기 위해 어쩔 수 없이 죽은 동물의 "사체"[20]나 독성이 함유된 식물들을 섭취할 수밖에 없었기 때문에 항상 중독의 위험에 노출되어 있었다.

이와 같은 추측을 입증할 만한 증거는 발굴된 무덤 중 "황토를 뿌려 매장한 곳은 14개소 가운데 7개소에 지나지 않는다."[21]는 사실에서도 알 수 있다. 정상적으로 사망한 시신에 황토를 뿌려야 할 아무런 의미도 없기 때문이다. "붉은 황토색 자국은 단순히 거기에 그런 색의 흙이 있었을"[22] 따름이라는 주장도 그래서 나오게 된 것이다. 다만 당시는 식중

19 박선주, 앞의 책, p. 363.
20 존 리더 저, 앞의 책, p. 95.
21 요코야마 유지, 앞의 책, p. 154.
22 마빈 해리스 저, 앞의 책, p. 93.

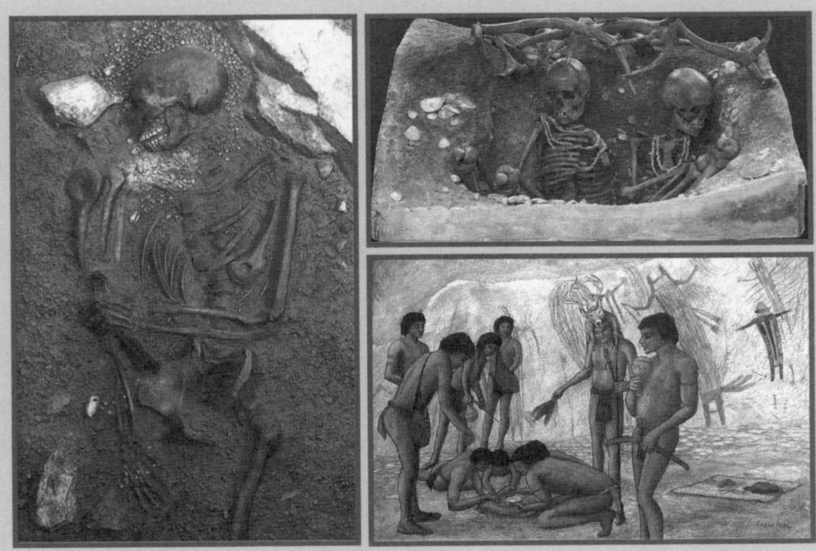

| 사진 35 | 네안데르탈인의 황토매장. 황토 안료 채취(하)

구석기시대 사람들의 황토 매장은 신체 염색을 통해 액운을 물리치려는, 무속적 차원에서 사용된 것이 아니다. 약용이나 식용 또는 사자死者의 저승 식량으로 사용되었을 것으로 추정된다. 물론 벽화 안료로 사용된 것은 구석기시대부터였다. 황토가 여성의 화장품으로 본격 사용된 것은 이집트와 메소포타미아 시기다.

독이나 굶주림으로 인해 죽은 사람이 50%에 육박함을 설명해줄 따름이다.

황토가 진정한 화장품으로 인류에게 각광받은 것은 기원전 27세기부터였다. 메소포타미아 여성들이 애용한 "황금의 흙" 또는 "얼굴의 꽃"[23] 이나 이집트 여성들이 사용한 연지와 입술과 볼에 염색한 립스틱은 모두 황토인데 그 목적이 미모를 가꾸기 위해서였다. 이집트의 화장 목적

23 하루야마 유키오, 앞의 책, p. 18.

| 사진 36 | 몸에 황토를 바른 아프리카 여성
황토를 최초로 화장품으로 사용한 것은 메소포타미아 여성들이었다. 황토를 "얼굴의 꽃"이라고 부를 정도로 애용했다. 이 황토는 아프리카 여성들에 의해 화장품으로 계승되었다.

이 "피부보호와 같은 건강"[24]이나 "의식儀式을 위한 것"[25]이라는 주장에 대해서는 기회가 생기면 다시 논하려고 한다.

꽃 역시 식약용食藥用은 물론 무구巫具와 화장품 제작이 가능한 식물이다. 이라크 샤니다르Shanidar 동굴의 "최초의 꽃을 지닌 사람들"에 대한 학계의 어설픈 해석이 이 몇 가지 조건을 둘러싸고 맴도는 이유가 거기에 있다. "장례의식"[26]을 "제례적이라고 설명"[27]한다든지 "네안데르탈인들이 약초를 알고 있었다."는 주장이라든지 "꽃가루 형태의 곡식"[28]이라는 추측이라든지 전부가 상술한 영역 안에서 벗어나지 못하고 있다.

---

24 베아트리스 퐁타넬, 앞의 책, p. 19.
25 위의 책, p. 7.
26 마빈 해리스 저, 앞의 책, p. 93.
27 박선주, 앞의 책, p. 363.
28 에릭 트링카우스 저, 윤소영 역, 『네안데르탈 2』, 황금가지, 1997, p. 63.

수많은 식물들이 식용 가능하다. 샤니다르에서 발견된 개쑥갓, 접시꽃, 서양톱풀, 금불초, 엉겅퀴, 쇠뜨기 등 식물들은 차를 달이거나 생채를 무치거나 국을 끓여 먹을 수 있다. 그런데 대부분 꽃송이가 아니라 어린잎이나 줄기를 식재료로 사용한다는 공통점이 있다.

식물의 약용 역사 역시 유구하다. "「신농본초경神農本草經」에는 약물 365종이 실려 있는데 그중 식물약이 252종"[29]이나 된다. 서양에서는 트로이전쟁 당시 아킬레스가 샤니다르유적에서 발견된 서양톱풀로 부상당한 병사들을 치료했으며 헬레네는 군사들의 이질, 요충 및 십이지장 질환 치료를 대비하여 이 풀을 준비했다. 히포크라테스Hippocrates 역시 뇌와 신장, 위와 자궁을 활성화하는 치료에 사용했다. "고대 그리스에서는 이 풀을 거의 만병통치약으로 여겼다."[30]

| 사진 37 | 아킬레스의 상병 치료

아킬레스는 톱풀을 이용하여 전쟁에서 부상당한 병사들의 상처를 치료하고 있다. 샤니다르유적의 무덤에서 발견된 톱풀도 무속적인 용도보다는 약용으로 사용되었을 가능성이 많다.

한편 동양에서는 동한시기의 학자 화타가 독말풀의 꽃인 양금화洋金花로 마비산麻沸散이라는 마취제를 조제하여 임상치료에 사용했다. 샤느다르 유적에서 발굴된 꽃들 역시 개쑥갓은 월경통이나 치질에, 접시꽃은 염증이나 피부염에, 서양톱풀은 상처 치료에, 금불초는 구토, 소화불량 등 치료에 사용된다. 약제 조제과정은 달이거나 말린 가

29 胡献国·黄成汉·王娟 編著, 『花花世界 : 花卉的食疗方法』, 山东画报出版社, 2011年 4月, p. 7.
30 유준호, 『꽃의 숨소리』, 한국문학도서관, 2003, p. 153.

루를 액체에 개거나 찧어서 즙액을 채취한 후 복용하거나 붙인다.

필자는 샤니다르 유적에서 발굴된 꽃들은 결코 식용이나 약용을 위해 동굴 안으로 들여온 것이 아니라고 생각한다. 시신 9구 중 꽃이 놓인 시신은 한 구뿐이다. 원시사회에서 먹잇감은 평균 분배이기에 한 사람만 독점할 수는 없기 때문이다. 약용일 경우에도 당시 발견된 아홉 구의 시신 중 "최초의 꽃 인간" 말고도 "4구의 해골에서는 골절, 심각한 기형, 혹의 흔적이 발견"되었을 뿐만 아니라 그 "부상이 매우 심각"[31]한 수준이었지만 꽃들은 4번 시신에만 있었다는 사실을 설명할 길이 없다.

그뿐만 아니라 시신 주위에는 "어렸을 때 오른팔이 팔꿈치 위로 잘리고 눈이 먼" 장애인[32]인 4번 시신의 질병과는 무관한 꽃들도 놓여 있었다는 사실에 주목할 필요가 있다. 또한 꽃이나 잎 또는 줄기로 조제과정을 거칠 때 필요한 제작 도구들도 발견되지 않았다. "시각장애인"을 식, 약용식물 관리자로 추측할 수도 있지만 이 경우에도 그는 시력과 운신이 모두 불편한 장애인이라 가능성이 결여될 수밖에 없다.

시신에 꽃을 드리는 행위가 네안데르탈인들의 장례의식, 즉 무속과 연관이 있는지에 대해서도 검토해 볼 필요가 있다. 사실 "꽃을 여자, 여자의 음부와 생명의 원천으로 여기는 무속사상은 고금중외를 막론하고 오랜 세월 유전된"[33] 문화 현상이다. 한국 무속전통에서도 무녀들은 "꽃으로 장식된 모자를 쓰거나" "머리에 꽃을 꽂는 머리띠를 두르고 굿

---

31 만프레트 바우어 외 지음, 이영희 역, 『인류의 오디세이』, 삼진기획, 2003, p. 155.
32 김용준, 『과학과 종교 사이에서(과학인 김용준의 연구노트)』, 돌베개, 2005, p. 176.
33 彭荣德, 『花巫术之密』, 花苑出版社, 1995年 12月, p. 173.

을"[34]한다. 무당이 "종이꽃으로 장식한 고깔모자"[35]를 쓰거나 "흰 꽃을 양손에 들고 춤을"[36] 추는 의식은 "무교와 꽃은 특별하고도 신성한 관계"[37]가 있음을 설명한다.

중국 고대 파巴문화에서 "출산을 기원하는 무의식에서 무녀는 손에 든 꽃을 흔든다."[38] 중국 한나라 때의 화상전画像磚인 「희록戱鹿」은 "손에 꽃을 들고 출산을 기원하는 한 폭의 그림"[39]이다. 게다가 신비한 것은 샤니다르 무덤에서 발굴된 꽃 중에서 접시꽃은 한국에서는 흔히 무당에 비유된다는 사실이다.

> 접시꽃은 흔히 무당에 비유되었다. 그래서 속명으로 무당꽃이라 부르기도 하였다. …… 접시꽃을 왜 무당에 비겼는지는 확실하지 않다. 아마도 이 꽃이 키가 큰 데다 꽃잎들이 붉은 것, 자색 나는 것, 분홍빛 나는 것, 하얀 것 등이 어울려 피기에 그것이 바람에 나부끼면 마치 무당이 여러 색깔로 만든 무복을 입고 춤추는 모습을 닮았다고 생각했는지도 모른다.[40]

그럼에도 불구하고 필자는 샤니다르의 꽃이 무속과 아무런 연관도 없다고 단언한다. 무당과 꽃의 연결은 특이한 형식을 가지고 있는데 그것은 곧 자연물로서의 꽃 자체를 인공적인 가공과정을 거치지 않은 채

---

34 「무당과 꽃에 관한 이야기」, 『한국무속신문』(33호)
35 최태웅, 『귀에 관한 명상』, 새로운 사람들, 2001, p. 153.
36 김금화, 『김금화의 무가집 「거므나따의 만신. 희나백성의 노래」』, 문음사, 1995, pp. 79~80.
37 「무당과 꽃에 관한 이야기」, 『한국무속신문』(33호)
38 彭荣德, 앞의 책, p. 185.
39 高文 著, 『四川汉代画像磚』, 上海人民美术出版社, 1987年, 그림 49.
40 이상희, 『꽃으로 보는 한국문화 1(개정판)』, 넥서스 BOOKS, 2004, p. 455.

머리에 달거나 손에 든다는 사실이다. 그뿐만 아니라 의식을 통해 무무巫舞를 춘다. 그러나 샤니다르 무덤의 꽃은 단순히 밖에서 꺾어서 동굴 안에 옮겨놓은 것일 뿐이다.

그럼 이제는 담론의 렌즈를 이 절의 관심사인 꽃과 화장에 대해 맞춰보도록 하겠다. 꽃이 화장품의 원료로 된다는 사실은 주지하는 바이다. 그리스 여인들은 눈에 샤프란 가루를 칠했고[41] 로마인들은 "말린 장미 잎"[42]을 얼굴 화장품으로 사용했으며 이집트인들은 "꽃을 원료로 한 향유"[43]를 제조했을 뿐만 아니라 "백합을 압착하여 채취한 향액의 장미수"[44]를 만들었다. 그러나 꽃을 원료로 하여 화장품을 제조하는 데까지는 아주 복잡한 제작 과정을 거쳐야만 한다.

> 꽃이나 과실을 원료로 한 향유에는 세 가지 제조방법이 있었다고 생각된다. 그중 첫 번째는 동물성 지방에 향기가 좋은 꽃을 얹어 그 향기를 지반에 스며들게 하는 방법으로 꽃을 몇 번씩 갈아준다. 이 방법은 냉침법冷浸法이라고 불린다. …… 두 번째 방법은 꽃이나 향초를 섭씨 65도로 삶은 동물성 지방 또는 기름 속에 넣어서 거기에 향기를 흡착시키는 방법이다. 세 번째는 꽃이나 씨를 압착하여 정유精油(에센스)를 만드는 방법으로 이는 식물기름이나 포도주를 짜는 방법과 같은 단계로 압착법이다.[45]

이밖에도 원료를 태운(향료, 조개껍데기 등) 분말을 지방성 액체와 혼

41 베아트리스 퐁타넬, 앞의 책, p. 20.
42 위의 책, p. 124.
43 위의 책, p. 184.
44 위의 책, p. 197.
45 위의 책, p. 184.

합하는 등 수많은 제조방법들이 있다. 그러나 샤니다르 동굴에서 발견된 꽃들은 자연 상태 그대로의 물질에 불과할 뿐 화장품 제조를 위한 그 어떠한 과정도 나타나지 않고 있다. 화장은 "신체의 장점은 살리고 약점은 수정하거나 위장"하는 것인데 이 목적은 액체나 분말을 펴서 골고루 바르거나 칠하는 화장술에 의해 이루어진다. 그러니까 꽃이 화장에 이용되려면 우선 액체나 분말(기름이나 액체에 개인)상태로 가공되어야만 한다. 샤니다르 동굴의 꽃은 바로 이 과정이 결여되어 있음으로 화장품이라고 단정 지을 수 없는 것이다.

이제 우리는 샤니다르 동굴의 꽃이 식, 약용도, 무속성도, 화장 목적도 없었음을 알게 되었다. 그렇다면 이 꽃의 정체는 과연 무엇일까? 바람에 불려[46] 들어왔을까, "꽃으로 짠 침상"[47]이거나 무덤에 바친 "화환"[48]이었을까. 여기서 우리가 눈길을 돌려야 할 것은 이 꽃들은 사후에 가져온 것이 아니라 사망 전부터 동굴 안에 있었다는 사실이다.

> **여기에 있는 선사인은 떨어지는 바위 때문에 목숨을 잃었습니다. …… 두개골에 난 손상 부위가 보입니까? 아마도 낙반 때문에 생긴 것 같습니다.**[49]

이 아홉 구 시신이 죽게 된 원인은 다름 아니라 "바위가 허물어져 깔려 죽은 것"[50] 즉 동굴 붕괴로 인한 사고이다. 이것은 동굴 붕괴 전에 이

---

46 마빈 해리스 저, 앞의 책, p. 94.
47 김용준, 앞의 책, p. 176.
48 에릭 트링카우스, 앞의 책, p. 63.
49 존단튼 저, 한기찬 역, 『네안데르탈 1』, 황금가지, 1996, p. 44.
50 김용준, 앞의 책, p. 176.

| 사진 38 | 꽃 매장, 샤니다르 동굴
제조과정이 결여된 샤니다르 동굴의 꽃은 화장품이 아니다. 고령자이자 눈이 멀고 팔이 잘려 운신조차 힘든 장애인에게 무리의 성원들이 밖에서 꺾어와 암벽 바닥에 깔아준 것이다.

미 꽃이 있었음을 의미한다. 꽃이 장례의식에 필요한 제구祭具의 일종이라는 추측이 무색해지는 순간이 아닐 수 없다. "매장은 동굴이 함락되어서 그렇게 된"[51] 수동적 결과일 따름이다. 그렇다면 샤느다르 유적은 장

51 마빈 해리스 저, 앞의 책, p. 93.

례에 따른 결과물인 무덤이 아니며 인위적인 장지葬地는 더구나 아니라는 사실이 명백해진다. 그와 같은 추측은 "구석기시대 사람들에게 은신처를 제공한" 장소가 유럽은 물론 아시아까지도 "석회암 동굴"[52]이었다는 사실에서도 입증이 가능하다. 이러한 석회암지대의 동굴에서 "석기시대에 5만 년 넘게 사람이 거주"[53]했던 것이다.

굳은 석회암 암반에 시신을 안치할 무덤을 판다는 것은 조촐한 석기와 목기뿐이었던 네안데르탈인에게는 결코 용이하지 않은 작업이었을 것이다. 마빈 해리스는 시신을 태아처럼 웅크린 자세로 묻은 원인을 "삽이나 곡괭이가 없었던 네안데르탈인들이 자연히 구멍을 작게 팔 수밖에 없었기"[54] 때문이라고 해석하고 있다. "로버트 가제트Robert Gargett가…… 네안데르탈인의 유골 발굴지가 무덤이 아니라고 단언한"[55] 것도 이런 이유가 내포되어 있을 것이다.

샤니다르 동굴의 꽃은 40세의 고령자(당시 40세면 고령자)이자 눈이 멀고 팔이 잘려 운신조차 힘든 장애인에게 무리의 성원들이 밖에서 꺾어와 암벽 바닥에 깔아준 것이다. 거기에는 환자에 대한 배려와 경로의 의미가 담겨 있다. 풀 중에 꽃이 많은 이유는 꽃 풀이 부드럽고 따스해 바닥의 냉기를 막을 수 있을 뿐만 아니라 향기 때문에 몸에서 나는 악취를 제거할 수 있다는 점에서 선택되었을 가능성이 많다. 유골 형태가 태아처럼 웅크린 것은 동굴 붕괴 시 본능적으로 몸을 움츠러트렸기 때문이다.

---

52 박수인 외, 『생동하는 지구』, 시그마프레스, 2003, p. 316.

53 베텔스만유네스코편집위원회 지음, 박영구 외 옮김, 『유네스코 세계문화유산』, 대교베텔스만, 2003, p. 28.

54 마빈 해리스 저, 앞의 책, p. 93.

55 올라프 라더 지음, 김희상 옮김, 『사자와 권력』, 작가정신, 2004, p. 41.

한 마디로 구석기시대에는 아직 꽃이 화장과 연관이 없었다.

그렇다면 후기 구석기시대에 인골에 산화철을 칠하는 매장 풍속은 혹시 화장의 시초가 되지 않을까? "2만 년 전의 이탈리아의 아레내 칸디드Arene Candid유적에서 발굴된 남자의 뼈대는 붉은 산화철로 칠해졌다. …… 죽은 자의 뼈대에 붉은 산화철로 칠을 한 예가 멀리 오스트레일리아의 3만 년 전의 유적인 뭉고Mungo 호수에 묻힌 어른 남자에게서도 나타난다."[56]

유골에 색칠을 하려면 사망 후 살을 제거하던지 먼저 매장하거나 풍장風葬이나 조장鳥葬 또는 한동안 방치한 다음 육탈 완료 후에야 가능하다. 석기시대에 살을 제거하는 작업은 결코 용이하지 않았을 것이다. 육탈이 완성되기를 기다려 다시 유골을 장지葬地에서 파내어 뼈에 칠을 한 다음 재차 매장하는 2차 복장複葬은 이동을 전제로 하는 수렵시대에는 불가능한 장례 풍속일 수밖에 없다.

아마도 당시 사람들은 시신의 부패를 막기 위해 시신의 피부에 산화철을 칠했으나 육탈 후에 자연스럽게 신체 표면의 응고된 산화철이 유골의 표면에 침하되었을 가능성이 많다. 이 경우 산화철은 시신의 부패를 방지하기 위한 것이지 결코 화장이 목적이 아니었다. 뼈에 칠했을 경우에도 화장이 아니기는 마찬가지다. 화장은 외부 시선에 노출된 피부 표면에만 하기 때문이다.

흔히 손에 뿔을 든 "러셀의 비너스"의 나체에 칠한 붉은색을 여성

---

56 박선주, 앞의 책, p. 364.

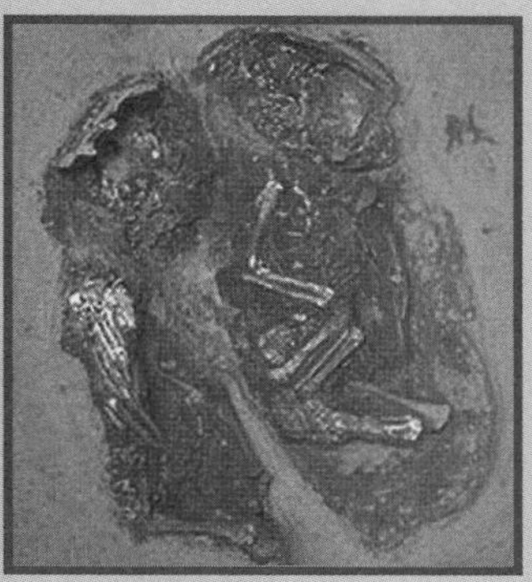

| 사진 39 | 산화철 안료 동굴벽화(좌)와 산화철을 뿌린 무덤
구석기시대에 산화철은 부패를 막기 위해 시신의 피부에 칠했거나 비너스의 피부를 붉은색으로 표현한 것일 뿐 화장품으로 사용된 것은 아니다.

화장의 첫 시작으로 보고 있다. "크로마뇽Cromagmon이 …… 남긴 '비너스상'이라고 불리는 조각된 나체부인상은 화장의 역사를 추론하는 자료가 되고" 있다. 그 이유는 이 비너스상이 "여인의 피부를 염료로 채색하였던 당시의 신체장식 행동을 재현한 것"[57]이라는 추측 때문이다. 하지만 비너스 몸에 칠한 붉은색이 덧칠(화장)이 아니라 피부 원색일 가능성이 제기되는 순간 그 설득력을 상실하고 만다. 그들은 결코 "신체를 화장하기 위해…… 외계의 물질 속에서 선명한 붉은 색소를 취한 것"[58]이 아니다.

물론 유럽인의 피부는 붉은색과는 인연이 없는 백인이다. 성경에서

57 이연희·류광록·김주애, 「화장문화 고찰(1)」, 『한국디자인문화학회지』(10권 4호), 2004년 12월, pp. 56~57.
58 PHILIP K. BOCK 지음, 조병로 옮김, 『현대 문화인류학 입문』, 국학자료원, 2001, p. 333.

도 유럽으로 뻗어나간 야벳 족속을 백인의 조상으로 보고 있다.[59] "야벳 Japheth은 아리안족과 게르만족이라고 부르는 유럽 중심 민족들의 조상이며…… 유럽과 중앙아시아"[60] 또는 "야벳의 후손들은…… 터키와 스페인에 이르는 유럽"[61]지역으로 뻗어나갔기 때문이다.

그러나 노아 이전에도 인간은 살고 있었다. "러셀의 비너스상"의 생존 연대만 해도 야벳보다 무려 2만여 년이나 앞선다. 그래서 유럽의 네안데르탈인 또는 크로마뇽인이 백색 피부를 가지게 된 시기를 "6천~8천 년 전"[62]으로 추측하는 학자들도 있다. 물론 이러한 변화는 성경에서처럼 어느 날 갑자기 이루어진 것은 아니다. 오랜 역사 시기의 과도기를 거치며 변화된 것이다. 아프리카에 발원지를 둔 그들은 처음에는 흑인이었으며 기후 변화에 따라 점차 백인으로 전환했다. 그렇다면 그 사이 몇 번의 피부색 변화를 거쳤을까? 검은색, 회색, 황색, 붉은색…… 자료의 부족으로 고증은 불가능하지만 추측은 가능하다.

동굴벽화에서 가장 많이 사용된 물감은 주로 검정, 빨강, 황토색[63]이다. 이 세 가지 색소 중에서 당시 인류의 피부색을 가장 근접하게 표현할 수 있는 색깔이 붉은색이었을 것이다. 화장이 피부 위에 덧칠하는 색상이라 할 때 피부의 원색은 결코 화장이 될 수 없다. 피부색인 붉은색 위에 다른 색상이 첨가될 때에만 비로소 화장이 되는 것이다. 비너스상에 칠한 붉은색이 화장이라면 벽화에 등장하는 동물 그림들의 몸뚱이에

---

59 『창세기』, 10장.
60 이영제, 『바이블웨이(*The Way of the Bible*)』, 컴퓨터선교회, 2013, pp. 26, 31.
61 김의원, 『창세기 연구』, 기독교문서선교회, 2013, p. 201.
62 볼프 슈나이더 저, 이정모 역, 『인간 이력서』, 을유문화사, 2013, p. 79.
63 요코야마 유지, 앞의 책, p. 50.

칠해진 색상도 화장이라고 할 수밖에 없을 것이다.

마지막으로 "물감 찌꺼기가 남아 있는 조개껍데기가 네안데르탈인의 화장 용기"[64]였다는 영국 브리스틀 대학University of Bristol 연구팀의 연구결과에 대해서는 아직 단편적인 정보밖에 없어 쉽게 단언할 수는 없지만 화장 용기가 아니라는 필자의 주장에는 변함이 없다. 왜냐하면 필자는 화장은 구석기시대에는 없고 남자의 정자가 여성의 임신에서 노는 역할이 인지된 후 즉 농경 이후부터라고 믿고 있기 때문이다. 그것은 임신의 신비에 의해 보장받았던 여성의 권위가 실추되면서 그 대안으로 떠오른, 미모라는 부가가치이기 때문이다.

2) 화장품(위장 도구)

ㄱ. 남성 위장 도구

우리는 지금까지 전개된 담론을 통해 구석기시대에는 화장이 존재하지 않았음을 검토해 보았다. 엄밀한 의미에서 구석기시대 "화장"은 생명보호와 수렵수요에 따른, 위장이라는 결론에 도달한 것이다. 화장의 목적이 노출에 있다면 위장의 목적은 은폐에 있다는 근본적인 차이점에서부터 양자의 분기점이 형성된다. 물론 화장에서도 인체의 단점을 가린다. 그러나 그 국부적인 은폐의 이유는 가림이 아니라 수정을 통한 드러냄이다. 탈처럼 인체의 부위를 완전히 은폐하는 위장과는 다르다.

화장의 목적이 "신체를 자연의 위협(예를 들면 온도, 햇빛)으로부터 지

64 김영희 기자, "네안데르탈인 얼굴에 화장했다", 『한겨레신문』, 2010년 1월 10일.

키기 위해 기름이나 기름에 흙이나 식물을 혼합한 것을 발랐고, 신체를 보온하고, 강한 빛을 막고, 벌레로부터 보호"[65]하기 위한 것이라는 주장도 고대 이집트 시대에서나 어울리는 말이다. 설령 그 시기를 구석기시대로 확대시킨다 해도 무더운 아프리카에서나 있을 법한 일이지 유럽의 상황과는 전혀 부합되지 않는다. 당시 빙하기였던 유럽에서는 온도와 햇빛은 기피 대상이 아니라 도리어 갈구의 대상이었다. 빙하기의 혹한을 대비하는 방법도 분말이나 액체를 피부에 바르고 칠하는 화장보다는 가죽과 털을 몸에 걸치는 것이 더 효과적이었기 때문이다.

남성 위장 도구에는 탈, 뿔, 귀, 털가죽, 꼬리 등이 있다. 위장의 목적이 은폐라는 사실은 대표적인 남성 위장의 도구인 탈의 기원에서 알 수 있다. 원시 공동체 사회에서의 제천의식과 수렵행위 그리고 토테미즘 신앙을 탈의 기원[66]이라고 가정한다면 탈을 쓰는 순간 인간의 모습을 신이나 동물의 모습으로 가리는, 은폐의 목적에 도달하는 것이다. 신이 되기 위해서 인간상을 탈 뒤에 숨겨야 했고 "사냥을 할 때 사냥감 앞에서 얼굴이나 몸을 가리기 위해 가면을 써야"[67]만 했던 것이다.

유럽 동굴벽화에서 사람(남자)의 얼굴에 동물의 탈이 씌워져 있는 이유를 바타이유는 "무당이라고 알려진 마법사들이 영적인 세계와 만나면서 특별한 의식 상태로 들어갈"[68] 때 쓰는 무구가 아니라 "후기 구석기시대 사람들이 동물로서의 자신의 얼굴에 수치를 느꼈기"[69] 때문이라고

---

65 김주덕, 『신화장품학』, 동화기술교역, 2004, p. 13.
66 유광수, 『전통문화의 세계』, MJ미디어, 2006, p. 262.
67 마리피에르 클뤼 지음, 이세진 옮김, 『동물들의 위장술』, 비룡소, 2007, p. 15.
68 실비아 펀스턴 지음, 새싹마음 옮김, 『마법의 신비(오싹오싹과학체험 1)』, 성우, 2003, p. 30.
69 유기환, 『조르주 바타이유』, 살림, 2006, p. 28.

| 사진 40 | 인도 빔베트카 바위 그늘 유적의 동굴벽화
위장은 남성 수렵의 수요에 의해 개발된 원시인류의 생존을 위한 도구다. 짐승탈, 뿔, 귀, 꼬리 등은 상용 수렵의 위장 도구다.

단정한다. 구석기시대 사람들보다 더 인간적인 얼굴을 가진 또 다른 문명인이 없는 상태에서 느낀다는 "수치심 가설"은 "마법사 이론"만큼이나 설득력이 빈곤한 어불성설일 수밖에 없다.

탈과 같은 위장은 남성 수렵의 수요에 의해 개발된 원시인류의 생존을 위한 도구다. "프랑스 피레네 산맥의 몽테스큐—아방테지방에서 발견된 '레 트루아 프레르' 동굴벽화에서 '마법사'가 동물의 탈을 쓰고 있는"[70] 그림은 영적인 무의식이 아니라 사냥감에 가까이 다가가기 위해 몸을 동물로 가장함으로써 짐승들이 놀라지 않게 하려는 수렵장면을 묘사한 것이다. 동굴 속에 남은 여성들이 벽화를 통해 어린 자식들에게 사냥감은 물론 사냥기술까지 가르쳐 주었던 것이다.

> **사냥을 할 때는 동물들의 무리가 눈치채지 않게 접근할 필요가 있다. 그 때문에 동물로 가장하여 허리를 구부리고 접근하는 것은 있을 법한 일이다. …… 그러나 수렵을 위하여 가장을 했다고 하면 사냥감과 닮게 그려야 마땅한데 올빼미의 낯을 하는 것이다.**[71]

사냥을 위한 가장假裝이 반드시 사냥감을 닮아야 할 필요는 없다. 근접을 위해 사냥감이 공포감을 느끼지 않도록 하는 것이 가장의 목적이기 때문이다. 생존 공간을 공유하는 올빼미의 존재는 전혀 사슴의 무리에 위협이 되지 않는다. 동물이 경계하는 대상은 자신의 생명을 위협하는 포식자들에 한정된 것일 뿐 모든 동물이 이에 해당되는 것은 아니다.

동물의 뿔 역시 전형적인 남성 위장 도구다. 피부화장에는 적합하지

---

70 이바르 리스너 지음, 김동수 옮김, 『서양 「위대한 창조자들의 역사」』, 살림, 2005, p. 609.
71 요코야마 유지, 앞의 책, pp. 342~343.

않지만 현대인의 가발이나 모자처럼 신체 위장 도구로는 안성맞춤이다. 동굴벽화에도 남자가 머리에 뿔을 단 형상이 보이고 있다. 레 트루아 프레르 동굴 '신전'의 동물 그림에 나오는 "마법사는 동물의 털가죽을 둘러쓰고 말꼬리를 달았으며, 사슴뿔을 머리에 붙이고, 올빼미의 낯을 한 반인반수의 괴물이다. 그것은 모든 동물을 위협하는 것처럼 동물 형상들에서 위로 2m 떨어진 곳에 그려져 있다."[72]

동물의 번식과 수렵의 성공을 담당하는 이 "신의 뿔"과 기타 장식은 학자들에 의해 "부락의 지도자가 몸에 걸치는 의장儀裝"이거나 "사냥꾼의 가장假裝" 또는 토테미즘이나 샤머니즘으로 둔갑되고 있다. 사람이 동물과 상거한 위치에 배정된 것만 보아도 위장 도구를 이용하여 사냥감에 접근하는 수렵상황이 그림의 소재가 되었음을 알 수 있다. 그림에서 사냥꾼(마법사)은 "사슴과 마법사가 하나 되어 신령한 춤을 추는"[73] 것이 아니라 동물의 행동을 모방함으로서 사냥감의 경계심을 완화시키기 위해 허리를 굽혀 네발걸음의 포즈를 취하고 있는 모습이다.

한편으로 이는 당시 사냥감의 주요 대상이 초식동물임을 암시한다. 뿔은 초식동물의 전유물이기 때문이다. 뿔의 기능에 대해서는 여러 가지 설이 병존한다. 포식자의 공격으로부터 자신을 보호하기 위해 진화된 방어 무기라는 가설, 암컷을 차지하기 위한 수컷들의 싸움에서 공격용 무기라는 추측, "흙을 파헤쳐서 식물의 뿌리를 캐내거나 나뭇가지를 부러뜨리는 데 사용"[74]된다는 주장, "이성을 끌기 위한, 혹은 무리 내에

---

72 위의 책, p. 340.

73 이동연, 『바루나 포용의 신화를 찾아서』, 평단문화사, 2002, p. 337.

74 송지영, 『화석 지구 46억년의 비밀』, 시그마프레스, 2003, p. 347.

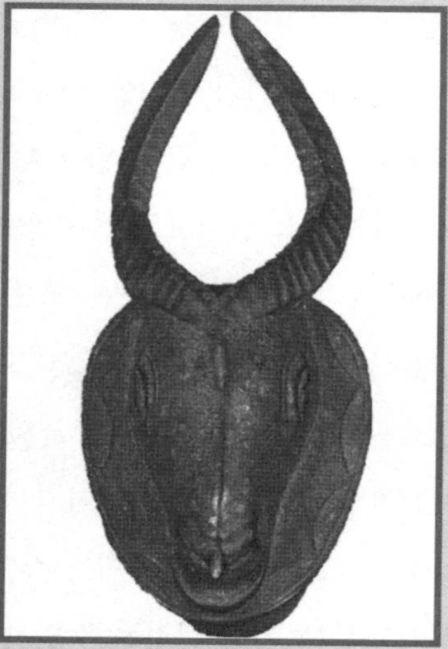

| 사진 41 | 이상한 영양 또는 영양가면을 쓴 사람(좌) 아프리카 영양가면
페잔의 바위 예술, 리비아 선사시대 바위 부조, 영양은 뿔을 가진 동물이다. 그뿐만 아니라 영양은 포식동물도 아니다. 따라서 영양가면을 사용하면 사냥감에 대한 근접 공격이 가능하다.

서의 과시를 목적으로 발달한 구조"[75]라는 견해…… 등등이다.

그렇다면 원시인류가 상술한 뿔의 기능 중 어떤 것에 착안했는지 궁금하지 않을 수가 없다. 우선 방어기능은 수렵주체 자체가 포식자라는 점에서부터 부정적이다. 게다가 뿔이 포식자 앞에서 방어기능을 제대로 수행한 적도 없다. 뿔을 가진 "초식동물들이…… 정작 사자나 늑대의 공격을 받을 때는 무기(뿔—필자)를 제대로 쓰지 못하기"[76] 때문이다. 짝짓기 결투에서 연적 제거의 공격 무기라는 기능도 발정기에만 교배하는

75 위의 책, p. 298.
76 파트릭 르무안 지음, 이세진 옮김, 『유혹의 심리학』, 북폴리오, 2005, p. 100.

동물과는 달리 발정기가 없이 수시로 성 결합을 할 수 있는 인류에게는 불필요한 잉여적인 신체 구조다. 채집 도구로 사용하는 데는 뿔보다 특제된 목기나 석기가 더 적합하다.

단 하나, "이성을 끌기 위한, 혹은 무리 내에서의 과시"만은 "자신의 용맹, 힘, 우월성 과시"[77]와 연결되는 듯한 인상을 주는 것이 사실이다. 하지만 무게가 수십 킬로그램[78]이나 나가는 무거운 뿔을 머리에 달고 생활하려면 감내할 수 없는 불편이 수반된다. 이빨은 짐승의 사냥 수를 증명할 수 있기에 용맹 또는 힘을 과시하는 상징물이 될 수 있으나 복수複數의 휴대가 불가능한 뿔의 경우에는 다르다.

구석기시대에 사냥은 매우 힘든 일이어서 남자들의 특별한 임무였으며, 한 번의 사냥에서 잡을 수 있는 짐승의 양도 신통치 않은 경우가 많았다. 투창과 활, 작살이 발명되어 덩치 큰 짐승과 가까이 맞닥뜨릴 위험이 줄어든 이후에도 이러한 상태는 근본적으로 바뀌지 않았다.[79] 그리하여 부족들이 한 번 수렵을 조직할 때면 반드시 성공할 수 있도록 만반의 준비를 갖추었을 것이다. 돌도끼, 돌칼, 뼈칼, 나무창, 몽둥이와 같은 원시적인 단거리 무기 때문에 될수록 사냥물과의 거리를 좁힘으로써 근접 공격하는 것이 성공의 관건이었다. 원거리에서는 사냥감을 타격할 수 있는 무기도 없고 달아나는 초식동물의 속도를 따라잡을 수도 없기 때문이다. 그러기 위해서는 효과적인 위장이 무엇보다 중요했던 것이다.

---

77 최창모, 『금기의 수수께끼』, 한길사, 2003, p. 228.
78 대관령 수사슴 뿔 하나의 무게가 30kg이니 한 쌍의 무게는 무려 60kg에 달한다.
79 한국역사회고대사분과, 『한국고대사산책(문답으로 엮은)』, 역사비평사, 2008, p. 27.

| 사진 42 | 이집트 여성들의 화장

고대 이집트처럼 남성 지배권 사회에서 여성이 한정된 지위를 배정받을 수 있는 조건은 오로지 미모뿐이었다. 생육기능은 정자 실체 명시와 함께 그 가치가 반절되었기 때문이다. 이제 미모의 권력은 지어 재물, 문벌, 신분 조건조차 훨씬 능가했다. 다만 정략거래일 경우에 한해서만 예외일 따름이다.

그런데 여기서 한 가지 반드시 지적해야 할 것은 고대 남성의 화장이다. 여성의 화장 목적이 정자 역할 인지 이후 추락한 이미지를 보완하기 위해 필요했다면 남성 화장의 목적은 과연 무엇일까 궁금하지 않을 수 없기 때문이다. 고대 이집트 남성들은 여자들처럼 '나트론'이라는 "나일강의 진흙"과 공작석 분말 그리고 코흘kohl이라는 검은색 파우더 등의 화장품을 사용하여 몸과 눈을 화장했다. 그뿐만 아니라 이집트와

로마 남성들은 두발과 몸에 향수 뿌리기를 즐겼다. 그렇다면 이들의 화장 목적 역시 출중한 미모로 여성을 유혹하기 위한 데 있을까.

필자는 그와는 정반대라고 생각한다. 아름다움보다는 신성神性과 존귀함을 현시하기 위한 필요에서 여성 화장술을 도입했던 것으로 추정된다. 여성이 매력적인 미모로 남성을 유혹하기 위해 화장을 한다면 남성은 위엄을 과시하기 위해 화장하는 것이다. 향수가 후각을 통해 사용자의 존재 영역을 확장할 수 있다면 짙고 화려한 눈 화장은 시각을 통해 사용자의 존재 영역을 확장시킬 수 있기 때문이다.

ㄴ. 여성 위장 도구

구석기시대 남성이 수렵 주체였다면 여성은 채집 주체였다. 물론 젊은 여성들이 "수렵에 동원되는 때도 있었다."[80] 그러나 여성은 주기적인 생리통과 임신·출산·육아 때문에 많은 시간을 야영지에서 보내야만 했기에 노동에 참여하는 시간이 상대적으로 적을 수밖에 없었다. 야영지에서 여성들은 식사를 준비하고 석기 또는 장신구를 제작했을 뿐만 아니라 산전·산후 조리를 하거나 육아를 담당했다.

이렇듯 여성이 상대적으로 '쉬운'일을 담당한 것은 체력의 열세 때문이기도 하겠지만, 그보다는 임신·출산·수유라는, 생물학적인 여성 특유의 생식 기능 수행과 더욱 관련이 깊다. 오스트랄로피테쿠스의 화석을 분석한 연구에 따르면, 당시 사람들의 평균 수명은 11~12세 정도에 불과하였다. 또 여성은 평균 8~9세에 첫 아이를 출산하고 3~4년 터울

80 최일성·김현정 공저, 『한국여성사「개정판」』, 백산자료원, 2006, p. 10.

로 둘째 아이를 낳았던 것으로 알려졌다.[81]

"남성도 미성년이나 노인의 경우 대다수의 여성과 마찬가지로 채집에 종사"했을 뿐만 아니라 수렵을 나가지 않을 때면 젊은 장정들도 채집 활동에 동참했을 것으로 생각된다. 그러나 여성은 설령 수렵에 동원되었다고 해도 대부분의 경우 "체력의 열세" 때문에 멀리서 짐승을 몰거나 함성을 지르는 따위의 주변적인 위치에 있었을 거라는 추측이 가능해진다. "도망가지 못하도록 빙 둘러서 포위할 필요가 있는 사슴 같은 동물을 잡을 때"[82] 여성들이 담당한 역할은 "언제나 몰이꾼 쪽"[83]에 속해 있었다.

그렇다면 여성의 위장도 그 생활조건과 결부시켜 유추해 볼 수 있을 것이다. 캠프 주변의 채집 활동이나 야영지 내에서의 노약자 보살핌, 임신·출산·육아 등의 행위에는 수렵에 필요한 위장이 당연히 불필요하다. 여성의 우려는 남성들이 수렵을 나가고 여성들과 노약자, 어린이들만 남은 채집 장소나 캠프에 들이닥칠 포식자들의 불의의 습격이었을 것이다. 동굴 속이 아닐 경우 이러한 위험성은 더욱 급증한다.

여성들이 포식자의 공격으로부터 캠프와 자신의 신변 안전을 도모할 수 있는 방법 중에는 위장이 큰 몫을 차지한다. 원시인류는 "날씨가 추워지면 동물 가죽이나 털가죽을 입었고, 날씨가 더워지면 거의 발가벗고 다녔다."[84] 동물 가죽이나 털가죽을 걸치면 그대로 보호색이 형성되었고 간빙기의 더운 여름 신체 노출이 많은 시기에는 피부에 인위적인

81 위의 책, p. 11.
82 크리스토퍼 로이드 지음, 윤길순 옮김, 『지구위의 모든 역사』, 김영사, 2011, p. 142.
83 요코야마 유지, 앞의 책, p. 213.
84 위의 책, p. 142.

| 사진 43 | 여성의 채집과 야영지의 경노동(레 제지 로코 드 젤Les Eyzies Roc de Cazelle)
여자는 가죽 바구니에 버섯을 채집하고 있다. 채집 이외에 여성의 주요 활동은 캠프에 남아 사냥 나간 남자들을 위해 음식을 준비하는 일이다.

색을 칠해 위장했다. "반쯤 털이 덮인 두 발 달린 원숭이"[85]들의 과도기 색깔인 적갈색 피부는 천연보호색이었지만 황토, 숯, "재와 먼지灰塵"[86] 등 천연 자연물이나 보리·콩·오디·무화과 그리고 공작석·석회석 등 식물 또는 광물성 액체와 분말로 몸을 위장했을 것이다.

포식자인 동시에 피식자인 구석기인들은 항상 육식동물의 공격에 노출되어 있었다. "포유류 맹수들은 인간의 생존까지도 위협하는 존재"[87]였을 뿐만 아니라 "인류 종족이 진화해온 초기 수백만 년 동안 인간은…… 다른 힘센 육식동물에게 쫓기고 죽임을 당했으며 잡아먹히기도 했던"[88] 것이다. 심지어 인류의 수면 원인조차도 "포식동물의 위협을 피

85 위의 책, p. 150.
86 베아트리스 퐁타넬, 앞의 책, p. 19.
87 최일성·김현정, 앞의 책, p. 10.
88 헤럴드 셰터 지음, 김진석 옮김, 『연쇄살인범 파일』, 휴먼앤북스, 2010, p. 360.

하기 위해서"[89]였다는 기발한 주장이 나올 정도다. 이렇듯 "역사적으로 수많은 인간들이 곰·호랑이·사자·악어 등에게 잡혀 먹혔던"[90] 것이다.

임산부, 노약자, 어린이, 환자들만 남은 야영지에서 포식자로부터의 공격을 방지하려면 무엇보다 먼저 그들의 탐색 코스를 분산시킬 필요성이 제기된다. 구체적인 대안은 위장을 통해 포식자의 시각과 후각을 교란시키는 전략이다. 동물은 대체로 후각이 발달하여 먹잇감을 추적하는 데 유용하게 활용한다. 포식자인 원시인류도 "피 냄새가 나는 곳이면 어디든지 쫓아가서 야생 동물을 붙잡거나 덫을 놓아 잡았다."[91]

그런데 캠프에 남아 있거나 채집 활동을 하는 사람들은 대개 여성들이어서 포식자의 후각에 남성들보다 더 많은 정보를 제공해주게 되어 있다. 월경(혈액), 모유, 환자들의 몸에서 분비되는 피고름 등은 모두 포식자의 후각을 자극하여 불러들이는 인소로 작용한다.

> 월경 중의 여성은 아주 적은 양의 출혈로도 맹수가 쉽게 추적할 수 있는 냄새 흔적을 남길 수 있었고, 맹수는 편리하게 그녀와 아이가 있는 곳을 찾을 수 있었다.[92]

아이를 대동한 엄마는 포식자에게는 가장 사냥이 용이한 수렵물이다. 아이가 빨리 도망갈 수 없고 엄마는 아이를 버려두고 혼자 도망갈 수 없어 둘 다 희생물이 될 가능성도 크기 때문이다. 그러므로 방법을

---

89 김태형, 『새로 쓴 심리학』, 세창출판사, 2009, p. 223.
90 레너드 쉴레인 지음, 강수아 옮김, 『지나 사피엔스(자연의 선택)』, 들녘, 2005, p. 102.
91 크리스토퍼 로이드, 앞의 책, p. 128.
92 위의 책, p. 102.

강구하여 월경으로 인한 피 냄새와 육아로 인한 젖 냄새 등을 숨겨야만 피식의 위험성을 줄일 수 있다. 그것은 다른 더 강력한 냄새를 빌려 신체에서 분비되는 냄새의 강도를 낮춰야만 한다.

항균 기능뿐만 아니라 탈취脫臭기능까지 함유한 황토나 숯[93]은 몸에 바르면 경혈, 모유 등으로 유발된 체취를 중화시켜 포식자의 후각을 혼란시키는 작용을 할 수 있다. 황토와 숯은 탈취 효과가 뛰어나기 때문에 현대에도 음식, 건축, 의상 등의 분야에서 냄새 제거용으로 광범위하게 사용되고 있다.

여기에 포식동물이 싫어하는 매리골드 같은 식물 즙을 혼합하거나 그대로 발라도 냄새 중화효과가 탁월했을 것이다. 염료로도 사용할 수 있고 강한 사향 향을 풍기는 "이러한 꽃에서 추출한 염료로 염색한 옷이나 수건, 장갑 등을 입거나 착용하면 해충이나 동물로부터 신체를 보호할 수 있다."[94] 냄새가 강하거나 지독한 식물성 액체를 몸에 바르거나 휴대함으로써 정보를 제공할 수 있는 여성 특유의 체취를 중화시키는 방법도 포식자의 후각을 교란시키는 하나의 유효한 방법이었을 것으로 간주된다. 동굴벽화의 안료로 많이 사용된 산화철도 녹 냄새가 강한 염료다.

이밖에도 포식동물의 후각을 혼란스럽게 하거나 꺼리게 만드는 냄새를 가진 동식물들이 많다. 심한 악취가 풍기는 코끼리의 소변, 지독한 냄새를 발산하는 스컹크와 노린재[95], "포식동물이 싫어하는 냄새나 분

---

93 박경화, 『도시에서 생태적으로 사는 법』, 명진출판사, 2004, p. 195.
94 허북구, 『신비한 꽃 염색 천연염색 쉽게 배우기』, 중앙생활사, 2010, p. 20.
95 정미금, 『지식의 날개를 달아주는 퀴즈 1004』, 계림, 2006, p. 13.

| 사진 44 | 몸에 바른 돌가루(좌)와 황토(아프리카 나미비아)
붉은 황토(좌) 또는 흰 돌가루를 원료로 한 바디 페인팅은 구석기시대에는 신체 위장술이거나 방충防蟲 등의 기능을 탑재한, 일종의 분장扮裝 문화이지 화장 문화는 아니었다.

비물"[96]을 배출하는 나비의 유충과 성충을 비롯한 동물들과 "중독성 물질을 포함한 식물들은 냄새가 고약"[97]하기에 죄다 몸에 바르거나 휴대하는 것만으로도 포식자의 후각을 교란하는 소기의 목적에 도달할 수 있다.

그런데 육식동물인 고양이과 동물들은 후각보다 시각이 발달해[98] 이에 대처하려면 숲이나 대지 혹은 불과 같은 보호색으로 자신을 위장할 필요가 생긴다. 풀잎이나 황토, 적토 또는 황색산화철은 포식자의 시야에 비치는 인간상을 숲이나 대지 또는 불빛으로 착각하도록 유도하는 위장물이 된다. 평범한 숲이나 대지에 관심을 가질 포식동물은 없으며

96 신유항, 『원색 한국나방도감』, 아카데미서적, 2001, p. 112.
97 신디 엘겔 지음, 최창욱 옮김, 『살아 있는 야생』, 양문, 2003, p. 212.
98 송지영, 『검치 호랑이』, 시그마프레스, 2007, p. 43.

불은 포식동물이 공통으로 무서워하는 자연 현상이기 때문이다.

원시여성들이 이러한 천연위장물들을 수컷을 유혹하기 위한 목적으로 사용했다고 하는 추측에는 설득력이 부족하다. 왜냐하면 적어도 "동물을 인위적으로 번식시키기 시작한 1만 2천 년 전"[99]까지는 남자의 정액이 여성의 임신과 출산에서 기여하는 바를 몰랐었기 때문이다. 생식은 남자의 개입이 배제된 상태에서 여성 혼자만의 기능에 의해 진행되는 과정으로 인지되고 있었다. 그러니 임신을 위해 화장을 하고 남성을 유혹해야 할 아무런 이유가 없었다.

---

99 크리스토퍼 로이드, 앞의 책, p. 152.

2

여성의 대신구帶身具(장신구)

1) 대신구의 기원과 용도

ㄱ. 대신구의 기원 일단 구석기시대라는 특수한 역사적인 환경에서 "장신구"의 개념이 가시적으로 무엇을 의미하는지에 대한 문제부터 규명한 다음 담론을 시작해야 할 것 같다. 필자는 구석기시대에는 미모와 연관된 화장이나 장신구가 존재하지 않았다고 간주하기에 장신구라는 표현을 당연히 대신구帶身具라는 표현으로 바꿔야 한다고 생각한다.

대帶자는 "띠나 끈의 의미 외에 (몸에) 지니다, 휴대하다, 차다, 달다(달아매다—필자)"[100]의 뜻을 가진 한자다. 『한어대사전』의 뜻풀이를 참고하면 패대佩帶는 (가슴이나 어깨에) 달다, (허리나 손목에) 차다는 뜻이

100 高大民族文化研究院中國語大辭典編纂室 編, 『中韓辭典』, 高麗大學校民族文化研究院, 2002년 2월 20일.

고 휴대携帶는 '휴대하다, 몸에 지닌다'는 의미이며 괘挂는 '걸다'[101] 등의 의미를 가지고 있다. 그래서 대신구帶身具라는 표현은 신체 장식이 아니라 보관을 목적으로 몸에 달거나 차거나 거는 방법으로 간수된 소장품을 지칭하는, 가장 적절한 단어라고 생각한다. 아래의 담론에서 그 이유를 상세하게 밝히려고 한다. 장신구의 기원은 복식의 기원에 부속된다는 주장이 일반적이다. 장신구의 시초라 할 수 있는 유의紐衣, "띠帶를 복식의 가장 원시적인 형태"로 간주하는 사실에서도 알 수 있다.

> **띠는 복식의 가장 원시적 형태로 처음에 의복을 입어 몸에 고정시킬 목적으로 사용하였으나 점차 의복의 장식물로서 품계를 구별하는 데 중점을 두게 되었다. 띠의 역사는 의복과 함께 시작되었다고 볼 수 있다. …… 벨트belt는 허리를 조여 매는 납작한 끈이나 띠의 형태로 의복을 고정시키는 장치의 하나이다.[102]**

그러나 필자는 이와는 상반되는 견해를 가지고 있다. 장신구(띠帶)가 먼저이고 복식은 장신구의 연장이거나 그 기능이 확대, 진화된 것으로 생각한다. 왜냐하면 처음에 벨트를 착용했을 때 인류의 몸에는 달랑 띠 하나뿐만 아니라 "단순한 형태의 띠"[103] 다시 말해 "유의紐衣는 의복衣服을 아무것도 입지 않은 나체의 인간人間이 허리에 끈을 하나 묶은 것"[104]으로서 "몸에 고정시킬 의복"이 없었기 때문이다. 띠는 "허리를 조여

---

101 『汉语大词典(第三卷)』, 汉语大词典出版社, 1989年 3月.
102 최영열 지음, 「태권도 도복띠에 관한 조사연구」, 『태권도학(회고와 전망)』, 상아기획, 2005, p. 328.
103 위의 책, p. 328.
104 백영자·유효순 저, 『서양복식문화사』, 경춘사, 1989, p. 14.

매는 납작한 끈이나 띠의 형태로 의복을 고정시키는 장치"가 아니라 "사냥에서 얻은 먹이를 차고 다니거나 돌칼 따위의 도구를 달고 다니는 실용적인 역할"[105] 쪽으로 더 발달했던 것이다.

> **인류 중에 "장식飾은 있는데 복식이 없는" 부족은 존재하지만 "복식은 있는데 장식이 없는" 부족은 존재하지 않는다. 이 사실만 보고서도 인류의 의복과 장식 중에서 먼저 복식이 있고 후에 장식이 있었던 것이 아니라 장식이 복식보다 이르다고 말할 수밖에 없다.**[106]

> **현재 인류의 조상이 남긴 유물은 주로 장식품이지 복식이 아니다.**[107]

허리끈은 원래 먹잇감 운반이나 수렵 도구의 휴대 기능이 우선순위였다가 점차 가죽과 가죽의 연결을 가능하게 하며 복식의 탄생을 유도해내는 기여도 했지만 나중에는 복식의 부속품으로 전락되면서 의복 정리나 방한 목적에 귀속된 것이라 할 수 있다. 여성의 경우에는 의복과 함께 몸매를 단장하는 장신구로서 그 기능이 변천해갔다.

유의紐衣가 복식보다 먼저라는 필자의 주장은 바늘과 실(끈)이 복식의 탄생을 가능하게 했다는 견해와 일치하는 것이다. 고고학에서 선사 인류의 의복 착용 근거를 보통 바늘의 발굴을 전제로 한다면, 바늘이 실, 끈이 없으면 무용지물임을 인정할 때 끈이 복식 기원에 앞선다는 주장은 충분한 설득력을 제공하는 것이다.

---

105 최영열, 앞의 책, p. 328.
106 华梅 著,『人类服饰文化学』, 天津人民出版社, 1995年 12月, p. 1.
107 위의 책, p. 11.

사진 45 | 뉴기니아 원주민 남자(좌)와 이집트 궁녀들의 유의(하), 구석기시대 여성이 아기를 띠에 업고 있는 모습(도르도뉴 레 제지 로코 드 젤Les Eyzies Roc de Cazelle)

남성과 무희들이 몸에 걸친 옷은 모두 띠帶이다. 고대에는 띠가 복식 또는 치레걸이로 사용되었지만 구석기시대 여성들은 아이뿐만 아니라 소장품도 이런 식으로 매달아 보관했다. 결코 몸을 장식하는 장신구가 아니었다.

장신구 또는 복식으로서의 유의紐衣가 "수호적인 신성한 주구呪具"라는 주장에 대해서도 필자는 회의적이다. 그 증거라는 것이 남미, 미국, 오세아니아의 미개 나체족들이 유의를 실용화하지 않는다는 이유다.

> **紐衣는 결코 실용 때문이 아니라 수호적인 신성한 呪具, 신성하기 때문에 裝飾도 하는 呪具였다. 그 증거로 남미나 미국이나 오세아니아의 소위 미개의 裸族의 사람들은 紐衣를 實用化하지 않았다.**[108]

108 백영자·유효순, 앞의 책, p. 14.

그뿐만 아니라 이 책의 저자는 끈으로 묶거나 동물의 가죽이나 내장内臟으로 만든 보자기에 담거나 식물의 열매를 말린 용기에 담아 머리에 얹을 수도 있다는 이유를 들어 유의가 수확물收穫物을 매달기 위해 생겼다는 가설에 반론을 제기한다. 이러한 판단은 유의의 기능을 단순히 운반이라는 범위에 국한시킨 결과에서 도출된 것이라 할 수 있다. 아래 담론에서 구체적으로 논하겠지만 일단 먹잇감과 연관된 도구나 용기들은 모두 공유재산으로서 사유화할 수 없다는 점을 지적해야겠다. 상술한 운반도구들은 공동체의 활동이라는 전제하에서만 사용 가능한 것이다. 이와는 상반되게 유의는 개인적으로 소장 가능한 조개껍데기나 상아가공품 등을 상시 소장할 수 있는 소장대所藏帶라고 할 수 있을 것이다.

이른바 유의가 "생령生靈들을 체내로 가두어 나오지 못하도록" 단속하는 주술 도구呪具라는 가설의 명분은 건강보전상健康保全上 차원에서 "통행금지표식通行禁止標識으로서 도로에 새끼줄을 치듯이 신체身體의 중요重要한 부분部分을 끈으로 감아두는 주술呪術"[109]이 생겨났다는 것이다. 주술의 구체적인 표현은 수렵민狩獵民이 팔과 다리에 두른 끈이라면서 끈의 기원을 억지로 주구呪具와 연계시키고 있다. 그러나 팔과 다리에 두른 끈은 그 부위가 "다치는 것을 최소로 하기 위해"[110]서라기보다는 에너지를 특정 액션 부위에 집결하기 위해서라고 할 수 있다.

고대 이집트 문명에 의하면 "인간人間의 지성知性, 감성感性, 감정感情 및 정신精神도 심장에 내재內在"하기에 이를 "중요重要하게 보호保護해야만 하기 때문에, 세계世界의 여기저기에 동체胴體에 끈을 감는 유의紐衣가 넓게

109 위의 책, p. 15.
110 위의 책, p. 15.

분포分布"[111]한 것이라고 역설하고 있다. 하지만 띠를 두른 부위는 심장이 내재하는 가슴이 아니라 엉뚱하게도 허리다. 허리에 띠를 둘러 심장을 보호한다는 주장에는 어딘가 설득력이 결여되었다는 느낌을 준다.

> **육식동물은 收穫物에 달려들어 우선 腹部를 먹는다. 배를 들쑤셔 먹힌 동물이나 人間의 死體를 보고 사람들도 깜짝 놀라 자신이 먹히지 않도록 胴體에 呪具의 끈을 둘렀다고 생각할 수 있는 것도 가능하다.[112]**

그야말로 억상臆想으로 어불성설이 아닐 수 없다. 망각하지 말아야 할 것은 인간도 엄연한 포식자의 일원이라는 사실이다. 인간도 다른 동물을 잡으면 "배를 들쑤셔" 맛있는 내장부터 먹었을 터이니 새삼스럽게 깜짝 놀랄 필요도 없을 것이고 끈을 두를 필요도 없을 것이기 때문이다. 한 가닥의 끈이 포식자가 내장을 파먹는 행위를 막을 수 없으니 말이다.

생령들을 체내에 가두어 나오지 못하도록 신체의 중요한 부분을 끈으로 감아둔다는, 주술 도구로서의 끈도 설득력이 부족하기로는 마찬가지다. 여기서 생령이 영혼을 의미한다면 과연 복부라는 국부적 부위의 속박을 통해 몸 안의 영혼이 이탈하지 못하도록 가둘 수 있는지가 의문시되지 않을 수 없다. 동양 사상에 따르면 인체 내에서 영혼의 통로는 복부가 아니라 정수리에 위치한 숫구멍이다. "혼은…… 신혈顖穴(숫구멍·쥐구멍)을 통하여 육체와 영혼 세계를 왔다 갔다"[113] 한다. '티베트 사자死者의 서'의 내용에 따르면 티벳 불교에서 사람의 임종 시 영혼을 내보

---

111 위의 책, p. 16.
112 위의 책, p. 16.
113 오상균, 『운명론과 빙의 령』, 해빗(Habit), 2011, p. 57.

내는 통로는 브라흐마Brāhma 즉 숫구멍이다. “의식체의 정상적인 이탈은 머리 정수리에 있는 브라흐마白會의 구멍을 통해서 이루어져야”[114] 한다.

허리에 두른 유의가 배꼽과 가까이 있지만 그 배꼽은 도교에서 신궐神闕이라고 하여 우주와 인간의 연결통로로 여겼을 뿐 영혼이 출입하는 통로는 아니었다. 그리고 배꼽까지 가리지도 못한다. 가령 유의가 영혼을 체내에 가두는 주구呪具라면(구석기시대에는 종교나 무속이 아직 나타나지 않았지만) 묶을 것이 아니라 당연히 구멍을 막아야만 할 것이다.

유의가 고대 이집트왕의 나신과 궁녀들의 나체를 감싸고 크레타섬의 여성 나체상과 인도 나체그림 그리고 인간뿐만 아니라 불상佛像과 힌두교 여신상에까지 나타난다고 하여 그것이 주술도구라는 과학적 증거가 될 리는 없다. 불상과 여신상의 경우만 봐도 도리어 “초기 불교에서는 ‘세속의 주술비법呪術祕法을 행하면 바일제波逸提, payattika를 범犯한다.’ 또는 ‘세속의 명주밀법明呪密法은 축생의 학學이다.’라고 하여 금지”[115]시키기까지 했다. 이러한 주장은 차라리 유의가 남자에게는 성기와 허리 보호대이고 여자에게는 자궁(또는 자궁 속의 태아)과 성기 보호대라는 추측보다도 설득력이 부족하다. 수렵이라는 특정된 활동으로 인한 과도한 직립보행과 성적욕구를 해소하기 위한 섹스를 소화해야만 하는 남자에게는 무엇보다도 허리힘이 필요하며 생리특성상 임신과 육아의 책임을 부담해야 하는 여자에게는 복부(자궁)보호가 무엇보다 우선하기 때문이다.

그러나 유의에 대한 필자의 주장은 이도저도 아닌 원시공산사회에서 유일하게 사적인 소유인 조개껍데기나 상아가공품과 같은 귀중한 물

114 차미영, 『웰 다잉을 위한 죽음의 이해』, 상상커뮤니케이션, 2006, p. 211.
115 교양교재편찬위원회 편 지음, 『불교학개론』, 동국대학교출판부, 2002, p. 237.

품을 보관하는 소장대所藏帶 또는 소장띠, 소장 벨트라는 것이다. 장식성 마저도 배제된 구석기시대 유의는 오로지 소장품을 보관하는 하나의 기능으로만 사용되었다. 유의가 사냥물이나 수렵 또는 채집 도구를 매다는 용도로 쓰일 경우 그것은 이미 사적인 소유가 아닌 공유물이 되는 것이다.

소장대(유의)의 기원은 결국 인류 최초로 탄생한 사적 소유의 기원이며 의복과 장신구의 기원이기도 하다. 그뿐만 아니라 여성과 미모의 연대에 가능성을 제공한 원인이기도 하다. 소장대所藏帶는 신석기시대에 밝혀진 "정자 사건"[116]으로 인해 전복된 여성의 이미지를 부활시키는 데 마멸할 수 없는 기여를 한, 여성의 보물 1호다.

ㄴ. 대신구의 용도

장신구는 현대는 물론이고 상고시대에도 인간의 미모 특히는 여성의 미모와 연관되는, 문화적 층위 개념으로서의 장식품이었다. 그러나 구석기시대는 상황이 다르다. 이 시기에 장신구는 미모보다는 소유와 보관이라는 경제적 층위 개념으로서의 소장품이었다는 것이 필자의 지론이다. 왜냐하면 구석기시대는 원시 공유제 사회였기에 생산과 소비체제에서 구성원 "공동 참여와 평균 분배"[117]라는 경제 원칙이 지배적이었기 때문이다. 예를 들

116 여성의 생육에 미치는 남성 정자의 작용이 가축 사육 등에 의해 확인된 사건을 말한다. 필자의 신조어다.

117 이화여자대학교 중국 여성사연구, 『중국 여성 신화에서 혁명까지』, 서해문집, 2005, p. 25. (고고학상 용산 문화에 속하는 시대는 사회 대변혁의 시대다. 씨족제의 공동 노동, 평균 분배의 원칙은 이미 타파되고, 권력, 문화 등이 소수의 상층에 집중되었다.)

| 사진 46 | 네안데르탈인 무덤(상) 모르비앙 주 테비에크 섬 패총 여성 무덤

구·중석기시대 무덤의 조가비들이 가공 여부에 상관없이 동시에 부장된 것은 이 양자 간에 가치가 균등함을 의미한다. 가공물과 자연물의 가치 균등은 인공작업이 새로운 가치를 생산하지 못한 데 기인한다. 가공 결과물은 예술적인 장식품이 아니라 한낱 소장품 보관이기 때문이다. 조가비, 상아, 뼈 등 매장 유물은 인류 최초의 개인소장품이었다. 공공재산이던 석기와 토기가 신석기시대에 와서야 무덤에 부장된 사실은 농경 후에야 이런 도구들이 개인소유로 되었음을 설명한다.

면 수렵 도구인 돌도끼, 투창 등 무기들과 채집 도구인 "바구니"[118], 망태기 등 운반 용기들은 모두 공동으로 제작한 공유물이었다. 필요할 때

118 재레드 다이아몬드, 김정흠 옮김, 『제3의 침팬지』, 문학사상사, 1996, p. 94. (크로마뇽인의…… 아름다운 바구니……)

면 각자의 능력과 선호에 따라 배분·사용되었고 작업이 끝나면 공동 보관했다.

원시 공산사회에서 공공재산에 대한 관리는 특히 엄격했다. 공유 도구에 대한 임의의 사적인 사용이 철저하게 규제되고 있었다는 얘기다. 수렵 도구와 같은 공유재물에 한해서는 여성들에게 사용은 둘째 치고 접근마저 불허했다는 사실을 보고서도 알 수 있다. 이는 구석기시대에 공용재물의 사용과 소유가 개인이나 일부 성원들에 대한 엄격한 제한과 감독제도가 가동하고 있었음을 시사한다.

> **서西오스트레일리아 원주민 사이에는 여성은 투창기 등의 무기에 닿는 것마저 금지되어 있다. 그리고 더 나아가 이러한 무기를 제작하는 재료가 되는 나무가 자라는 장소에 들어가는 것마저 금지되어 있다. …… 아프리카나 그리고 시베리아에서도 여성이 활이나 화살에 손을 대는 것은 금지되어 있다.**[119]

그런데 이러한 공유제 사회 속에서도 예외는 있었다. 먹잇감과 먹잇감 획득·운반·분배와 연관되지 않은 기타 물건에 대해서는 개인적인 소장이 부분적으로 허락되었을 거라는 추측 때문이다. 그것이 개인 소장이었다고 함은 먹잇감이나 먹잇감 획득 및 운반 도구들과는 달리 개인의 신변에 상시적인 밀착 휴대가 가능하다는 의미에서 정의된 것이다. 조가비, 상아, 이빨 등은 개인이 소장할 수 있는, 먹잇감과는 상관없는 물건들이기 때문이다. 이때의 장신구가 미모 구성의 일부가 아니라

119 요코야마 유지, 앞의 책, p. 214.

소장품의 보관방식이라는 필자의 주장은 조가비로 제작된 당시의 장신구 분석을 통해서도 설득력이 생성된다.

프랑스 도르도뉴 지방 레 제지 마을 밖 단애 기슭 바위 그늘에서 지금부터 약 3만 년 전의 인류인 크로마뇽인이 사용했던 수많은 조가비 장신구가 발견되었다. 아마도 구석기시대 사람들은 "이동 여행을 통해 내륙에 살던 그들이 해안지방의 동물들을 알게 되었고 바다 조개류도 내륙까지 채집하여"[120] 왔을 것이다.

> 300개의 조개껍데기는 전부 구멍이 뚫려 있는데, 끈으로 매달아서 장신구로 사용했던 것으로 여겨진다. 그것은 바다에서 자란 조개인데, 레 제지 부근에서 채취된 것이 아니라 놀랍게도 대서양에서 가져온 것이다. 유적에서부터 대서양 연안까지는 직선거리로 175km나 떨어져 있다.[121]

내륙인에게 175km나 떨어진 바다는 쉽게 오갈 곳이 아니다. 교통 조건이 전혀 미비한 당시로써는 평생에 한 번 다녀오기도 힘들었을 것이다. 그 희소성 때문에 조가비는 소장가치가 충분했으며 기념으로 내륙까지 휴대해온 것이다. 그뿐만 아니라 조개껍데기는 일상생활에서도 활용할 수 있었다. 물이나 꿀과 같은 액체 형태의 식품을 담는 용기나, 그림을 그리는 안료를 담는 팔레트나, 불을 켜는 등잔이나, "부드러운 흙을 파거나 짐승의 가죽을 벗기는 데"[122]에도 사용할 수 있는 장점을 가지고 있었다. 소뿔이나 동물의 가죽 부대처럼 부식될 우려도 없고 휴대

---

120 이화여자대학교, 한국여성사편찬위원회, 『韓國女性史1』, 이화여자대학교출판부, 1984, p. 15.
121 요코야마 유지, 앞의 책, p. 179.
122 자오춘칭 외 지음, 조영현 옮김, 『문명의 새벽(중국의 문명 1 원시시대)』, 시공사, 2003, p. 41.

도 간편했다.

앞에서 보았듯이 무기나 용기와 같은 먹잇감과 연관된 도구는 모두 공동체의 공유 재물이기에 개인의 소유에서 배제시켜야만 한다. 그러나 조개껍데기는 먹잇감도 아니고 먹잇감과 연관도 없기에 개인적 소장이 가능했다. 원시인류는 보다 많은 조가비를 운반하기 위해 저마다 조개껍데기에 구멍을 뚫은 다음 끈으로 연결하여 목에 걸거나 어깨 또는 허리에 띠를 매는 방법을 선택했던 것이다.

구슬 형태로 가공된 매머드 상아 역시 원시인류의 역량으로는 획득하기가 벅찬 귀중품이었다. 러시아 순기르의 "약 2만 년 전의 것으로 추정"[123]되는 중년 여인의 유골 옆 부장품 중에는 "3,500여 개의 매머드 상아와 뼈로 만든 구슬과…… 양팔에 각각 25개의 상아 팔찌"[124]가 발굴되고 있지만 고가의 장식품 재료가 되는 그 귀중한 상아어금니를 소유한 매머드를 사냥하기란 말처럼 쉽지 않았을 것이다. 매머드는 체중이 4~6톤이며 어금니의 길이만 해도 3m나 된다.

> **매머드의 거대한 머리뼈와 활처럼 구부러진 긴 앞니,…… 매머드와 같은 거대한 짐승을 죽이려면 얼마나 많은 용기와 힘이 필요했을까! 하지만 때려잡은 매머드를 잘라서 야영지까지 운반하는 데는 더욱 힘이 들었다. 다리 하나의 무게만 해도 1톤에 가까웠고, 머리뼈는 한 사람이 들어앉을 수 있을 만큼이나 컸다.**[125]

---

123 올라프 라더, 앞의 책, p. 42.
124 김용환, 『인류 진화의 오디세이』, 가람기획, 2010, p. 183.
125 일리인 지음, 민영 옮김, 『인류탄생의 역사』, 일빛, 2004, p. 108.

| 사진 47 | 매머드 사냥과 순기르 무덤

수렵이 힘든 매머드의 획득은 주로 죽은 사체였을 것이다. 어렵사리 손에 넣은 상아는 쪼개고 다듬는 가공작업을 거쳐야 러시아 순기르Sungir 여인 무덤의 상아구슬과 팔찌처럼 장신구로 재탄생한다. 하지만 구석기시대에 이는 아직 몸을 장식하는 예술품이 아니라 귀중품을 몸에 휴대하기 위한 보관 방법에 지나지 않았다.

모르긴 해도 사냥의 성공률은 극히 낮았을 것이다. 낙후한 석기 수렵 도구와 하나의 공동체에서 남녀노소 모두 동원해보았자 겨우 40명~100명 정도뿐인 약소한 역량으로는 높은 성공률을 담보할 수 없기 때문이다. 원시인류가 매머드 상아를 획득할 수 있는 가장 용이한 경로는 노사체老死體나 병사체病死體에서 손쉽게 취득하는 방법이었다. 동물의 사체는 이빨이나 뼈를 제공할 뿐만 아니라 원시인류의 주요한 먹잇감이기도 했다.

입수가 용이하지 않은 조개껍데기나 매머드 상아와 같은 소장품들은 버리기가 아쉬워 구성원 개개인들이 사적으로 수집하여 구멍을 뚫고 끈으로 연결해 몸에 밀착 보관했던 것이다. 곰의 송곳니나 진귀한 광물로 만든 세공품도 모두 위와 같은 경우라고 할 수 있다. 순기르 유적에서 발굴된 "펜던트 중에서도 곰의 송곳니는 선사 인에게 특히 귀중히 여겨졌다"[126]는 사실에서도 입증이 가능하다.

2) 대신구帶身具(장신구)의 종류

ㄱ. 몸의 형태와 장신구 착용

원시인류는 무엇 때문에 소장품을 굳이 용기가 아닌 몸에 보관했을까. 앞에서도 인용했듯이 끈으로 묶어 손에 들 수도 있고 동물의 가죽이나 내장內臟으로 만든 보자기 또는 식물의 열매를 건조시킨 용기에 담을 수도 있는데 말이다. 그밖에도 속이 빈 뿔, 풀로 엮은 바구니, 망태기 등 사용 가능한 용기가

126 요코야마 유지, 앞의 책, p. 259.

많았을 것이다. 이에 대한 해답은 이미 앞의 담론에서 일목요연하게 해명되었다고 생각한다.

> **날씨가 추워지면 동물 가죽이나 털가죽을 입었고, 날씨가 더워지면 거의 발가벗고 다녔다. 그러니 필요 없는 것을 무엇하러 가지고 다니겠는가? 그들은 물을 넣는 호리병박같이 반드시 필요한 것만 가지고 다녔다. 그들은 또 사냥할 때 쓸 창이나 활과 화살도 가지고 다니고, 죽은 동물의 가죽을 벗기거나 불을 피울 때 쓸 부싯돌로 만든 도구도 가지고 다녔을 것이다. 그밖에는 거의 필요한 것이 없었다. 무언가를 소유한다는 것 자체가 그들에게는 완전히 낯선 것이었다.**[127]

그렇다면 물건을 보관할 수 있는 곳은 오로지 발가벗은 몸뚱이뿐이다. 인간의 신체에서 귀중한 사적私的 소장품을 간직할 수 있는 곳은 어떤 부위들이 있을까? 일단 머리 위에서부터 발끝까지 한 번 상세하게 훑어보는 것도 의미가 있을 것 같다. 머리와 귀와 코, 입과 목, 어깨와 가슴, 배꼽과 허리, 팔과 팔목 그리고 손가락과 손톱, 다리와 발목 그리고 발가락과 발톱…… 이 중에서 코와 입, 어깨와 가슴 그리고 배꼽, 손톱과 발톱 그리고 발가락 장신구는 구석기시대 유물에서 발굴되지 않고 있기에 배제한다.

소장품 간수를 부위별로 짝을 맞춰보면 다음과 같다.

머리: 수건, 가랑머리.

목: 목걸이.

---

127 크리스토퍼 로이드, 앞의 책, p. 142.

| 사진 48 | 우크라이나 코스티엔키 구석기 유적의 장신구를 단 비너스
구석기시대의 이 여인이 목과 어깨 그리고 허리에 두르고 있는 띠의 용도는 상아나 조가비와 같은 귀중품을 몸에 밀착 보관하기 위해 고안해낸 소장도구다. 다른 조각상을 참고할 때 머리와 발목에도 조가비나 상아를 끈으로 연결한, 이런 소장 띠를 둘렀을 것으로 추정된다. 수렵무기를 휴대하는 남성보다는 소장품은 주로 여성이 휴대했을 것으로 간주된다.

귀: 귀고리(귀걸이).

팔목: 팔찌.

손가락: 반지.

허리: 벨트.

발목: 발찌.

머릿수건이 원시인류의 머리 장신구로 부각된 것은 프랑스 랑드의 브라상푸이 유적에서 발견된 이른바 「카푸슈 부인」의 머리 모양에서다. 이 여성의 헤어스타일은 머리에 두건頭巾을 쓴 모습을 묘사한 것이라는 설이다. "크로마뇽인은 남녀 모두 머리에 장신구를 달았다."[128]고 한다. 그 이유로 "조각의 머리 부분에 격자 모양으로 되어 있는 부분"[129]을 제시한다. 하지만 그것은 "머릿수건을 나타낸 것이 아니라, 숱이 많은 머리카락을 표현했다"[130]는 반론도 있다. 하지만 누가 봐도 그 모양은 단순한 머리카락은 아니다. 격자 모양의 무늬도 설명이 안 된다.

필자는 「카푸슈 부인」의 머리에 쓴 "장신구"가 두건이 아니라고 단정한다. 당시 수건으로 사용했을 재료는 포목布木 같은 원단原緞이 아니라 피혁皮革제품이었거나 아니면 식물의 잎이었을 것이다. 그것을 머리에 쓴 목적은 묻지 않아도 방한과 방풍이다. 얼굴이나 두부頭部를 한파로부터 보호하거나 작업할 때 바람에 날려 헝클어지는 머리카락을 수습하기 위해 필요한 조치라고 봐야 할 것이다. 그런데 수건은 가닥가닥 잘라서 가는 오리를 만들고 있다. 이러한 형태는 방한과 방풍 모두에 불리한 디자인이 아닐 수 없다. 추위를 막는 데도 비효과적일 뿐만 아니라 바람에 날리는 머리카락을 정리하는 데도 도움이 안 되기 때문이다.

한편 「카푸슈 부인」의 헤어스타일을 "땋은 머리"[131]라고 보는 견해도 있다. 작업이나 행동할 때 머리가 바람에 날려 시야를 가리는 불편을 해소하는 방법으로 머리를 땋아 정리한다는 추측은 그나마 약간의 설득력이 깔려 있다. 그러나 가랑머리를 땋는 작업은 혼자서는 불가능하며 타인의 도움을 받아야 한다. 더구나 「카푸슈 부인」처럼 가닥을 수십 개로 갈라서 일일이 땋으려면 엮고 푸는 데 엄청난 시간이 소요될 것이다.

---

128 요코야마 유지, 앞의 책, p. 242.
129 위의 책, p. 242.
130 위의 책, p. 242.
131 데스몬드 모리스(Desmond Morris) 저, 이경식 외 역, 『벌거벗은 여자—여자 몸에 대한 연구』, 휴먼앤북스, 2010, p. 5.

| 사진 49 | 브라상푸이 비너스 「카푸슈 부인」
2만 2000년 전의 이 비너스의 머리 스타일은 두건도 두발도 아니며 가랑머리는 더구나 아니다. 소장품을 간직하기 위해 귀중품을 매단 띠를 머리에 착용한 소장대所藏帶다.

먹잇감 획득이 급선무였던 원시시대에 그렇게 한가한 시간이 있었을까 의문되는 시점이기도 하다.

그리고 「카푸슈 부인」의 머리가 땋은 것이라면 당연히 빗살(\ , /)무늬나 가위(X)무늬여야 하지만 격자무늬 형태를 취하고 있다는 점을 지적하지 않을 수 없다. 그뿐만 아니라 정수리 부분의 가닥 형태는 기타 부분의 가닥들과 차이점을 보이고 있다. 수직(II)선이 아닌 수평선(=)을 취하고 있다. 정수리부분의 머리카락만 따로 수평선으로 땋을 수는 없다. 물론 횡선으로도 땋을 수 없는 부분이다. 당연히 양 옆이나 뒤로 넘겨서 땋아야만 한다.

「카푸슈 부인」의 격자 머리 스타일에 대한 정답은 이미 앞의 담론에서 제시되었다고 생각한다. 그것은 두건도 아니고 짙은 머리카락은 더욱 아니며 그렇다고 땋아 늘어뜨린 가랑머리도 아니다. 격자 형태로 엮은 끈(끈으로 엮은 망)에 소장품을 매달아 가발처럼 머리에 뒤집어 쓴 것이다. 물론 "가발의 기원은 기원전 2686~2181년경인 멤피스 시대"[132]라고 하니 가발은 아니고 단순히 귀중품을 소장하기 위한 방법에 불과한 것이었다.

그것이 소장품을 휴대하는 대신구라는 필자의 견해는 빌렌도르프Willendorf 비너스상의 머리모양에서 더욱 확실하게 나타나고 있다. "얼굴에는 이목구비가 없고 십자 모양의 선이 머리카락을 표현"[133]하고 있다는 사실은 당시에는 머리에 쓴 대신구의 귀중품들이 얼굴보다 더 가치가 높았음을 입증한다. 그도 그럴 것이 모두 당시로써는 입수하기 힘든 "기하학적 무늬의 상아 장식 머리띠 같은 정교한 장신구"[134]들이었기 때문이다. 이러한 소장품들은 대체로 구슬과 같은 형태로 가공해서 끈으로 꿰어 머리에 매달았다.

---

132 정현진 외, 『미용문화사』, 광문각, 2004, p. 23.
133 브라이언 페이건(2012), 앞의 책, p. 300.
134 위의 책, p. 299.

목은 소장품을 간수하기 가장 적합한 신체 부위다. 그런 원인 때문에 목걸이의 역사도 그만큼 유구할 수밖에 없다. 프랑스의 라키나 유적지와 렌느 동굴에서 발견된 두 점의 목걸이는 그 연대가 각각 기원전 3만 8천 년과 기원전 3만 1천 년 된 유물이다. 동물의 뼈와 이빨을 구슬처럼 소형으로 가공하여 끈에 꿴 것이다.

> **서부 오스트레일리아의 만두만두라는 지역에서도 기원전 3만 년으로 거슬러 올라가는 목걸이가 발견되었다. 그리고 인도의 마하라시트라 지역의 파트니아에서 기원전 2만 3천 년의 것으로 추정되는 목걸이가 발견되었는데, 이 목걸이는 올리비아 조개껍데기와 타조 알 껍데기로 만들어졌다. 이런 몇몇 사례를 비추어 볼 때, 목걸이를 하는 관습은 지역적으로 제한된 게 아니라 이미 3만 년 전에 지구상에 광범위하게 퍼져 있었음을 알 수 있다.**[135]

일단 목은 동체와 머리 사이에 위치함으로 여기에 끈으로 꿴 소장품을 걸었을 때 분실 우려가 없다. 머리에 쓴 대신구는 볼 수가 없어 유실을 파악할 수 없을 뿐만 아니라 쉽게 벗어지지만, 목걸이는 앞가슴에 드리워 관찰이 가능하며 잘 벗겨지지도 않는 우점이 있다. 수렵이나 채집과 같은 작업 시 행동에 제약을 받지 않는다는 장점도 있다. 머리 대신구는 고개를 숙이거나 젖힐 때 또는 회전하거나 움직일 때면 벗어질 위험이 많지만 목걸이는 그럴 염려가 없다. 머리에 썼을 때처럼 답답하지도 않다. 가시권에서 배제된 머리의 대신구와는 달리 귀중한 소장품이 항상 가시권 안에 들어와 시각적 쾌락을 느낄 수도 있을 뿐만 아니라 동

135 위의 책, p. 201.

료들에게 자랑할 수도 있다. "모스크바 북부의 순기르에서 발굴된 약 2만 년 전의 진주 목걸이"[136] 같은 것은 소장 가치뿐만 아니라 자랑거리로도 손색없는 소장품이었을 것이 틀림없다. 목걸이는 이러한 여러 가지 장점 때문에 원시인류에게 보편적인 사랑을 받았을 것이다.

역사적인 정자 사건 이후, 그러니까 더 정확히 말하면 신석기 이후 이른바 대신구는 운반, 휴대라는 기능의 단일성에서 탈피하여 장신裝身 기능 하나가 더 추가되었다. 구석기시대 남성에게 대신구는 사냥감 운반, 수렵 도구 부착과 같은 운반, 휴대 기능과 조개껍데기, 상아와 같은 소장, 보관기능 두 가지를 포함한 이중적 기능을 수행했지만 무리 내에서 차지하는 남성의 역할분담 비중에 따라 전자가 훨씬 발달할 수밖에 없었다. 반면 수렵 도구 접근 불가나 수렵행위 배제 대상이었던 여성에게 대신구는 운반이나 휴대 용도보다는 소장의 기능이 한결 우세했다.

그러다가 남성은 전쟁의 주체가 되며 운반, 휴대 기능으로 고착되었고 여성은 정자 인식으로 실추된 자신의 이미지를 미모의 추가로 보완해야 할 필요성 때문에 장신裝身의 기능을 강화시켜 나갔던 것이다. 그리하여 남성들은 머리에는 철모, 어깨에는 총, 허리에는 단총과 칼을 차게 되었고 여성은 머리에는 가발과 깃, 목에는 펜던트, 팔과 다리에는 각각 팔찌와 발찌를 착용하게 된 것이다.

ㄴ. 가공과 세공의 목적

필자의 주장처럼 대신구가 미모와 신체 장식의 기능이 없고 소장이나 보관의 기능만 있

136 올라프 라더, 앞의 책, p. 42.

다면 원시인류가 왜 그처럼 심혈을 기울여 귀중품들을 가공 또는 세공했을까 하는 의문이 제기되지 않을 수 없다. 석기가 주요 도구이던 당시로서 매머드 상아나 동물의 뿔은 둘째 치고 조개껍데기에 구멍을 뚫는 작업마저도 쉽지 않았을 텐데도 굳이 손품을 들여 가공했다는 사실이 믿기 힘들기 때문이다. 과연 그 목적은 무엇이었을까?

> **이 장식은 조가비나 동물의 송곳니에 구멍을 뚫어서 실로 꿴 것일 것이다. …… 러시아 순기르(로어문자: Sungir)유적의 그라베트시대의 매장이다. 거기에는 매머드의 이빨로 만든 작은 구슬이 여섯 줄로 나뉘어 전부 합해 1,500개나 부착되어 있었다. …… 또 팔에는 매머드 이빨로 만든 스무 개의 팔찌를 끼고 있었다. …… 장신구에는 여러 가지 물건이 있지만 그중 하나가 펜던트로 진귀한 광물, 조가비, 조각한 이빨 등에 구멍을 뚫어 실로 꿰어서 목걸이 등으로 이용했다.**[137]

이렇듯 모든 대신구들이 "동물의 이빨과 뼈로 만든 구슬"이 아니면 "홈을 파 눈금을 새긴 동물 뼈의 구슬"[138]처럼 구멍을 뚫거나 잘게 부수거나 연마작업이 필요한, 가공을 거친 세공품들임을 알 수 있다. 순기르에서 출토된 유물에서 보듯이 "북극여우의 송곳니에 구멍을 뚫는"[139] 것과 같은 세공작업은 오늘날에도 장비와 숙련이 전제되지 않으면 완성하기 어려운 기술이 아닐 수 없다. 속을 파내야 하는 팔찌, 귀고리, 반지의 가공도 어렵기는 매한가지이다.

하지만 유럽에 거주하는 원시인류는 이미 오래전부터 석기제작 기술

---

137 요코야마 유지, 앞의 책, pp. 253, 257.
138 데스몬드 모리스(Desmond Morris : 2010), 앞의 책, pp. 200~201.
139 만프레트 바우어, 앞의 책, p. 180.

을 장악하고 있었다. 7만여 년 전의 "마들렌문화의 유물들은 모두 석편들을 이용하여 만들어진 것들이다. 가장 특색 있는 유물은 찌르개와 밀개이다. 찌르개와 밀개의 가장자리는 세밀한 가공을 거쳐 날카롭게 된 것이다. 이러한 가공을 거쳐 얻어지는 것은 도구의 가장자리에서 떼어낸 아주 작은 격지 형태의 석편들이다."[140]

그런데 우리가 여기서 주의해야 할 점은 석기제작에서의 여성의 역할이다. 앞에서 언급했듯이 여성은 수렵과 관련된 석기제작에서는 배제된 상태였다. 그 이유는 여성의 경혈이 수렵에 불길한 영향을 미친다고 여겼기 때문이다. 하지만 조개껍데기나 상아 같은 소장품은 먹잇감과 연관이 없다. 야영지에 남은 여성들은 사냥감이 없을 때 남성들이 무기를 제작한 것처럼 수집한 소장품을 몸에 간수하기 편리하게 가공작업을 했을 거라는 추측이 가능해진다. 물론 성적 파트너이거나 성장한 아들이 여자에게 만들어 줄 수도 있다. 하지만 그들이 사냥을 나간 다음에는 여성과 노약자, 어린이들이 그 일을 했을 것으로 간주된다.

무리 내에서 여성들이 "생육의 불편 때문에 견과류나 장과漿果류 그리고 야생곡물을 채집하거나 바구니를 겯거나 의복을 짓는 일"[141]을 분담했다는 사실은 주지하는 바이다. 여성은 임신과 출산, 육아라는 생리적인 원인 때문에 야영지에 머무는 시간이 많을 뿐만 아니라 채집 활동에 참여하지 못하는 시간도 많다. "여성이 3살까지 아이에게 젖을 먹인

140 B·M·费根 著, 云南民族学院历史系民族学教研室 译, 『地球上的人们—世界史前史导论』, 〔美〕文物出版社, 1991年 8月, p. 170.

141 唐纳德·卡根, 史蒂文·奥兹门特, 弗兰克·M·特纳 著, 袁永明 等译, 『西方的遗产』, 〔美〕上海人民出版社, 2009年 1月, p. 13.

다고 해도 생육기간이 3~4년이 걸린다"[142]고 한다.

여성과 노약자, 어린이들이 남성보다 상대적으로 한가한 시간이 많았기에 주거지에 남아 소장품 가공을 했을 가능성은 충분하다. 남자들은 무기제작을 하고 여성들은 소장품가공을 하는 식의 분업체계가 형성되었을 가능성도 배제할 수 없다.

> **만일 더욱 많은 사람들이 더욱 많은 사회기술조직—임무와 책임이 분공된 전업화—이 필요했다면 크로마뇽인은 어떤 종류의 작업을 잘 수행할 수 있는 사람들을 배치하여 그것을(석기 가공—필자 주)완성하게 했을 가능성이 많다. 발굴된 일부 유물들이 이 가설을 입증하고 있다. 도구 제조는 이미 일부 전업 장인들의 직업이 되었기에 사냥꾼들은 정력을 수렵에 집중할 수 있었다.**[143]

바로 이 전업 장인들 속에 무기제작을 제외한, 소장품 가공작업을 분담한 여성이 끼여 있었던 것이다. 남성들의 석기제작기술만 전수받으면 여성들도 얼마든지 할 수 있는 일이기 때문이다. 석재는 주거지 부근에서 쉽게 구할 수 있는 "큰 자갈이나 호박돌이 대부분"[144]이다. 중국에서는 "견고하고 쉽게 부스러지지 않아 가공에 적합한" "석영석, 사암, 각혈암角页岩 등 자연석을 원재료로 선택"[145]했는데 서양의 경우도 별로 다르지 않았을 것이다. 석영을 깨뜨려 만든 뗀석기로 찌르기나 밀기 방

---

142 「人类的黎明」, 『人类文明史图鉴』, 吉林人民出版社, 2004년, p. 66.

143 戴尔·布朗 主编, 高峰·王洪浩 译, 『失落的文明(全24册)15早期欧洲』, 〔美〕华夏出版社·广西人民出版社, 2002年 1月, pp. 28~30.

144 H·W·잰슨 & A·F·잰슨, 앞의 책, p. 42.

145 赵春青·秦文生 著, 『中华文明传真 1「原始社会」』, 上海辞书出版社·商务印书馆, (香港)2001年 11月, p. 17.

법으로 석기를 제작한다. 석영암은 주거 주변의 채석장에서 쉽게 입수할 수 있었다.

소장품을 상시적으로 몸에 밀착, 보관하려면 원 모양 그대로는 불가능하다. 큰 덩이를 부수어서 체적을 줄여야 하며 충돌이나 마찰에 의해 신체에 상처가 생기지 않도록 모난 곳을 연마해야 한다. 물론 구슬처럼 소형화하는 이유는 무게를 줄여 이동 시의 부담을 덜려는 의도도 깔려 있을 것이다. 소장품의 수집 또는 채취 그리고 소형화와 구멍 뚫기, 연마 작업 등은 모두 소장의 편의를 도모하기 위한 가공 과정일 따름이다.

대신구의 가공에는 주로 석기제작에서 사용하는 마제와 천공 기술이 적용되었다. "마제는 일반적으로 모래에 물을 부으며 가는"[146] 작업이다. 여자들은 물론 어린이들도 할 수 있는 단순한 경노동이다.

소장품의 간수를 위한 구멍 뚫기는 천공법에 의해 진행된다.

> **천공에는 여러 가지 방법이 있다. 첫째, 찌르개를 이용하는 방법과 둘째, 딱딱한 목기를 양손으로 비비면서 구멍을 내는 방법이 있다. 이 두 번째 방법을 사용할 때는 목기의 머리에 돌날을 달고 구멍에는 모래를 넣어 연마가 잘되도록 한다. …… 그리고 마지막으로 끝이 뾰족한 대나무 장대를 이용하여 구멍을 뚫는 방법도 있다.**[147]

찌르개 천공법이나 목기 또는 대나무 장대를 이용한 천공법은 힘보다는 시간소모와 인내력이 필요한 작업이어서 여성들도 무난히 소화할

146 위의 책, p. 36.
147 자오춘칭 외, 앞의 책, p. 41.

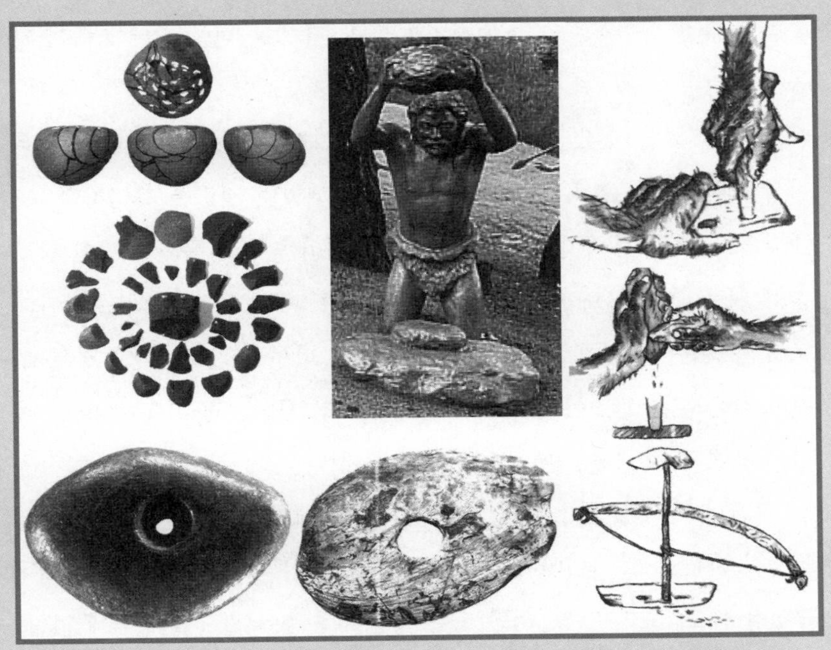

| 사진 50 | 석기, 골각기 제작 과정. 타제, 마제, 천공 기술
석기 또는 골각기 제작 과정과 기술은 복잡하다. 이 중에서도 타제와 천공작업은 위험과 체력이 필요함으로 여성에게는 적합하지 않다. 그러나 연마(산딩둥 유적), 천공작업은 가능하다.

수 있는 노동이다. 조가비처럼 두께가 얇고 무른 물체의 구멍 뚫기는 상대적으로 용이하다. 물론 강도가 높은 상아나 동물이빨과 같은 소장품의 구멍 뚫기는 기술적으로나 체력적으로나 여성에게는 어려움이 따를 것임으로 캠프에 남아 있는 남자들 즉 노인이나 소년들의 몫이 될 가능성이 많다. 특히 골침骨針은 "아주 날카로운 도구로 파내야" 하며 "다듬기 갈기, 천공" 등 복잡한 과정을 거쳐야 함으로 야영지에서는 전문 기술을 장악한 소수의 여성들과 노인들만 할 수 있는 전문 기술에 속할 가능성이 많다.

하지만 확실한 것은 수렵에 사용하는 도구 외의 소장품 가공작업은 여성들과 노약자 그리고 어린이들의 몫이 되었던 것만은 분명하다. 조개껍데기, 이빨 등 구멍을 뚫고 갈고 다듬어야 할 소장품의 수량이 너무 많기 때문이다. 적으면 수십 개 많으면 수천 개나 되는 매머드 상아나 조개껍데기들을 그대로 가지고 다니기에는 너무 불편하다. 큰 것은 무겁고 작은 것은 일일이 간수하기가 성가시다. 구멍을 뚫어 끈에 꿰면 머리나 목에 걸어 이동할 때 편리할 수밖에 없다.

그러나 러시아 순기르 유적에서 발견된 "매머드의 이빨로 만든 작은 구슬이 여섯 줄로 나뉘어져 전부 합해 1,500개나" 되는데 이것들을 모두 구멍을 뚫고 갈고 다듬으려면 많은 시간과 손품이 필요할 수밖에 없다. 매 하나의 매머드 이빨에 수공의 방법으로 구멍을 뚫고 다듬기가 말처럼 쉽지 않기 때문이다.

보다시피 무덤에서 발굴된 부장품들은 어려운 가공 과정과 체력 그리고 시간을 소비해야만 얻을 수 있는 것이다. 하지만 보석이나 상아와 같은 귀중한 물건들을 보다 많이 간직하기 위해 구석기인들은 이러한 대가의 지불을 마다하지 않았다.

구석기시대 무덤에서 발견되는 펜던트, 팔찌 등 부장품들이 학계의 기존 주장처럼 장신구라면 하나 또는 신체 부위에 따라 두 세 개면 충분할 것이다. 하지만 사정은 그 정반대다. 네안데르탈인 무덤이나 러시아 순기르 무덤의 경우처럼 조가비 가공품, 구슬, 팔찌와 같은 부장품들이 무더기로(사진 46)발견되지 않으면 그 매장 숫자가 무려 3,500여

개"[148](사진 47)에 달할 정도로 대량 출토되고 있다. 이와 같은 사실은 이런 부장품들이 몸을 치레하는 장식품이 아니라 소장 가치 때문에 몸에 간수한, 사적 소유물임을 설명한다. 주지하다시피 구석기시대 남성은 이동 시에 수렵 도구와 먹잇감을 운반해야 하며 여성은 아이를 안거나 업고 채집 도구와 식물성 식료품을 운반해야 한다.

그런데 부장품은 상아나 뼈처럼 중량감이 높은 소재들이다. 중국 구석기 말 산딩둥山頂洞(산정동) 유적의 경우 장식품에 사용된 돌 구슬은 그 무게가 만만치 않았을 것이 틀림없다. 신체 장식의 목적 때문에 그처럼 무거운 물건들을 몸에 걸치고 활동한다는 것은 이치에 맞지 않는다. 다만 부장품들이 귀중한 물건이어서 무거움도 무릅쓰고 간직했던 것이다.

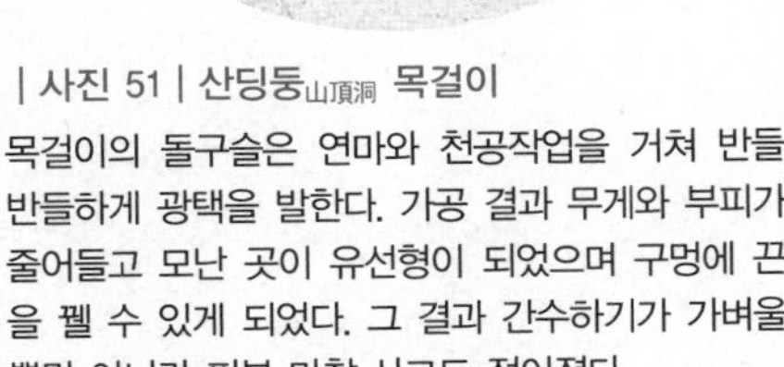

| 사진 51 | 산딩둥山頂洞 목걸이

목걸이의 돌구슬은 연마와 천공작업을 거쳐 반들반들하게 광택을 발한다. 가공 결과 무게와 부피가 줄어들고 모난 곳이 유선형이 되었으며 구멍에 끈을 펠 수 있게 되었다. 그 결과 간수하기가 가벼울 뿐만 아니라 피부 마찰 사고도 적어졌다.

물론 신석기시대에 이르러서는 세공의 목적이 소장이 아니라 미모를 살리기 위한 작업으로 전향되었음은 두말할 것도 없다. 결국 대신구는 시간이 흐르며 장신구가 되었고 여성의 아름다움을 보완하는 추가적인 가치로서 확실하게 자리매김하게 되었던 것이다.

148 김용환, 앞의 책, p. 183.

3

여성과 복식

1) 복식의 기원에 대한 기존 이론

ㄱ. '수치심'과 복식의 기원 인간의 신체에서 타인과의 신체와 밀착 또는 삽입 접촉을 하는 기관은 성기와 유방 그리고 입술이다. 남자의 성기는 성 결합을 할 때면 여성의 음부에 깊숙이 침투되며 여성의 유두乳頭는 수유할 때면 아기의 입속으로 빨려 들어간다. 입술 역시 키스할 때면 상대방의 입술 속으로 빨려 들어갈 뿐만 아니라 혀까지 파고든다. 물론 이 중에서 성 결합 행위는 쾌락을 유발하고 수유 행위는 만족을 유발한다는 차이점이 존재한다. 그러나 성기와 유방은 이러한 타자와의 과도한 밀착 접촉 때문에 오랜 세월 동안 수치심을 유발하는 신체기관으로 낙인이 찍혀왔던 것만은 사실이다. 그런데 이 수치심이 복식의 기원이라는 〈정숙설〉이 학계의 유력한 정설로 자리매김 되고 있다. 이 가설은 "신체 노출에 대한 수치심 때문에 인체에 은

밀한 부분을 가리게 되었다"[149]는 주장을 편다.

> **의복의 가장 명백한 두 가지 기능은 수치심에서 몸을 가리는 것과 혹독한 기후와 불쾌하거나 위험한 접촉들로부터 신체를 보호하는 것이다.[150]**

"수치심"이라는 단어가 내포하고 있는 의미에는 부끄러움이 그 첫 자리를 차지하고 있다. 부끄러움의 근원지는 두말할 것도 없이 성관계라는 특수성에 두고 있다. 그것이 특수 관계라 함은 성적 파트너와의 사이에서 성기는 당연한 노출의 대상으로서 수치심을 발로하는 원인이 될 수 없는 반면 성적 파트너 이외의 이성들에 대해서는 수치심을 발로시키는 발원지가 되기에 은폐해야 하는 신체기관이기 때문이다. 성관계는 쾌락과 흥분을 수반하는 행위로서 성적 파트너 이외의 이성과 공유하기에는 너무나 은밀하면서도 격렬한 정신적 또는 감성적 과정이다. 제삼자의 이성에게 성기가 노출되는 순간 쾌락과 흥분이 연상되기에 쉽게 부끄러움을 유발할 가능성이 커질 수 있다.

하지만 생육에 미치는 남성 정자의 역할이 인지되지 않았던 구석기 시대에는 성적 파트너가 지정되지 않아 성관계가 불특정 다수 사이에서 상당히 개방적으로 행해진 시기여서 성기가 아직은 수치심을 유발하는 신체기관으로 공인되지 않은 상태였다는 것을 지적해야겠다. 수컷들의 짝짓기 결투에서의 승자는 암컷을 차지할 수 있었으며 그 수컷이 자리

---

149 김은경 외, 『현대생활 속의 패션』, 학문사, 2000, p. 13.
150 블랑쉬 페인, 앞의 책, p. 9.

| 사진 52 | 뉴기니아 얄리 부족의 알몸
구석기시대는 말할 것도 없고 현대 사회의 원주민들도 알몸뚱이에 조금도 수치심을 느끼지 않는다.

를 비운 사이 다른 수컷과의 성관계도 비일비재했을 것으로 간주된다.

"수치심"이라는 단어가 내포하고 있는 의미에는 욕됨이 그 두 번째 자리를 차지하고 있다. 욕辱자는 부끄러움 이외에도 욕되다, "욕될 치. 욕야辱也."[151]라는 의미도 포함되어 있다. 환언하면 성기의 불결함을 암시하는 뜻이 내포되어 있다는 말이다. 그 이유는 성기가 오줌과 같은 몸 안의 불순물을 배설하는 배뇨기관이라는 특성 때문일 것이다. 정액 역시 수태와 연결되지 않을 때는 한낱 분비물에 불과하다. 성기 불결의 계보를 굳이 추적하자면 니체가 통렬하게 비판한, 일종의 전염병으로서의 저 혹독한 기독교 금욕주의에 연원을 두고 있다.

> **금욕주의적 승려가 지배하였던 곳에서는 도처에서 영혼의 건강을 결단 내 버렸다. 따라서 또한 그는, "예술과 문학"상의 취미도 결단 내 버렸다.[152]**

---

151 장삼식, 『한자대사전』, 성안당, 2003.
152 니체 저, 朴俊澤·丘戴星·朴煥德 역, 『니체전집 제5권 「道德의 系譜」(이 사람을 보라) 外』, 문예출판사, 1969, p. 161.

금욕주의적 이상은 단지 건강健康과 취미를 결단 나게 했을 뿐만 아니다. 그것은 또한 제三, 제四, 제五, 제六의 것도 결단 내었다.[153]

금욕주의적 이상을 제외하고는, 인간은, 인간이라는 동물動物은 이제까지 아무런 의미도 지니지 않았다. 지상에 있어서의 인간의 생존生存에는 아무런 목표目標도 없었다. "도대체 인간이란 뭣을 위해서 있는가?"—이것은 해답이 없는 물음이었다.[154]

성性 즉 성기와 성 결합이 죄악이라는 개념은 아담과 하와에 의해 생겨났다.[155] 기독교 금욕주의 지배 하에서 "유행병으로까지 되어 버린 일종의 피로와 중압重壓"[156]일뿐인 욕망과 쾌락은 극복할 수 없는 불결한 것으로 낙인찍히고 있다. 수치심의 영역은 성적 파트너 이외의 3자로부터 성행위의 주체인 성적 파트너에까지 축소시키고 있다. 기독교 금욕주의에 따르면 부부 사이에도 성기는 수치심의 대상일 뿐만 아니라 성관계를 통한 쾌락의 추구가 금지되고 있다. 에피쿠로스의 "쾌락"을 도덕의 무덤에 매장한 기독교적인 성관계는 단지 후대 번식과 생육을 위한 수단으로서만 허락되었다. 이러한 상황은 성경의 창세기에서도 분명하게 나타나고 있다. 플라톤의 이론에 의하면 성기의 개입에 의해서만 비로소 형성되는 육체의 사랑은 이성의 통제를 초월하는 한 나쁜 것[157]일 따름이다.

---

153 위의 책, p. 164.
154 위의 책, p. 179.
155 파울 프리샤우어, 앞의 책, p. 12.
156 니체(1969), 앞의 책, p. 147.
157 플라톤 저, 박희영 역, 『향연』, 문학과지성사, 2005, p. 57.

창세기에는 "이에 그들의 눈이 밝아져 자기들이 벗은 줄을 알고 무화과나무잎을 엮어 치마로 삼았더라."[158]라는 구절이 보인다. 그러나 아담과 하와의 수치심을 복식의 기원으로 보는 견해에 "수치 관념은 미개, 야만사회에서 벗어난 이후의 문명사회에서만 출현할 수 있는 것"[159]이라는 이유를 들어 반대하는 사람도 존재한다. 아담과 하와는 다른 이성이 존재하지 않는 에덴동산에서 단 두 사람뿐이었다. 부끄러울 것이 없음에도 무화과나뭇잎으로 하체를 가린다. 이는 성적 파트너 사이에도 금욕의 원칙을 강요하는 기독교 사상의 노골적인 표현이 아닐 수 없다.

사실 구석기시대 원시인은 알몸에 대해 수치심을 느끼지 않았다. 그들은 "날씨가 추워지면 동물 가죽이나 털가죽을 입었고, 날씨가 더워지면 거의 발가벗고"[160] 다녔기 때문이다. 그뿐만 아니라 구석기시대의 예술품인 모든 비너스 상들은 라마들렌 동굴의 "나부裸婦"나 오스트리아의 "빌렌도르프의 비너스"상처럼 나체의 상태로 표현되어 있다. 수렵이나 대신구帶身具와 연관된 극히 소량의 남자나 인간상의 나체에만 추가물이 보일 뿐이다.

> **수치심의 시작에 대해 "성서"에서는 금단의 열매를 먹은 아담과 이브가 수치심을 자각하여 무화과나무 잎사귀로 몸을 가렸다고 설명하지만, 사실 인간이 알몸을 부끄러워해서 무엇인가로 몸을 가린 것은 아니다. …… 실제로 멜레네시아나 남미 아마존 유역의 촌락에서는 지금도 거의**

158 『창세기』, 3장 7절.
159 华梅 著, 앞의 책, p. 5.
160 크리스토퍼 로이드, 앞의 책, p. 142.

| 사진 53 | 무화과나무 잎으로 치부를 가린 아담과 이브

무화과나무 잎은 기독교 도덕이 성본능에 뒤집어씌운 굴레다. 수치심에 의해 환치된 성 쾌락을 규제하는 이데올로기적인 억압 장치에 불과하다. 따라서 진정한 복식 기원은 나뭇잎이 아니라 수렵, 신변 안전을 위한 위장물 또는 방한·방충 등을 위한 주변물이다.

맨 몸으로 살아가는 민족이 있다는 것이 많이 알려져 있다. 그런데 알몸은 부끄러워하지 않는데 사람들 앞에서 장식품을 떼어내는 것에는 강한 수치심을 느끼는 민족도 있다고 한다.[161]

아담과 하와도 창조 초기에는 "두 사람 모두 알몸으로, 그것을 부끄럽다고는 여기지 않았다."[162] 그들이 수치심을 느낀 것은 금과를 훔쳐 먹은 다음이다. 결국 하나님의 개입, 환언하면 기독교의 지배 이후에야

---

161 21세기연구회 지음, 박수정 옮김, 『세계의 민족지도』, 살림, 2001, p. 225.
162 파울 프리샤우어, 앞의 책, p. 12.

수치심을 느끼게 된 것이다. 성 파트너 사이에서 성기는 결코 수치심을 불러일으켜 감추고 싶은 곳이 아니다. 반대로 가장 자랑스럽고 드러내 보이고 싶은 신체기관이다. 그래서 선각화의 소재도 "대부분 여성의 성기"인 것이다. 꽃이 아름답지만 실은 암술과 수술로 이루어져 있으며 암술이 수술의 꽃가루를 섭취해 수분(가루받이)을 진행하는 공간이다. 다시 말해 꽃은 식물의 "성기"가 성 결합을 통해 번식하는 공간이다.

성기의 색깔이나 냄새의 변화 그리고 성기의 발달 등의 정보를 통해 성적 욕구를 표현하는 기능이 상실된 후에도 성기는 여성이 성 파트너를 유혹하는 주요한 수단이었다. "직립보행을 하면서 성기가 감춰진" 후 성 신호의 수단이 "표정이나 오관…… 그리고 언어·문자"[163]라고 하지만 필자는 여전히 성 신호의 주요 수단은 성기였을 것으로 추측한다. 비록 여자의 성기가 직립보행에 의해 감춰지긴 했지만 허리를 굽히거나 앉은 자세에서는 다리만 벌리면 노출이 가능하기 때문이다. 사실 엎드린 상태에서 여성 성기의 노출은 배면에만 국한되는 단점도 있었다.

결론은 수치심이 결코 복식의 기원이 될 수 없다는 것이다. 수치심은 문명과 그리고 그 문명을 잉태한 사회의 필요성에 의해 계획적으로 육성된, 다분히 종교적인 도덕 개념이다. 무한 공간을 지향하는 육체적 욕망을 견제하는 제동장치이기도 하다. 아직 문명과 도덕이 도래하지 않은 구석기시대의 여성들은 수치심이 뭔지도 몰랐고 성기의 노출이 부끄럽다거나 자신의 성기가 불결하다고 생각하지도 않았다. 당시 여성에게 성기의 의미는 소변 배출과 출산—그것이 전부였다. 그 어떤 부가적

---

163 김승일 편 지음, 『미켈란젤로는 왜 천사에게 옷을 입혔을까(성을 통해 본 인류사)』, 삼진기획, 2001, p. 15.

인 가치도 창출하지 못했다. 복식을 포함한 그 모든 가치들은 남자의 정액이 인류의 생식에서 차지하는 역할이 알려진 다음의 사건들이었다.

ㄴ. '신체 보호' 등과 복식의 기원

복식의 기원을 "모진 기후와 불쾌하거나 위험한 접촉으로부터 신체를 보호保護하는 것"[164]과 연관 짓는 가설 역시 설득력이 부족하기는 "정숙설"과 마찬가지다. 포식자들의 공격으로부터 신체의 생명안전을 보장할 수 없다는 것을 감안할 때 의복은 그 수호守護 범위가 인체의 피부에 국한될 수밖에 없다.

신체 보호 사항을 구체적으로 열거하면 독충이나 독초 또는 가시와 같은 것으로부터의 보호 그리고 "한서寒暑를 피하기 위한 것"[165] 등으로 집약될 수 있을 것이다. 그러나 뼈바늘이 발견되기 전의 의복이라는 것은 고작 스님의 법복法服인 가사袈裟처럼 가죽을 그대로 어깨에 걸치거나 허리에 두르는 정도였기에 머리와 손발은 물론이고 어깨, 팔, 다리가 노출되기에 "신체 보호"의 의미가 퇴색될 수밖에 없다.

> **옷에 관한 고고학상 증거는 현생 인류인 슬기 사람에 와서야 나타난다. 옷을 만드는 데 필요한 연모인 뼈바늘의 발견이 그것인데, 요즘에 사용하는 바늘과 거의 구분할 수 없는 뼈바늘이 중부 유럽에서는 26,000년 전에, 그리고 서부 유럽에서는 23,000년 전의 솔뤼뜨레앙 문화기에 출토된다. 뼈바늘은 막달레니앙 문화기에 오면 더욱 일반적으로 사용되었다. 가장 대표되는 뼈바늘이 프랑스의 앙렌Enlene 유적에서 출토되었는**

---

164 백영자·유효순, 앞의 책, p. 9.
165 함석헌, 『성서적 입장에서 본 세계 역사』, 한길사, 2009, p. 203.

데 이 유적에서는 몸에 지니고 다니는 물건들이 수천 점이나 찾아졌다. 뼈나 돌로 만들어진 단추 또한 이 시기에 나타난다.[166]

적어도 3만 년 전까지 원시인류는 재봉裁縫되지 않은 "의복"(그것을 의복이라 할 수 있다면)을 몸에 걸치고 살았음을 알 수 있다. 그마저도 그것이 의복이기보다는 대신구帶身具일 가능성이 더 많다는 사실을 기억해야 할 것이다. 설령 상처를 입었다고 하더라도 약초를 이용하여 치료하는 방법을 터득했을 것으로 간주된다. 왜냐하면 그 시기의 무덤들에서 약초로 사용되는 식물들이 대량으로 발굴되기 때문이다.

방열防熱기능의 경우 더운 지방에서는 착복 행위가 도리어 더위를 추가하는 결과를 초래함으로 이집트와 같은 열대, 고온지방에서는 고대에도 리넨이라는 얇은 천을 몸에 둘렀을 뿐이다. 다만 방한防寒이 의복 기능에 추가될 경우 어느 정도 실용성이 인정되지만 그것 역시 수백만 년 동안 인류가 의복 없이 살아왔다는 사실과 그로 인해 추위에도 견뎌낼 수 있을 만큼 빙하기라는 당시의 기후에 상당히 적응되어 있었을 거라는 사실에 의해 의미가 축소된다. 피부 표층도 두꺼워 웬만해선 상처가 생기지 않았을 것이다.

인류의 진화 과정 중 대부분의 시기를 옷을 입지 않고 살았다. 처음에 그들은 열대와 아열대 지역에서 살았으며 호모 에르가스터와 곧선 사람이 나타날 때까지는 몸에 두터운 털로 덮여 있었다고 가늠된다. …… 호모 에르가스터나 지구로 퍼져 나간 곧선 사람도 옷을 입었는지는 알 수 없

166 박선주, 앞의 책, p. 360.

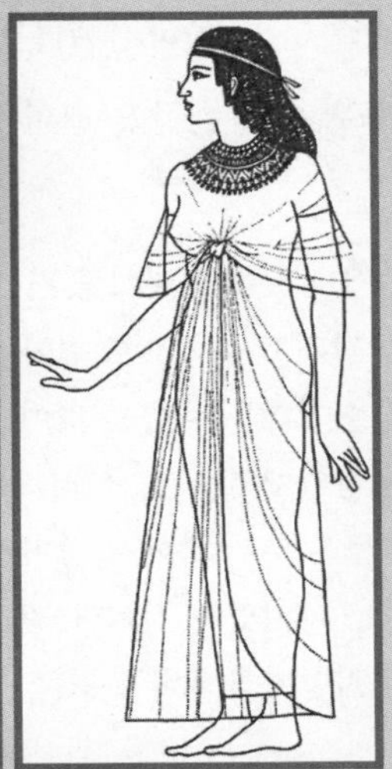

| 사진 54 | 칼라시리스를 입은 이집트 여성
복식의 기원이 "한서寒暑를 피하기 위한" 것이라면 투명하고 얇은 이집트 여성들의 이 리넨 치마는 과연 더위를 피하기 위해 입은 것일까. 더위를 피하려면 착의보다는 탈의 쪽이 더 유리할 것이다.

> **다. 최초로 옷을 입은 호미니드는 네안데르탈 사람으로 이들이 옷을 입었는지에 관한 고고학상 증거는 없다.**[167]

구석기시대 사람들 특히 여성들의 신체의 보편적인 특징은 풍만함이다. 구석기 말기 유럽에서 발견된 비너스 조각상들은 약속이나 한 듯이 모두 비만한 몸매를 가지고 있다. 유방과 복부뿐만 아니라 허리, 잔등, 허벅지 등 신체의 모든 부위가 비만형이다. 그 이유는 여성의 생육과 빙

---

167 위의 책, p. 360.

하기의 추위를 극복하기 위한 지방의 축적이라 할 수 있다. "피하 층의 지방은 추위에 대한 절연제의 역할"[168]을 하기 때문이다.

> **어떤 생물에 있어서도 기본적인 명제는, 가혹한 자연환경 가운데서 자손을 남기고 종족으로 살아남는 것이다. 그러기 위해서는 어떻게 추운 겨울을 지내느냐 하는 것이 중요해진다. 그때 지방은 많은 동물에게 있어서 방한재로서, 또 에너지원으로서 빼놓을 수 없다. 지방의 축적이 적은 생물은 추위 속에서 죽어갈 수밖에 없었던 것이다. 사람이라고 해서 예외는 아니었을 것이다. 특히 암컷의 경우 임신, 출산, 육아를 위해 더욱더 지방이 중요하게 된다.**[169]

원시인류가 빙하기의 혹한을 이겨낸 비결은 다름 아닌 여기에 숨어 있었다. 구석기시대 사람들은 육류를 주식으로 하면서 지방을 충분히 섭취할 수 있었던 것이다. 그런데 신석기 이후 기후가 온난해졌음에도 불구하고 인류가 도리어 의복에 더 의존하게 된 원인에도 지방과 관련이 있다. 농경 중심의 생활 방식으로 인해 주식이 육류와 열매로부터 곡류로 전환하면서 지방의 섭취가 줄어들었고 따라서 내한耐寒력도 저하되었기 때문이다. 물론 인간의 신체가 가족, 결혼 등 사회공동체의 형성과 동시에 공산共産으로부터 사유화(가족 또는 부부)되면서 공과 사를 분리하는 상징적인 요소로 작용했던 것도 사실이다.

한편 복식의 기원을 엉뚱한 곳에서 찾으려는 시도도 적지 않다. 인간의 본능적인 "미적 추구" 역시 그렇게 탐색해 낸 결과물이다. 그들은

---

168 Brian J. Sharkey 지음, 윤성원 외 옮김, 『체력과 건강(제5판)—유산소 체력 근력 영양 체중 조절 운동수행력』, 대한미디어, 2003, p. 286.

169 카토쿠니히코 저, 건강100세자료실 역, 『스포츠는 이토록 몸에 나쁘다』, 예예원, 2006, p. 143.

인간이 옷을 입게 된 동기를 "아름다운 것을 소유하려 하거나 시야 내에 그것을 두려는 욕망"[170]이며 "자신의 신체를 아름답고 매력 있게 장식하고, 그렇게 함으로써 기쁨을 얻고자 하는 욕망"[171]이라고 역설한다. 그러나 인간의 육체에서 진정한 아름다움은 복식이 아니라 신체다. 다듬지도 않은 동물 가죽을 그대로 몸에 걸치거나 혹은 뼈바늘과 굵은 심줄로 꿰맨, 거칠기 짝이 없는 가죽옷을 착복한다고 몸매가 아름다워질 리가 만무하다. 도리어 뻣뻣하고 두루뭉술한 옷가지가 신체의 섹시한 볼륨과 아름다운 곡선을 매장해버리는 결과를 초래하기만 할 것이다.

몸매가 의상보다 아름답다고 하는 것은 현대 패션 특히 여성패션의 경우 가능한 한 신체의 볼륨과 곡선을 살리는 디자인을 선호할 뿐만 아니라 심지어는 의상의 가장자리를 파서 속살을 드러내도록 하는 디자인이 추세라는 사실에서도 짐작할 수 있다. 아름다운 몸매를 소유한 여성들은 거추장스러운 의상을 벗어버리고 싶지만, 사람들에게 자신의 미모를 자랑하고 싶지만 착복을 거부할 수 없는 사회 도덕적 여건에서 취할 수 있는 궁여지책이라 하겠다. 구석기시대 여성에게 투박한 의상은 아름다운 나체를 가리는 장애물이었을 따름이다. 여체의 미는 문예부흥시기의 이탈리아 나체조상처럼 유방과 몸매인데 그것을 가리는 의상이 "아름다운 것을 소유하려는 욕망"이라는 견해에는 그 누구도 찬성하지 않을 것이다.

이른바 "문화인류학 입장에서 '몸매 가꾸기의 본능적 욕구'" 중에는

---

170 블랑쉬 페인, 앞의 책, p. 14.
171 최창모, 앞의 책, p. 228.

| 사진 55 | 크레타 여신과 술 빚는 이집트 여인, 영화배우 제이미 알렉산더
복장에 묻힌 아름다운 몸매를 드러내기 위해 옷을 파거나 벗는 노출 경쟁은 고대에나 지금이나 변함없는 여성들의 욕구였다.

"성적 매력을 과시하려는 요인"[172]도 포함된다. 성적 매력이, 더구나 구석기시대에 가죽으로 된 원시의상을 걸쳤다고 과시된다는 주장은 근거가 없다. 암컷이 수컷에게 성적 매력을 보여주려면 가죽옷을 걸치는 것이 아니라 도리어 그 옷을 벗어야만 관능적인 매력이 충분하게 과시될 수 있기 때문이다. 동물은 발정기의 특징인 냄새로 수컷을 유혹하지만 발정기가 없는 인간 여성은 유방이나 엉덩이 그리고 성기 등 자신의 특정한 신체 부위로 수컷을 유혹해야만 한다.

복식의 기원을 무속이나 주술 또는 토테미즘과 연대시키려는 발상은 아직 종교적인 의식이 형성되지 않은 구석기시대와는 전혀 맥락이 닿지 않은 궤변이기에 여기서는 분석을 생략할 수밖에 없다. 그러한 발상은 신석기시대 즉 인류가 정착생활을 한 농경사회에 와서나 가능한 추측들이기 때문이다.

위의 담론에서 보았듯이 이도 저도 복식의 기원이 아니라면 도대체 복식은 어디에 연원을 두고 있을지 궁금하지 않을 수 없다. 아래의 담론에서 우리는 이유와 증거를 들어 차근차근 풀어가도록 할 것이다.

2) 복식의 기원과 그 진실

ㄱ. 남성 복식 기원

복식 기원 담론에서 남성과 여성을 분류하는 이유는 이 양자의 복식이 내원을 달리하기 때문이다. 주지하다시피 구석기시대 남성의 역할은 수렵이다. 하지만 이러한 역할분담은 남성의 생산 활동이 사냥 한 가지 생업에만 국한됨

---

172 백영자·유효순, 앞의 책, p. 9.

을 의미하지는 않는다. 남성은 수렵 이외에도 석기 제작이나 채집과 같은 기타 노동에도 참여했다. 그것은 "사냥은 매우 힘든 일"[173]이었기에 자주 출동할 수 없었으며 그 결과 야영지에 머무는 시간에는 다른 작업을 할 수밖에 없었던 사실과 연관시켜 유추할 필요가 있다.

이른바 수렵의 어려움에는 여러 가지 원인이 있을 수 있다. 그중에는 당연히 계절에 따른 동물의 이동과 기후 변화도 영향을 미치겠지만, 필자가 여기서 원인 제공으로 지목하고 싶은 것은 당시 낙후된 수렵 도구와 그로 인해 감소될 수밖에 없는 사냥 성공률을 미봉하기 위해 필요한 무기사용법 숙지와 어린 사냥꾼 배양 그리고 사냥에서의 원활한 협력 보장을 위한 반복적인 훈련이다. 그러면 먼저 석기시대에 사용한 사냥 무기와 그 성능에 대해 살펴보자.

> (수렵 도구 중) 타격 유형으로는 곤봉(몽둥이), 비봉飞棒, 투석기投石器, 돌로 된 탄알石弹이 있고…… 찌르개 유형으로는 돌칼, 자루가 달린 창 그리고…… 화살, 입으로 화살을 불어 발사하는 투창吹矢标枪이 있다. …… 가두기 유형으로는 울타리, 함정…… 올가미, 유성망치流星锤 등이 있다.[174]

여기서 가장 광범위하게 사용된 수렵 도구가 몽둥이라는 사실은 추가 설명의 필요도 없을 것이다. 하지만 원거리 공격이 불가능하다는 단점이 존재한다. 그다음의 상용무기는 투창과 활인데 원격공격이 가능하다는 점에서 수렵의 성공률을 제고하는, 당시로써는 선진적일 뿐만 아

173 한국역사연구회고대사분과, 앞의 책, p. 27.
174 查尔斯·幸格 E·J 霍姆亚德 A·R 霍尔 主编, 王前 · 孙希忠 主译, 앞의 책, p. 102.

니라 살상력이 강력한 무기에 속한다. 특히 활의 등장 시기보다 앞서 "마들렌기의 구석기시대 말엽에 발명된 투창기"[175]는 "인간의 한계를 확장시키는 역할"을 수행했을 뿐만 아니라 "창이 목표물에 도달할 수 있는 힘을 배가"[176]시킴으로써 사정 거리를 확대하고 살상력을 제고하는, 과히 혁신적인 무기라 할 만했다. 하지만 투창기는 원격공격 무기로서는 아직 낙후함을 면하지 못했다는 아쉬움도 가지고 있다. 그 사정거리가, 구석기시대도 아닌 강력한 로마 군단이 사용한 투창기의 사정거리가 겨우 14m[177] 정도밖에 되지 않아 사정거리가 45~90m에 달하는 활에 비해 수렵 효능이 떨어지는 무기였다.

그런데 먼 거리 공격이 가능한 활과 화살의 발명은 구석기시대에는 나타나지 않았고 신석기시대를 기다려야만 했다. 물론 일부 학자들은 "인류 최초의 장거리 무기"인 활과 화살의 발명을 "구석기시대(기원전 3만~2만 년)"[178] 전까지 올려 잡기도 한다. "화살을 맞아 온몸에 상처를 입은"[179] 스페인 알타미라 동굴벽화의 들소, "동물 몸체나 동물 가까이에 많이 그려진"[180] 라스코 동굴벽화의 화살과 덫 등이 그 증거로 제시되고 있다. 하지만 이들 벽화에 그려진 내용물이 화살이라는, 고고학적으로 입증된 증거는 그 어디에도 없다.

인류가 활을 발명하여 사용한 연대는 "고고학적 증거들을 통해 최소

---

175 위의 책, p. 103.
176 PHILIP K. BOCK, 앞의 책, p. 226.
177 아드리안 골즈워디 지음, 강유리 옮김, 『로마전쟁영웅사』, 말글빛냄, 2005, p. 311.
178 이인식 지음, 『이인식의 세계신화여행 1』, 갤리온, 2008, p. 150.
179 허원중 지음, 전왕록 옮김, 『지도로 보는 세계 사상사』, 시그마북스, 2009, p. 12.
180 박경민, 『퀴즈로 배우는 세계사 1』, 가람기획, 2010, p. 17.

B.C. 14000년 구석기시대"[181]일 것으로 추정되거나 아니면 "활을 사용한 최초의 고고학적 증거는 약 10,000년 또는 12,000년 전의 암각화"[182]에서 미루어 알 수 있듯이 그보다 더욱 늦은 시기로 추정된다. 필자는 후자의 경우가 훨씬 개연성이 크다고 간주한다. 적어도 "활이나 화살은 중석기시대에는 없던"[183] 무기다.

설령 구석기시대에 그 구조가 간단한 활을 사용하였다고 하더라도 그 사정거리가 짧아 실전에서 투창기보다 별로 효율적이지는 않았을 것이다. 예를 들어 "B.C. 12000년 후기 구석기시대에서 B.C. 8000년 전기 신석기시대"에 등장한 단궁은 사거리가 45~90m에 불과했을 뿐만 아니라 "최소 10m 이내로 근접하지 않는 이상 겉옷과 가죽방패도 뚫지 못할 정도로 관통력이 약할"[184] 정도로 성능이 떨어지는 무기에 불과했다. 신석기시대에도 이러했으니 활조차 없었던 구석기시대의 수렵무기가 어떤 정도였으리라는 것은 불을 보듯 뻔한 것이다.

활이 아직 등장하지 않았던 구석기시대에 사냥 효율과 살상력이 가장 이상적인 무기는 당연히 투창기였다. 하지만 무거운 투창기의 사용법을 숙달하려면 훈련을 통해 "가까운 거리에서 굉장한 힘을 가지고 목표물을 향해 던지는 법을 배워야"[185] 한다. 이 무기를 다루려면 힘과 기술이 필요하기 때문이다. 한 번 사냥을 나가려면 무기를 점검하고 새롭게 동참하는 어린 사냥꾼들을 조련시키고 무기사용법을 반복 테스트해

181 계동혁, 『역사를 바꾼 신무기』, 플래닛미디어, 2012, p. 25.
182 PHILIP K. BOCK, 앞의 책, p. 226.
183 요코야마 유지, 앞의 책, p. 351.
184 계동혁, 앞의 책, p. 25.
185 PHILIP K. BOCK, 앞의 책, p. 226.

| 사진 56 | 구석기시대의 근접 사냥
구석기시대에는 아직 활처럼 장거리 조준 공격 무기가 발전하지 않고 몽둥이, 투창, 돌멩이 등 사정거리가 짧거나 조준이 불확실하고 무거운 무기로만 사냥해야 했기에 사냥감과 거리가 멀수록 살상 효력이 떨어질 수밖에 없었다. 성공률을 높이려면 짐승이 눈치 채지 못하게 근접 사냥을 해야 하는데 그러기 위해서는 무엇보다 위장이 중요하다.

야 할 뿐만 아니라 사냥 시, 특히 원정수렵을 떠날 때 미리 여러 사람들의 행동 지침을 통일하고 보조를 맞춰보는 예행연습도 거쳐야 한다. 왜냐하면 "남성의 수렵활동은 먼 거리를 돌아다니고 무엇보다 긴밀한 협동이 유지되어야 하기"[186] 때문이다.

필자는 사냥 전의 이러한 준비 과정을 기존의 이른바 "수렵의식"으로 규정하지는 않을 것이다. 이 행사는 그 어떠한 주술성도 개입되지 않

186 한국역사연구회고대사분과 지음, 앞의 책, p. 21.

은, 사냥을 위한 단순한 사전 모의훈련에 지나지 않기 때문이다. 위에서 언급한 바와 같이 구석기시대에는 장거리무기가 발달하지 않았기 때문에 근접 공격의 수렵 방식을 채택할 수밖에 없었다. 그러기 위해서는 수렵꾼들이 넓은 공간을 에워싸고 짐승들을 협곡이나 미리 설치해 놓은 함정 또는 올가미 쪽으로 포위망을 좁혀가며 압박해야 한다.

> **가장 단순하게 동물을 잡는 덫은 함정이다. 지상에 깊게 파 놓은 구덩이에다가 나무 잎사귀나 가지를 덮어 시각적으로 은폐시킬 뿐만 아니라 오직 무겁거나 덩치가 큰 동물만이 빠져들도록 유도하는 것이다. 더욱이 몇몇 지역에서는 날카로운 말뚝을 함정의 밑바닥에 세워 놓아 떨어지는 짐승을 찔러 죽게 한다. 원시적인 사냥꾼들에게 사용되는 또 다른 기구는 올가미이다.**[187]

짐승 포획에서 근접 공격은 물론이고 함정과 올가미 또는 "울타리柵栏"[188] 등을 사용하는 수렵에서조차도 모두 짐승 몰이라는 이 과정을 전제로 한다는 점에 유의할 필요가 있다. 몰이 방법은 사람들이 커다란 원형을 이루고 빙 둘러서서 함성을 지르거나 팔을 휘젓거나 무엇을 던지는 행위로 나타난다. 이러한 행위는 학계에서는 흔히 "수렵무용"으로 파악하면서 그 목적을 "신에게 많은 수확과 무사함을 빌고 수렵의 두려움을 극복할 수 있는 용기를 북돋우며 신神에게는 감사를, 부락민과 가족에게는 수렵에서의 수확에 대한 보고와 무사함의 기쁨을 알리기 위

187 위의 책, p. 227.
188 査尔斯·幸格 E·J 霍姆亚德 A·R 霍尔 主编, 王前 · 孙希忠 主译, 앞의 책, p. 102.

해"[189] 추었던 춤이라고 간주한다.

그런데 여기에서 중요한 것은 "인류의 가장 원시적인 무용의 기본 표현 형식이 원무环舞(원형의 집단 무용—필자 주)"[190]라는 사실이다. 그리스 무용의 기본 표현 형식들인 집단 원형 무용, 횡선 무용, 반원형 무용, 직선 형태의 무용 중에서 대부분의 안무 구도가 원형 또는 반원형을 취하고 있다. 이러한 "접촉이 없는 느슨한 원형의 집단무용은 중기구석기 문화에 지속"[191]되었다. 이와 같은 현상은, 이른바 "수렵무용"이란 결국 사냥 전에 사냥꾼들이 짐승몰이 모의훈련을 하는 장면이다. 물론 이탈리아 아도라 동굴의 춤추는 그림처럼 실제 사냥 장면을 소재로 한 경우도 있다. 이 그림에는 동물들을 좁은 곳에 몰아넣고 근접 공격을 하는 사냥꾼들과 수렵 중에 짐승에게 피해를 입어 쓰러진 사냥꾼 등의 형상이 생동하게 그려져 있다.

이러한 사전 예행훈련의 특징은 "러시아의 오네가호반의 유적에서 발견된 암벽화에서처럼…… 동물의 박제를 쓰고 각종 동물의 특징적인 동작을 모방하여"[192] 춤을 춘다는 점이다. 물론 동물의 가면은 "본능적으로 사냥물을 속여 넘기고 가까이 접근함으로써 수렵에 편리하도록 하기 위한 뜻"이 담겨 있다. 하지만 "스페인의 이베리아반도 동해안에 분포되어 있는 벽화 가운데 Cogul '무용'이라 불리는 벽화에 동물들의 무리 속에 긴 치마를 입은 사람들이 춤추는 장면"을 보고서도 알 수 있듯이 동물의 가장假裝은 위장에서 끝나지 않고 복식과 연결되며 나중에는

---

189 배소심·김경아 편저, 『세계 무용사』, 금광미디어, 2008, p. 11.
190 金秋 著, 『外国舞蹈文化史略』, 人民音乐出版社, 2003年 11月 1日, pp. 44~45.
191 권윤방 외 지음, 『무용학개론』, 대한미디어, 2010, p. 30.
192 배소심·김경아 편저, 앞의 책, p. 11.

| 사진 57 | 그리스의 원무(B.C 700)와 중국 채색무늬 질그릇青海省의 윤무輪舞
원무 또는 윤무는 동서양을 막론하고 선사시대부터 지금까지 그 계보를 이어온, 인류의 무용전통이다. 고대 그리스 디오니소스축제에서부터 중국, 한반도에 이르기까지 원무는 보편적으로 계승되고 있다. 원무의 기원은 구석기시대 사람들의 몰이사냥에서 찾을 수 있을 것이다.

수렵가장假裝의 사용자인 남성의 의복 기원이 되었음을 시사해준다. 「춤추는 의식을 그린 벽화」에 표현된 열 명이 채 안 되는 "사내들은 허리에 띠를 두르고" 얼굴에는 "마스크를 썼는데" 이는 가면이 사용 빈도가 잦아지면서 점차 복식화 되고 있음을 입증한다. 이들은 사전 훈련을 할 때나 "사냥을 할 때 사냥 가면을 쓰고 야생의 이곳저곳을 배회"[193]했다. 동물의 가면이나 가죽을 몸에 잘 부착시키기 위해서는 바늘을 사용한 재봉이 필요했을 것이고 재봉된 가면은 수렵활동이 없는 평소에도 방한 목적으로 착복하는 경우가 늘어나며 의복으로 전변되었던 것이다.

ㄴ. 여성 복식 기원

여성 복식의 기원은 남성 복식의 기원과 그 변천 과정의 경로에서 약간의 차이점을 드러낸다. 수렵이 아니라 여성 생존 공간인 채집에 그 뿌리를 내리고 있기 때문이다. 채집 활동의 독자적 변별성은 남성 복식과 다른 여성 복식의 화려한 특색을 결정짓고 있다. 채집을 통한 식료의 획득 활동은 몇 가지 면에서 여성의 생활패턴을 배태하고 있다.

① 채집의 시기: 구석기시대 채집의 시기는 계절의 변화와 여성의 생리주기에 의해 제한받는다. 한랭기에 여성들은 동굴 안에 머물며 남성들이 사냥해온 동물을 식료로 섭취하지만 온난기에는 야외로 나와 직접 채집 활동에 종사함으로써 먹잇감을 자체로 해결한다. 간빙기에는 봄·여름·가을의 계절이 길어 채집의 기간도 그만큼 늘어난다. 하지만 추운 빙하기나 겨울철에는 식물의 성장이 위축되거나 정지되어 채집 활동이 제한적일 수밖에 없다. 그뿐만 아니라 여성의 신체적 특징인 생육과 월경으로 인해 채집 활동에 영향을 받게 된다.

---

193 이바르 리스너 지음, 최영인 옮김, 『고고학의 즐거움』, 살림, 2008, p. 529.

여자들의 임신과 출산은 여자들의 일할 능력을 제한한다. 여자들이 얼마나 아이를 가지느냐에 따라 작업에 참여하는 정도가 달라진다.[194]

이렇듯 여성의 노동에 대한 계절과 생리 두 측면에서의 제약은 아이러니하게도 그 축소된 노동시간만큼 여가 시간이 증폭되는 결과를 초래하게 된다. 여성만이 누릴 수 있는 이 잉여시간은 그녀들이 캠프에서 육아, 편직, 소장품(조개껍데기 등)과 식품 가공에 종사할 수 있는 시간을 벌어주는 것이다. 수유授乳, 광주리 결기, 조가비 연마 등과 같은 경노동은 계절이나 생리적인 조건들과는 상관없이 진행될 수 있다는 특점이 있다.

② 채집의 대상: "야생 식물의 과실과 뿌리, 줄기는 원시 인류의 중요한 생활 자원이며 생계 수단이었다."[195] 이들 중에는 계절성 식용식물도 있고 계절과 상관없이 채집할 수 있는 먹잇감도 있다. 잎과 버섯, 줄기(고사리 등)와 같은 나물은 봄에만 채집이 가능하고 열매(씨앗)나 과일은 가을에만 채집이 가능하지만 뿌리, 껍질은 사시장철 채집이 가능하다. 물론 겨울에 언 땅을 파서 뿌리 같은 것을 캔다는 것은 쉽지는 않을 것이지만 그렇다고 불가능한 것은 아니다.

이러한 채집 식물들은 모두 다채로운 색상과 아름다운 모습을 가지고 있다. 그중에서도 과일 즉 사과나 복숭아 등, 그 색상은 물론 형태에서도 미감이 풍부하고 향기롭기까지 하다. 사나운 맹수들을 사냥대상으

---

194 송관재, 『성과 심리』, 학문사, 2000, p. 100.
195 자오춘칭 외, 앞의 책, p. 38.

| 사진 58 | 여자의 미모와 사과
흔히 여성의 아름다움은 사과에 비유된다. 그것은 사과가 그 빛깔이나 모양이 아름답기 때문일 것이다. 과일은 색상이나 모양뿐만 아니라 향기롭기까지 하다. 사나운 짐승들과 조우해야만 하는 남자들과는 달리 식물들을 상대로 한 채집 활동을 통해 여성들은 감수성이 발달함과 동시에 모습도 부드러운 이미지로 진화했다.

로 할 수밖에 없는 남자들과는 달리 아름다움과 부드러움을 가진 이러한 식물 등을 채집 대상으로 작업하는 여성들은 자연스럽게 그 심성이 감성적이고 아름다움에 민감할 수밖에 없었을 것이다. 여성의 이러한 미적 감수성과 풍부한 감성은 풀을 엮어 용기를 만드는 편직작업과 소장품 가공에서 그 장점을 발휘할 수 있는 자본이 되었을 것이라는 추정이 가능해진다.

③ 채집의 방법: "주로 부녀자와 아이들"[196] 그리고 노약자거나 경환자들이 담당했을 채집 활동의 획득 방법은 과일이나 견과류 씨앗과

196 위의 책, p. 38.

열매는 물론이고 나물이나 버섯 등 대부분은 손으로 따는 작업에 의해 완성된다. 강력한 에너지의 폭발력보다는 소량 에너지만 소모해도 작업을 완성할 수 있는 채집은 손가락의 발달을 촉진했고 결국 편직이나 연마와 같은 섬세하면서도 정교한 작업에 유리한 조건을 구비하는 원인이 되었던 것이다.

> **남자의 경우 약 40kg의 악력握力을 가할 수 있으며, 만약 아주 힘이 센 편이라면 55kg 또는 그 이상까지도 할 수 있다. 그러나 여자의 경우 악력은 남자의 절반밖에 되지 않는다. 이는 고대의 사냥 생활로 인해 남자의 손은 힘이 세게 진화했으며, 여성의 손은 채집생활로 인해 힘 있게 발달하기보다는 정밀하고 정확하게 진화된 때문이다.**[197]

그런 이유 때문에 "식물의 줄기나 나무껍질로 만든 섬유를 직조하여…… 광주리를 만드는 것은 여성의 일"[198]이 되었던 것이다. 물론 뿌리나 줄기처럼 땅 속에 묻힌 것을 파낼 때에는 "비교적 간단한 도구인 날카로운 나무 몽둥이와 나무 곡괭이"[199]거나 "찌르개"[200]를 사용하기도 했다. 그러나 여성들이 채집 활동에서 "나무 몽둥이"와 "곡괭이"를 사용했다는 말에 놀랄 필요는 없다. 여성이 채집에 사용한 도구들은 남자들이 수렵에 사용한 석제 무기들보다는 그 무게나 크기에서 훨씬 작았기 때문이다. 사실상 "나무 몽둥이"는 동물을 때려잡는 수렵 용 몽둥

197 임연웅, 『디자인 그 쓰임새와 꾸밈새』, 학문사, 1997, p. 72.
198 PHILIP K. BOCK, 앞의 책, p. 262.
199 자오춘칭 외, 앞의 책, p. 38.
200 위의 책, p. 38.

이라기보다는 "끝이 뾰족한 나무 꼬챙이"[201]에 불과했으며 "곡괭이" 역시 "학 모양의 주둥이를 가진 나무 작대기(괭이)"[202]로서 그 무게나 크기가 모두 사냥 무기에 비해 왜소한 것이었다.

여성의 힘의 열세는 육아, 편직, 가공, 취사 등의 경노동 종사와 이어졌을 뿐만 아니라 무리가 이동할 때 운반해야 할 물건의 무게도 경감시켰다. 우선 무기의 운반에서 배제되었다. 수렵 도구에 대한 여성의 접근불가 원인도 있겠지만 그 외에도 석제여서 무거울 뿐만 아니라 살상무기여서 다칠 우려가 있으며 맹수의 급습이나 갑자기 나타난 동물을 적시에 대처하기 위해 항상 그 무기를 익숙하게 다룰 줄 아는 남자가 휴대해야 한다는 조건 때문에 여성의 휴대가 금지되었다. 그리고 저축된 음식물 역시 남자들이 운반해야 하는 물건들이었다.

여성에게는 단지 복중의 태아나 영유아를 업거나 안고 대동해야 했다. 여성에게는 사실 이것만 해도 힘에 겨웠지만 그 밖에도 취사도구와 빈 채집용기를 건사해야 했다. 그리고 우리가 말하려고 했던 그것 즉 귀중한 소장품들을 끈에 달아맨 대신구帶身具 꿰미를 신변에 휴대하는 것이 여성의 중요한 운반책임 중의 하나였다. 이 사건이 중요한 것은 이 행위가 여성 복식의 가장 최초의 기원이 될 수 있기 때문이다.

> **여자의 의복은 당초에 요부**腕部**에다가 패각**貝殼**을 꿰매어 두르던 것에서 나왔다고 한다.**[203]

---

201 赵春青·秦文生 著, 앞의 책, p. 34.
202 위의 책, p. 34.
203 함석헌, 앞의 책, p. 203.

앞에서 언급한 것처럼 "카푸슈의 부인"의 격자 머리 스타일은 두건도 아니고 짙은 머리카락은 더욱 아니며 그렇다고 땋아 늘어뜨린 가랑머리도 아니다. 격자 형태로 엮은 끈에 소장품을 매달아 가발처럼 머리에 뒤집어 쓴 것으로서 일상생활에서는 물론이고 무리가 이동할 때에도 신체에서 분리시키지 않고 안전하게 목적지까지 운반할 수 있는 최선의 방법이었다. 그와 같은 현상은 빌렌도르프 비너스상의 머리 스타일에서도 대신구가 여성이 소장품을 신변에 휴대하거나 운반하는 일종의 수단임이 입증된다.

| 사진 59 | 청동 단추(B.C. 800~300년)

구석기시대에 띠와 끈은 물건을 몸에 휴대하기 위해 고안된 소장대所藏帶였다. 아기, 가방, 배낭, 질통, 총칼 등을 몸에 지니기 위해 지금도 띠나 끈을 사용하고 있다. 그중에서 귀중품을 휴대하는 목걸이 같은 끈은 선사시대에 와서 장식품으로 분화되기도 했다. 물론 옷을 몸에 걸치기 위해서도 띠와 끈이 필요하다. 단추의 발명은 복식의 띠와 끈마저도 옷과 분리하여 장식화 하는 데 일조했다.

상술한 담론을 집약하면 여성의 복식은 초기에는 개인적인 소장품을 몸에 간수하기 위해 끈으로 꿴 대신구帶身具 즉 띠 또는 끈의 형태[204]를 취했다가 일정한 시간이 지난 뒤에 장신구의 형태로 변화되었고 그런 다음에야 복식의 형태로 굳어졌다고 말할 수 있다. "신체 장식은 복식보다 더 긴 역사"[205]를 가지고 있기에 당연히 복식의 출현에 앞선다. 여

---

204 백영자·유효순, 앞의 책, p. 21. (복식사〔服飾史〕에서는 인류 의복의 시원으로서 띠 혹은 끈을 일반적으로 생각한다.)

205 최창모, 앞의 책, p. 228.

성 복식에서 디자인의 화려한 장식적인 요소나 색상의 다채로움은 모두 이러한 과정을 통과하며 격식화된 것이라고 추정된다. 대신구 또는 장신구의 주요 구성 부분이었던 띠 혹은 끈은 "기원전 3천 년에 이르러 단추가 발명"[206]되면서 그 화려한 황금기의 영광을 인계하고 막을 내렸던 것이다.

---

206 피에르 제르마 지음, 김혜경 옮김, 『세계의 최초들 2』, 하늘연못, 2011, p. 38. (역사상 첫 단추의 등장은 이렇다. 인더스강 유역의 조개더미 속에서 기원전 3천 년경의 유물로 추정되는 구멍이 두 개 뚫린 부적이 발굴되었다. 이것이 아마 인류 최초의 단추일 것이다.)

3장

여성과 성性

직립보행이 인류의 성생활에 가져다준 가장 획기적인 변화는 정면섹스다. 정면섹스는 다시 단일 체위의 다양화와 시야의 개방, 탈모로 인한 알몸 형태의 피부 접촉 그리고 발정기 소실 등 일련의 결과를 초래했다. 이러한 결과로 인해 남녀성결합의 형식도 덩달아 변화하게 되었던 것이다. 수천만 년 동안 지속된 유인원 시대의 남녀 성관계가 전복되는 근본적인 변화가 발생한 것이다.

네발 보행을 하던 시기 유인원의 섹스 주기는 암컷의 발정기에 의해 조절되었지만 직립보행 후에는 수컷의 성기 발기에 의해 섹스 주기가 조절되게 되었다. 성행위의 주도권이 암컷에서 수컷으로 방향 전환된 것이다. 그 과정은 단일 성 결합방식에 의해 결정된 것이라고 할 수 있다. 네발 보행 당시에는 성행위가 원만하게 성사되려면 네발을 곧게 펴고 엎드려 버티는 암컷의 동물적인 섹스 기본 자세가 전제되어야만 가능했기 때문이다. 암컷이 뒷다리를 구부리거나 주저앉거나 섹스 기본 자세가 아닌 그 어떤 다른 자세를 취했을 경우에도 성 결합은 불가능하

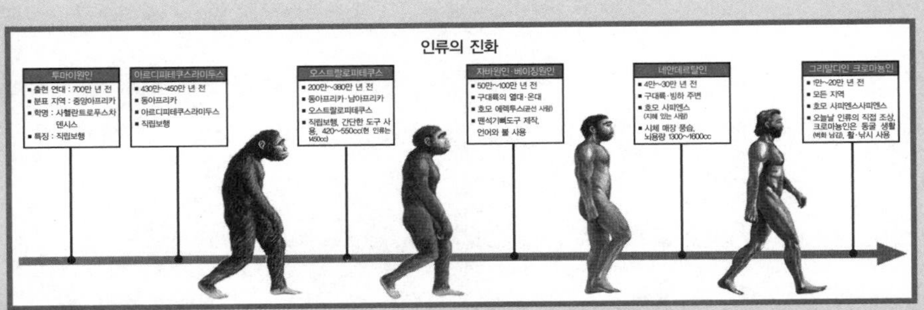

| 사진 60 | 인류의 직립보행

직립보행은 도구사용과 정면섹스로 인간을 동물과 구별 지었다. 도구사용이 두뇌발달을 촉진했다면 정면섹스는 혀와 성기에서 손은 물론 감각의 피복율을 피부 전면으로 확장함으로써 인간의 감성 발달을 촉진하는 하나의 중요한 인소가 되었다.

며 수컷의 원만한 섹스 성공을 기대할 수 없게 된다.

직립보행이 보편화된 이후 정면섹스를 통해 유인원은 단일 체위의 억압에서 벗어날 수 있게 되었을 뿐만 아니라 암컷의 허락이나 고정된 자세의 전제 없이도, 어떤 자세를 취한 상태에서도 성 결합이 가능하게 되었다. 암컷이 뒷다리를 구부리거나 드러눕거나 앉거나…… 그 어떤 자세를 취해도 수컷은 그 자세에 적절한 체위를 이용하여 섹스를 성공시킬 수 있기 때문이다. 그 결과 자세로 섹스 가불가를 결정했던 여성의 주도권은 남성에게 자연적으로 전이하게 된 것이다.

게다가 발정기 소실은 한술 더 떠 섹스의 결정권을 여성에게서 남성에게로 전환시키는 속도를 가속화 시키는 역할을 수행했다. 발정기 소실 이전까지 여성의 원시적인 권위는 생식의 독립성에 섹스의 주도권이 추가된 두 개로 압축되는데 후자가 붕괴되면서 전통적인 권위를 상실하게 된 것이다. 결국, 섹스 주도권을 박탈당한 인류 여성은 남성 성기의 발기에 의해 결정되는 성행위의 피동적인 대상으로 전락되는 결과를 초래하게 되었다. 남성의 성욕 앞에서 여성은 원하든 원하지 않든 만족시켜줘야만 하는 불리한 위치에 처하게 된 것이다.

남녀 성행위에 미친 영향을 꼽을 때 탈모 역시 결코 홀시 할 수 없는 부분이다. 하지만 "남자들에게 알몸을 드러내는 것이 더 매력적으로 보였기 때문에 여자들이 털이 먼저 없어졌다."는 주장이 그 이유가 될 수는 없다. 여자는 임신, 출산, 육아 등의 원인으로 남자보다 캠프에 머무는 시간이 상대적으로 많다. 운신의 불편 때문에 보통 누워 있거나 물체에 기대여 휴식을 취하는 경우가 대부분이다. 이 말은 여성이 남성보다 지면이나 물체와의 마찰 기회가 훨씬 많았음을 의미한다. 게다가 대신구와 아기까지 항상 여자들의 몸에 밀착해 있다.

이처럼 여성의 알몸으로 인해 유발된 남녀 관계의 이러한 근본적 변화는 비단 섹스 빈도를 증식시키고 시간을 증폭시켰을 뿐만 아니라 가장 중요한 것은 섹스의 질, 다시 말해 쾌락 지수를 최대한으로 끌어 올림으로써 섹스를 번식수단이라는 동물적 수준으로부터 향유의 수단으로 제고하는 데 거대한 기여를 하였다. 물론 이것은 생육에 미치는 남자의 정자 역할이 인지된 이후의 이야기다.

1

성과 섹스의 기원

1) 직립보행과 성

ㄱ. 직립보행의 원인

성 관련 담론에서 직립, 두발 보행 검토가 우선시 되는 것은 인류의 정면섹스와 발정기 소실의 원인들인 탈모, 양안시, 애무 등 사건과 밀접한 연관이 있기 때문이다. 하지만 수많은 가설들을 일일이 점검할 수는 없으므로 간략하게 집계하여 독자들의 이해에 도움을 주려고 한다. 미리 지적해두고 싶은 것은 직립, 두발 보행에 관한 학자들의 대부분의 주장이 다른 견해를 가진 학자들의 반론에 의해 그 설득력이 퇴색하고 있다는 사실이다. 직립보행에 관한 여러 가설들을 간략하게 집약하면 아래와 같다.

1. 손으로 도구를 잡기 위해.
2. 시야로 멀리 보기 위해.
3. 딱딱한 열매를 앉아서 먹은 결과.
4. 광선에 노출되는 피부 면적을 줄이기 위해.
5. 숲의 축소로 인한, 산재된 먹이를 좀 더 빨리, 효율적으로 얻기 위해.
6. 수컷이 암컷에게 먹이를 운반하기 위해.

1과 5의 경우에만 그나마 일정한 설득력이 포함되어 있을 뿐 나머지 가설들에는 전부 개연성이 결여되어 있다. 두 번째 가설의 경우 인류의 "키가 두 배로 커진다고 하더라도 사람이 볼 수 있는 시야의 폭은 이전보다 50%도 채 늘어나지 않으며"[1] "풀들이 키를 넘는 경우에는 멀리 볼 수가 없으며, 또 풀이 초식동물에 의해 먹어치워졌다면 특별히 일어서서 볼 필요가 없다."[2]는 의문 앞에서 대답이 궁해진다. 직립보행이 단순히 멀리 보기 위해서라면 허리를 펴도 되고 바위나 언덕 또는 나무 위에 올라가도 해결 가능하다. 실제로 많은 동물들이 이 방법을 사용하여 시야를 확보하며, 더구나 인류는 원래 나무 위에서 과일이나 열매를 따 먹던 채식동물이었다.

4의 경우 "유인원이 서기 위해서는 더 많은 근육 에너지가 필요하고, 이로 인해 체온이 오히려 올라갈 수 있다는 점이다. 이는 두 발로 설

1 버트 매튜스, 앞의 책, p. 39.
2 박선주, 앞의 책, p. 174.

때 햇볕을 받는 면적의 축소에 의한 체온 강하 효과를 반감시킨다."[3] 그뿐만 아니라 동일한 생활조건에서 살아가는 수많은 포유동물 중 오로지 인류만 직립보행을 선택했다는 특수성에 대해 이 가설은 명쾌한 대답을 제시하지 못하고 있다.

6의 경우는 직립, 두발 보행의 원인을 "수컷이 암컷에게 먹이를 가져다주기 위해 두 손을 이용한 결과"라는 러브조이의 주장을 가리킨다. 이 가설은 목전 과학계에서 가장 설득력 있는 주장으로 인정받고 있다. 하지만 반론도 만만치 않다. 편폭을 할애하여서라도 좀 더 심도 있는 집도를 시도해보려고 한다. 러브조이의 이론에는 "암컷과 어린 것을 평원 한가운데 아무 보호대책 없이 놔둔 채 수컷이 먹이를 구하러 돌아다닌다는…… 가장 큰 약점"[4] 말고도 의혹을 유발하는 주장들이 많기 때문이다.

그중에서도 가장 문제가 되는 것은 수컷이 암컷에게 먹을 것을 운반해 준다는 주장일 것이다. 수컷이 먹이를 구하기 위해 암컷과 새끼들을 놔두고 혼자 돌아다녔다는 추측은 재고할 필요가 있다. 수컷과 암컷의 관계가 동행이냐 분리냐에 대한 가능성부터 점검한다.

① 다른 수컷들의 "영아·유아 살해"[5]를 방비하기 위해 성 파트너(러브조이에게서는 일부일처제 속에서의 남편)보호가 필요하기 때문에 암수 밀착 동행의 가능성도 고려해볼 만하다. "개코원숭이는 암컷과 어린 것을

3 로버트 매튜스 지음, 이영기 옮김, 『기상천외 과학대전』, 갤리온, 2006, p. 39.
4 일레인 모간 저, 앞의 책, p. 47.
5 레너드 쉴레인, 앞의 책, p. 89.

항상 무리 속에 두며 이동할 때는 수컷들이 곁에 바싹 붙어 보호"[6]한다. 하지만 당시는 아직 임신과 출산이 남자와 관계가 없는 것으로 인지되던 시대였으므로 여자 혼자만의 새끼에 대한 살해의 위협은 어느 수컷에게서도 일어날 수 있는 일이었다. 그런 이유 때문에 암컷은 수컷을 피했을 가능성이 커진다. 수컷과의 동행이나 수컷의 도움이 필요한 시점은 출산 전까지다.

② 출산 후 남자와의 동거는 여자를 임신시킬 수 있는 위험에 노출시킨다. "10~20%의 산모는 모유를 먹이는 동안에도 12주 내에 배란이 시작"[7]됨으로 임신 가능성이 있다. 적어도 수유를 중단하기 전까지는 어미의 임신은 먹이 확보의 어려움으로 인한 새끼의 죽음을 초래할 수 있다. 새끼가 독립적으로 살아갈 수 있을 때까지 양육하기 위해서는 어미는 수컷과의 성관계를 단절할 수밖에 없다. 물론 여성들이 "모유 수유를 많이 할수록 배란 가능성은 점점 낮아지는" 특성을 "임신 터울을 조절하는 수단"[8]으로 도입하여 효과적인 피임 목적을 실현했을 거라는 주장이 있음에도 불구하고 임신의 가능성은 여전히 높다. 먹잇감 부족현상으로 충분한 영양분을 섭취 못한 어미의 모유 수유가 "하루에 열 번 이상"[9] 될 가능성은 거의 없기 때문이다.

그러므로 암컷은 수컷과의 성관계의 발생으로 인해 원하지 않는 임신을 피하기 위해 수유 기간만이라도 새끼를 데리고 수컷의 무리와 떨

6 일레인 모간 저, 앞의 책, p. 47.
7 삼성출판사 편집부 지음, 『임신육아출산대백과』, 삼성출판사, 2006, p. 210.
8 애드리언 포사이스, 앞의 책, p. 148.
9 위의 책, p. 148.

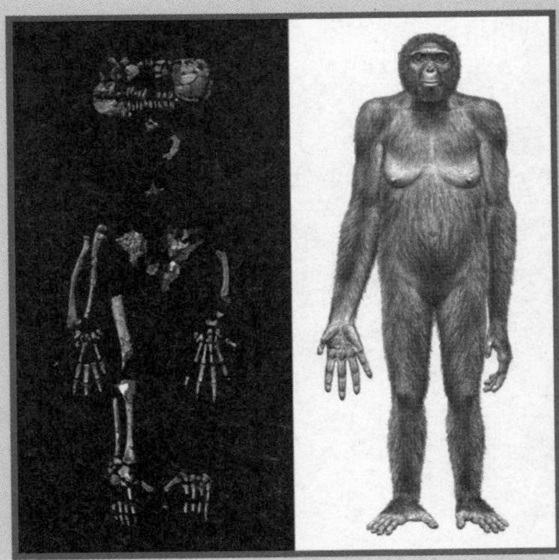

| 사진 61 | 최초의 직립 여성 아르디
440만 년 전의 피테쿠스라미두스(아르디). 육아 기간인 아르디는 자식 그리고 친족으로 보이는 여성과 함께 먹잇감을 구하러 다니고 있다. 임신이나 육아기에 여성에게는 남성에 대한 성욕구보다 자식에 대한 모성애가 훨씬 강하다. 암컷을 차지하기 위한 수컷의 유아 살해를 피하기 위해서는 독립적인 활동이 필요하다.

어져 독립적으로 살아갔을 가능성이 제기되는 부분이다.

③ 어미는 수유 또는 육아 기간에도 새끼를 업거나 안고서 이동이 가능할 뿐만 아니라 근거리 채집 활동도 가능하다. 실제로 "암컷이 직접 먹이를 구하러 밖으로 나갔다"[10]고 주장하는 학자도 있다.

> **여성에게 도움을 준 사람이 남성이 아니라 집단 내 여성 동료들, 특히 친족 관계에 있는 여성들일 가능성을 들 수 있다. 암컷들끼리의 협력은 일**

---

10 일레인 모간 저, 앞의 책, p. 46.

반적으로 포유류에서 널리 나타나는 현상이다. 암컷들은 다른 암컷의 새끼들에게 젖을 빨리고 새끼를 돌봐준다.[11]

여성들끼리 서로 돕는 친족 네트워크가 존재했다. …… 폐경 후의 여성들이 채집한 식물과 이 여성들이 손자 손녀들을 돌보아줌으로써 육체적으로 튼튼한 젊은 어머니들이 식량을 찾아다닐 수 있도록 해주는 것이었다.[12]

물론 어린 자식과의 동행 때문에 수컷보다 이동범위는 제한되어 있지만 충분하게 열매나 씨앗, 나물 그리고 곤충 같은 먹잇감들을 획득할 수 있다. 이 가설이 사실이라면 직립, 두발 보행으로의 진화는 먹이를 나른 남자에게만 해당할 뿐 여성은 당연히 배제될 수밖에 없다는, 비참한 결과를 인정해야만 한다.

하지만 포크가 비판한 것처럼 "초기의 영장류 암컷은 진화하지 않은 채 네 발로 기고, 언제나 새끼를 배고 있고, 언제나 배고프고, 너무 많이 움직이는 것에 겁을 내며 내실에서 "자기 남자를 기다리기만"[13] 했다면, 그래서 두발 "걷기가 남성의 전유물"[14]이었다면 인류의 직립보행은 어떻게 여성에게까지 확대되었을까? 남성의 두발 걷기가 번식을 통해 여자에게도 유전되었다고 가정하기도 쉽지만은 않다. 도리어 어떤 학자들은 현대 모든 인류가 "미토콘드리아 이브"라고 불리는, "10~20만 년 전

11 스티븐 미슨 저, 김명주 역, 『노래하는 네안데르탈인—음악과 언어로 보는 인류의 진화』, 뿌리와이파리, 2008, p. 267.

12 위의 책, p. 268.

13 앨리슨 졸리 저, 앞의 책, p. 438.

14 레베카 솔닛 지음, 김정아 옮김, 『걷기의 역사』, 민음사, 2003, p. 61.

사이에 아프리카에 살았던 한 미혼 여자"[15]의 유전자를 물려받은 족속들이라고 주장하니 말이다.

사실 인간이 어떻게 직립을 하게 되었는가는 확실히 알 수는 없지만"[16] 그러나 보행의 원인을 아프리카의 열대 숲에서 서식하던 유인원이 나무 위에서 지면으로 내려온 사건과 연결 짓는 것은 개연성이 다분한 해법이다. 유인원이 지면으로 내려오게 된 계기는 아마도 나무 위의 먹잇감이 감소되었거나 아니면 극심한 가뭄으로 숲이 줄어든 것에 기인할 것이다.

> **대략 1천 5백만 년 전부터 기후가 뚜렷하게 변화되기 시작했다. 강우량이 점차 감소하더니 이어서 가뭄이 도래했다. 원래 울창하던 삼림은 점차 줄어들다가 나중에는 대부분 사라져버렸다. 남은 것이라고는 광활한 열대 사바나와 드넓은 황무지뿐이었다. 오로지 호숫가나 강변의 습한 지역에만 숲이 여전히 원래의 모습대로 남아 있었다.**[17]

> **약 1,500만 년 전에는 그들의 본거지인 숲이 크게 줄어들었다는 사실을 우리가 알고 있다. …… 침팬지와 고릴라, 긴팔원숭이, 오랑우탄의 조상들은 숲 속에 남았고…… 유인원—털 없는 원숭이—의 조상들은 숲을 떠나, 이미 오래전부터 땅 위에서의 삶에 효율적으로 적응한 동물들과의 경쟁에 뛰어들었다.**[18]

---

15 앨리슨 졸리 저, 앞의 책, p. 438.
16 경제교육연구회 지음, 『사람과 역사, 경제의 역사』, 시그마프레스, 2008, p. 3.
17 李娟 編著, 앞의 책, p. 157.
18 데즈먼드 모리스(Desmond Morris) 지음, 김석희 옮김, 『털 없는 원숭이』, 문예춘추, 2011년 7월 18일, p. 29.

지면에서의 이동은 나무 위와 달라서 오로지 발에 의해서만 이동이 가능하다. 음식물 밀집형태의 열대림과는 달리 분산형인 사바나에서의 보행 범위는 수십, 수백 배에 달할 수밖에 없다. 문제는 나무 위에서의 생활에 적응된 인간의 다리 혹은 발은 이동보다는 신체 균형 유지 기능에 국한된 신체 부위라는 사실이다.

동물 다리의 기능은 먹잇감의 특성에 의해 결정된다. 포식동물 다리의 이동 기능은 사냥 대상인 초식동물의 빠른 이동 속도에 의해 진화된 것이다. 사냥감을 포획하려면 그 속도를 능가하거나 엇비슷해야 하기 때문이다. 전반적 속도는 몰라도 적어도 단시간 내의 폭발적 속도에서라도 상대를 앞질러야 사냥에 성공할 수 있다. 한편 피식동물은 포식동물의 추격 속도를 초월해야 생명안전을 지킬 수 있기에 다리의 이동 기능이 발달한 것이다. 포식동물의 다리 기능을 추가해보았자 단순한 땅 파기 동작이나 싸울 때 공격 무기 정도에 국한된다.

반대로 이동 속도가 느린 먹잇감을 먹이사슬로 한 동물들의 다리기능은 이동 속도가 아닌 다른 기능이 진화했다. 예를 들어 땅 속에서 기어 다니는, 속도가 느린 "지렁이나 곤충의 애벌레를 먹이로 삼는"[19] 두더지는 다리 기능이 이동 속도보다는 "흙을 파는 데 사용"[20]된다.

인간의 선조인 아프리카 유인원의 먹잇감은 과일, 견과류, 씨앗, 열매, 잎사귀나 줄기 등으로서 정지된 것들로서 속도를 통한 발의 이동이나 추격의 필요가 없었다. 그리하여 발은 나무를 움켜잡아 신체균형을 유지하는 기능만으로도 충분했다. 도리어 손은 나무를 움켜잡고 이동하

---

19 올리히 슈미트 지음, 신혜원 옮김, 『선생님도 모르는 생물 이야기』, 글담, 2007, p. 191.
20 마이클 루스 저, 이태하 역, 『다윈주의자가 기독교인이 될 수 있는가』, 청년정신, 2002, p. 43.

거나 열매를 따고 껍질을 벗기거나 까는 역할을 하며 상대적으로 진화했다. 물론 입도 먹이를 먹기 편리하도록 앞으로 내밀린 상태로 진화했다. 인류가 초식동물이면서도 속도가 느렸던 것은 나무 위가 상대적으로 포식자의 공격으로부터 안전했기 때문이다. 토끼도 초식동물이지만 빨리 달리지 못한다. 그것은 포식자의 공격으로부터 토끼를 지켜주는 땅굴이 있기 때문이다.

그러나 나무 위에서 내려오는 순간 최초의 인류는 지면에서 걷기를 통해 이동의 필요성이 생겼으므로 다리 또는 발의 기능도 그에 적응해야만 했던 것이다. 하지만 포식동물처럼 4족 보행을 하기에는 나무 위에서의 오래된 생활로 인해 손과 발의 기능이 분리된 상태에서 협조가 불가능했다. "나무 위에서부터 발과는 다른 용도로 손을 사용했던"[21] 영장류는 이미 오래 전에 벌써 "팔과 다리의 기능이 분화"[22]되어 일정 부분 해방되어 있는 상태였다. 그뿐만 아니라 인류는 사바나에서도 채집생활의 습관을 보존하고 있었기에 열매나 과일을 만났을 때 손의 기능은 여전히 유효했다.

사바나라는 생태계 특성상 식물성 식료의 위축으로 부득불 사냥을 하게 되었지만 두발 보행으로는 사슴이나 늑대 같은 동물을 추격할 수 없었다. 돌멩이나 몽둥이 같은 것을 던짐으로써 속도의 한계를 미봉할 수밖에 없었을 것이다. 이 과정에서 손은 자연스럽게 공격 "무기를 들어

---

21 경제교육연구회, 앞의 책, p. 3.
22 자크 아탈리 지음, 이효숙 옮김, 『호모 노마드 유목하는 인간』, 웅진닷컴, 2005, p. 42.

| 사진 62 | 속도가 빠른 치타와 가젤

동물들의 세계에서 속도는 곧 삶이자 죽음이다. 육식동물이 초식동물보다 속도가 느리면 굶어 죽을 수밖에 없듯이 초식동물은 속도가 느리면 잡혀죽기 때문이다. 두발 보행의 인간은 포식자의 세계에서 다행히도 도구의 도움에 의해 느린 속도의 결함을 미봉한다.

올리게"[23] 됨으로써 "동물을 죽이기에 필요한 연모를 쥐기 위해서 두 발로 걷게 되었다"[24]는 가설에 명분까지 제공하고 있다. 인류는 이미 "230~240만 년 전부터 도구를 사용"[25]했다. 가공하지 않은 원시적인 도구인 몽둥이, 돌멩이 따위의 사용은 그보다도 훨씬 오래되었을 것이다. 이밖에도 먹고 남은 먹이를 기지로 운반할 때에도 손에다 들고 올 수밖에 없었다. 하기에 결코 걷기 위해 손 또는 팔의 기능을 동물의 앞다리 기능에 준하는 수준으로 퇴화시킬 수는 없었을 것이다.

동물은 이동 속도의 폭발력이 전제된 상황에서 동물을 죽이고 먹고 운반하는 사냥과정 전부가 입에 의해 수행된다. "인간이 성숙할수록 입이 가진 '탐색기 역할'은 줄어들고, 대신 이 역할은 손으로 넘어간다. …… 대부분의 육식 동물들이 사냥감의 목을 이빨로 물어뜯지만, 인간은 이런 과정을 이 대신 무기를 든 손으로 처리한다."[26] 그 때문에 포식동물의 치열齒列구조는 자르고 베고 뜯는 데 유리하도록 배열되어 있다. 그것은 "동물의 이빨 모양과 구조는 먹는 음식과 관련이 있기" 때문이

23 앤 기번스 지음, 오은숙 옮김, 『최초의 인류』, 뿌리와이파리, 2008, p. 202.
24 박선주, 앞의 책, p. 174.
25 위의 책, p. 334.
26 데스몬드 모리스(Desmond Morris: 2010), 앞의 책, p. 187.

다. 그런 이유로 인해 "육식동물은 먹이를 잡고, 죽이고, 먹기 위해 송곳니가 크게 발달"[27]했으며 어금니도 "가위이빨Carnassia로 고기를 자르는 기능을 지니고"[28] 있는 것이다.

포식동물의 입구조가 전면 돌출형을 취한 이유 역시 사냥에 유리한 선택이다. 일단 입이 앞으로 나오면 이빨로 피식자를 물어 죽이거나 고기를 뜯어 먹거나 물어서 이동할 때 작업 정확도를 눈으로 관찰할 수 있는 장점이 있다. 평면 얼굴형의 인간은 입으로 고기를 뜯을 때 그 장면이 눈으로 확인이 되지 않는다. 열대림에서 과일이나 열매를 먹을 때 입으로 직접 섭취하지 않고 손을 사용하여 먹기 때문에 눈이 입과의 거리를 두어 입에 초점을 맞출 필요가 없기 때문이다.

그뿐만 아니라 포식동물의 주둥이는 앞으로 길게 나와 있어(∩) 먹이를 측면으로 뜯거나 씹을 수 있다. 입에 물고 운반할 때에도 사냥물을 옆으로 물어 보행에 장애가 되지 않도록 되어 있다. 송곳니와 어금니는 턱과 가까이에 있어 고기를 앞니로 뜯거나 물 때 음식물을 무는 힘이 더욱 강력한 데다 좌우측 송곳니와 어금니로 동시에 물 수도 있어 떨어뜨릴 염려도 없다. 육식동물은 모두 늑대처럼 "강한 턱뼈"[29]를 가지고 있다.

결국 먹잇감 획득을 위한 인간의 모든 동작은 동물과 달라 입이 아닌 손으로 수행된다는 차이가 확인된다. 이와 같은 차이는 열대림에서 과일이나 열매를 따 먹던 인간의 생활습관과 음식물에 의해 결정된 것

---

27 William K. Purves 외 지음, 이광웅 외 옮김, 『생명 생물의 과학』, 교보문고, 2006, p. 900.
28 위의 책, p. 334.
29 어니스트 톰슨 시튼 지음, 작은우주 옮김, 『야생의 순례자 시튼』, 달팽이, 2003, p. 561.

이다. 채집과 수렵에서 손과 도구를 사용함으로써 최초의 인류는 이동과 작업 시에 신체를 지탱해주는 역할을 전부 다리와 발이 떠맡게 되었다. 다리는 이동과 신체균형 유지라는 전문적 기능을 수행하는 신체기관으로 진화했던 것이다. 그것은 인간의 몸을 일으켜 세우고 두발로 건도록 한 강력한 원인으로 부상하게 되었다.

방법은 하나 다리 또는 발이 독립적으로 진화하는 길뿐이었다. 유인원의 다리는 동물의 뒷다리처럼 갈지 자之형이었다. 이런 다리로 이동을 하려면 신체의 균형을 잡아주는 역할을 하는 앞다리의 협조가 필요하다. 하지만 손과 팔이 이미 독립한 유인원은 두 다리로만 이 난제를 해결해야만 했다. 진화의 결과 동물의 앞뒤 다리의 기능을 좌우 다리에 압축시켜 양자의 교체를 통해 해결되었다.

그러나 여기서 두발 보행의 문제가 완벽하게 해결된 것은 아니다. 아직도 직립이라는 관건적인 문제가 남아 있기 때문이다. 갈지 자之형태의 굴곡 된 다리로는 직립이 이루어지지 않는다. 수직으로 펴야만 가능하다. 갈지 자之형태의 다리로 걷는다는 것은 앉은뱅이 걸음을 하는 것과 다르지 않다. 속도도 느리거니와 이동도 불편하다. 그것은 앉은뱅이 자세가 상체와 둔부, 허벅지의 무게 분산과 압박으로 인해 대퇴골과 무릎관절에 가해지는 부담과 소모되는 에너지가 클 뿐만 아니라 이동을 전적으로 무릎관절 하나에만 의존해야 하기 때문이다. 다리가 수직으로 펴지면 신체에 가해지는 이러한 무게 분산과 중압이 해소되어 엉덩이와 허벅지까지 다리 기능에 가세하며 보행에 대퇴골, 무릎, 발목 전체가 참여하게 된다는 장점이 있다.

결국, 인류의 다리는 먹잇감 획득 방식인 수렵(서식지 확장에 따른 보행 거리의 증대도 하나의 조건이 될 것이다.)에 의해 이동과 속도의 기능이 강화되었지만 한편으로는 채집에 의해 그 이동과 속도가 포식동물의 다리 기능에까지 진화하지 못하게 되었다고 추정할 수 있다. 그것은 수렵과 채집의 타협이며 이동과 정착이 융화融和된 결과다.

ㄴ. 직립보행과 정면섹스

직립보행으로 인해 유발된 정면섹스 또는 얼굴을 맞댄 섹스는 남성은 물론 여성의 성적 진화에도 많은 영향을 미쳤다. 필자는 일단 정면섹스가 유인원의 신체 진화에 끼친 영향을 크게 네 가지로 분류하여 담론을 전개하려고 한다.

① 직립보행에 의해 등장한 정면섹스가 인류의 성 교합 방식에 미친 첫 번째 변화는 시야의 개방이다. 네발 보행 때 유인원의 전통적 성교방식은 동물과 변별되지 않았었다. 그리하여 성 교합 진행 중 시선의 포착 영역은 극히 제한적이었다. 수컷의 가시 대상은 성 파트너의 잔등과 뒷머리에 국한되었다. 암컷의 시야는 이보다도 더욱 억압되어 성행위와는 아무런 상관도 없는, 오로지 땅바닥만 바라볼 수밖에 없다는 한계를 가지고 있었다.

하지만 직립보행으로 의해 가능해진 육지 포유동물 최초의 정면섹스로 암수 모두의 가시 범위는 얼굴, 이목구비, 가슴, 복부, 성기, 허벅지, 엉덩이, 잔등 등 신체의 전 방위에 걸친 부위들로 확대되었다. 시각은 성행위 중 발생하는 신체 각 부위들의 성적 반응을 시시각각 점검하고 그 정보들을 두뇌에 발송함으로써 성행위의 효율을 극도로 증대시키는 역할을 수행했다. 피부의 미세한 색깔 변화와 경련, 유두의 발기와 젖꽃판의 색상 내지는 유방의 팽창과 수축, 입술의 홍조와 부풀림을 낱낱이 목도함으로써 성공적인 성행위의 진행에 도움을 주는 것이다.

| 사진 63 | 동물의 짝짓기와 인간의 정면섹스
동물들의 짝짓기 자세는 배후 교미이다. 수컷의 시야가 제한적일 뿐만 아니라 암컷의 시야에는 아예 수컷이 배제되어 있다. 인간은 정면섹스라는 체위변화에 따라 암수 시야가 모두 개방되었다.

전례에 없었던 시각의 이러한 적극적인 개입은 섹스와 전혀 무관한 지면에 얽매인 채 억압된 시선을 성행위의 현장으로 끌어들임으로써 여성을 섹스 주체로 격상시키는, 효과적인 역할을 수행했다. 그뿐만 아니라 번식이라는 목적에 한정되었던 성행위를 쾌락이라는 새로운 성문화의 공간으로 유도함으로써 인간의 성을 동물과 다른 영역에 정착시키는 역사적인 사건으로 남게 되었다.

정면섹스는 또한 섹스 파트너 사이에 서로의 시선을 마주칠 수 있게 함으로써 상호 감정 변화와 흥분 정도를 가늠하는 데 도움을 준다. 눈은 언어보다도 한 층 더 정확하게 마음을 표현할 수 있는 신체기관이기 때문이다.

> **얼굴을 마주 보는 정상위는 보편적인 체위라는 점과 감정을 서로 교환할 수 있다는 점에서 특별하다. 자세한 비디오 분석 결과, 보노보는 상대방의 얼굴과 소리를 주시하면서 상대의 반응에 따라 삽입이나 비비는 속도를 조절하는 것으로 나타났다. 만약 상대방의 눈을 마주치지 않거나 미적지근한 반응을 보이면, 둘은 곧 떨어진다.**[30]

시선이 마주치지 않는 동물의 섹스 방식으로는 암수가 성행위 진행 중 수시로 변화하는 상대방의 심리를 테스트하기 어렵다. 시선의 교환은 감정의 교환일 뿐만 아니라 표정을 읽을 수 있는 유일한 방법이기도 하기에 성 결합의 시간, 흥분, 수위, 마찰, 절주 등의 상황 조절을 할 수 있는 정보를 입수하는 효과적인 방법이다.

② 직립보행에 의해 등장한 정면섹스가 인류의 성 교합 방식에 미친 두 번째 변화는 섹스 방식 즉 체위의 개발이다. 네발 보행 당시 유인원의 성행위에서 체위는 단 하나의 방식 즉 남자가 엎드린 상태에서의 "여자 뒤에 위치한 섹스"[31]방식이다. 이와 같은 성교체위는 동물과 다를 바 없다. 문제는 이 체위의 단점이 시간상 제한적일 수밖에 없다는 점이

---

30 프란스 드 발 지음, 이충호 옮김, 『내 안의 유인원』, 김영사, 2005, p. 148.

31 데스몬드 모리스(Desmond Morris : 2010), 앞의 책, p. 385.

| 사진 64 | 각종 체위를 소화하는 인간의 정면 섹스

로마 시기의 폼페이 벽화를 통해 우리는 인간의 정면섹스가 동물의 배후 교미와 달리 어떠한 자세에서든지 섹스가 가능함을 알 수 있다.

다. 엎드린 상태에서 등에 매달린 수컷의 몸무게를 감당해야 할 뿐만 아니라 수컷이 하체를 흔들어댈 때 발생하는 충격파까지 버텨내야 하는 암컷의 부담이 클 수밖에 없기 때문이다.

따라서 이러한 섹스방식은 쉽게 피로해질 가능성이 크다. 수컷이 암컷이 부담하는 체중을 줄이기 위해 자신의 다리에 무게를 이동시킬 경우에는 두 다리로 몸무게를 지탱해야 할 뿐만 아니라 격렬한 마찰운동까지 부담해야 하는 뒷다리의 기운이 쉽게 빠질 것은 틀림없다. 그런 이유 때문에 암수는 교합 시에 몸에서 에너지가 소진되기 전에 번식을 목적으로 한 사정을 함으로써 되도록 조속히 성행위를 결속지어야만 하는 조급증에 쫓길 수밖에 없다.

일반적으로 삽입 후 인류의 음경은 100번 내지 500번의 마찰을 경과한 뒤에야 비로소 사정한다. 음경이 꽂았다 빼는 차수는 다른 영장류에 비해 훨씬 더 능가한다. 일반적으로 원숭이는 몇 번 쑤시면 바로 정액을 사정한다. …… 꼬리 짧은 원숭이의 사정은 2~8번, 밤 원숭이의 사정은 3~4번, 짖는 원숭이의 사정은 5~20번 쑤시는 데 불과하다.[32]

하지만 직립보행에 의해 가능성이 최대한 열린 체위의 다양성은 전통 섹스의 이러한 단점을 극복하는 계기가 마련되었다. 암컷은 수컷에게 깔려 있어야만 했던 소극적이고 피동적인 압박에서 해방될 수 있었을 뿐만 아니라 남성과 동등하게 성행위에 동참할 수 있는 적극적인 성 주체로 그 위계가 격상되었다. 그뿐만 아니라 에너지 과소비 때문에 단축된 성행위 시간도 체위의 다양한 변화를 통해 극복함으로써 몇 배 또는 몇십 배로 연장할 수 있게 되었다. 두말할 것도 없이 섹스의 시간적 연장은 그 쾌락의 연장으로 이어진다.

③ 직립보행에 의해 등장한 정면섹스가 인류의 성 교합 방식에 미친 세 번째 변화는 성행위 주도권의 이월移越과 주기의 단축이다. 네발 보행 시절 유인원의 성행위에서 그 주도권은 암컷에게 있었다. 그 이유는 단일 성 결합방식에 의해 결정된 것이라고 할 수 있다. 당시에는 성행위가 원만하게 성사되려면 네 발을 곧게 펴고 엎드려 버티는 암컷의 동물적인 섹스 기본 자세가 전제되어야만 가능했기 때문이다. 암컷이 뒷다리를 구부리거나 주저앉거나 또는 섹스 기본 자세(정상위)가 아닌 그 어떤

---

32 戴斯蒙德·莫里斯 著, 李家真 译,『裸男』,〔英〕新星出版社, 2011年 4月, p. 280.

다른 자세를 취했을 경우에도 성 교합은 불가능하며 원만한 성공을 기대할 수 없게 된다.

직립보행이 보편화된 이후 정면섹스를 통해 유인원은 단일 체위의 억압에서 벗어날 수 있게 되었을 뿐만 아니라 암컷의 고정된 자세의 전제 없이도, 어떤 자세를 취한 상태에서도 성 결합이 가능하게 되었다. 암컷이 뒷다리를 구부리거나 드러눕거나 앉거나…… 그 어떤 자세를 취해도 수컷은 그 자세에 적절한 체위를 적용하여 섹스를 성공시킬 수 있기 때문이다. 그 결과 자세로 섹스 가불가를 결정했던 여성의 주도권은 남성에게 자연적으로 넘어가게 된 것이다.

동물들과 마찬가지로 네발 보행을 하던 시기 유인원의 섹스 주기는 암컷의 발정기에 의해 조절되었다. 발정기에 의한 섹스 주기는 그 목적이 오로지 성행위를 통한 난자의 수태 즉 번식이었다. 하지만 유인원 여성의 성기는 네발 보행 때와는 달리 "직립보행을 하면서 성기가 감춰짐"[33]으로써 음부의 색깔이나 냄새를 통한 발정 신호는 약화될 수밖에 없었다. 게다가 정면섹스가 열어 놓은 시간과 공간의 제한이 배제된 성행위로 인해 섹스와 발정기와의 상관성도 해제되었다. 따라서 섹스주기는 발정기보다는 남성의 성욕 즉 남성 성기의 발기가 성행위 주기의 기준이 되었던 것이다.

섹스 주도권을 박탈당한 인류 여성은 남성성기의 발기에 의해 결정되는 성행위의 피동적인 대상으로 전락되는 결과를 초래하게 되었다. 남성의 성욕 앞에서 여성은 원하든 원하지 않든 만족시켜줘야만 하는

---

33 김승일, 앞의 책, p. 15.

불리한 위치에 처하게 된 것이다. "남성은 취하는 자"[34]가 된 반면 "여성은 주는 자, 몸을 바쳐 허락하는 자"가 되었으며 심지어는 무방비 상태로 "강간의 위험에 노출"[35]되기까지 한다. 하지만 섹스 주도권 이월과 주기의 단축 현상은 불필요해진 여성의 발정기를 맹장의 경우처럼 퇴화시키는 결과를 초래하면서 인류의 성적 진화를 가속화하는 역할을 수행하는 데 일조하기도 했다.

④ 직립보행에 의해 등장한 정면섹스가 인류의 성 교합 방식에 미친 네 번째 변화는 피부접촉의 광역화다. 네발 보행 시기 유인원이 성행위를 할 때 암수 사이에 접촉하는 피부 부위는 극히 제한적이었다. 수컷의 경우에는 성기, 엉덩이, 잔등의 일부에 그치지만 그나마 시각의 일부 개입이 가능하다. 반면 암컷의 경우에는 시각의 개입마저도 배제된 상태다. 하지만 성교 자세 변화 이후 피부 접촉 부위는 신체 전부로 확대되었다. 얼굴, 입술, 가슴, 복부, 성기, 두덩 뼈, 허벅지, 엉덩이, 잔등, 허리, 발…… 피부 접촉이 이루어지지 않는 부위란 거의 존재하지 않는다.

피부 접촉을 통해 성 행위자는 파트너의 몸의 온도와 건습乾濕, 부드러움과 탄력, 굴곡과 볼륨 그리고 땀과 침의 분비에 의한 마찰력과 흡착성에 대한 다양한 정보들을 수집하고 그것을 두뇌에 송출함으로써 성 고조를 향한 흥분의 속도를 가속화는 것이다. 이 밖에도 "빨라지는 심장 박동과 호흡, 상승하는 혈압, 수축과 발기를 반복하는 젖꼭지"[36] "유방

34 파울 프리샤우어, 앞의 책, p. 18.
35 坦娜希尔 著, 앞의 책, p. 5.
36 耶尔多·德伦特 著, 施光军业 译,「女人性器官的真相与神话」,『世界的渊源』,〔荷兰〕花城出版社, 2006年 9月, pp. 60~61.

과 젖꽃판乳輪의 부풀어 오름"[37] 등의 반응은 성행위의 수위를 가장 적절하게 조절하는 메시지가 될 것이다. 물론 여기에는 비비고 흔들고 만지고 때리는 등 격렬한 충돌을 전제로 하는 피부접촉도 빠질 수 없다. 그뿐만 아니라 피부조직을 통한 "근육, 말초신경, 민감한 유기체 조직"[38]들까지 성행위에 합세하게 된다.

피부 접촉에서 손의 역할 역시 중요한 인소다. 네발 보행 시절 인류 남성의 손은 시각의 개입이 배제된 상태에서 암컷의 배와 가슴 그리고 잔등의 피부와만 접촉이 가능했다. 암컷의 손(네발 보행의 경우 앞발)은 신체를 지탱하는 역할만 배당되었기에 수컷의 피부에 접촉할 기회마저 허락되지 않았다. 하지만 직립보행과 정면섹스 이후 암수 모두의 손은 피부와의 접촉이 가능해졌고 신체의 구석구석을 누비는, 가장 활발하게 섹스를 돕는 촉각기관으로서의 역할을 수행하게 되었다. 손은 몸의 온도와 건습乾濕, 부드러움과 탄력, 굴곡과 볼륨의 상태를 가장 잘 느낄 수 있는 피부기관이다.

⑤ 직립보행에 의해 등장한 정면섹스가 인류의 성 교합 방식에 미친 다섯 번째 변화는 "음경이 질 속으로 깊숙이 삽입"[39]한다는 점이다. 그러한 결과는 체위의 다양성이 제공해준 혜택 때문이라고 해야 할 것이다. 부동한 체위는 성기의 각도 변경으로 인해 음경 삽입의 부동한 깊이를 초래하기 때문이다. 물론 성기의 크기와 깊이는 사람마다 다르다.

---

37 莫里斯(Morris · D) 著, 앞의 책, p. 220.
38 耶尔多 · 德伦特, 앞의 글, p. 5.
39 위의 책, p. 5.

| 사진 65 | 4세기경의 인도 성애性愛서 『카마수트라』의 회화

정면섹스는 인류의 섹스문화에서 체위의 단조로움에 종지부를 찍고 다양성의 시대를 열어놓았다. 『카마수트라』의 기록에 따르면 성기의 부동함에 의해 빚어지는 쾌락의 감퇴는 64가지의 체위조절에 의해 그 단점을 보완할 수 있다고 한다. 이러한 결과는 동물의 배면 섹스 자세로는 불가능한 것이다.

4세기경의 인도 성애性愛서 『카마수트라』에 보면 남녀 성기의 크기를 자세히 분류하고 있다.

> **남자는 음경의 길이에 따라 토끼, 소, 말로 분류한다. 여성은 음모의 깊이에 따라 암사슴, 암말, 암코끼리로 구분한다. 사슴과 토끼, 말과 소, 코끼리와 말 이 세 부류는 어울리는 성 파트너다. 크기가 달라 서로 어울리지 않는 여섯 짝은 코끼리와 토끼 또는 소, 암말과 토끼 또는 말, 암사슴과 소 또는 말이다. 성기의 크기가 비슷한 짝이 가장 이상적이다: 극단적인 성 결합은(코끼리와 토끼, 암사슴과 말) 성 만족에 도달하는 경우가 아주 드물다.[40]**

---

40 华希雅雅娜 著, 陈苍多 译, 「印度」, 『爱经』, 内蒙古人民出版社, 2004年 1月, p. 44.

하지만 이러한 단점은 체위 조절 즉 "64가지가 되는 섹스 기교"[41]를 통해 부족한 점을 보완할 수 있다. 여성 상위 체위까지 포괄하는 체위의 다양성이 보장되는 한 섹스의 성공은 어느 정도 성기의 크기보다는 "성격과 섹스 기교에 달려"[42]있다고 봐야 할 것이다. 『카마수트라』에는 다리를 벌리거나 물구나무서고 두 다리 또는 엉덩이를 쳐들거나 무릎을 굽히고 또는 다리를 오므리는 등 성기의 크기와 깊이가 부동한 성 파트너가 체위 조절을 통해 만족에 도달하는 섹스 기교들이 상세히 열거되어 있다. 이와 같은 현상은 결국 모든 성 파트너들이 성공적으로 오르가슴Orgasme에 도달할 수 있는 체험을 하도록 도와준다.

2) 탈모와 성

ㄱ. 탈모의 원인

탈모와 인류의 성문화는 밀접한 관계를 가지고 있다. 하지만 문제의 핵심을 검토하기 전에 먼저 탈모의 원인부터 규명해야 할 것이다. 그러기 위해서는 이에 관해 지금까지 제기된 수많은 가설들을 간략하게나마 검토하지 않을 수 없을 것이다. 물론 기존 이론들의 공통점은 직립, 두발 보행에 관한 주장들처럼 그 기저에 깔린 핵심 이론이 설득력이 부족하다는 사실이지만 본격적인 담론을 진행하기 위해 지나칠 수 없게 된 것이다.

㉠ 열대의 강열한 태양복사輻射에 의한 체온 상승을 적정 상태로 조절

41 위의 책, p. 48.
42 위의 책, p. 44.

하기 위해 "털 코트를 벗어던졌다"[43]는 주장이 가장 보편적이다. 체모體毛의 탈락은 "몸의 표면에 뚫린 땀구멍의 수"[44]를 늘림으로써 체온을 식힐 수 있다는 논리다. 하지만 이러한 섣부른 견해는 같은 포유류 중에 "이런 조치를 취한 동물은 하나도 없으며…… 털 없는 피부를 드러내면 물론 더위를 식힐 가능성도 있지만 반대로 체온이 더 올라갈 가능성도 있다"[45]는 반론 앞에서도 그 공감대가 증발되고 만다.

그뿐만 아니라 "사냥감을 추격하는 일은…… 체온 상승"을 초래하기에 "이런 과열 상태를 줄여야 할 필요성"[46] 때문에 털이 퇴화되었다는 주장 역시 필자가 제시하는, 수렵에 종사한 남자가 털이 더 많은 반면 채집을 한 여자는 도리어 탈모가 덜하다는 사실 앞에서 대답이 궁해진다.

㉡ 몸털의 퇴화 원인을 밤의 추위를 극복할 수 있는 불의 발명에 기인한다고 추측하는 학자들도 있다. "모닥불 주위에 둘러앉는 사치를 누리게 되자 털가죽이 없어도 충분히 견딜 수 있었기 때문에, 낮의 더위를 견디기에 더

| 사진 66 | 인류의 불의 사용

학계의 연구에 따르면 인류가 최초로 불을 사용한 시기는 50만 년 전후라고 한다. 하지만 인류의 탈모는 이보다 몇백만 년이나 훨씬 앞서는 직립보행 시기부터 시작되었을 것으로 추정된다. 탈모의 원인이 불의 사용과 연관된다면 인간의 몸에서 털이 없어진 연대는 겨우 50만 년밖에 안 되므로 설득력이 없다.

---

43 데즈먼드 모리스(Desmond Morris: 2011), 앞의 책, p. 62.
44 위의 책, p. 64.
45 위의 책, p. 62.
46 위의 책, pp. 63~64.

좋은 벌거숭이 상태가 되었을 거"[47]라는 주장이다. 이 주장을 따르면 인류의 탈모는 불의 발명을 기다려야만 한다. 인류의 탈모가 진행된 시기는 "160만 년 전"으로 거슬러 올라가야만 한다. "땀샘의 증가와 몸털의 감소"[48]가 함께 진행되었다. 하지만 고고학적 증거에 따르면 불의 사용은 이보다 100만 년이나 뒤진, "50만 년 전후"에 와서야 아프리카에 거주한 조기 인류에 의해 가능해진 것이다. 탈모 과정과 불의 사용 과정이 뒤바뀐 것이다. 게다가 아프리카는 열대기후로서 밤이라고 해도 모닥불이 필요할 만큼 추위가 극심하지도 않다.

㉢ 인류가 거주하는 곳이 "진드기와 벼룩, 빈대"와 같은 "피부 기생충으로 심하게 오염되었을" 거라는 가정 하에 높아지는 질병 위험에서 벗어나기 위해 대안으로 떠오른 것이 "털투성이 피부를 벗어던지는"[49] 방법이라는 가설도 있다. 이보다도 더 얼토당토않은 추측은 지저분한 원숭이의 식사습관으로 인해 털이 더러워져 질병의 위험에 노출되기 때문에 제거해야만 하는 필요성이 대두했다는 견해다. 하지만 전자의 경우 "기생충을 몰아내려고 털가죽을 벗어던진 포유류는 거의 없다"[50]는 반론에 속수무책일 수밖에 없고 후자의 경우 "도구를 이용하여 자기 털을 깨끗이 청소"[51]할 수도 있다는 가능성 앞에서 무색해질 수밖에 없다. 이 밖에도 털의 소실에 대해 논한 "유태보존이론", "수중水中생존이론",

47 위의 책, p. 58.
48 李娟 編著, 앞의 책, p. 114.
49 데즈먼드 모리스(Desmond Morris; 2011), 앞의 책, p. 58.
50 위의 책, p. 59.
51 위의 책, p. 58.

"성적 신호 연장이론", "종種확인 신분증명서이론" 등 다수가 난립하지만 모두 일정한 한계를 드러내고 있어 아쉽다.

인류의 몸에서 털이 사라진 이유는 몸털의 경우에는 무엇을 위한 목적보다는 자연과의 상관관계에 기인한다고 봐야 할 것이다. 직립, 두발보행을 하게 된 유인원은 전혀 다른 형태에서 자연과의 관계를 새롭게 수립해야 했기 때문이다.

직립보행은 일단 인류의 일상생활과 행동자세에서부터 눈에 띄는 변화를 일으켰다. 이러한 현상은 그동안 지속되어온 인류와 자연의 동물적 관계를 청산하고 새로운 물리적 관계를 형성하도록 자극했다. 구체적으로 열거하면 다음과 같다. 수면 자세, 휴식 자세, 섹스 자세, 수렵 자세 등이다. 여기서 수렵 자세는 남자의 경우에만 해당되고 나머지는 남녀 모두 해당하는 경우들이다.

① 수면 자세

동물은 수면을 취할 때 지면에 복부를 부착시킨 채 엎드린 자세로 앞발에 턱을 고이고 수면을 취한다. 유인원 역시 다른 영장류와 다를 바 없이 네발 보행 시절에는 이러한 자세로 잠을 잤다. 하지만 직립, 두발보행 이후 인류의 수면 자세는 단일방식에서 탈피하여 다양한 숙면 자세를 구사할 수 있게 되었다. 그뿐만 아니라 허리의 굴절이 수직화되며 다리를 편 상태에서 몸 전체가 지면에 닿는 와면臥眠 자세가 가능해진 것이다. 동물들은 결코 불가능한 동작이다.

유인원이 반듯하게 누워 잘 때 잔등과 엉덩이 그리고 하체는 동시에 지면에 닿는다. 엎드려 자는 동물이 복부의 털이 닳아 없어진 것처럼 유인원의 등 털도 마찰에 의해 몸털 마모磨耗 현상이 일어날 수밖에 없다. 네발 보행을 하는 포유류 또는 영장류는 잔등과 지면의 접촉이 이루어지지 않는 것과 상반된다. 두발 보행을 하는 유인원은 앙와仰臥 뿐만 아니라 복와伏臥, 측와側臥 등 다른 영장류나 포유류는 수행할 수 없는 그 어떤 자세의 수면방식도 모두 거뜬하게 소화해낼 수 있다. 이 말은 결국 유인원의 체모體毛는 직립, 두발 보행의 혜택으로 변화된 지면과의 새로운 마찰 방식에 의해 마모 부위가 배 또는 엉덩이라는 국부적인 한계를 초월하여 신체 전면으로 확대되었음을 의미한다.

② 휴식 자세

동물이나 다른 영장류는 휴식을 취할 때 엎드리지 않으면 앉은 자세를 취한다. 그 때문에 원숭이의 엉덩이는 지면과의 마찰에 의해 털이 빠져버리는 결과를 초래했다. 그런데 직립, 두발 보행이 가능한 유인원은 비단 앉음 자세가 가능할 뿐만 아니라 상체를 뒤로 젖혀서 물체에 잔등을 기댈 수 있다. 이러한 자세는 네발 보행을 하여 허리가 굴절된 포유류나 기타 영장류는 불가능한 동작이다. 그들의 좌법坐法은 항상 예각銳角(∠)형태로 고정되었기 때문에 허리를 펴서 물체에 기댈 수가 없다.

하지만 직립, 두발 보행이 가능한 인류는 허리를 수직 또는 둔각鈍角 형태로 펼 수 있을 뿐만 아니라 적어도 180도 이내에서는 굴절과 펴기를 자유자재로 운신할 수 있다. 물론 몸 상태가 고도로 유연한 사람은 그 이상 허리를 펴는 것도 가능하다. 동굴의 벽이나 바위 또는 언덕이나 수목에 기대서 휴식을 취할 때 잔등의 몸털은 물체와의 마찰 과정에서 자연스럽게 탈모 현상이 일어날 수밖에 없다.

③ 섹스 자세와 수렵 자세

동물의 섹스 자세는 암컷이 엎드려 버틴 상태에서 진행되기에 신체의 그 어떤 부위도 지면과 닿지 않는다. 굳이 닿는 것이 있다고 한다면 암컷의 네 개의 발바닥과 수컷의 뒷발 두 개뿐일 것이다. 물론 그 발바닥의 털은 지면과의 마찰에 의해 죄다 빠져버렸다. 이 외에 수컷의 성기 부위와 암컷의 엉덩이 그리고 잔등 일부가 성행위 시에 마찰이 존재하지만 그 마찰의 주체는 굳고 단단한 고체로서의 지면과 달리 피부와 털이어서 그 격렬함이 경미할 수밖에 없다.

하지만 직립, 두발 보행을 하는 유인원은 동물이었던 시절의 단일한 섹스 방식에서 해방됨으로써 다양한 성교 자세를 소화할 수 있게 되었다. 그 결과 몸털은 성행위가 지속되는 동안 지면과의 마찰을 통해 탈모가 유발된다. 물론 섹스는 수면이나 휴식처럼 자주 발생하는 동작은 아니지만 대신 그 격렬함은 전자를 초과한다.

직립, 두발 보행을 하는 인류의 수렵 자세가 포식동물의 사냥 자세와 구별된다는 사실은 주지하는 바이다. 하지만 인류가 수렵 과정에서 손과 도구를 사용하는 특징 말고도 하나 더 추가하라면 아마도 땅에 누워 길 수 있는 배밀이 자세일 것이다. 사냥감이 눈치채지 못하게 살금살금 다가가기 위한 수렵 전략이다. 다른 포식동물은 네발 보행의 한계 때문에 이와 같은 포복 자세를 수행할 수 없다. 포복 전진은 두말할 것도 없이 가슴과 배 또는 허벅지, 종아리와 지면과의 마찰을 유발하며 그 과정에서 탈모가 진행될 가능성이 커질 수밖에 없다.

이제 남은 것은 목이나 어깨와 같이 지면과의 마찰이 이루어지지 않는 신체 부위의 탈모 문제다. 그런데 인간의 신체는 지면과의 마찰 말고도 다른 종류의 마찰이 존재한다. 이를테면 손, 대신구(장신구), 도구, 먹잇감, 아기, 두관頭冠, 가면假面 등이다.

인류는 다른 동물과 달리 "두 손을 자유자재로 쓸 수 있다."[52] 이마에서 흐르는 땀이나 흩어져 시야를 가리는 이마 털을 자주 손으로 쓸어 올리며 마찰을 유발한다. 목은 유인원의 긴 머리카락과 턱수염이 드리워 은폐된 부위일 뿐만 아니라 운동량이 많기 때문에 머리와 얼굴에서 흘러내리는 땀은 물론 목 자체에서 분비되는 땀이 대거 운집하는 부위다. 게다가 목은 호흡기의 통로로서 무성한 털에 땀까지 과적되면 통풍이 잘 안 돼 숨쉬기가 답답해질 수밖에 없다. 그리하여 손을 이용하여 털에 맺힌 습기를 자주 제거해줄 필요가 생긴다. 이 경우 손과 목털의 마찰이 발생한다.

직립인은 조개껍데기나 뼈로 만든 대신구를 목에 걸고 다녔다. 이 대신구는 그들의 목에 걸린 채 노동, 이동, 휴식 시간은 물론이고 수면 시간까지도 신변에서 분리되지 않는다. 결국 가죽끈의 마찰에 의해 목털은 마모되며 껍질이나 뼈에 의해 가슴털이 탈락된다. 사냥 도구나 채집 도구는 끈으로 연결하여 어깨나 목에 걸고 다녔을 것이다. 이 경우 어깨와 목 또는 가슴과 잔등의 털이 마찰에 의해 마모되기가 쉽다.

한편 사냥물이나 채집물 역시 끈으로 묶어 어깨나 목 또는 이마에 걸쳐 운반했다. 특히 어린이를 등에 업은 여자들은 채집한 음식물을 광주리나 망태에 담은 후 그 멜빵을 이마에 걸어 운반했을 가능성이 많다. 지금도 티벳이나 캐나다 밴쿠버 섬의 원시부족의 여성들은 "짐을 질 때

---

52 피터 모빌 저, YUNA 역, 『검색 2.0: 발견의 진화 Ambient Findability』, 한빛미디어, 2006, p. 41.

| 사진 67 | 이마에 질빵을 걸쳐 물건을 운반하는 네팔 여성
구석기시대에는 지금과는 달리 나무 껍데기로 만든 멜빵과 가지와 뿌리로 만든 바구니를 사용했다. 따라서 해당한 부위 즉 이마, 목, 어깨의 털과 아래로 드리운 물건의 마찰에 의한 가슴과 잔등 털의 마모가 발생할 수밖에 없다.

멜빵을 이마에 메고"[53] 운반한다. "나무 껍데기로 만든 멜빵과 가지와 뿌리로 만든 바구니"[54]는 마찰력이 강한 소재들이다. 그 결과는 두말할 것도 없이 이에 해당한 부위 즉 이마, 목, 어깨의 털과 아래로 드리운 물건의 마찰에 의한 가슴과 잔등 털의 마모가 발생할 수밖에 없다.

여성은 항상 아기를 등에 업거나 품에 안고 다녀야 했다. 이 경우 멜빵을 사용하여 어깨나 이마에 걸어 잔등 또는 가슴에 업거나 안았을 것

53 정찬주, 『나를 찾는 붓다 기행』, 민음사, 2002, p. 112.
54 탁광일, 『숲은 연어를 키우고 연어는 숲을 만든다』, 넥서스, 2003, p. 200.

이다. 그런데 이 모든 마찰동작들은 오로지 인류만이 할 수 있을 뿐 동물은 수행불가다. 이와 같은 변별적 상황은 종국적으로 인류를 동물과 다른 "두발 달린 털 없는 동물"[55]로 만드는 데 결정적인 초석을 다지는 역할을 감당했다.

인간의 몸에서 털이 사라진 이유에는 숙식熟食 즉 음식물을 불에 익혀서 섭취하는 습관과도 연관이 있다. 앞에서도 언급했듯이 불의 사용 연대는 50만 년 전으로써 그때까지도 완전한 탈모가 완성되지 않았던 인류의 몸에서 털을 제거하는 역할을 했을 것이다. 동굴 속 모닥불 앞에서 생활했던 유인원의 털은 쉽게 탈 수밖에 없었을 것[56]이며 고기를 불에 익혀 먹음으로써 털의 퇴화가 촉진되었을 가능성이 크다. "짐승들이 불을 무서워하는"[57] 이유도 털이 타는 것이 두렵기 때문이다. 유인원들은 불을 두려워하는 짐승의 본능을 이용하여 짐승이 가까이 접근하지 못하도록 잘 때도 불씨를 끄지 않았을 가능성이 많다.

물론 여기에는 익힌 식물성 식료의 섭취도 한몫했을 것이다. 육식을 주로 하는 서양인과 식물성 곡류를 주식으로 하는 동양인의 털을 비교할 때 이러한 주장은 금시 자명해진다.

우리는 지금까지 인간의 몸에서 털이 사라진 원인에 대해 깊이 있게 검토해 보았다. 그런데 인간을 털 없는 동물이라고 부르지만 실은 털이 완전하게 탈락된 것은 아니다. 왜냐하면 아직도 머리, 겨드랑이, 음부

---

55 서지형, 『속 마음을 들킨 위대한 예술가들』, 시공사, 2006, p. 231.

56 장혜영, 『한국 전통문화의 허울을 벗기다』, 어문학사, 2010, p. 158.

57 토머스 벌핀치 저, 전유준 역, 『두산동아 세계명작 29—그리스 신화』, 두산동아, 2003, p. 24.

등 부위는 물론 팔과 다리, 가슴 등 몸통에도 일부 털이 남아 있기 때문이다. 일단 이런 부위들의 털에 대한 기존 견해들부터 살펴보자.

「두발頭髮 잔류殘留에 대한 가설」: 자외선의 위험으로부터 뇌를 보호하는 기능이라는 추측과 수중 생활 당시 수면 위에 드러나 "직사광선으로부터 머리를 보호"하기 위해서라는 가설 등이 존재한다.

「음모 잔류에 대한 가설」: "여성 발육의 성숙도를 판단하는 표지標志…… 냄새 정보를 유지…… 성행위 시 두덩뼈恥骨 보호를 위한 완충역할"[58]을 한다는 견해와 "수치심을 가리는 작용"이나 정반대로 "남성의 시선을 가리기에 도리어 남성의 성 환상을 불붙게 하여 그들의 성행위를 격발시키는 작용"을 한다는 주장이 있을 뿐만 아니라 심지어는 "냉기를 차단하고 땀을 흡수하고…… 손이 더럽거나 땀이 나면 수건처럼 음모에 닦는"[59] 용도로 쓰인다는 황당한 주장까지 병존한다. 이러한 주장들은 "성행위를 할 때 서로 찰과상을 입지 않도록 한 일종의 보호 장치라는" 주장이 "겨드랑이에도 털이 남아 있는 털의 존재를 설명하기 곤란하다"[60]는 반론 앞에 대답이 궁해지는 것처럼 모두 어설플 뿐만 아니라 설득력이 부족하기는 마찬가지다.

「액모腋毛, 비모鼻毛와 눈썹·속눈썹의 잔류에 대한 추측」: 액모의 경우에는 "살이 맞닿는 부위에 상처가 나지 않도록"하기 위해서고 코털의 경우에는 "숨을 쉴 때…… 먼지와 세균을 걸러 내기" 위해서고 눈썹의 경우에는 "땀이 눈 속으로 들어가는 것을 막기"위해서이며 속눈썹의 경

58 莫里斯(Morris·D) 著, 앞의 책, p. 285.
59 위의 책, p. 286.
60 이용범, 『인간 딜레마』, 생각의 나무, 2009, p. 453.

우에는 "먼지와 이물질이 눈 속으로 들어가지 않도록"[61] 차단하기 위해서라고 한다. 하지만 이 모든 가설들은 털의 국부적 잔류에 대해 명쾌한 해답을 주지 못하고 있다.

일단 먼저 지적하고 넘어가야 할 것은 이들 부위의 공통성이 액모나 음모처럼 마찰로부터 격리된 곳이라는 점이다. 털의 마모가 적을 수밖에 없다. 두발의 경우 수면이나 성행위를 할 때 귀밑머리나 뒷머리가 지면에 마찰되지만 정수리 부분은 마찰이 되지 않을 뿐만 아니라 워낙 머리카락은 "수명도 대략 5~7년이나 되고 길이도 2m를 넘어"[62] 좌우 배면의 마찰 부위를 덮음으로써 탈모를 억제시키는 작용을 한다.

생모生毛의 조건은 겨드랑이, 성기 부근 등에만 특유한 다량의 "습기와 따뜻함" 그리고 통기通氣가 잘 안 되는, 상대적으로 폐쇄적인 음지이다. 물론 이것은 지방 충족과 두뇌, 골격의 발달을 전제로 한 기초 상에서 하는 말이다. 습기를 형성하는 구성 요소에는 체온의 조절 기능을 가진 에크린샘이든 "성적인 의미가 있으며 이성을 매혹시키기 위한 냄새"[63]를 가진 아포크린샘이든 무릇 인체의 한선汗腺에서 분비되는, "수분을 많이 함유한"[64] 모든 땀이 포함된다. 이외에도 입김, 콧김, 타액, 콧물, 눈물 역시 습기의 일종에 속한다.

겨드랑이와 사타구니 그리고 콧구멍은 두말할 것도 없이 이런 조건을 두루 갖춘 장소이다. 코털과 수염은 호흡에 의한 기체(김)가 분출되는 입과 코 주위에 분포되어 있다. 속눈썹은 누선涙腺 주위에 성장하고

---

61 노지영, 『구석구석 놀라운 인체』, 씽크하우스, 2007, p. 49.
62 노주영, 『황금교실 인체』, 삼성출판사, 2009년, p. 86.
63 MERLE·L·FOSS 외 지음, 위승두 외 옮김, 『운동생리학(FOX)』, 대한미디어, 2002, p. 143.
64 위의 책, p. 530.

눈썹은 "체온 조절을 위해 다량"[65]으로 이마에서 흘러내린 땀이 맺히는 곳이다.

이러한 잔류 털이 나기 위해서는 지방 충족과 두뇌, 골격의 발달이 전제되는 사춘기를 기다려야만 한다. 사춘기라는 개념은 단순히 "성호르몬의 분비가 증가하여 이차 성징性徵이 나타나며, 생식 기능이 완성되기 시작하는 시기"라는 국한된 의미에만 그치는 것이 아니다. 사춘기는 이성을 초월하는 "육체적·정신적으로 성인이 되는 시기"[66]인 만큼 많은 의미를 내포하고 있기 때문이다.

사춘기에는 여자의 경우 "유방이 나오며 엉덩이가 둥글어 지고 월경 현상과" 음모가 나며 남자의 경우 음경이 확대되고 "고환은 정자를 생산하며"[67] 음모가 생기는 등 생식계통의 발달이 진척된다. 하지만 여기서 만족하지 않고 근육 발달과 골격 성장 등과 같이 신체의 다른 부위들에서도 연달아 변화가 뒤따른다. 체중이 늘어나고 "뼈는 더 단단해지고 조밀해지며"[68] 충분한 지방이 축적된다. 털은 인체 내에 지방이 충분하게 축적돼야 생장한다. "털은 진피와 피부 밑 지방(피하지방) 사이의 털주머니(모낭毛囊)에서 만들어지기"[69] 때문이다. 사춘기에 도달해야 털이 나는 것은 지방 축적 단계를 거쳐야 하기 때문이다.

신체의 이러한 변화는 성적 능력 이외에도 노동 능력을 구비하기 위한 목적에서 비롯된 것이다. 노동의 조건은 골격과 근육의 발달을 전제

---

65 이홍열, 『걷기박사 이홍열의 건강워킹』, 파라북스, 2010, p. 113.

66 표준국어대사전 "사춘기" 검색, http://stdweb2.korean.go.kr(검색일: 2015. 2. 1).

67 카린 헤르처 외 지음, 권세훈 옮김, 『남성과 여성의 착각에 관한 잡학사전』, 을유문화사, 2004, p. 520.

68 이계영, 『건강과 체력과학』, 학문사, 1998, p. 80.

69 이성주, 『인체의 신비』, 살림, 2013, p. 72.

로 한다. 힘이 있어야 수렵과 채집에 종사할 수 있고 무거운 음식물을 운반할 수 있기 때문이다. 이러한 의미에서 성행위 역시 성기의 발달과 정자, 난자 생산 이외에도 골격과 근육에서 발산하는 에너지가 필요한 일종의 노동이라 할 수 있다.

물론 여기서 홀시 할 수 없는 것은 두뇌의 발달 즉 인지기능이다. "사춘기가 시작되면 두뇌는 큰 변화를 겪기 시작"[70]하며 "인지 능력이 무한히 발달"[71]한다.

인간의 얼굴에서 털이 자취를 감춘 것에 대해서도 그냥 지나칠 수는 없다. 인간은 표정으로 신호를 교환하는 동물이기에 그 신호를 털 속에 묻어버리지 않기 위해 얼굴에서 털이 없어졌다는 얼토당토않은 주장에는 일고의 가치도 없다. 오히려 얼굴의 털은 인간만이 가능한 표정 때문에 사라졌다는 것이 필자의 지론이다. "표정이 진화 과정에서 종족의 생존과 번식에 도움이 되기 때문에 보존되어온 특질"[72]이라는 주장에 대해서는 잠시 뒤로 밀어 놓는다.

"인간은 얼굴근육을 움직여서 7,000가지 이상의 다양한 표정을 연출"[73]할 수 있다고 한다. 그런데 이러한 면부표정은 "여러 가지 정서와 세부적인 안면 근육들 간"[74]의 밀접한 관계에 의해 가능해진다. 그렇다면 인간이 자신의 정서를 표정으로 나타낼 수 있었던 이유는 어디에 기

---

70 매튜 에들런드 지음, 이유경 옮김, 『휴식』, 라이프맵, 2011, p. 67.
71 이계영, 앞의 책, p. 193.
72 한국심리학회 지음, 『현대 심리학의 이해』, 학문사, 2006, p. 297.
73 곽호완, 『일상 심리학의 이해』, 시그마프레스, 2007, p. 316.
74 김유진 외, 『최신심리학』, 시그마프레스, 2002, p. 273.

| 사진 68 | 피사체의 정확도를 보장하는 인간의 양안시

인간의 양안시는 나무 위에서 과일이나 열매를 딸 때부터 발달했을 것으로 추정된다. 코로는 향기, 손으로는 촉감, 눈으로는 위치와 색깔을 분별함으로써 잘 익은 것을 고를 수 있었다. 눈의 구조가 측면 분리 형태를 취한 초식동물의 시야는 반경이 넓지만 피사체의 입체적 정확도가 떨어지는 반면 양안시인 인간과 일부 육식동물의 눈은 피사체를 정확하게 구별할 수 있는 장점이 있다.

인할까? 그것은 뭐니 뭐니 해도 직립보행에 따른, 얼굴을 맞댄 감정교류일 것이다. 의견교환과 협력이 필요한 수렵활동과 성행위와 석기 가공 등 일상생활 속에서의 의사소통 역시 한몫 했을 것이다.

인간의 정서와 표정이 동물과 달리 고도로 발달한 원인 중에는 시각의 공로도 대서특필할 만하다. "3차원적 화상을 인식하고 물체의 길이와 거리를 감지할 수 있는 능력인 양안시binocular vision"[75]를 가짐으로써 인류는 얼굴이 발산하는 표정을 정확하게 판독할 수 있는 조건을 확보하게 되었다. 그뿐만 아니라 인간의 시각은 정서 발달의 원인을 제공한,

75 George B. Johnson 지음, 전병학 옮김, 『생명과학』, 동화기술, 2007, p. 563.

"가장 색에 민감한 눈"[76]을 소유한 유일무이한 "동물"이기도 하다. 인간의 "망막에는 흑백을 구별할 수 있는 1억 2천 5백만 개의 가는 선형 간상체와 색깔을 구별할 수 있는 7백만 개의 간상체"[77]를 가지고 있다.

표정은 정서의 풍부함에서 비롯된 것이다. 이 정서의 풍부함은 유인원의 열대우림에서의 생활과 연관이 있다. 과일이나 열매 채집은 그 색깔로 생숙生熟을 구별한다. 식용과 독초 분별 역시 마찬가지다. 고기와 음식물의 생숙도 색깔이 기준이 된다. 성행위를 가질 때에도 섹스 파트너의 정서는 유방의 젖꽂판, 유두 또는 입술이나 면부의 색깔을 미루어 감지가 가능하다. 그야말로 유인원은 색깔의 분별력이 결여된 상태에서는 한순간도 살아갈 수 없는 특이한 동물이다.

그런데 이 색깔들은 인간의 정서에 "색깔마다 다른 감정"[78]을 불러일으키는 요소로 작용한다. "파란 색은 마음을 안정시켜주는 반면에 빨간색은 혈압을 올리고 때로는 분노를 일으키기도"[79] 하는 것처럼 그 많은 자연의 색깔들은 색맹인 여느 동물들과는 달리 인간의 정서를 이를 데 없이 풍부하게 만들어 준 것이다.

한편 여성의 감성이 남자보다 더 섬세하고 풍부한 원인은 임신·출산·생육과 연관이 있다. 불임의 불안함, 임신의 행복감, 출산의 고통, 분만의 기쁨, 자식에 대한 모성애…… 이러한 감정들은 남자로서는 도저히 경험할 수 없는, 여자만의 전유물이다. 이처럼 풍부한 정서와 그

76 Michael A. Putlack 지음, 『TOEFL IBT ACTUAL TEST LISTENING. BOOK 2』, 다락원, 2008, p. 114.
77 위의 책, p. 114.
78 위의 책, p. 114.
79 Michael A. Putlack, 앞의 책, p. 114.

정서를 표현해야만 하는 얼굴 근육의 운동은 면모面毛의 탈락을 촉진하는 원인이 되었던 것이다.

마지막으로 남자보다 "여자가 털이 적다"는 다윈의 견해에 대해 한마디 짚고 넘어가야겠다. 결코 "남자들에게 알몸을 드러내는 것이 더 매력적으로 보였기 때문에 여자들이 털이 먼저 없어졌다"[80]는 주장이 그 이유가 될 수는 없다. 여자는 임신·출산·육아 등의 원인으로 남자보다 캠프에 머무는 시간이 상대적으로 많다. 운신의 불편 때문에 보통 누워 있거나 물체에 기대여 휴식을 취하는 경우가 대부분이다. 이 말은 여성이 남성보다 지면이나 물체와의 마찰 기회가 훨씬 많았음을 의미한다. 게다가 대신구와 아기까지 항상 여자들의 몸에 밀착해 있다.

ㄴ. 탈모와 섹스의 변화

필자가 수백만 년 전의 탈모 사건에 적잖은 지면을 할애하며 과잉 담론을 생산해 낸 까닭은 털이 없는 알몸이 인류의 섹스에 미친 영향을 집중 검토하기 위해서였다. 알몸 상태의 접촉을 통한 성행위에서 특히 여성의 활약과 변화가 주목된다.

> **찰스 다윈은 여자가 털이 적다는 사실을 바탕으로, 남자보다 여자가 알몸으로의 진화를 선호했다고 생각했다. 다윈은 알몸으로의 진화가 아프리카를 떠나기 전에 이루어졌다고 믿었다. 다윈은 여자들이 털이 먼저 없어졌으며, 이는 털이 거추장스러워서가 아니라 남자들에게 알몸을 드러내는 것이 더 매력적으로 보였기 때문이라고 생각했다.[81]**

---

80 이용범, 앞의 책 p. 452.
81 위의 책, p. 452.

여성의 몸에서 털이 사라진 후에 "알몸을 드러내는 것이 남자들에게 매력적"일 수는 있겠지만 매력적이기 위해서 "알몸의 진화를 선호"했다는 엉뚱한 주장에는 설득력이 부족하다. "여자들이 털이 먼저 없어진" 이유는 전혀 다른 데서 기인한다. 일단 "남성에 비해 여성에게 많은 장신구"[82]에서 그 원인을 찾을 수 있다.

남성이 여자보다 대신구(장신구) 착용이 적었던 원인은 수렵과 사냥 무기와 관련이 있다. 수렵활동은 빠른 속도와 힘의 폭발력과 같은 격렬한 동작을 수반하기 때문에 무겁고 덜렁거리는 대신구는 이동과 공격활동에 방해가 될 뿐만 아니라 상처가 생길 위험도 있다. 게다가 남자는 수렵 도구와 사냥물 그리고 동물 가죽과 같은 가장假裝을 휴대해야 함으로 무게를 경감하기 위해서라도 대신구 착용을 기피할 필요가 생긴다.

반면에 여자는 임신·출산·육아 활동과 연약한 신체적인 열세 때문에 캠프에서 휴식하는 시간이 많아 대신구 착용이 보편적이었다. 조개껍데기, 상아, 뼈로 만든 대신구들은 가슴 털과의 마찰을 일으켜 탈모를 촉진시켰다. 게다가 등에 업거나 가슴에 안은 아기와 엄마의 피부마찰 역시 여성의 일상사의 하나다.

그리고 "여성의 피부가 남성에 비해 부드러운"[83] 이유 역시 생육과 생리적인 열세 등의 원인으로 활동에 불참 또는 적게 참여하는 것과 연관이 있다. 자외선 노출이나 나뭇가지, 가시와 같은 것과의 충돌로 인한 피부 손상이 적기 때문이다. 이들은 주로 기지에서 휴식을 취하는 편이었다. 채집을 할 때에도 남자들처럼 그렇게 격렬한 동작은 적었다. 그뿐

---

82 이영희, 『여성을 위한 디자인』, 이화여자대학교출판부, 2005, p. 261.
83 민용태, 『성의 문화사』, 한국문학도서관, 1997, p. 50.

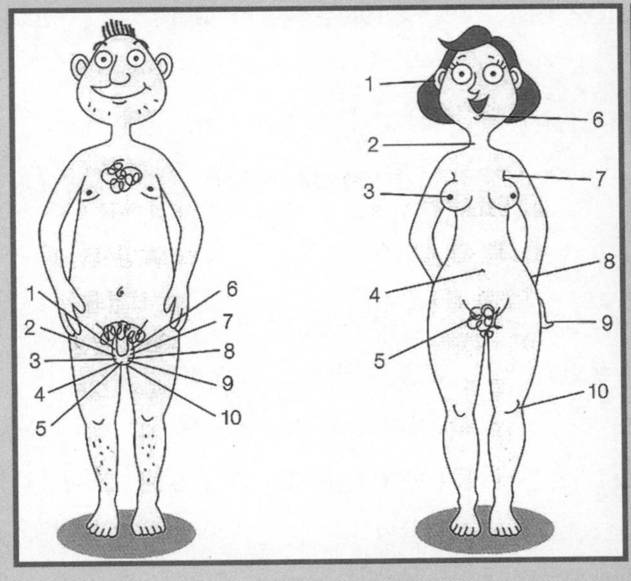

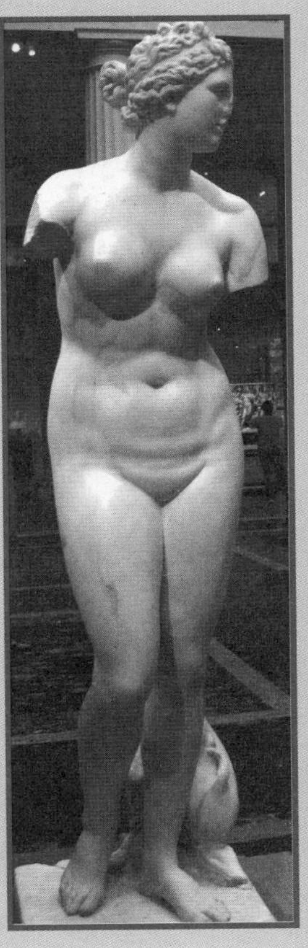

| 사진 69 | 아프로디테의 현혹적인 나신과 남녀 성감대 비교
남성의 성감대가 특정한 부위에 국한되어 있는 반면 여성의 성감대는 신체 전반에 골고루 분포되어 있다. 피부까지 포함시킬 때 여성은 몸 전체가 성감대다. 그뿐만 아니라 여성의 나체는 그 고혹적이고 관능적인 곡선미 때문에 남성의 성욕을 자극하기에 충분하다.

만 아니라 늘 가슴에 품은 아기의 부드러운 살결과 손의 애무와 성행위 시의 남자의 애무를 통해 피부의 탄력과 살갗의 유연성을 가일층 강화했던 것이다.

털이 제거됨으로써 인류는 남자와 여자 간, 엄마와 자식 간에 맨살 접촉이 가능해졌다. 이로 인해 피부의 모든 특징들인 광택, 윤기, 볼륨, 떨림, 색깔, 체온, 땀, 살결, 탄력, 부드러움 등은 물론이고 여성 성감대인 유방, 허벅지와 남성 성감대인 성기와 고환 등이 완벽하게 가시화되었다.

> **인간의 몸은 주의를 가장 잘 끄는 자극이다. 벗은 몸, 특히 성감대 부위를 드러내는 것은 시선을 잡아끈다.[84]**

그런데 남자와는 달리 이른바 이 성감대는 여성의 경우에는 신체의 어느 특정 부위에 국한되지 않고 피부로 덮여 있는 몸 전체로 확대된다. 이른바 "움직이는 성감대", "효과적인 성적 자극만 주어지면…… 어느 곳이든 극적인 오르가슴을 일으킬 수 있는 준비가 되어 있는"[85] "여성의 온몸은 그대로 하나의 성감대"[86]다. 여성의 몸 전체가 성감대가 될 수 있었던 것은 피부의 공로를 빼놓고는 말할 수 없다.

남성보다 먼저 또는 남성보다 완벽한 여성의 "아름다운 알몸"[87]은 "그다지 많은 역할을 하지 않고서도" 남성을 섹스의 쾌락에 탐닉하는 색광色狂으로 변조시키는 데 일조했다. 유인원 암컷의 알몸은 남성을 향해 항상 개방되어 있었기에 수컷의 욕정을 자극했을 것이고 다른 한편 암컷의 알몸에 수욕이 발동한 수컷은 어느 때든지 눈독 들인 암컷에게 섹스 상대가 되어 줄 것을 강요할 수 있었다.

여성의 알몸으로 인해 유발된 남녀 관계의 이러한 근본적 변화는 비단 섹스 빈도를 증식시키고 시간을 증폭시켰을 뿐만 아니라 가장 중요

---

84 조은, 『성 해방과 성 정치』, 서울대학교출판부, 2002, p. 114.
85 최현, 『톡톡튀는 한방 이야기』, 세계문예, 2005, p. 205.
86 민용태, 앞의 책, p. 50.
87 애드리언 포사이스, 앞의 책, p. 153.

한 것은 섹스의 질, 다시 말해 쾌락 지수를 최대한으로 끌어 올림으로써 섹스를 번식 수단이라는 동물적 수준으로부터 향유의 수단으로 제고하는 데 거대한 기여를 하였다. "쾌락은 섹스의 두 번째 목적이 되었고…… 섹스는 생식과 분리되기 시작하면서 쾌락을 추구하는 수단"[88]이 되었다. 이렇듯 알몸이 된 여성의 피부는 섹스의 전통 이데올로기를 뿌리 채 전복한 혁명인 동시에 인간을 동물세계로부터 한 걸음 더 분리시키는 역사적인 사건의 도화선이기도 하다.

> **여성의 피부가 남성에 비해 부드럽다고 하는 것은 그만큼 외부로부터 오는 느낌을 포용하고 흡수할 능력이 강하다는 것을 뜻한다. 그것이 남성의 손일 때도 그 손을 느끼는 감도나 깊이에서 같은 행동에 참여하는 여성의 그것을 따라가지 못한다. 거기에 그 느낌을 전달하는 신경 선까지 예리하다고 하면 이야기는 비교가 안 될 정도다. …… 전문가의 의견도 남성이나 여성의 피부는 중요한 성감대라고 지적한다.**[89]

이와 같은 결과는 인간의 몸에서 털이 사라지고 알몸 상태가 되었기 때문에 가능해진 것이다. 여성의 피부가 남성에게 매력적인 존재로 부각될 수 있었던 것은 과일 채집이나 사냥감을 포획하는 과정에서 발달한 남성의 시각 즉 "3차원적 화상을 인식하고 물체의 길이와 거리를 감지할 수 있는 능력"[90]인 양안시의 덕분이라고 해야 할 것이다.

그뿐만 아니라 여성의 매력적인 알몸이 발산하는 원시적인 아름다

---

88 『과학동아(2006년 7월호)』, 동아사이언스, 2009, p. 85.
89 민용태, 앞의 책, p. 50.
90 George B. Johnson, 앞의 책, p. 563.

움 속에는 협동을 전제로 하는 수렵활동으로 인해 발달한 남자의 뇌보다 상대적으로 완만한 여자의 뇌 발달이 진화할 수 있는 기회로 작용했던 역사의 비밀까지 숨겨져 있다. 그 비밀을 알아내려면 여성 신체의 원초적인 나체미는 남성의 욕망에 의해, 남성의 미학적인 기준에 의해, 남성의 시각과 애무에 의해 탄생한 결과물이라는 사실부터 짚고 넘어가야 할 것이다. 왜냐하면 피부와 성행위 중의 애무에 의한 피부 자극은 뇌의 반응과 직결되기 때문이다.

> **생리적으로 볼 때 "피부는 드러난 뇌"라고 한다. 피부는 발생학적으로 뇌나 중추신경계와 똑같이 외배엽으로부터 형성되었고, 피부의 넓은 면적을 통해 외부로부터의 자극을 지각한다. 또한, 피부에 분포된 감각 수용기로부터의 자극은 척수로부터 간뇌를 통해 대뇌피질에 이르러 인지되는 한편, 대뇌변연계, 시상, 시상하부, 뇌하수체에도 전달된다. 정신신경면역학의 발전에 따라, 이런 것들은 감정과 자율신경계, 면역계, 내분비계에 영향을 미치고 있다는 것이 알려졌다.[91]**

여성 알몸의 아름다움은 남성의 시각과 뇌의 판단력에 의해 창조된 것이다. "지각 경험이 감각기관을 통해 입력되는 정보를 뇌가 해석한 결과"라고 할 때 여성의 알몸이 찬란하게 뿜어내는 "아름다움은 보는 사람의 눈에 있는 것이 아니라 보는 사람의 뇌에 있다"[92]고 봐야 되기 때문이다.

남자가 여성의 알몸 피부에서 느끼는 자극은 시각에서 만족하지 않

---

91 야마구치 하지메 지음, 김정운 옮김, 『애무 만지지 않으면 사랑이 아니다』, 프로네시스, 2007, p. 248.

92 RICHARD · A · GRIGGS 지음, 신성만 옮김, 『심리학과의 만남』, 시그마프레스, 2008, p. 103.

는다. 거기에는 손을 통한 애무도 포함된다. 성행위에서 빠져서는 안 되는 애무는 비단 남자 쪽에만 필요한 것이 아니라 여자 쪽에서도 필요한 과정이다. "여자에게서 애무는 섹스의 본질이라고 해도 지나치지 않을 정도로 중요한 것이다. 애무로 흥분을 고조시켜야만 그녀의 마음도 하반신도 페니스를 받아들일 준비를 한다. 애무가 서투르면 무아의 황홀 상태는커녕 삽입조차 어렵다."[93]는 사실만 보고서도 짐작할 수 있다.

하지만 여성은 피부 전체로까지 확대된 뇌를 소유했음에도 불구하고 남자의 뇌 진화 속도에 뒤지고 있는 것은 무슨 이유 때문일까. 우선 뇌를 움직이는 피부의 자극은 장소의 동일성과 애무 방식의 반복성이라는 한계가 있다. 그 과정은 뇌 속에 미리 입력된 코스에 따라 같은 장소와 같은 방식의 반복을 통해 진행된다. 이 경우 뇌가 할 일은 단지 기억을 테스트하는데 그치고 만다. 채집 작업 역시 여성이 상대하는 식물은 정지 상태이기에 뇌수의 판단과 분석은 기억을 테스트하는 수준의 소극적인 활동에 그친다.

그런데 남성의 수렵활동의 경우 번마다 환경과 사냥감의 특성에 따라 장소와 사냥방식이 변화할 수밖에 없다. 동물의 행동, 기후변화, 지형의 차이 등 조건에 따라 다르며 임기응변해야 할 때도 허다하다. 이 모든 변화에 대해 남자의 뇌는 시시각각 판단하고 수시로 대책을 강구해야 할 뿐만 아니라 돌발 상황에 대해서도 예측하고 방법을 준비해 놓아야만 한다. 결과적으로 남성의 뇌는 고도로 긴장된 상태에서 적극적인 활동을 하지 않으면 사냥에서 성공할 수 없다.

---

93 핑크클럽, 『남만 읽는 책』, 예예원, 2005, p. 57.

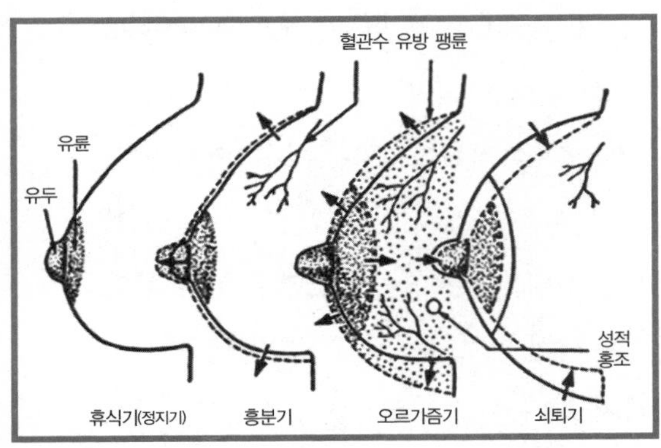

| 사진 70 | 성적 흥분과 유방의 변화

애무나 성행위는 여성의 유방에 변화를 유발한다. 혈액공급의 증가에 따라 유방 전체가 팽창할 뿐만 아니라 유두도 발기하고 유륜도 부어오른다.

여성의 유방이 여타 포유동물과 달리 항상 팽창된 것은 알몸 섹스와는 별 연관이 없는 것처럼 느껴질 수도 있다. 그러나 인류 여성의 유방이 커지게 된 원인 중에는 탈모와도 밀접한 연관이 있다. 유방이 털이 사라짐으로써 맨살 피부로 수컷에게 드러나게 되면서 애무의 대상이 되었기 때문이다. 애무는 여성을 성적으로 흥분시키는 자극제가 되고 성적흥분은 유방을 변화시키는 조건이 된다.

"여자의 가슴이 큰 반구 모양의…… 부풀어 오른 상태로 진화"한 원인을 직립자세로 인해 배후로 밀려난 "엉덩이를 모방"함으로써 "엉덩이와 일을 분배"[94]한 것이라는 모리스의 주장은 문제의 본질과 동떨어진, 전혀 엉뚱한 억측이 아닐 수 없다. 네발 보행을 하는 영장류 암컷마저도 "젖이 특별히 풍부하여 유두 주위의 팽창이 인류 여성의 유방형태와 유사"[95]할 수도 있기 때문이다.

인류의 유방은 네발 보행 당시부터 여체를 구성하는 신체기관이었을 뿐만 아니라 출산 후 수유 기간에는 적어도 3~5년 동안 팽창된 유

94 데스몬드 모리스(Desmond Morris: 2010), 앞의 책, p. 385.
95 莫里斯(Morris·D) 著, 앞의 책, p. 213.

방의 모양은 엉덩이와 유사한 "큰 반구 모양"을 취했었다. "현대의 수렵 채집 사회에 사는 여성들은 10대 후반이나 20대 초반에 첫 출산을 하며…… 이 아이들은 모두 3~4년 동안 모유를 먹으며"[96] 성장한다고 한다. 한 여성이 "넷에서 여덟 명의 아이를 가진다고"[97] 하니 유방이 팽창되는 시기도 무려 12~32년이나 된다.

네발 보행을 하는 영장류 중 "임신을 하지 않은 암컷의 가슴이 밋밋하게"[98] 수축되는 이유는 수면 또는 휴식을 할 때 엎드린 자세를 취해야 함으로 지면과의 마찰로 인한 운신 불편이 따르기 때문이다. 휴식과 수면에도 방해될 뿐만 아니라 유방에 상처가 생길 우려도 없지 않다. 게다가 다음 발정기가 도래하여 수컷과의 성교를 진행하기 전까지 유방은 그야말로 용도 폐기된다.

하지만 두발 보행을 하게 된 유인원은 지면과의 마찰은 물론 유방에 상처가 생길 우려도 해소된다. 발정기가 없어진 인류의 암컷은 언제라도 성행위가 가능하게 되었다. 애무 또는 성기 마찰을 통한 성행위는 여성의 가슴에 변화를 일으키기 마련이다. "유두는 성적으로 흥분하면 발기하고…… 유방 자체도 커지고 유륜areola도 심하게 부어오른다."[99] "젖꼭지 길이는 최대 1센티나 더 길어지고…… 유방 전체는 혈액공급이 증가하며 팽창"[100]한다. 결국, 발정기에만 집중적으로 성교하는 동물과는

---

96 맬컴 포츠 외 지음, 최윤재 옮김, 『아담과 이브 그 후: 진화로 본 휴먼 섹슈얼리티』, 들녘, 2004, p. 403.

97 위의 책, p. 403.

98 莫里斯(Morris·D) 著, 앞의 책, p. 210.

99 추영국 외, 『성의과학(신경향)』, 아카데미서적, 2000, p. 39.

100 莫里斯(Morris·D) 著, 앞의 책, p. 220.

달리 성행위가 항상성을 띠는 인간의 유방은 잦은 성적 자극으로 인해 유방이 수축할 기회가 없어진 것이다.

인간만이 가지고 있는 알몸 성행위는 결과적으로 생육하는 육체로만 정착되어온 여성의 이미지에 섹스하는 육체라는 새로운 이미지를 부여하게 된다. 그래서 여성은 생육과 번식을 위한 성 결합 외에 남자의 성욕을 만족시켜줘야 하는 새로운 역할을 부담하며 남자의 밑으로 더욱 예속되기 시작했다. 그리고 섹스는 생식의 억압에서 벗어나 남성 "유희의 대상"[101]으로 둔갑했다.

---

101 『과학동아(2006년 7월호)』, 동아사이언스, 2009, p. 163.

2

성 생리와 남녀 관계

1) 발정기와 처녀막 그리고 성감대

ㄱ. 발정기의 소실과 여성의 지위

인류 여성의 발정기 상실에 대해서도 학계에는 형형색색의 가설들과 추측들이 난립하고 있다. 필자는 갑론을박의 허다한 주장들을 일일이 검토하면서 과연 이런 무책임한 담론들이 세계에서 내로라하는 대석학들의 머릿속에서 나온 연구 성과들인지 의심이 들 정도로 허점들로 도배된, 허술하기 짝이 없는 억측들에 불과하다는 사실을 발견하고 가끔씩 놀라곤 했었다.

이를테면 "만약 남성이 섹스 파트너의 생식주기를 알지 못한다면 그는 파트너를 지키고 있어야 한다"[102]거나 남성이 성실하게 음식을 공급하도록 하기 위해 여성이 남성들에게 항상 수용적이고 성적인 매력으

102 애드리언 포사이스, 앞의 책, p. 167.

로 보답하게 되었다"[103]거나 하는 주장들이 그렇다. 발정기가 상실된 당시는 원시 공산사회로서 생산과 수확물에 대한 평균 분배의 경제원칙이 지배적이었던 시대라는 점을 홀시 해서는 안 된다. 엥겔스Engels의 견해에 따르면 "원시 공산사회는 생산수단을 부족이나 씨족 성원 전체가 공동으로 소유하고 분배하는 사회였다."[104] 그 공동분배는 노동 강도나 노동 참여 여부에 영향을 받지 않는 절대적인 원칙이었다. 다시 말해 임산부는 물론이고 어린이, 노약자 등 노동에 참여하지 못하는 구성원에게도 분배 혜택이 동일한 경제제도이다. 그런데 일부일처제는 반드시 개인 소유 즉 "사유재산제도의 출현"[105]이 전제되어야 함으로 이 분배원칙에 배치될 수밖에 없다.

굳이 평균분배의 혜택이 아니더라도 임산부나 아이를 가진 여성은 구태여 일부일처제의 틀에 억압된 남성(수컷)의 도움이 필요하지 않아도 자신과 자식의 생명 지속이 가능한 이유는 또 존재한다. 수태에 미치는 남성 정자의 역할을 몰랐던 그때는 물론 아버지는 그 기호부터 존재할 수 없었다. 하지만 여성의 입장에서 볼 때 그가 속한 공동체(무리)는 근친상간에 의해 종족보존이 가능해졌으며 그 결과 구성원 모두는 아기를 가진 엄마의 혈육들이다. 엄마를 기준으로 남자들은 오빠들과 남동생들이며 여자들은 멀리는 할머니, 큰어머니, 이모이고 가까이로는 언니, 동생과 같은 자매간이다. 이들의 혈연적 연대감은 아기 때문에 생존이 어려워진 딸 또는 언니, 여동생, 누나를 도와줄 가능성이 엄청 많다. 원시

103 일레인 모간 저, 앞의 책, p. 156.
104 김한원, 『자유주의: 시장과 정치』, 부키, 2012, p. 351.
105 위의 책, p. 351.

사회에서 "자녀의 양육은 전적으로 생모에 의해 이루어지는 것이 아니라 공동으로 양육되는 형태를 띠었다."[106]

설령 이들이 자신이 살기에만 바빠서 도와주지 않는다고 해도 자식이 딸린 어미는 그래도 살아갈 희망이 남아 있다. 출산 전후의 며칠만 버티면 혼자서도 좁은 이동 반경 안에서 먹잇감을 구할 수 있기 때문이다. 아기를 등에 업거나 안고서 아니면 잠든 후 은신처에 눕혀 놓고서 먹잇감을 구하러 나갈 수 있다.

한편 여성이 발정기를 은폐하는 전략을 통해 남성을 자신에게 묶어 두려면 그 발정기가 여성의 허락에 의해서만 가능한 유일한 섹스 기회라는 전제가 깔려야 한다. 동물의 경우 "대부분의 암컷들은 준비가 되었다는 신호로 '일어서는 동작stanging'을 취하게 된다. 그들은 수컷이…… 다가오면 그에 대한 반응으로 머리를 낮추고 등을 구부리고 꼬리를 말고 외음부를 올리는 등의 뚜렷하고 특징적인 행동"[107]을 취하는데 여기서 "일어서는 동작"은 뒷다리를 곧게 펴고 엉덩이를 치켜 올림으로서 수컷의 음경을 받아들일 준비를 함을 의미한다.

하지만 직립보행 이후 성 결합은 여성의 허락 즉 여성의 발정신호와 성행위가 가능한 자세와는 상관없이, 남성이 원하기만 하면 아무 때라도 가능해졌다. "1년 365일 임신 중이건, 수유 중이건, 월경 중이건 심지어 폐경 후에도"[108] 가능하다. 여성의 무 발정 또는 거부 자세에도 불구하고 남성은 성행위를 성사시킬 수 있다. 직립으로 인해 통간은 물론 강

106 위의 책, p. 351.
107 FRANK JACKSON 지음, 박우대 옮김, 『애견 번식학』, 한진, 2005, p. 112.
108 레너드 쉴레인, 앞의 책, p. 45.

간도 가능해졌기 때문이다.

게다가 발정기의 은폐는 그것을 통해 특정 수컷을 자신에게 묶어 둔 암컷뿐만 아니라 무리 내의 모든 암컷들의 공통된 생리 현상이었을 것이다. 발정기에 대한 파악이 불가능하다는 사실, 그래서 암컷을 지켜야만 한다면 다른 암컷들도 발정기일 가능성이 존재함을 의미한다. "발정기를 숨길 경우 여성(암컷)이 다른 남성(수컷)과 간통할 가능성은 더욱 높아"[109]지기에 역으로 수컷이 다른 암컷과의 통간이나 강간의 위험이 존재할 수밖에 없다.

하나 더 짚고 넘어가야 할 것은 암컷들을 차지하기 위한 무리 내 수컷들의 짝짓기 싸움은 암컷들에게 있어 "우수한 유전자를 가진 사내를 정부로 선택해서 수태"[110]할 수 있는 절호의 기회이기 때문에 집단 내에서 "남성들 사이의 싸움을 줄임"으로써…… 집단 내의 협력"[111]과 "집단의 결속 강화"[112]라는 목적에 비해 결코 뒤지지 않을 만큼 중요한 사안이다. 승자와의 성행위는 섹스의 쾌락 측면에서나 우량종의 번식 측면에서나 모두 의미가 있다.

> **성적 수용기가 길어진 여성에게 더 많은 수의 남성으로부터 관심이 쏠리고 물리적 후원이 집중되면서 그렇지 못한 여성들이 자연 도태되었다.**[113]
> **성적 매력이 있는 여성의 존재가 남성 간의 단결을 방해하므로 인간의**

---

109 애드리언 포사이스, 앞의 책, p. 167.
110 이인식, 『성이란 무엇인가』, 민음사, 1998, p. 220.
111 위의 책, p. 168.
112 사라 블래퍼 흘디 지음, 유병선 옮김, 『여성은 진화하지 않았다』, 서해문집, 2006, p. 231.
113 하충효, 『아래가 서야 사람이 선다』, 토담미디어(구)빵봉투, 2011, p. 162.

사냥, 채집, 진화 과정 중에 발정기가 비생산적인 요소가 되었다.[114]

성적 수용기 가설은 성적 수용기가 길어진 이유를 밝히지 못한다는 치명적인 단점이 존재한다. "배란기와 일치한…… 성적 수용기"[115]는 환언하면 발정기를 뜻한다. 따라서 시간적으로 확대된 성적 수용기는 다름 아닌 그에 맞먹는 발정기의 퇴화를 의미하기 때문이다. 결국 "성적 수용기가 길어진 여성"이라는 말은 발정기가 사라진 여성이라는 말과 다르지 않다. 그러니 성적 수용기가 길어진 원인에 대한 규명은 곧 발정기 소실의 원인이 될 수밖에 없는 것이다.

"성적 매력"은 몸매나 육체가 관능官能에 성적으로 어필된 경우를 말한다. "섹시함을 어필하는 포인트로서 여성은 유방, 엉덩이, 쇄골, 치골, 허벅지, 겨드랑이 등등이 있다."[116] 물론 이 "등등"의 속에는 아름다운 용모도 빼놓을 수 없을 것이다. 여자를 대할 때 남자의 시선을 가장 먼저 끄는 것은 얼굴이다. 그다음에 몸매나 유방 등에 이목이 쏠린다. "'릴리트'의 아름답고 섹시한 용모"의 경우에서 볼 수 있듯이 섹시한 얼굴은 "남자를 유혹"[117]하는 강력한 무기이기 때문이다. 하지만 이른바 "성적 매력"이 육체미와 용모라고 할 때 이러한 주장에도 설득력은 여전히 결여되어 있다.

발정기가 아직 원시인류의 번식체계에서 정상적으로 작동할 때 암컷(여성)의 섹시한 미모는 수컷(남성)의 관심의 대상이 될 수 없다. 발정기

---

114 일레인 모간 저, 앞의 책, p. 154.
115 레너드 쉴레인, 앞의 책, p. 45.
116 위키백과, "성적 매력" 검색, http://ko.wikipedia.org(검색일: 2015. 2. 1).
117 이명옥, 『팜므 파탈』, 다빈치, 2003, p. 178.

를 가진 동물은 그 냄새를 통해 욕정이 발동되며 번식욕의 충동에 빨려 가는 것이다. 설령 어떤 수컷이 발정 신호보다는 암컷의 미모에 현혹되었다고 할지라도 성행위는 이루어질 수 없다. 발정기에 도달하지 않은 암컷은('발정기는 임신과 수유기에는 보통 나타나지 않으므로, 암컷이 적절한 기간 동안 자신의 욕망이나 수컷의 지근거림에 방해받지 않고 어미 역할에 집중할 수 있게 해준다.'[118]) 성교에 대한 욕구가 억압되어 수컷의 요구를 거부할 것이기 때문이다.

암컷 미모 유혹 가설에서 또 하나의 문제는 암컷들의 발정기가 모두 동일한 시기에 일어나지는 않는다는 사실이다. 발정기 발작의 시기는 암컷마다 다르다. 미모와 몸매를 겸비한 암컷의 발정기와 다른 시간에 발정기가 발작하는 박색의 암컷은 발정기가 휴면상태인 미모의 암컷에게 밀릴 이유가 없다. 그 암컷은 미모와는 상관없이 성적파트너를 만나 성행위를 할 수 있다.

"수컷들이 일삼은 유아 살해를 배란 은폐의 동기로 설정"[119]한 아비다수 이론many fathers은 "되도록이면 많은 남자들과 성관계를 맺어둠으로써"[120] 남자(수컷)들이 "훗날 암컷의 자녀를 만나더라도 '아비같이'행동"[121]하기를 바라거나 자신이 "새끼의 아비일지 모른다는 가능성"[122]을 열어둠으로써 "자녀의 생명을 보존하려"는 여성의 모성애에 뿌리를 뻗은 주장이다.

---

118 일레인 모간 저, 앞의 책, p. 154.
119 이인식(1998),앞의 책, p. 220.
120 위의 책, p. 220.
121 사라 블래퍼 훌디, 앞의 책, p. 247.
122 위의 책, p. 247.

| 사진 71 | 남자를 유혹하는 강력한 무기 여성의 미모
발정기가 정상 작동할 때까지는 여자의 미모는 수컷의 관심의 대상이 아니었다. 성기의 색깔과 냄새가 성적 흥분의 원인이 되었기 때문이다. 하지만 발정기가 소실되고 복식을 착용하면서 얼굴은 남자를 유혹하는 강력한 무기가 되었다.

수컷들이 암컷의 새끼를 자신의 혈육이라고 착각하게 만들기 위해서는 보다 많은 수의 수컷들과 성관계를 가져야 한다. 하지만 무리 내에 동거하는 모든 수컷들과 간통하기 전에는 발정기를 숨겨 낳은 자식 역시 "유아 살해의 과녁이 될 개연성"[123]은 여전히 존재한다는 사실을 인정할 때 설득력은 반으로 감축될 수밖에 없다. 더구나 치명적인 문제는 새끼 하나에 아비가 여럿인 관계로 암컷과 성관계를 가진 수컷들 사이에 벌어질 수밖에 없는, 자신의 새끼라는 의견 충돌로 인해 유아쟁탈전이 더욱 격렬해질 것이며 결과적으로는 더 큰 재앙의 원인이 될 수 있다는 사실이다.

유·영아살해 원인은 많은 암컷을 독점하기 위한 수컷들끼리의 짝짓기 싸움에서 기인한다. 암컷을 점유한 수컷은 동시에 무리의 우두머

---

123 이인식(1998), 앞의 책, p. 220.

리이기도 하다. 사자들의 세계에서는 기존의 우두머리를 제압한 수컷이 무리 "안의 모든 암컷들에 대한 성적 이용권을 독점한다. 그가 벌이는 첫 작업은 무리 내의 모든 새끼들을 찾아내 죽이는 것이다"[124] 자신의 유전자를 퍼뜨리기 위해서다. 결국 유아 살해가 강행되는 번식체제에서는 우두머리 수컷 이외의 수컷들은 암컷들과 교미할 권리를 박탈당할 수밖에 없다.

"새끼들의 죽음이 모든 암사자들이 즉시 발정기에 들어가는 원인"[125]이 되는 것도 이러한 상황에 대처하기 위한 생존방식이라 할 수 있다. 수컷의 짝짓기 전쟁은 어린 수컷의 성장에 시간이 필요하기 때문에 영·유아의 육아에 필요한 시간을 확보할 수 있을 뿐만 아니라 우두머리의 보호까지 가능해진다. 새끼의 아비가 새로운 도전자와의 싸움에서 패해 우두머리 자리에서 추방되었다고 해도 암컷은 새끼들을 데리고 무리를 떠나 은신 생활을 할 수도 있다. 물론 새끼를 살해로부터 지킬 수 없는 경우에는 "새끼를 죽인 원수, '적과의 동침'"[126]을 통해 다른 새끼를 생산할 수도 있다.

그런데 인류가 만약 사자 무리와 같은 짝짓기 사회였다면 포식동물과 비견할만한 속도도 구비하지 못한 남자(수컷)들 간의 긴밀한 협동작전을 전제로 한 수렵사회를 형성할 수는 없었을 것이다. 한마디로 "아비다수 이론"은 "여권 신장론자들로부터 열렬한 박수를 받는" 영광에 만족하고 진실의 문턱에서 주저앉아야만 했던 것이다.

---

124 레너드 쉴레인, 앞의 책, p. 321.
125 위의 책, p. 321.
126 위의 책, p. 321.

인간이 식량을 찾아 두 발로 걸어서 장기간 이동해야 하는 유목인이었을 때, 여성이 이러한 생활을 견뎌내기 위해서는 근육을 강화해주는 호르몬인 안드로겐이 필요했는데, 이 호르몬에 발정기 발현을 억제하는 기능이 있다는 것이다. 그러나 혹독한 환경에서 살아가는 다른 영장류 암컷에게서는 발정기가 나타나는 것을 볼 때, 이러한 설명에는 무리가 있는 것 같다."[127]

"안드로겐은 수컷의 주된 성호르몬이다."[128] 그런데 이 호르몬은 인간이 아닌 다른 동물 즉 "척추동물의 고환에서 만들어지는 웅성 호르몬"[129]이기도 하다. 위의 인용문 주장이 맞다면 안드로겐호르몬을 분비하는 다른 척추동물들에게서도 발정 현상이 퇴화되어야만 할 터인데도 현실은 정반대다. 그리고 안드로겐호르몬은 "수컷이든 암컷이든 다 분비되지만"[130] 암컷 체내의 중요한 "호르몬은 에스트로겐과 제스타겐의 두 그룹의 성호르몬"[131]이다.

인류 여성의 발정기 소실의 원인을 "대뇌발육의 결과라고 간주하는 사람도 있다. 장기적이고 반복적인 성교 행위는 성교를 일종의 훈련 과정으로 인식시킴으로써 대뇌 중에 성에 대한 내용으로 채운다. …… 세세대대로 지속되는 과정에서 뇌 속에 남은 성의식은 수시로 작용하는 일종의 성신호로 자리 잡게 되는 것이다. 그뿐만 아니라 일종의 유전자

127 애드리언 포사이스, 앞의 책, pp. 65~66.
128 곽호완, 앞의 책, p. 301.
129 박시룡, 『동물행동학의 이해』, 민음사, 1996, p. 115.
130 곽호완, 앞의 책, p. 301.
131 위의 책, p. 115.

인소로 저장됨으로 인해 암컷의 발정기는 점차 소실되게 되었다"[132]는 게 이들의 논리다.

특정 신체기관의 퇴화는 단순한 두뇌기억을 통한 유전자 인소의 저장보다는 필요와 불필요, 사용과 불용의 원리에 의해 결정되는 것이다. 발정기는 수컷에게 보내는 암컷의 성 신호로서 그 특징은 교미를 위해 필요한 암수 모두의 흥분 상태라고 할 수 있다. 비단 발정한 암컷이 발산하는 성 신호—색깔, 냄새를 통해 수컷이 흥분 상태에 돌입할 뿐만 아니라 "암컷들도 발정기에는 '흥분 상태in heat'"[133]에 돌입한다. 푸셰의 『여덟 번째 법칙』에서 주장하는 "발정기의 뚜렷한 흥분 현상"은 "다양한 생명체들 특히 포유류"[134]가 가지고 있는 공통된 특성이다.

환언하면 포유류의 성적 흥분 발작은 발정기 때에만 국한된다는 의미다. 그런데 직립보행을 시작한 인류는 정면섹스로 전환하였고 따라서 성행위도 상시적이 되었다. 장소와 계절 심지어 시간 제한의 억압마저도 벗어버린 잦은 성행위는 알몸과 애무, 섹스 시간의 연장에 의해 성적 흥분이 발작하는 간격도 대폭 줄어들었다. 발정기가 아니더라도 늘 흥분 상태에서 빠져나오지 못하는 인간은 흥분을 유발하는 특별한 신체장치의 필요성이 없어진 것이다.

발정기의 소실은 필요성의 소멸뿐만 아니라 불용不用의 영향도 받았다.

132 作者 刘达临, 앞의 책, p. 32.
133 FRANK JACKSON, 앞의 책, p. 112.
134 토머스 라커 지음, 이현정 옮김, 『섹스의 역사』, 황금가지, 2000, p. 313.

> 동물에 있어서는 여러 기관의 사용 또는 불용의 증감이 더욱더 현저한 영향을 미친다. …… 집오리가 물오리보다 …… 날개뼈는 가볍고 다리뼈가 무거운 것은 …… 야생오리보다 훨씬 날아다니는 일이 적어지고 걷는 일이 많아졌기 때문이다. …… 사육 동물의 …… 귀가 늘어져 있는 것은 동물들이 위험한 일에 처하는 일이 드물어 근육을 잘 쓰지 않았기 때문이다.[135]

인간 성행위의 항시恒時성은 발정과 같은 신체 기능의 퇴화를 촉진시켰다. 앞 절에서도 언급했듯이 동물들과 마찬가지로 네발 보행을 하던 시기 유인원의 섹스 주기는 암컷의 발정기에 의해 조절되었다. 발정기에 의한 섹스 주기는 그 목적이 오로지 성행위를 통한 난자의 수태 즉 번식이었다. 하지만 유인원 여성의 성기는 네발 보행 때와는 달리 "직립 보행을 하면서 성기가 감춰짐"으로써 음부의 색깔이나 냄새를 통한 발정 신호는 약화될 수밖에 없었다. 게다가 정면섹스가 열어 놓은 시간과 공간의 제한이 배제된 성행위로 인해 섹스와 발정기와의 상관성도 해제되었다. 따라서 섹스주기는 발정기보다는 남성의 성욕 즉 남성 성기의 발기가 성행위 주기의 기준이 되었던 것이다.

결과적으로 말해 발정기 소실은 섹스의 결정권을 여성에게서 남성에게로 전환시키는 계기가 되었다. 발정기 소실 이전까지 여성의 원시적인 권위는 생식의 독립성에 섹스의 주도권이 추가된, 복수 구조였는데 후자가 붕괴되면서 절대적 입지가 반토막 나게 된 것이다. 반면 남성은 수렵에 이어 여성을 지배할 수 있는 또 하나의 유리한 위치를 찬탈하게 되었다.

---

135 찰스 다윈 지음, 박동현 옮김, 『종의 기원 1』, 신원문화사, 2010, p. 23.

ㄴ. 처녀막의 작용과 여성에게 미치는 영향

처녀막은 "질 입구를 가리고 있는 얇은 근육조직"[136]으로써 질의 통로를 부분적으로 봉쇄시킨, 여성 생식기의 특이한 결체 조직이다. 처녀막은 "인류와 원숭이가 분리된 후…… 400만 년에서 4만 년 사이"[137]에 진화된 것으로 막연하게 추정된다. 처녀막이 진화된 확실한 시기를 과학적으로 파악할 수 없기 때문에 그 존재 이유에 대한 수많은 억측들이 난립하고 있는 실정이다. 그러면서도 한 가지 확실하게 단정할 수 있는 건 처녀막의 기능이 제한적 봉쇄 또는 경계 작용이라는 사실이다.

그렇다면 처녀막은 과연 무엇을 차단하거나 경계하는 것인가. 사실 여성의 음부와 질을 통과할 수 있는 물질들은 체내에서 밖으로 배설되는 소변과 경혈, 체외에서 체내로 잠입하는 "먼지나 이물질, 잡균"[138] 그리고 남성의 페니스 등 불과 몇 가지뿐이다. 그런데 여기서 소변과 경혈은 "가운데에 연필 1자루 정도가 들어갈 만큼 1~2개 뚫려 있는"[139] 자그마한 처녀막의 구멍을 통해 조금도 지장 없이 배설된다.

한편 처녀막을 "질이 외부 세균이나 박테리아에 감염되는 것을 막아주는…… 감염 예방" 차원의 대비기능이라는 주장 역시 세균과 이물질들이, 처녀막이 배뇨와 배혈排血을 위해 남겨 놓은 그 막공膜空 때문에 차단 효과가 없거나 미미할 수밖에 없다는 반론 앞에서는 속수무책이다. 어떤 이물질이나 세균도 그 형태(원형, 칸막이형, 다공형) 여하를 떠나서 처녀막공處女膜空을 쉽게 통과할 수 있기 때문이다. 설령 연필자루 굵기만

---

136 이은미, 『솔직한 여자가 사랑도 잘한다』, 오니엠, 2011, p. 17.
137 作者 刘达临, 앞의 책, p. 32.
138 핑크클럽, 앞의 책, p. 92.
139 추영국, 앞의 책, p. 34.

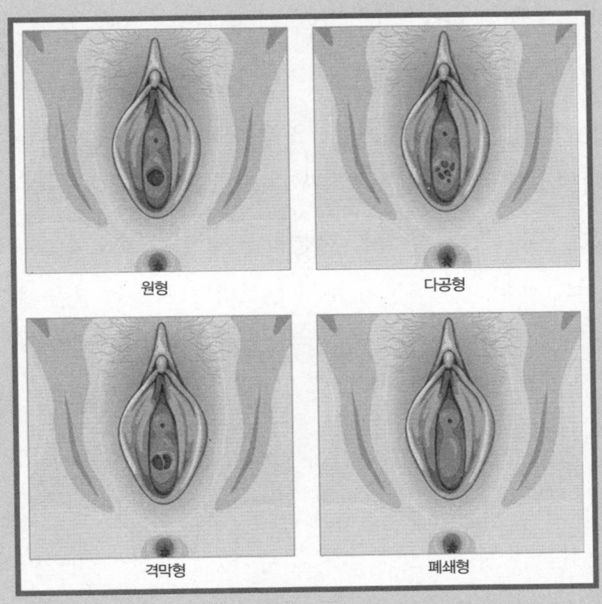

| 사진 72 | 처녀막과 처녀 막공處女膜空
처녀막은 페니스의 선택적 통제를 통한 우량아 수태장치이다. 하지만 정면섹스가 열어준 상시성으로 인해 파열 후 복구가 불가능해지면서 그 신체적 기능도 동시에 퇴화될 수밖에 없었다.

한 그 구멍이 세균과 이물질 또는 "질 속으로 진입하는 소변"[140]을 부분적으로 억제 가능하다 할지라도 첫 성교로 인한 처녀막의 파열 이후에는 어떠한 통제력도 발휘하지 못하게 된다.

이제 남은 것은 남성의 페니스이다. 처녀막은 확실히 완전 발기된 페니스의 질 속으로의 진입을 방해하는 요소가 된다. "첫 섹스가 고통

140 핑크클럽, 앞의 책, p. 92.

스럽고 어려울"[141]뿐만 아니라 "대단한 악전고투를 강요당하는"[142] 것도 바로 그런 이유 때문이다. 그 연장 선상에서 제기된 "노인이라든가 병약한 남성의 정자를 받아들이지 않도록 하느님이 방어막을 친 것"이라는 H·엘리스의 자연도태설은 물론 나름대로 일리가 있다. 노인이나 환자는 물론 "섹스를 넘기 힘든 관문처럼 생각"[143]하는 "발육이 불충분한"[144] 소년의 페니스는 여성의 두꺼운 처녀막을 뚫을 만큼 충분하게 발기될 수 없기 때문이다.

하지만 처녀막은 적어도 구석기시대에는 한 번 파열되면 재생이 불가능하다. 일단 첫 성교에서 성인 페니스의 강력한 압박에 의해 처녀막이 파열되면 원상 복구가 불가능한 상태에서는 노인이나 환자 또는 소년에 대한 접근을 효과적으로 제지할 수 없어 제한적 차단이라는 최초의 기능은 훼손될 수밖에 없다는 미비함이 남아 있다. 이러한 현상은 처녀막의 존재 이유가 결코 일부 정자에 대한 차단이 목적이 아니라는 것을 증명해준다.

어쩌면 처녀막의 존재 이유는 파열 이후와는 상관없이 파열 전 다시 말해 처녀 시절에만 한정되는, 어떤 것을 보호하기 위해서인지도 모른다. 실제로 유럽 중세사회에서는 "여자의 순결을 유달리 강조한 기독교"[145]의 영향으로 처녀막을 "성적 배반에 대한 여성의 정결을 확인하는 증거로 삼는"[146] 일이 비일비재했다.

---

141 데스몬드 모리스(Desmond Morris: 2010), 앞의 책, p. 358.
142 핑크클럽, 앞의 책, p. 82.
143 데스몬드 모리스(Desmond Morris: 2010), 앞의 책, p. 358.
144 핑크클럽, 앞의 책, p. 92.
145 이인식(1998), 앞의 책, p. 277.
146 作者 刘达临, 앞의 책, p. 32.

하지만 그 순결과 정결의 한계는 처녀막 파열 전까지다. 파열 후 여성의 처녀막은 더 이상 순결과 정조의 확인이 불가능하기 때문이다. 중세 사회에 유행했던 "정조대"는 바로 파열과 함께 확인 기능을 상실한 처녀막을 대신해 나타난 신체 외부장치라고 할 수 있다. 처녀막이 확인시켜 줄 수 있는 것은 오로지 하나 처녀성뿐이다. 하지만 그것마저도 절대적인 믿음이 보장되어 있는 것은 아니다. 왜냐하면 "처녀막의 유무나 파열이 반드시 성 경험과 상관이 있는 것은 아니기"[147] 때문이다.

> 처녀막은 승마, 스케이트 또는 과격한 운동을 하다가 파열되는 경우가 매우 흔하며, 얇을 경우 과격한 춤만 추어도 파열되는 수가 있다. 여러 차례 성 경험이 있어도 탄력성이 뛰어나 완전한 상태로 남아 있는 여성도 있다.[148]

파열의 유무가 순결의 조건인 성 경험의 유무를 결정할 수 없다는 예증으로는 충분한 설득력이 있다고 해야 할 것이다. 그렇다 하더라도 처녀막의 존재는 반드시 그에 상응하는 이유를 가지고 있어야만 한다. 왜냐하면 신체의 모든 기관이나 특징들은 어떤 필요성 때문에 그에게만 주어진 기능이 장착되어야 하기 때문이다.

의심의 여지가 없는 하나의 사실은 처녀막의 존재 이유 속에는 남성 페니스의 접근에 대한 제한이 포함되어 있다는 것이다. 처녀막을 파열시킬 수 있을 만큼 충분하게 발기되는 남성의 페니스는 정자 생산과 난

---

147 추영국, 앞의 책, p. 34.
148 위의 책, p. 34.

자를 수태시킬 만한 사정 기능도 구비되어 있음을 의미하기 때문이다. 처녀막을 뚫을 수 없을 정도로 발기가 불완전한 남성 페니스는 질 속에 삽입되었다고 하더라도 여성을 임신시킬 가능성이 희박함으로 접근을 제지할 필요가 있는 것이다. 왜냐하면 여성에게 남성 성기 삽입 허락의 의미는 번식을 목적으로 하기 때문이다. 여성의 생식 기능을 활성화시키지 못하는 페니스는 삽입이 거부되는 것이다.

하지만 불행인지 다행인지 인류 여성의 처녀막은 재생이 불가능하기에 그러한 선택적 제한은 고작 첫 섹스 한 번으로 그 성스러운 사명을 완수하고 만다. 인류 여성과는 달리 처녀막을 가지고 있는 다른 동물들은 파열 후 재생기능을 가지고 있다. 만일 인류 여성도 처녀막 재생이 가능하다면 위에서 열거한 허다한 가설들은 거의 전부가 부인할 수 없는 설득력을 획득할 수 있을 것이지만 유감스럽게도 상황은 그 정반대다.

> **기니아피그**(쥐의 일종)**는 매번 성교가 끝나면 처녀막이 자동적으로 재생되는 구조를 가지고 있다. 두더지도 일생에 3번은 처녀막이 재생된다.**[149]

필자는 인류 여성의 처녀막 재생 불가는 전적으로 직립보행 그리고 정면섹스와 연관된다고 생각한다. 정면섹스가 열어놓은 상시적인 성 결합으로 인해 인류의 성행위는 시간을 엄격히 규제하는 원시적인 발정기의 제약에서 해방되어 아무 때나 행할 수 있게 되었다. 그 결과 한 번 파

149 이은미, 앞의 책, p. 42.

열된 처녀막이 재생할 수 있는 기회도 덩달아 박탈당했던 것이다. 처녀막 파열 후 다음 발정기까지 성행위가 중지되어야만 재생 내지는 원상회복 시간이 주어질 수 있기 때문이다. 연이은 성행위는 처녀막의 재생과정을 파괴하는 작용을 한 것이다.

처녀막의 파열 후 재생 불가의 여파는 생리계통의 단순한 변화에서 그치지 않고 한 걸음 더 나아가 기존의 남녀위계 관계에까지 깊숙이 침투하여 그 판을 재편성하는 위력을 발휘한다. 얇고 허술한 처녀막 한 장에 의지하여 번식이라는 단일 기능을 고수해온 여성 생식기는 처녀막의 파열과 함께 순식간에 생식과는 아무런 상관도 없는, 광적인 성행위에 노출됨으로써 섹스에서의 여성의 선택 및 결정권에 다시 한 번 치명적인 타격을 입게 된 것이다. 그동안 남성 페니스의 번식 가능성에 대한 검증시스템이 붕괴되면서 모든 페니스의 접근이 대폭 허용되었기 때문이다. 여성의 질 속으로의 페니스의 삽입의 결정권은 여성(처녀막)이 아니라 남성의 성욕으로 치환되었기 때문이다.

그뿐만 아니라 처녀막 재생 불가의 영향은 중세를 지나 현대사회에까지도 미치고 있다. "처녀막의 존재 여부가 순결을 판단"[150]하는 기준이 되면서 파열된 처녀막을 무엇으로든 대체하려는 방법들이 고대·중세·현대에 이르기까지 지속적으로 탐구되고 있다. "이란에서는 바늘로 찢어진 처녀막을 꿰맸고 이집트에서는 병아리의 피를 이불에 뿌려 출혈을 가장했다."[151] 급기야 유럽의 중세에는 파열된 처녀막의 기능을 대신하는 새로운 처녀막 "정조대"까지 등장했다.

---

150 데스몬드 모리스(Desmond Morris ; 2010), 앞의 책, p. 277.
151 위의 책, p. 277.

| 사진 73 | 중세 여성의 정조대

처녀막이 노약자나 소년의 미성숙 페니스의 난입을 차단한다면 정조대는 남편 이외의 모든 남성 페니스의 삽입을 통제하는, 영원히 파열되지 않는 인위적인 처녀막이다. 정조대 착용으로 인하여 여성은 자아 성기의 사용권을 박탈당했고 키를 거머쥔 남성은 여성의 신체 자유를 약탈했다. 이리하여 중세 여성의 성은 남성 개인의 소유물로 전락하게 된다.

정조대는 중세 유럽의 귀족이 십자군 전쟁에 출정할 때, 집에 있는 아내의 외도를 막기 위하여 고안해 낸 것이라고도 하고, 이탈리아 상인이 장기간의 출장 때 아내의 바람기를 염려하여 만들게 하였다는 등의 여러 가지 설이 있다. 정조대란 이를테면 쇠로 된 들보와 같은 것이다. 허리를 둘러싸는 띠와 샅을 가리는 판이 단단히 물려 있다. 스쳐서 아프지 않도록 띠의 안쪽에는 비로도를 붙였고, 국부를 지키는 판의 앞뒤에는 생리적인 쓰임을 위한 작은 구멍이 두 개 뚫려 있다. 작은 구멍의 주위는 날카로운 가시 모양으로 되어 있어, 불순한 생각을 가진 자가 손가락을 찔러 넣을 수 없도록 되어 있다. 정조대에는 튼튼한 자물쇠가 달려 있고, 그 열쇠는 남편이 주머니에 넣고 다녔다.[152]

---

152 기류 미사오 지음, 정재관 옮김, 『악녀대전—요염하고 잔혹하고 탐욕스런 69명의 악녀들』, 반디출판사, 2010, pp. 40~41.

정조대가 처녀막에서 모방한 건 접근 불허의 통제였고 개진한 것은 파열 후 재생 불가라는 단점을 미봉한 것이다. 정조대는 영원히 파열되지 않는 처녀막을 만들어 냈다는 데 그 의미가 있다. 하지만 여성은 그로 인해 철저히 남성의 성적 사유 재산으로 전락하게 되었고 성적 측면에서 누렸던 원시사회에서의 권리를 철저히 박탈당하게 되었다. 여성의 성행위는 그 자신의 감정이나 욕망, 다시 말해 처녀막의 통제에 의해 선택 가능한 것이 아니라 남성의 주머니 안에 든 정조대의 열쇠에 달려 있었다.

2) 성감대와 남녀 관계

ㄱ. 남성의 몸과 성기

여성과 달리 남성의 "성감대는 음경, 음낭, 정소精巢"[153] 등을 통틀어도 불과 몇 개 부위에 지나지 않는다. 그중에서 음경은 성감대가 가장 집중된 신체기관이다. "음핵, 소음순, 대음순, 질전정, 질, 유방…… 입술, 항문, 회음, 귀, 겨드랑이, 대퇴"[154]는 물론이고 흥분하면 피부 전체가 성감대인 여성에 비하면 극히 제한된 성감대가 아닐 수 없다.

> 남성의 성감은 주로 음경을 통하여 느끼는데 그중에서도 음경 귀두와, 그 주위 및 아래에 위치한 띠 모양의 음경 소대 부위가 가장 민감하다. 음경 귀두의 피부 심부에는 파치니 소체가 많이 분포하고 있어서 압박감

---

153 추영국, 앞의 책, p. 75.
154 위의 책, p. 75.

을 예민하게 느낀다. 음낭과 넙다리 내측도 약한 성감대로 작용한다. 그러나 음경의 대부분을 차지하는 귀두의 윗부분은 이 세 곳에 비하여 민감하지 못하다.[155]

남성 성감대가 특별히 남근에 집중적으로 발달한 이유는 이 부위가 남자 자신과 여성의 애무에 노출된 거의 유일한 신체기관이기 때문이다. 남자는 자위를 할 때 자신의 손으로 양경陽莖을 마찰함으로써 사정한다. 성행위를 진행할 때 여자는 손뿐만 아니라 허벅지, 유방, 입술, 혀 등으로 남자의 페니스를 자극함으로써 임신에 필요한 사정을 유도한다. 음낭도 음경과 밀착해 있기에 애무의 대상에 포함되며 성감대로 발달했다.

그런데 남성의 성기는 다른 영장류 또는 동물들과 비교할 때 뚜렷한 차이가 존재한다. 음경골의 퇴화와 음경 귀두의 진화가 그것이다. "인간은 음경에 뼈가 없는 몇 안 되는 동물 가운데 하나"[156]다. "고등 동물로 진화할수록 음경골os penis의 크기가 작아져 원숭이 같은 유인원類人漆에 이르면 1~2cm 정도에 불과하다. 사람은 그나마 음경골의 흔적조차 없다."[157] 음경에 뼈가 있는 유인원이나 포유동물들은 "연골 모양의 기다란 줄기가 있어 음경이 발기했을 때 이를 딱딱하게 유지해 준다."[158]

다른 영장류동물의 음경과 비교할 때 인류의 음경은 아주 특이하다. 인

155 위의 책, p. 75.
156 마이클 로이젠 지음, 유태우 옮김, 『내 몸 사용 설명서』, 김영사, 2012, p. 218.
157 정정만, 『HIS & HERS: 일러스트로 보는 남녀의 성』, 무한, 1998, p. 191.
158 파스칼 피크 지음, 김희경 옮김, 『원숭이는 인간의 형제인가』, 민음사, 2006, p. 38.

류 남성의 음경에는 음경골陰莖骨**이 결여되어 있다. 이런 현상은 작은 속뼈가 유인원 또는 원시인들의 음경을 쾌속 발기를 가능하게 하는 것과 다르게 인류의 음경은 혈관수축작용을 통해 발기된다. 성충동이 발작할 때 음경혈관수축계통이 혈액을 대량 주입하는데 음경에 유입되던 혈액량을 훨씬 초과한다. 따라서 음경을 굳세게 할 뿐만 아니라 동시에 그 길이와 직경을 증대시킨다.**[159]

음경골의 퇴화가 "성을 최고의 쾌락으로 즐기면서"[160] 사라졌다는 주장이나 "뼈가 필요 없을 정도로 음경의 크기가 커지고 발기 조직이 발달했기 때문"[161]에 자연 도태되었다는 일본의 생식 생리학자 오오시마 기요시의 견해에는 개연성이 증발되었거나 너무 편면적이고 추상적인 측면이 없지 않다.

음경골 퇴화 원인을 아래의 몇 가지로 귀납해 보았다. 첫째는 직립보행으로 가능성이 열린 체위의 다양화에서 그 원인을 찾아볼 수 있다. 정면섹스로 인해 인간의 성행위는 다양한 체위가 개발되었다. 그런데 그중 다수의 체위는 남성 양경陽莖이 여성의 질 내 삽입에 성공하려면 음경체부의 부분적인 굴절이 필요하다. 이때 음경골 즉 속뼈는 페니스의 정상적인 삽입에 방해가 될 수밖에 없을 것이다. 음경골에 의해 변화가 불가능해진 음경체부의 강직도를 약화시키고 현재의 상태처럼 "흐물흐물"[162]한 유연성으로 전환해야만 비로소 성공의 가능성이 열릴 수 있다. 뼈가 존재하는 한 그처럼 수많은, 고난도의 섹스 동작들을 결코 소화해

159 莫里斯(Morris · D) 著, 앞의 책, p. 300.
160 정태섭 외, 『성 역사와 문화』, 동국대학교출판부, 2002, p. 90.
161 하창수, 『함정』, 책세상, 2002, p. 197.
162 데스몬드 모리스(Desmond Morris : 2010), 앞의 책, p. 225.

낼 수 없다. "인간에게는 이 음경골이 없어서 다양한 자세를 취할 수 있으며, 상황에 따라 유연하게 적응"[163]할 수 있다. 화석, 동굴시대를 살았던 원시인들의 수백만 년 동안 거듭되는 현장 실천을 통해 인류의 페니스가 오늘날과 같은 형태로 진화된 것이다.

음경골 퇴화의 두 번째 원인은 성행위에 대한 제한이 목적이라 할 수 있다. "음경은 혈관수축작용을 통해 발기"되며 음경체부의 강직도는 공급되는 혈액량의 다소에 따라 결정된다. 두말할 것도 없이 "정신적으로나 신체적으로 혈기가 왕성한 시기는 …… 젊었을 때다."[164] 이 시기에는 혈액순환은 물론 혈관수축과 혈액공급도 원활하여 음경발기가 완벽한 상태를 유지할 수 있다. 하지만 노년기나 질환을 앓고 있을 때에는 이런 기능들이 퇴화하며 정상적인 발기에도 영향을 미치게 된다.

그럼에도 불구하고 과도한 성생활을 계속할 경우 건강과 수명 모두에 악영향을 미치게 된다. "문란한 성생활은 백병百病의 원인"[165]이 될 뿐만 아니라 "모든 인체의 활력을 감소시켜 수명 단축에 영향을 미치기"[166] 때문이다. "정액은 혈액보다 훨씬 중요하며 정액을 많이 소모하면 바로 수명도 단축된다."[167] 음경골 대신 음경혈관수축을 통한 페니스의 발기는 그 어느 동물보다도 빈번하고 장시간 행해지는 남성의 성행위를 제한함으로써 건강과 수명을 확보할 수 있도록 생체 내부에 깔린 일종의 통제시스템이라 할 수 있다. 성행위를 하루 2~3회로 한정하는

---

163 파스칼 피크, 앞의 책, p. 38.
164 더글러스 페어뱅크스 지음, 이지선 옮김, 『웃으며 살아가라』, 문파랑, 2009, p. 17.
165 장종정 지음, 구병수 외 옮김, 『유문사친』, 동국대학교출판부, 2001, p. 120.
166 강성규, 『백세인 건강 장수의 비결』, 이너북, 2005, p. 59.
167 고산, 『마음공부』, 휴먼앤북스, 2010, p. 49.

혈관수축발기방법은 과잉 쾌락에 제동을 거는 것으로 파멸로 향하는 타락을 미연에 방지할 수 있게 해주었다.

그뿐만 아니라 음경골 퇴화는 인간의 성행위가 시간상에서 전례 없이 늘어난 새로운 상황에 대처하여 나타난 진화형식이다. 긴 시간의 성행위는 기존의 사정 시간을 확장하는 것과 다르지 않다. 사정을 하면 발기가 퇴화되어 성행위가 줄어들 수밖에 없기 때문이다. 사정의 기회를 수시로 억제하려면 성기의 발기와 퇴화를 신축적으로 조절해야만 한다. 음경골을 가진 페니스로는 전혀 불가능한 것이다. 남성은 혈액공급의 조절을 통해 발기의 굳기를 뜻대로 변경시킴으로써 사정의 수위를 원하는 시간에 맞춰 조절할 수 있다.

"인간의 것보다 더 큰 보노보의 음경"[168] 외에는 유인원 중에서 "인간 수컷의 성기가 다른 동물에 비해 상대적으로 큰 이유[169]에 대해서도 이견이 분분하다. "군혼잡교에 의해 유발된 성 경쟁"[170] 결과라는 설, "본래의 생식목적에 쾌락의 측면이 부가"되었기 때문이라는 주장, "남성 경쟁의 과시용"이라거나 "정자를 암컷의 자궁보다 깊숙이 밀어 넣기 위해"[171]서라는 정자 경쟁 가설 등이 있다. 성 경쟁은 인류에게만 독특한 특성이 아니며 "인간은 성기를 가지고 경쟁하지는 않을" 뿐만 아니라 "여성의 질은 신축성이 뛰어나 어떤 크기의 음경도 받아들일 수 있기"[172] 때문에 그 어느 견해도 설득력이 떨어진다. 정자를 암컷의 자궁

168 애드리언 블루 지음, 이영아 옮김, 『키스의 재발견』, 예담, 2004, p. 81.
169 정태섭 외, 앞의 책, p. 90.
170 作者 刘达临, 앞의 책, p. 31.
171 이용범, 앞의 책 p. 464.
172 위의 책, p. 464.

속 깊숙이 운반하기 위해 음경이 비대해졌다는 추측은 그것이 목적이라면 차라리 음경골을 가진 페니스가 혈액조절 페니스보다 편리했을 거라는 반론에도 답변이 궁색해진다.

인간 남성의 음경이 다른 동물에 비해 상대적으로 비대해진 이유는 역시 직립보행과 정면섹스와 연관시켜 사고할 때에만 정답이 나온다. 정면섹스 시대에 인류 남성은 다양하게 진화된 체위로 인해 일부 자세에서의 페니스 심입深入이 네발 보행 당시의 왜소한 상태로는 실패할 수밖에 없는 새로운 난제에 봉착하게 되었다. 그 문제에 대한 해법은 오로지 음경 길이의 확대밖에는 없었을 것이다. 길이의 확대와 함께 굵기의 비례도 자연스럽게 확대된 것이다.

인간 남성의 음경의 또 하나의 신비함은 음경귀두다. 음경귀두에 대한 해석에서는 질 내의 다른 수컷의 정액을 제거하고 자신의 정액을 주입함으로써 유전학적 형질을 보존하는 목적에 도달한다고 주장하는 진화생물학의 이른바 "정자치환설"이 가장 유명하다. 음경귀두가 "거북이의 특이한 모양새로 진화"[173]한 이유가 "음도 안에 잔류했던 다른 남성의 정액을 밖으로 긁어내는 작용"때문이라는 주장 역시 얼토당토않은 가설이기는 마찬가지다.

타자(다른 남자)의 정자는 성행위가 종료된 그 순간 이미 여성의 난자와 수정했을 가능성을 배제할 수 없다. 게다가 정액은 귀두의 첨단부분에서 사정되는데, 정액을 긁어낸다는 귀두의 턱 부위는 그보다 뒤에 위치하고 있기에 자기보다 전방에 잔류한 음도의 정액을 걷어낼 수도 없

173 데스몬드 모리스(Desmond Morris : 2010), 앞의 책, p. 280.

다. 그 공간은 이 질 속에 삽입되었던 그 어떤 남성의 페니스에게도 제거 기능이 미치지 못하는 사각지대일 수밖에 없기 때문이다. 음경귀두를 통한 정자치환이 아니더라도 남성의 음경에는 이미 타자의 정자를 구축하는 특별한 정자가 존재한다.

> **임신을 가능하게 하는 정충들 외에도 오로지 경쟁자의 정충을 없애는 데 필요한 '킬러정자'들이 있다. 정충 세계의 스페셜리스트라 할 수 있는 이들은 휘어진 꼬리를 감추고 있다. 이 꼬리로 이방인의 정충을 휘감아 이들의 전진을 저지한다. 적들을 치명적으로 휘감으면서 자살 공격을 하는 것이다.**[174]

음경귀두의 작용은 한마디로 질 내에 들어찬 공기조절에 있다. 성행위 시 폐쇄되었던 질 내부는 자궁이 올라가고 공간이 넓어지면서 공격적으로 삽입하는 페니스와 함께 공기가 유입된다. 이때 선천적 또는 출산 시의 손상으로 인한 질 근육의 탄력이 상실될 경우에 공기가 새어 나가는 현상을 제외하고는 삽입할 때 이미 질 속에 있던 공기와 새로 투입된 공기가 압축되면서 페니스의 원활한 피스톤 역할에 방해가 될 수 있다. 비록 귀두의 앞부분이 타원형 혹은 유선형을 취해 공기의 저항을 어느 정도 완화하지만 압축공기의 저항이 완전 해소된 것은 아니다. 이런 상태에서 페니스가 진입할 때마다 뒤따라 들어온 공기가 질 내로 유입되면 공기의 저항이 더욱 심해질 것은 명백하다. 그럴 때 이 귀두의 역할은 바로 뒤에 따라 들어온 공기를 밖으로 밀어냄으로써 공기의 압축

---

174 사비나 리들 외 지음, 배인섭 옮김, 『남자의 행복을 결정하는 여자 여자의 선택을 기다리는 남자』, 미래의창, 2004, p. 189.

을 완화시키는 것이다.

"고환이 확대된 것이 정자 경쟁 때문"[175]이라는 견해에도 설득력이 부족하다. 고환의 확대 역시 직립보행과 연관시켜 사고해야 한다. 성행위가 언제라도 가능해지면서 사정 횟수도 그만큼 늘어났을 것이다. 그에 따라 정자 생산도 촉진되고 생산량도 증대될 수밖에 없었다. 사용빈도가 늘어날수록 그 신체기관은 발달, 진화할 것이고 이러한 발달과 진화가 고환의 크기에서도 나타난 것이다.

남성의 성감대의 피복비율이 여성에 비해 상대적으로 빈약한 것은 그럴만한 이유가 존재한다. 양자 사이에 성 흥분에 도달하는 경로가 다른 데서 기인된 차이라고 할 수 있다. 남자는 시각에 의존해 성 고조에 이르고 여자는 피부감각에 의존해 오르가슴에 이른다.

> **남자의 성적 흥분은 눈을 통해 얻어지고, 여성은 피부 감각에 의해서 흥분한다.**[176]

여기에는 이들의 생활패턴과 연관이 있다. 남성의 성적 흥분이 시각에 의존하는 이유는 수렵활동에 의해 시각이 여성보다 훨씬 발달했기 때문이다. 사냥할 때 남성의 시각은 동물의 일거수일투족을 포착해야만 한다. 조금이라도 방심했다가는 실패는 말할 것도 없고 상대가 맹수일 경우 자칫 생명의 위험까지 감수해야 하기 때문이다. 이렇듯 남성들이 물체의 움직임에 민감할 수밖에 없었던 직업적인 조건이 그들의 시각발

---

175 이용범, 앞의 책 p. 465.
176 마빈 토케이어 지음, 이찬일 옮김, 『유대인 성경 탈무드』, 선영사, 2001, p. 133.

| 사진 74 | 크로마뇽인과 몬태나Montana원주민의 버팔로 수렵(하) 장면
위험이 수반된 수렵은 사냥감으로부터 잠시도 시선을 뗄 수 없다. 수렵 실패나 역공으로 이어질 수 있기 때문이다. 남자들의 시각은 동물의 일거수일투족을 포착하는 수렵활동을 통해 물체의 움직임에 민감하게 반응하면서 발달한 것이다.

달에 결정적인 인소로 작용했던 것이다. 눈은 한시도 사냥감에서 분리되지 않은 채 시시각각 관찰하고 판단해야만 한다.

그리하여 남자는 성행위 중에도 성 파트너인 여자를 피부 성감대를 통해 느끼기보다는 익숙한 시각을 동원하여 상대의 모습과 움직임을 포착하는 방식으로 성 흥분에 도달하는 것이다. 심지어 남자가 여성의 음부나 유방 등을 손으로 애무할 때조차도 손바닥의 피부접촉을 통해 여성을 느끼려하기보다는 시선에 포착된 음부나 유방의 존재를 확인하려는 쪽에 더 가깝다고 해야 할 것이다. 남자는 아내와의 잠자리에서도 기억화 된 시각 속의 아름다운 여자를 생각하며 성행위를 할 정도다.

남성에게 피부의 의미는 물리적인 접촉들 이를테면 통증, 따가움, 차가움, 마찰, 충돌 등과 같은 본능적인 인지적 판단과 연결되어 있다. 이러한 상황에서 남자가 할 수 있는 대처는 피부와 자극물과의 즉각적인 분리 아니면 그 접촉으로 인해 발생된 문제의 해결일 것이다. 물론 여자의 몸을 애무할 때처럼 피부접촉으로 인한 행복한 느낌을 받을 수도 있다. 하지만 이 경우에도 내 피부의 감각보다는 내 피부에 충격을 준 상대의 피부에 대한 느낌일 가능성이 더 많다.

하지만 채집을 위주로 하는 여성의 시각 대상은 정지된 물체였다. 나물, 버섯, 뿌리, 열매 등은 모두 움직이지 않는 물체들이다. 그만큼 움직임에 대한 시각의 반응이 무딜 수밖에 없다. 시각의 사물에 대한 포착력과 움직임에 대한 판단력이 떨어지게 되는 것이다. 하지만 여성 피부의 민감함은 남자를 월등하게 초월한다. 여자의 피부 민감도가 이처럼 높은 것은 그녀들의 생활패턴과 직접적인 연관이 있다.

여성은 임신할 때부터 복중 태아와 피부교감을 시작하여 출산 후 젖을 뗄 때까지 무려 3~5년 동안이나 그런 관계를 지속한다. 임산부이자 산모이며 생모이기도 한 여자는 자궁 안에서의 태아의 움직임을 배를 차거나 돌아눕는 등 피부에 전달되는 감각을 통해 감지하며 태어난 후에는 품에 안기거나 등에 업힌 아기의 움직임이 전달해지는 신호 접수기인 피부자극을 통해 상황 파악을 한다. 배가 고픈지, 졸린지, 아픈지, 즐거운지…… 하는 신호들은 전부가 아이의 몸과 손, 입술 등을 통한 엄

| 사진 75 | 석기시대 채집(좌) 수유하는 고대 여성(아나톨리아박물관)과 엄마(우)
정지된 물체를 채집하는 여성의 시각은 남성에 비해 움직임에 대한 민감도가 무딜 수밖에 없다. 하지만 임신·육아로 인한 모자(녀)간 정서 교감을 통해 진화된 여성 피부의 민감도는 남성에 비해 훨씬 발달했다. 동체 감지 역시 태동, 수유, 애무 등 피부를 매개체로 느낀다.

마와의 피부 접촉 방식의 변화에 따라 판단이 가능하다. 빨거나 만지거나 물어뜯거나 허비거나 차거나 비비거나 또는 숨결, 타액, 눈물 등을 통해 형성되는 피부 교감은 모두 그에 상응한 영·유아의 심리변화와 연결되어 있기 때문이다. 더구나 중요한 것은 이 과정이 본능이라는 인지적 판단과 연결되는 남자와 달리 사랑이라는 "정서적"[177] 판단과 연결된다는 사실이다.

피부 접촉을 매개로 한 영·유아와 엄마 사이의 이러한 밀월 관계는 한 번으로 끝나지 않고 매 3~5년마다 주기적으로 반복된다. 물론 여성 피부 발달에 제공된 원인 중에는 성행위를 통한 남자의 속살 애무도 빼놓을 수 없을 것이다.

---

177 추영국, 앞의 책, p. 75.

그렇다면 시각—흥분—뇌라는 남자의 성적 흥분 코스와 피부—흥분—뇌라는 여자의 성적 흥분 코스의 결과는 어떻게 다를까. 자연스럽게 남성에게 쾌락의 대상이 여성이라면 여성에게 쾌락의 대상은 자신의 피부라는 결론에 이르게 된다. 남성이 즐기는 것은 여성이고 여성이 즐기는 것은 자신이다. 이러한 현상은 성적으로 여성이 남성에게 하위개념으로 굳어지는 진전을 더욱 가속화 하는 결과를 초래하는 계기가 되었다. 남성의 성감대는 단순한 대신 시각의 적극적인 개입으로 "능동적, 급진적, 육욕적으로 발전"했지만 여성의 성감대는 피부에 치우쳐 "피동적, 점진적, 정서적으로 발전"[178]했다. 물론 이 "피동성"은, 세월이 흐를수록 여성을 남성에게 점점 더 혹독하게 사육당하도록 사주使嗾한 이 치명적인 "피동성"은 결코 여성이 스스로 원한 것은 아니었다. 두말할 것도 없이 그녀들이 처한 생활환경이 강요한 것에 불과하지만 부정할 수 없는 사실이다.

ㄴ. 여성의 몸과 성기

인간의 신체 구조에서 어떠한 생리적 계통과의 유기적인 연계도 없이 절대적으로 독립해서 존재하는 기관은 없다. "우리 몸에서 온전히 필요 없는 기관은 존재하지 않는다."[179]는 공식에 대입할 때 여성에게서 가장 민감한 성감대라는 클리토리스(음핵)와 오르가슴에 대한 해묵은 논쟁은 재고의 대상이 되기에 충분한 의문이 존재한다. 클리토리스가 "남자의 젖꼭지처럼 아무 쓸모가 없는" 퇴화된 기관이라는 주장과 "배우자와의 유대를 맺는

178 위의 책, p. 75.
179 김진목, 『의사가 된 후에야 알게 된 위험한 의학 현명한 치료』, 전나무숲, 2012, p. 64.

데 중요한 역할을 하는 쾌락의 원천"[180]이라는 반론이 팽팽하게 대립해서가 아니라 음핵의 자극이 지향하는 오르가슴의 작동체계가 여성의 몸과 운영체계와 동떨어져 있기 때문에 문제시되는 것이다.

이른바 "인간 등의 포유류에서 성적 흥분의 일차적 장소"[181]이자 "여성의 신체 부위 가운데 성감이 가장 예민한 곳"[182]이기도 하며 "성적 감각을 환기하는 유일한 기관이므로, 역시 성적 환기의 주좌主座"[183]라고 불리는 동시에 "남성의 젖꼭지처럼…… 거의 퇴화한 '흔적 기관'"[184]일 뿐만 아니라 이곳에 "성적 쾌감이 집중된 것은 미성숙 또는 양성애의 징조"[185]라고도 추정되는 클리토리스가 여성의 생리계통에서 담당한 구체적인 기능은 도대체 무엇일까?

"남성의 성기를 닮았다"[186]는 이유로 현대(케냐의 난디족)는 물론 고대 이집트(미라의 클리토리스 제거와 음순 봉합)에서도 제거[187]당하는 수난을 겪었음에도 클리토리스 진화의 종국적인 목적은 여성더러 "섹스에 즐겁게 탐닉하도록 오르가슴을 느끼게 하려고 발달했다."[188]는 결론과 이어지고 있는 것이 현실이다. 그런데 클리토리스와 오르가슴이 자연스럽게 연결되려면 하나의 전제조건이 있는데 그것은 다름 아닌 사정이다. 그런데 "남성에게 있어 가장 중요한 성적 반응은 사정이다. 여성에

---

180 프란스 드 발, 앞의 책, p. 143.
181 토머스 라커, 앞의 책, p. 349.
182 추영국, 앞의 책, p. 75.
183 유종현, 『별난 민족 별난 에로스』, 책생각, 2007, p. 66.
184 애드리언 블루, 앞의 책, p. 75.
185 파울로 코엘료 지음, 이상해 옮김, 『11분』, 문학동네, 2011, p. 287.
186 유종현, 앞의 책, p. 66.
187 사라 블래퍼 흘디, 앞의 책, p. 286.
188 프란스 드 발, 앞의 책, p. 143.

게는 이에 비교될 만한 반응이 없다."[189]는 것이 문제가 된다.

남성의 경우 오르가슴은 사정을 유발하는 원인이 된다. 남자는 사정하는 순간 동시에 오르가슴에 도달한다. 환언하자면 오르가슴은 사정에 도달하기 위한 과정이다. 물론 사람이나 성행위의 구체적인 상황에 따라 사정과 오르가슴이 반드시 일치하는 것이 아닐 수도 있다. 하지만 "사정은 신체의 기계적인 움직임에 의해서 정액이 분출되는 행위의 결과라면, 오르가슴은 기분 좋은 만족을 주는 감각과 감정"[190]이라는 주장과 같은 모호한 차이는 그러한 원인이 될 수 없다. 오르가슴과 시간상 불일치하거나 감퇴된 상태의 사정은 있을 수 있지만 사정이 배제된 상태에서의 오르가슴은 없기 때문이다. 남성에게서 사정과 오르가슴의 불일치는 개별적이고 특수한 현상일 뿐 보편적인 경우 "어느 정도 동시에 발생하는 사건"[191]이라는 사실은 일종의 섹스 "원칙"이라 할 수 있다.

여성에게도 과연 "음핵 오르가슴"[192]이 존재하는가 하는 문제는 아직도 쟁론 중에 있다.

> **여성의 사정은 카마수트라에 이미 쓰여 있으며 아리스토텔레스나 몇몇 다른 그리스인, 그리고 포르노그래피 문학작품에서도 종종 다루어졌다. …… 리하르트 폰 크라프트에빙, 막스 마르쿠제, 해블록 엘리스, 마그누스 히르슈펠드 등의 20세기 성과학자의 글에서도 '여성의 사정'은 등장하고 있다. 그렇지만 이미 그 직후 여성의 사정에 관한 문제는 적어도 의학 문헌에서 한물간 문제가 되었고, 몇십 년 동안 이구동성으로 남성의**

---

189 카린 헤르처 외, 앞의 책, p. 522.
190 윤수은, 『나는 발칙한 칼럼니스트다』, 플럼북스, 2011, p. 74.
191 앙드레 라이츠 지음, 박병화 옮김, 『페니스 건강학』, 열음사, 2009, p. 118.
192 조은, 앞의 책, p. 47.

소망이 낳은 신화로 여겨졌다. …… 대학에서 오르가슴 연구가 너무 많은 반면에 그 결과물은 미약하다고 생각했다. …… 요즈음은 여성의 사정에 관한 논쟁이 어느 정도 없어졌지만, 그 자세한 내용은 예나 지금이나 불투명하다. 이와 반대로 남성에 대해서는 어떻게, 왜, 어떤 기관의 도움으로 사정이 이루어지는지 명확하게 알려져 있다.[193]

사정을 "여러 번 경험한 여성은 전체의 10~40%"[194]이며 다른 조사에서 "오르가슴에 오른 순간 갑자기 액체가 쏟아지는 경험을 했다는…… 응답자는 39.9%"[195]인 반면에 "연구 대상자들 중 1/3은 '분명하지 않다'고 대답했다."[196]고 한다. 미국인 여성들은 "규칙적으로 성관계를 가지는 사람의 60%가 보통, 혹은 늘 오르가슴을 경험"[197]한다고 한다. 이른바 "쾌락의 물줄기"[198] 즉 여성이 오르가슴에 오를 때 쏟아낸다는 이 사정의 실체는 무엇인가. 무엇 때문에 이 실체를 둘러싼 부정과 긍정의 학술적 논쟁이 그치지 않는가. 오르가슴은 여성에게 어떤 느낌으로 다가올까. 실로 많고 많은 의문들이 뒤따른다.

정신이 아득해지고 하늘이 노랗게 보이면서 온몸이 둥둥 뜨는 것 같다. 기절할 것처럼 정신을 잃고 온몸이 산산이 부서져 녹아버리는 듯한 짜릿함, 이대로 시간이 정지되고 죽어버린다 해도 후회하지 않을 것 같다, 등등 오르가슴에 대한 표현은 너무나도 가지각색이며 때로는 과장되어 있

---

193 카트린 파지크 지음, 『무지의 사전』, 살림, 2008, p. 155.
194 위의 책, p. 160.
195 카린 헤르처 외, 앞의 책, p. 522.
196 위의 책, p. 522.
197 사라 블래퍼 흘디, 앞의 책, p. 259.
198 위의 책, p. 521.

다. …… 솔직하게 모든 것을 털어놓는다면 사실 오르가슴이 어떤 느낌인지 아무도 모르며 누구도 자신이 느낀 것이 오르가슴이라고 확신할 수 없다.[199]

"과장"보다 더 허탈한 것은 여성의 이 오르가슴의 유무를 결정하는 건 생식 계통에 내장된 본능적인 작동시스템이 아니라 "각자의 태도나 문화적 관습"이라는 의견이다. 그런 이유 때문에 "아랍 여성은 오르가슴을 거의 경험하지 못할 뿐만 아니라…… 성적 절정감이라는 개념 자체도 없는" 반면 "문두구머족이나 사모아 섬에서는 여성의 오르가슴이 섹스의 일상적인 구성요소"[200]가 된다는 것이다. 그런데 이상하게도 남성의 오르가슴의 유무는 전혀 이러한 영향을 받지 않는다는 사실이다. 오르가슴은 태도나 문화적 관습의 영향을 받는 것이 아니라 성적 욕구와 건강 상태의 영향을 받을 뿐이다.

"여성들의 50%가 오르가슴을 모르거나 불감증"[201]이라는 사실은 오르가슴과 사정이 보편적인 현상이 아니라는 점을 암시하며 "여성이 강간을 통해서도 임신이 가능하다"[202]는 사실은 오르가슴이 여성 생식에 반드시 필요한 섹스과정이 아니라는 것을 설명해준다. 남성이 오르가슴의 과정을 반드시 거쳐야만 번식의 씨앗인 정자를 사정할 수 있는 것과 다르다. 설령 오르가슴의 존재에 대한 의문을 잠시 뒤로 하더라도 문제는 여전히 풀리지 않는다. 그 오르가슴을 통해 사정한 액체의 정체에 대

---

199 젝시인러브 지음, 『젝시 보고서』, 미다스북스, 2011, p. 41.
200 사라 블래퍼 흘디, 앞의 책, p. 259.
201 조은, 앞의 책, p. 47.
202 토머스 라커, 앞의 책, p. 241.

해 진실을 밝혀야 하기 때문이다.

여성이 오르가슴에 도달해 분비한 그 액체는 "방광으로부터 나온 것이다. 이 액체가 지닌 요소와 크레아틴 성분은 분명히 오줌보다 낮다고"[203]한다. 오줌과는 성분이 약간 다르다는 의미일 것이다.

> 비록 여성이 사정을 한다고 해도 그것이 남자의 사정과 같은 원리에 의한 것은 아니다. …… 평소에 요도 점막 쪽으로 늘 분비물을 내보내는 분비샘과 관이 있는데 이를 스킨씨 관이라고 한다. 그런데 이 분비선이 여성의 경우 성적으로 흥분되면 극도로 팽창하여 그 안에 비교적 많은 액체가 고여 있다가 오르가슴 때 요도를 통하여 나오게 되는데 이것이 곧 여성의 사정이다. 따라서 말이 사정이지 그 안에 무슨 생식세포가 있는 것도 아니고 정낭으로부터 나오는 남성의 정액사출과는 같지 않은 것이 사실이다.[204]

앞에서 이미 언급했던 "우리 몸에서 온전히 필요 없는 기관은 존재하지 않는다"는 원칙에 따르면 여성이 사정한 분비물은, 그것의 실체가 단순한 오줌이든지 오줌과 다른 성분이든지를 떠나서 존재 이유가 상실될 수밖에 없는 운명에 처하고 있음을 알 수 있다. 남자의 오르가슴의 목적은 사정에 있고 사정된 정액의 목적은 난자를 수정시켜 임신시키는 데 있다. 그런데 여성의 오르가슴에 의해 사정된 이 정체불명의 분비물은 무엇을 위해 필요한가. 남성의 오르가슴과 사정은 생식이라는 이 하나의 과정을 연결하는 환절들이다. 하지만 여성의 사정은 생식계통과도

203 카트린 파지크, 앞의 책, p. 160.
204 김원회 지음, 『학습된 경험』, 디지털교보문고, 2008, p. 155.

연관이 없고 배뇨계통과도 연관이 없다.

그럼에도 불구하고 일부 여성들이 이 오르가슴 사정을 통해 "온몸이 산산이 부서져 녹아버리는 듯한" 쾌락을 즐길 수 있는 이유는 또 무엇일까. 그것은 장시간 동안 행해진 성행위 시 방광 또는 스킨씨 관에 찼던 액체가 무거운 남성 신체의 압박과 강력한 근육 경련에 의해 요도를 통해 쏟아져 나오는 현상일 따름이다. 이때 느낌은 시원함과 개운함일 것이고 그와 같은 감정의 추가로 인해 성적 흥분도 제고되었을 것이다.

그 존재 이유가 확실치도 않으면서 경험자들이 속출하게 된 것은 근대에 들어와 남녀평등과 페미니즘의 고양에 의한 여성 지위 상승운동이 만들어낸 결과가 아닐지도 모른다. 남성과 동등하고 싶은 여성의 염원이 성행위에서도 반영되었다고 할 수 있다. 지금까지 성관계를 지배해 온 "남성의 능동성과 여성의 수동성"[205]이라는 전통적인 형식에 도전함으로써 예속에서 탈피하려고 했던 것이다.

질에 대해서도 한마디 언급하고 지나가야겠다. "여성은 음핵 성감과 질의 성감을 별도로 갖고"[206]있을 뿐만 아니라 "정상적으로 성장한 여성의 경우 오르가슴은 클리토리스에서 질로 이동하게 되어 있다"[207]는 주장에 의해 질은 성감대로 분류된다. 하지만 "질은 단지 월경혈을 배출하는 기능을 하는, 음문에서 자궁에 이르는 통로이며, 성교 중 남성 성기를 넣고 수정 물질을 배출하는 곳"[208]일 따름이라고 평가절하는 주장도 이에 대립한다.

---

205 조은, 앞의 책, p. 41.
206 유종현, 앞의 책, p. 66.
207 파울로 코엘료, 앞의 책, p. 287.
208 토머스 라커, 앞의 책, p. 349.

질은 그 형태로 보아 음경을 단단히 감싸 온도와 마찰력을 강화함으로써 사정을 촉진시키고 사정된 정액의 유실을 막기 위한 작용을 수행하고 있음을 알 수 있다. 물론 질은 음경과의 마찰을 통해 성적 흥분을 느낄 수 있는 성감대 중의 한 기관이다. 단지 그 흥분의 도가 오르가슴을 유도할 만큼 강하지는 않을 따름이다.

여성의 유방과 엉덩이에 관련된 담론은 앞에서 충분하게 전개되었다고 판단되어 여기서는 생략하고 학계에서 논쟁이 많은 입술에 대해서 이야기해보려고 한다. 입술이 담론의 대상으로 부상하게 된 것은 인간이 동물과는 달리 "부드럽고 연할 뿐만 아니라 윤기까지 나며…… 밖으로 뒤집어진 풍만한 입술"[209]을 가지고 있기 때문이다. 이에 대한 학계의 주장들은 여전히 설득력은 실종된 채 억측만 무수하게 난립하고 있다.

인간의 입술이 독특하게 뒤집어진 원인을 "인간 여자에게만 있는 풍만한 가슴에서 젖을 빨아먹기"위해 진화된 "가장 적당한 구조"라는 견해에 따르면 "어머니의 가슴에서 젖을 빨아먹을 때 입술과 가슴 사이에 공기가 새어 들어가 압력이 떨어지는 걸 방지하는 흡착 기능"[210]을 강조하고 있다. 하지만 "젖을 떼고 딱딱한 음식을 먹기 시작하면서 아기의 입술은 안으로 말려들어 다른 영장류처럼 입술이 얇게 변할 것"[211]이다. 게다가 인간의 삶에서 "젖을 빠는 전문적인 도구인 뒤집어진 입술"[212]이 수유 시기는 불과 3~5년이면 끝나기에 "바깥으로 말린 두툼한 입

209 莫里斯(Morris·D) 著, 앞의 책, p. 116.
210 위의 책, p. 164.
211 위의 책, p. 164.
212 위의 책, p. 117.

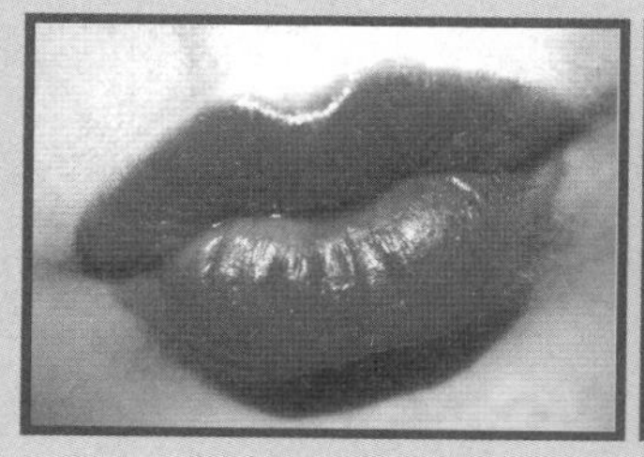
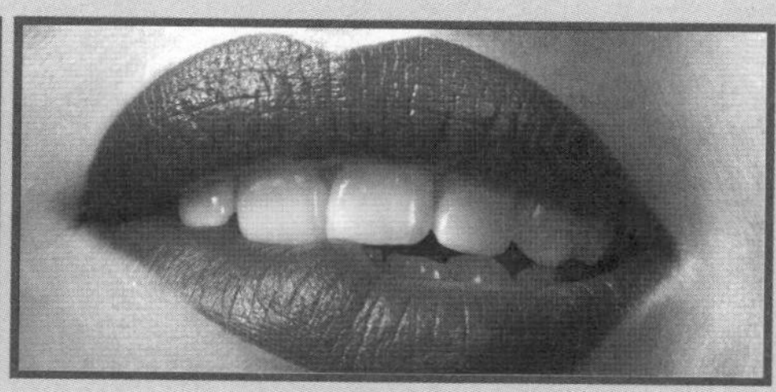

| 사진 76 | 밖으로 뒤집어진 인간의 입술
밖으로 말린 인간의 특이한 입술은 결코 젖을 빨거나 성기의 대용품으로 진화된 것이 아니다. 손과 도구 그리고 언어와 연관이 있다.

술"[213] 형태의 원인이 되기에는 어딘가 역부족이라는 생각이 들 수밖에 없다.

"유아적인 게 아니라 태아적"[214]일 뿐만 아니라 갈수록 영아화 되고 그로 인해 인간의 입술은 인간의 아기가 "초기 태아 단계의 입술 형태를 그대로 유지"한다는 주장은 이른바 "유태보존"설이다. 그 유태보존의 법칙이 왜 침팬지에게는 영향을 미치지 못하고 인간에게만 이러한 결과를 던져 주었는가. 유태보존과 변화의 의미가 단순히 암컷 침팬지와 인간 여성의 유방 형태에 적합한 입술의 필요성 때문이었는가.

"음순이 인간 입술의 선조"[215]라는 이른바 「광고판 이론」은 직립보행으로 은폐된 "음순을 대신할 모조품" 운운하며 "입술을 도톰하게 진화시켜 성기의 대용품을 삼았다"[216]고 주장하고 있다. 게다가 여기에

---

213 데스몬드 모리스(Desmond Morris; 2010), 앞의 책, p. 164.
214 위의 책, p. 164.
215 애드리언 블루, 앞의 책, p. 242.
216 이용범, 앞의 책 p. 457.

명분을 더해 주는 것은 "음순labia이라는 단어의 어원이 라틴어의 '입술'"[217]에서 유래했다는 사전의 기록이다. 실제상에서도 "모양과 위치만이 아니라 색과 촉감도 입술과 음순은 유사하다."[218] 성적으로 흥분하면 둘 다 붉은색을 띠며 부풀어 오르기 때문이다.

상술한 주장이 진실이라면 입술의 진화는 음식물 섭취와 언어 발화 계통 내지는 수유나 성적 활용과는 아무런 연관도 없이 오로지 성행위 하나 때문에 가능해졌다고 할 수밖에 없다. 그런 편협성 때문에 모리스의 이 기발하지만 설득력이 없는 주장은 그의 동료들로부터도 지지를 받지 못한다. 그들은 "입술은 성교가 아니라 음식 섭취의 신호로 진화되었다."는 전혀 새로운 주장으로 모리스와 대결하고 있다.

인간의 입술이 밖으로 말렸거나 혹은 뒤집어진 형태로 진화된 원인에는 여러 가지 인소가 복합적으로 작용한 결과라고 해야 할 것이다. 일단 동물의 입술이 안으로 함몰된 형태를 가진 것은 음식물을 이빨로 뜯거나 자른 후 입술의 도움으로 섭취하기 위해서였다. 섭취 또는 흡입 동작에 적합한 모양이다. 하지만 인간은 진화된 손으로 음식물을 집어 입 안에 넣는다. 섭취 시 입술의 작용은 주로 구강 안에 흡입된 음식물이 밖으로 나오지 않도록 막는 역할에 국한되어 있다.

① 불의 사용과 연관이 있다. 불을 구하거나 점화가 어려웠던 원시 사회에서 불씨는 항상 입김을 불거나 나뭇잎 같은 것으로 바람을 일궈 살려야만 한다. 불씨를 살리느라 입김을 뿜어내는 행동은 입술이 밖으

---

217 莫里斯(Morris·D) 著, 앞의 책, p. 118.
218 신성림, 『여자의 몸』, 시공사, 2005, p. 124.

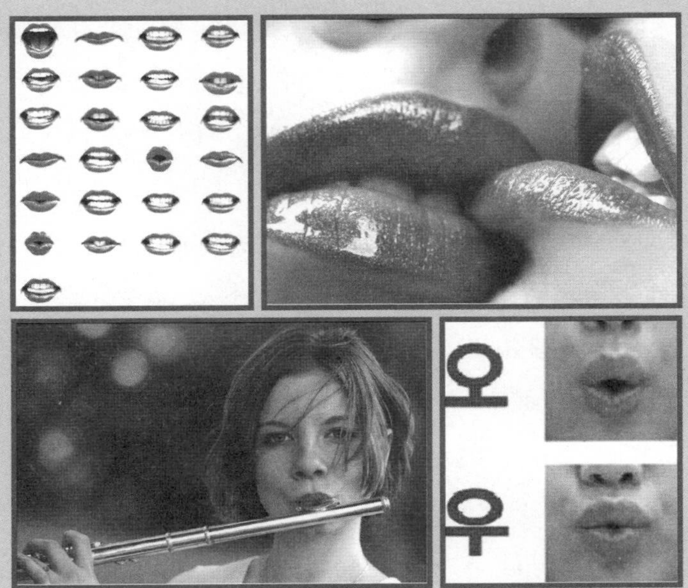

| 사진 77 | 발화, 키스, 연주 등을 할 때 입술의 내밀림 현상들
영어, 한국어를 막론하고 음성언어 발화에는 안으로 함몰되는 입술 형태는 존재하지 않는다. 모음은 물론 일부 자음의 발음은 입술이 전방 돌출 형태를 취한다. 입술 정면 내밀림 현상은 발화뿐만 아니라 악기 연주나 키스에서도 나타난다.

로 내밀리거나 뒤번져지는 특이한 돌기 모양을 유발시킨다. 그뿐만 아니라 불에 익힌 숙식을 섭취할 때에도 입으로 불어 열기를 식혀서 먹어야 한다.

② 도구 제작과 연관이 있다. 원시사회에서는 수렵이나 채집 활동이 없을 때 또는 휴식시간을 이용하여 끊임없이 석기나 목기를 제작했다. 석재를 타제하고 연마할 때 부스러기들과 가루가 떨어진다. 큰 것은 손

으로 밀어버리고 가벼운 것은 입김을 불어 정리해야 작업을 지속할 수 있다. 특히 조가비 같은 것을 갈아 장신구를 제작할 때에는 가루가 많이 생겨 연마작업과 입김으로 불어내는 일이 동시에 진행될 수밖에 없다. 입술 모양이 돌출할 수밖에 없는 상황이다.

수렵할 때 부는 뼈 피리나 뿔 나팔 같은 것도 입술 내밀림 현상을 유발하는 원인이 될 수 있다. 뼈 피리와 뿔 나팔은 협동을 필요로 하는 수렵활동에서 행동의 일치를 위한 신호를 발출하거나 짐승의 소리를 모방하는 수렵 도구인데 반드시 입술에 대고 호흡을 통해 바람을 불어 넣어야 소리가 난다.

③ 말 즉 발화와 연관이 있다. 인류가 말을 하게 된 기원은 "원숭이가 인간으로 진화"[219]되던 시기라는 설도 있고 "완전한 형태로 발전한 언어로 걸음마를 뗀 것은…… 약 200만 년 전"[220]이라는 견해도 있다. 손놀림이나 표정으로 의사소통을 하던 시기를 지나 말과 언어로 소통이 가능한 시대로 들어서는 데는 소리를 만들어 내는 후두喉頭와 성대의 진화가 결정적인 역할을 했다. 물론 그러한 결과는 직립보행과 갈라놓고는 생각할 수 없는 것이었다.

인간의 진화 과정에서 '직립보행'은 발성 패턴이 발전하는 결정적인 계

---

219 연세대사회과학대학 편저, 『사회과학의 이해(전공선택의 길잡이)』, 연세대학교출판부, 2000, p. 189.

220 니콜라우스 뉘첼 지음, 노선정 옮김, 『언어란 무엇인가』, 살림FRIENDS, 2008, p. 22.

> 기가 되었다. 네 발로 기어 다니는 동물은 발성 기관인 폐와 후두 그리고 인두, 구강까지의 연결선이 지면과 수평을 이루는 구조로, 척추와 머리뼈를 한 개의 선으로 연결하면 일직선이 된다. 인간도 이와 다르지 않았으나 직립보행을 하기 시작하면서 변한다. 척추와 머리뼈의 구조가 90도로 꺾이고 폐에서 입까지의 연결 통로가 90도를 이루게 된 것이다 (참고로 침팬지의 경우 척추와 머리뼈의 연결 각도는 45도다).이러한 구조적인 변화로 성대가 들어 있는 후두가 밑으로 내려오게 된다. 기어 다닐 때는 구강 안쪽, 코 뒤쪽 위에 붙어 있던 것이 점점 목 아래로 이동해 발음하기 위한 최적의 위치로 옮겨지고 이빨에서부터 후두까지의 길이가 충분히 길어져 공명감이 형성됨으로써 목소리를 만들 수 있게 된다. 직립보행과 언어중추의 생성, 성대 자체의 진화로 인간은 목소리를 낼 수 있게 된 것이다.인간과 가장 가까운 동물인 침팬지만 보더라도 성대가 매우 작고 이빨까지의 거리가 짧아 공명에 필요한 공간이 없다. 침팬지는 5개의 모음을 발음할 수 없다. 아무리 오랜 기간 훈련을 시킨다 해도 구조적인 기능의 결함으로 인해 언어 구사가 불가능하다.[221]

마쓰오카는 "인간은 인후의 발달에 따른 목구멍의 분절화가 자음의 발생을 가능하게 하여 말의 분화와 발전이 가능하게 되었다"는 가설을 제기하기도 했다. 한글자음 ㅁ, ㅂ, ㅃ, ㅍ 등과 영문자음 b, f, m, p 등은 모두 입술소리(순성脣聲, 순음脣音, 양순음兩脣音)로서 발음할 때의 입술의 공통성은 돌출(내밀림) 현상이다. 그뿐만 아니라 모음은 거의 전부라고 해도 과언이 아닐 만큼 입술 전방 내밀림 현상이 존재한다.

---

221 김형태, 『보이스 오디세이』, 북로드, 2010, p. 64.

【도표 4】 모음의 발음에서 입술 내밀림 현상의 비교[222]

입술	이	에	애	위	외	으	어	아	우	오
윗입술	−13.0	−13.5	−14.5	−17.5	−17.0	−15.0	−15.5	−16.0	−20.0	−20.0
아랫입술	−8.5	−9.0	−8.0	−15.0	−14.3	−13.0	−12.2	−10.0	−17.5	−15.3

이 밖에도 요, 유 발음 등 입술 내밀림 현상은 다수 존재한다. 결국 인간은 동물과 달리 말을 함으로써 그들보다 다른 입술 형태로 진화하게 되었다고 할 수 있다. 남성의 입술에 비해 영아화 되었을 뿐만 아니라 일반적으로 선명하게 융기됨으로써 입술 진화 면에서 남성보다 진보[223]한 여성의 입술은 그들의 대화와 연관이 있다. 담화의 내용 면에서 볼 때 남성은 수렵이나 도구 제작 시 구체적인 방안을 의논하고 상황 정보를 교환하며 지시와 복종 그리고 외침 등이다. 반면 여성의 대화 내용은 아이를 돌보고 가르치는 육아활동과 사소한 이야기들로 시간을 보내는 채집 등이다. 자식을 파트너로 한 여성의 대화는 훨씬 더 정서적일 뿐만 아니라 매 3~5년마다 반복적으로 진행된다. 그리하여 오늘날에도 남성은 말 수가 적고 여성은 말이 많다. 입술의 발육이 상대적으로 강화되었을 수밖에 없다.

④ 성행위와 젖 빨기와 연관이 있다. 인간은 직립보행에 의해 성행위를 할 때 키스가 개입되기 시작했다. 네발걸음을 할 때 자주 사용하던 혓바닥은 손에 의해 대체되고 입은 섹스할 때 키스를 하는 도구로 진화

---

222 Robert·E·Owens 지음, 김화수 옮김, 『의사소통장애: 전 생애적 조망』, 시그마프레스, 2007, p. 21.

223 莫里斯(Morris·D) 著, 앞의 책, p. 117.

했다. 입술과 입술의 접촉 또는 입술과 피부의 접촉은 뒤집히고 말린 특수한 입술 형태로 인해 흥분을 더욱 고조시킬 수 있었다. 비록 3~5년밖에 안 되지만, 부드럽고 풍만함에 비해 상대적으로 유두는 짧은 인간의 특이한 젖을 효과적으로 흡수하기 위해서는 변화를 해야 했던 입술의 적응 역시, 모양 형성에 일정한 영향을 미칠 수밖에 없었을 것이다.

결론적으로 남성에 대한 여성의 예속화는 구석기시대부터 누적되기 시작한 것이라 할 수 있다. 일단 체력에서부터 여성은 임신·출산·육아·월경 등의 원인으로 인해 남성보다 열세에 처할 수밖에 없었다. 이러한 상황은 여성을 수명 단축, 생산 활동 위축 등 불리한 위치로 핍박하기까지 했다. 그뿐만 아니라 두뇌 발달에서도 육아에 국한된 한계로 인해 수렵주체인 남성보다 후진적이 되었다. 다행스럽게도 정면섹스로 인해 성 행위의 주체로 격상되기도 했으나 자신이 원하든 원하지 않든 수컷의 성욕을 만족시켜주는 성 도구라는 막대한 대가를 지불해야 했다.

음악과 무용 그리고 여성

4장

필자는 4장의 지면을 빌어 음악과 무용 내지는 악기가 여성이 아닌 남성에게 그 기원을 두고 있다는 놀라운 사실을 밝혀내려고 한다. 주지하다시피 음악과 무용의 생명력은 그 리듬 또는 율동(박자)에 의해 부여된 것이다. 그런데 이 리듬과 율동은 인체의 리듬과 율동에서 체현되는 것이다. 그리고 리듬과 율동이 인체의 내적 기능으로 속하게 된 계기를 마련해 준 것은 역사적인 두발 보행의 혁명이다.

그러나 직립보행에 의해 인류가 인체 내에 리듬과 율동의 유기적인 시스템이 가동되었다고 해서 곧바로 음악과 무용이 인류에게만 고유한 예술문화로 자리 잡은 것은 아니다. 구석기시대의 인류의 생활환경은 두발 보행의 완벽한 효율성에 제동을 걸었기 때문이다. 수렵, 채집생활을 하였던 그들의 주 활동무대는 교통시설 하나 없을 뿐만 아니라 보행이 불편한, 험준한 산악지대였다. 인간의 걸음은 평탄한 곳에서 진행될 때에만 완벽한 리듬과 율동을 탈 수 있다.

| 사진 78 | 진화의 분수령 직립보행
인류에게 베푼 직립보행의 혜택은 이루 말할 수 없다. 손의 해방, 도구 사용, 두뇌발달, 정면섹스, 감성축적은 물론이고 심지어 음악이나 무용도 직립보행을 떠나서는 거론할 수가 없을 정도다.

하지만 이런 열악한 보행 조건에서도 구석기시대 인류는 간헐적이나마 걷기를 통해 리듬과 율동을 연마할 기회가 있었다. 거리가 짧지만 평탄한 지면을 보행할 때나 수렵활동을 진행할 때 리듬과 율동을 실천을 통해 경험할 수 있었던 것이다. 짐승몰이를 할 때

일제히 지르던 함성과 손발을 휘젓는 움직임 그리고 바위나 나무를 두드리는 소리는 노래와 무용과 악기의 맹아를 이미 그 속에 담고 있었다.

그런데 수렵에 참가하여 이러한 활동을 하는 사람들은 대부분이 남성들이었다는 점에 주목할 필요가 있다. 여성들은 생리적인 특성 때문에 대체로 캠프에 머무르는 경우가 상대적으로 많았기에 걷기운동 즉 리듬 활동에 참가하는 횟수가 적었다. 월경·임신·육아·체력적인 연약함 등의 원인이 여성의 리듬 또는 율동적인 활동을 제약했기 때문이다. 환언하면 음악과 무용의 뿌리는 여성이 아닌 남성에게 있다는 말이 된다.

> 5만 년 전으로 거슬러 올라가 음악의 기원에 대해 먼저 살펴보자. 역사적으로 음악은 남성과 여성이 배우자를 선택하는 도구로서 사용되었으며, 종교의식으로 발전되면서 전쟁에서 두려움을 없애는 수단으로 활용되었다. …… 많은 인류학자들은 다윈의 학설을 바탕으로 음악이 초기 인류가 배우자를 선택하는 수단이었다는 이론을 내놓고 있다. 여자들은 자신들에게 음식과 옷을 마련해주고 자식을 잉태하게 해줄 남자를 찾았다. 그리고 남자들은 여자들의 호감을 사기 위해 리듬감 있는 장단에 맞춰 흥얼거리고 노래 부르며 춤을 췄다. 또한 남자들은 조직화된 형태로 사냥을 떠나서 창과 돌로 사냥감을 잡았다. 그리고 자신들의 전리품을 가지고 마을로 돌아와 음악에 맞춰 춤을 추며 자신들의 공로를 내세웠다.[1]

"종교의식", "배우자 선택", "옷", "자신을 잉태하게 해줄 남자",

1 스티브 콘 지음, 방영호 옮김, 『한 줄의 힘』, 마젤란, 2009, p. 228.

"리듬감 있는 장단에 맞춰 흥얼거리고 노래 부르며 춤을 추기" 등의 표현과 행위는 음악이 뿌리를 내린 5만 년 전의 상황은 아니다. 빠르면 신석기시대 늦으면 청동기시대에나 있을 법한 표현과 행위일 뿐이다. 음악과 무용의 기원은 직립보행으로 가능해진 신체 리듬감과 수렵활동과 이동시 보행을 통한 음악적 경험의 축적이었다. 그 축적이 질적 비약을 일으켜 음악과 무용 및 악기로 승화된 것은 신석기시대에나 나타난 새로운 이야기다. 물론 신석기시대에 나타난 음악과 무용의 기원 역시 그 무슨 "배우자 선택"이 원인이 된 것은 아니었다.

1

음악의 기원과 여성

1) 음성과 리듬

ㄱ. 직립보행과 발성 및 조음기관

음악의 기원과 진화 과정뿐만 아니라 음악과 여성의 연관성에 대해서도 학계의 연구는 명쾌한 답을 제시하지 못하고 있다. 막연하게 "직립보행이 인간사회에서 음악 혁명을 촉발시켰다"[2]고 간주하고 있다. 노래의 전제가 되는 음성 발화에 대해서도 뇌 속에 이미 내장되어 있는 일종의 '틀'에 의해 어느 순간 갑자기 말을 하게 되었다는 식의, 개연성이 빈약한 추측들만 난무하고 있다.

> 모든 크로마뇽인은 어느 때부터 동시에 말을 하기 시작한 것이다. …… 어느 순간을 경계로 하여 인간의 뇌 속에서 언어가 만들어졌다. 언어체

2 스티븐 미슨, 앞의 책, p. 227.

계를 만들어 낼 수 있는 뇌 속의 '틀' 같은 게 있어서 그것이 어느 때 모든 사람에게서 한꺼번에 움직이기 시작했다고 설명할 수밖에 없다.[3]

학자이기를 스스로 거부하지 않고서는 도저히 붓끝으로 옮길 수 없는, 무책임한 논리이기에 반론의 가치조차도 느낄 수 없다.

그런데 음악에 대한 탐구를 진행하려면 먼저 음성언어에 대한 담론으로부터 시작하지 않으면 안 된다. 그 이유는 "음악은 언어가 진화한 후 'Hmmmmm'의 잔재에서 생겨났기"[4] 때문이다. 음성언어는 단어와 의미의 생산 활동이기 전에 호흡 조절을 통한 성대의 진동 즉 발성이다. 성대의 울림은 단어의 음절을 발화하는 데 물리적인 질료를 제공할 뿐만 아니라 악음을 생성하는 주체가 되기도 한다.

인류가 음성언어를 사용한 시기에 대한 학계의 연구도 정설이 없다. "뇌 용적이 신인新人과 호모 사피엔스보다 1800㎤ 크다는 이유 하나로 30만 년 전 네안데르탈인 때부터 벌써 언어를 사용"[5]했다는 주장과 "네안데르탈인에게는 언어가 진화하지 않았다"[6]는 주장이 정면으로 대립하는가 하면 "20만 년 전에 오늘날과 유사한 방식의 언어를 사용"[7]했다는 추측과 "언어가 7만 년 전에야 출현한 최근의 발명품"[8]이라는 추론이 팽팽히 맞서고 있는 실정이다.

인류가 유인원과 달리 복잡한 언어를 구사할 수 있는 원인에 대한

---

3 스즈키 코지 지음, 양억관 옮김, 『왜 공부하는가』, 한스미디어, 2007, p. 64.
4 스티븐 미슨, 앞의 책, p. 383.
5 한스 귄터 가센 지음, 정수정 옮김, 『인간 아담을 창조하다』, 프로네시스, 2007, p. 57.
6 스티븐 미슨, 앞의 책, p. 327.
7 브루스·M·로우 지음, 장영준 옮김, 『언어학개론』, 시그마프레스, 2007, p. 338.
8 매트 리들리 지음, 김한영 옮김, 『본성과 양육』, 김영사, 2004, p. 308.

가설들은 허다하지만 죄다 이런저런 부족한 점들을 드러낸 채 보다 더 공감대가 광범위한 연구결과가 나타나기를 기다리고 있을 뿐이다. 이 중에서 그나마 나름 과학적 근거도 있고 영향력도 있는 가설들에 대해 하나하나 검토해보려 한다.

뇌 구조에서 언어를 처리하는, 이른바 베르니케와 브로카 영역에 대한 주장은 과학적인 증거까지 첨부되어 인류 언어사용의 근거로 삼으려는 움직임이 활발하다. 베르니케 영역은 독일의 신경학자인 칼 베르니케Carl Wernicke(1848~1904)의 실어증 연구 결과이며 브로카 영역은 프랑스의 외과 의사·인류학자 브로카Broca, Paul(1824~1880)의 실어증 연구 결과다.

> **언어는 인간의 뇌의 두 부분, 즉 베르니케 영역과 브로카 영역에서 처리하는 것으로 알려져 있다. …… 두 영역은 신경 경로에 의해 연결되어 사람들이 언어를 이해할 뿐만 아니라 말을 할 수 있게 해준다. …… 이 두 영역은 짝을 이루어 이 경로를 통해 언어를 해석하고 창조한다. 브로카 영역은 주로 실제 언어구사와 관련이 있다.**[9]

"브로카 영역의 기능이 언어를 형성" 또는 구성한다면 "베르니케 영역은 언어의 이해와 파악에 중추적인 역할을 한다."는 것이다. 그리하여 베르니케 영역이 "손상을 입으면 언어 산출은 가능하지만 정확한 단어를 사용하지 못하고 다른 사람의 말을 이해하지 못하는"[10] 반면 브로카 영역이 손상되면 "단어가 제대로 형성되지 않지만 이해력에는 아무런

---

9 Bin Walters 지음, 『ACADEMIC READING BUILDER 2』, 다락원, 2009, p. 15.

10 Lorin J. Elias 지음, 김명선 옮김, 『임상 및 실험 신경심리학』, 시그마프레스, 2007, p. 12.

문제가 생기지 않는"[11] 결과가 초래되는 것이다.

하지만 아쉽게도 이 이론의 과학성은 뇌의 기능에만 국한될 뿐 언어의 기원과 진화과정에 적용되는 순간 효력을 상실하고 만다는 사실이다. 언어의 기원과 진화과정에 대해 아무것도 설명하지 못하기 때문이다. "문법이 가능하도록 하는 뇌의 영역이 진화 과정에서 나타났다"[12]고 주장하지만 어떤 진화과정을 거쳤는지에 대한 물음에는 묵묵부답이다. 이런 기능이 구체적으로 어느 시기에 나타났는지에 대해서도 확실한 정보를 얻을 수가 없다.

이 이론이 인류가 언어를 사용한 원인을 해명하는 답안으로 제공될 수 없는 것은 두뇌의 진화는 결과이지 원인이 될 수 없다는 이유 때문이기도 하다. 마치 두뇌발달이 직립보행의 결과이지 직립보행의 원인이 될 수 없는 이치와 같다. 베르나케 영역과 브로카 영역의 뇌 기능은 언어 사용의 결과물이지 결코 언어를 사용하게 된 원인이 될 수는 없다. 뇌의 언어 통솔 기능은 반드시 언어의 사용이 선행되어야 한다. 결국 인류가 왜 언어를 사용하게 되었는가 하는 문제에 대한 해답은 다른 곳에서 찾을 수밖에 없다.

이제 우리가 직면할 이론은 인류가 "진화하는 과정에서 후두喉頭가 점차로 밑으로 가라앉게 되었고, 이를 통해서 낱소리의 가능성들이 폭넓게 확장되었다"[13]는 야심찬 가설이다. 물론 이 주장에도 "충분한 해명은 아직 없는 상태"[14]지만 이보다 더 설득력이 있는 견해도 별로 없는

11 Bin Walters, 앞의 책, p. 15.

12 리하르트 다비트 프레히트 지음, 백종유 옮김, 『나는 누구인가』, 21세기북스, 2008, p. 156.

13 위의 책, p. 156.

14 위의 책, p. 156.

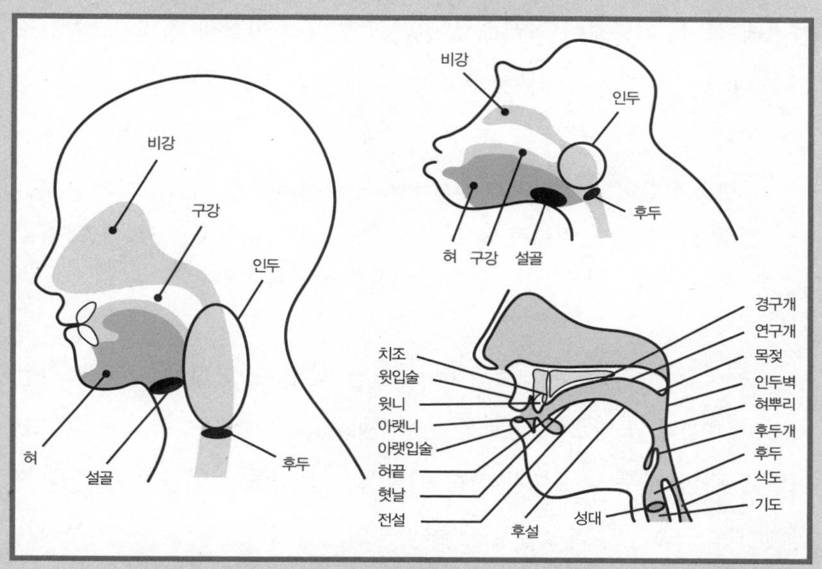

| 사진 79 | 인간과 침팬지의 후두 위치. 발성·조음기관 명칭

인간의 발성 기관의 해부학적 구조 변화는 후두 침하沈下로 인한 성도聲道 확장보다는 직립보행에 따른 발성 기관의 근육 이완의 혜택이라고 할 수 있다. 네발 보행을 하는 동물의 경우는 머리무게의 하중 때문에 압박된 발성 기관의 근육들이 긴장될 수밖에 없다.

만큼 분석의 메스를 들이대 보기로 한다. 두말할 것도 없이 "후두가 내려간 것은 단지 직립보행에 따른 해부학적 적응의 결과"[15]일 것이다.

음성언어와 관련하여 직립보행으로 인한 가장 눈에 띄는 점은 발성 기관의 해부 구조상의 변화다. 후두의 위치가 다른 영장류에 비해 하강하면서 성도의 길이가 늘어남과 동시에 소리의 폭이 확장된 사건이다.

---

15 스티븐 미슨, 앞의 책, p. 211.

여기에 식이食餌 중심이 육식으로 전환함에 따라 이빨과 턱의 모양도 조음調音에 유리하도록 줄어들었다.

> **이빨과 턱이 변하고 이에 따라 혀와 입술이 움직일 여지가 많아진 것은 중대한 변화다. 입에서 나오는 소리는 조음기관(혀, 입술, 턱, 연구개의 근육)의 위치에 따른 '입 모양'으로 만들어지기 때문이다.[16]**

후두의 적절한 침하沈下로 인해 늘어난 성도聲道 공간은 호흡에 의한 바람의 흐름을 공명으로 변환하는 발음체發音體 역할을 수행하게 되었고 이빨과 턱의 해부 구조상의 진화는 발성을 분절하여 변별적 음절을 생산해내는 조음기관 역할을 감당하게 되면서 음성언어의 탄생 가능성을 열어놓게 되었던 것이다. 발성은 "공기가 성대를 통과하면서 만들어진 음파가 목구멍(성도)에서 공명"으로 가능성을 획득하였고 음절은 "혀와 입술의 위치를 바꿈으로써 구강의 크기와 모양이 바뀌어 다양한 소리를 만들 수"[17] 있게 된 것이라는 게 이 가설이 주장하는 요지다.

하지만 필자는 이러한 견해와는 다른 생각을 가지고 있다. 음성언어의 가능성이 직립보행의 결과라는 추정에는 동조하지만 발성 확대를 후두 침하와 연결시키는 주장에는 이의를 제기하지 않을 수 없다. 후두의 위치가 아래로 이동한 건 사실이지만 그로 인해 소리의 폭이 확대되었다는 주장에는 설득력이 부족하다. 어떤 측면에서는 조음기관 즉 입술과 이빨 그리고 턱이 줄어들면서 공명공간도 그만큼 줄어들었다고 봐야

16 위의 책, p. 187.
17 위의 책, p. 169.

하기 때문이다. 후두의 침하에 의해 늘어난 소리의 폭과 조음기관의 변화에 의해 위축된 소리의 폭은 맞먹어 떨어진다.

한마디로 발성의 확대 원인은 후두의 위치 이동이 아니라 발성 기관의 근육과 연관이 있다. 네발걸음을 할 때 원시인류의 목은 항상 무거운 머리를 쳐들어야만 했기에 목은 물론 발성 기관의 근육들도 긴장될 수밖에 없었다. "후두喉頭와 혀의 구조, 그리고 여기에 연결된 각종 근육"[18]이 굳어지면 소리가 잠겨서 잘 방출되지 않거나 "음악 소리 같은" 맑은 소리가 아닌 "목쉰 소리"[19]가 나오게 된다. 그런데 직립보행으로 목은 균형기능에서 해방되며 근육 긴장이 완화되고 자유롭게 열리게 된 것이다. 새들의 발성이 그처럼 낭랑한 것은 목이 수직 또는 대각선으로 되어 머리를 받들어야 하는 고역에서 해방되었기 때문이다. 물론 새들은 그런 맑은 음성을 가지고 있음에도 불구하고 말을 못하는 것은 부리라는 이 특수한 조음기관의 한계 때문이다. 말보다 먹이가 우선인 것이다. 벌레를 쪼아 먹기 위해서는 입 모양이 부리 형태가 안성맞춤이기 때문이다.

| 사진 80 | 명랑한 발성을 가진 종달새

새는 동물이지만 땅 또는 나무 위에서는 사람처럼 두발 보행을 한다. 따라서 이때만은 자세가 수평이 아니라 대각선 또는 수직 형태를 취하기에 발성 기관 즉 목 부위에 대한 머리 무게의 압박이 해제된다. 머리를 쳐들어야 하는 근육의 부담이 경감되기 때문이다. 물론 조음에 불리한 부리 때문에 분절된 발화는 불가능하다.

한편 턱 크기의 축소는 먹

18 재레드 다이아몬드, 앞의 책, p. 100.
19 스티븐 미슨, 앞의 책, p. 211.

이를 씹을 때의 완만한 움직임에서 벗어나 조음에 걸맞도록 훨씬 영활하게 움직일 수 있게 했다. 한 음절을 재빨리 발음하고 다른 음절을 잇달아 발음하려면 입술과 구강의 빠른 놀림만으로는 부족하다. 턱 놀림 속도가 보조를 맞춰야 가능하기 때문이다. 이빨은 공기가 새지 않도록 구강에 모았다가 방출함으로써 발화에 도움을 주고 혀는 짧아짐과 동시에 굵고도 두껍게 진화함으로써 한 음절씩 정확하게 발음할 수 있도록 가능성을 열어주었던 것이다.

스티븐 미슨은 언어의 진화를 "전일적 발화"와 "구성적 언어"라는 두 개의 의사소통 단계로 분류하고 있다. 그의 주장에 따르면 이 "전일적 발화"의 단계는 "180만 년 전"부터 "구성적 언어가 사용된 20만 년 전"[20]까지 인류의 유일한 의사소통 체계로서 "오랫동안 분절되지 않고 그 형태를 유지"[21]하였다고 한다. 그는 그 원인을 "사회생활"과 "생물학"에서 찾으려고 한다.

> **초기 인류는…… 사회적으로 친밀한 집단을 이루어 살았으며, 'Hmmmmm'이 아니라 구성적 언어가 있어야만 만들어낼 수 있는 새로운 형태의 발화가 필요하지 않았다(아예 필요하지 않았을 수도 있다). 게다가 다른 집단의 구성원들과 의사소통을 할 필요도 별로 없었고, 그럴 기회도 거의 없었다. …… 아프리카의 초기 호모 사피엔스 집단 내에 그러한 필요가 생긴 것은 경제적 역할과 사회적 지위가 나누어지기 시작하면서부터, 다른 집단과 교역과 교류가 시작되면서부터, 그리고 '이방인과의 대화'가 사회생활에 중요하고 일상적인 부분으로 자리 잡으면서부터였을 것**

20 위의 책, p. 370.
21 위의 책, p. 370.

이다. …… 이때에 이르러서야 커비가 자신의 모의실험에서 설명한 방식으로 '일반화'가 일어날 필요가 생겨났다. 그리고 'Hmmmmm' 보다 더 빨리 새로운 발화를 만들어 내고, 'Hmmmmm'으로 만들어낼 수 없는 종류의 발화를 계속해서 만들어 내야 할 필요가 생겼다.[22]

"친밀한 집단" 더 정확하게 말하면 혈연적 친족집단이 불편한 전일적 발화에 수백만 년 동안 안주할 수 있었던 것은 "다른 집단의 구성원들과 의사소통을 할 필요가 없기" 때문이었다는 견해에 필자도 공감한다. 그런데 문제는 "더 빨리 새로운 발화를 만들어 내기" 위한 조건으로 제시된 "경제적 역할과 사회적 지위가 나누어지기 시작하고" "'이방인과의 대화'"가 필요했던 시기가 구체적으로 언제이며 어떤 계기로 인해 구성적 언어가 "일반화" 되었는가 하는 의문에 대한 답이 주어지지 않고 있다는 사실이다.

구성이란 변별적 의미들이 동일한 목적을 위해 일정한 형식과 장소를 통해 이루어진 잠정적 연대라고 할 수 있다. "친밀한 집단"이 구성적 언어를 소유하지 못했던 까닭은 그들의 생활 여건 즉 독립적 생활패턴과 잦은 이동으로 인해 비롯된 것이다. 환언하면 그들의 생활은 동일한 형식과 장소를 중심으로 한 여러 집단의 연대(구성)가 형성되지 않았기 때문이다. 이러한 가능성은 농경으로 인한 정착생활로 전환된 이후에야 가능했다. 구석기 말, 신석기 초에 형성된 집락 또는 촌락은 여러 다른 종족이 농업생산을 위해 하나의 마을에 모여 사는 생활 방식이다.

마을 공동체는 가옥들과 마을길로 구성된다. 마을길은 가옥들과 종

---

22 위의 책, p. 371.

족들 사이에서 경계와 소통의 기능을 수행하는 일종의 접속사 역할을 담당하고 있다. 이 길에 의해 종족들 간의 서열이 구분된다. 권력 배분이 이루어진다. 사회생활의 변화는 반드시 그에 상응하는 언어의 변화를 강요하게 되는 것이다. 물론 음성언어에는 물리적인 장소(촌락)가 없기에 추상적 시간제한으로 장소화될 수밖에 없다. 바로 이 지점에서 문법이 탄생한다. 음성언어는 새로운 문법 구성에 의해 단어들을 일정한 시간 안에(마을) 집합시키고 그것들을 다시 일련의 접속사(길)에 의해 차이화 된 연결을 시도함으로써 의미를 생산하기 시작하는 것이다.

그 시기가 바로 농경 정착의 시대였다. 구성적 언어 즉 오늘날과 같은 음성언어를 본격적으로 사용하기 시작한 연대라고 할 수 있다. 이 논리에 대입하면 "음성언어에 대한 '단일기원 대 다중기원' 논쟁"[23]도 쉽게 정리될 수 있다. 농경 정착생활의 다양화만큼이나 다중적인 기원을 가졌을 거라는 결론의 당위성이 충분하기 때문이다.

ㄴ. 직립보행과 리듬 및 멜로디

지금까지 우리는 음성언어의 진화과정에 대해 심도 있게 논의해보았다. 그 최종 목적은 음악에 대한 담론을 전개할 기반을 다지기 위해서였다. 성도와 조음기관의 변화를 통해 인류는 성악의 근본이 되는 소리와 노랫말을 생성하는 분절 기능을 획득함과 동시에 뒤집어진 입술진화를 통해 악기를 연주할 수 있는 생리적 조건을 가짐으로써 본격적으로 음악의 시대를 열 수 있게 되었다. 음악이 현실화되기 위해서는 이러한 조건

23 브루스·M·로우, 앞의 책, p. 418.

들 외에도 두 가지가 더 필요하다. 그것은 다름 아닌 리듬과 멜로디다.

직립보행은 인간에게 리듬이라는 액외의 선물도 덤으로 내려주었다. 직립보행은 걷기와 달리기를 통해 인간의 "신체에 리듬 조절능력을 부여"[24]해주었고 이러한 인체적인 율동감은 다시 음악적인 리듬으로 전환되며 음악의 발전에 결정적인 기여를 하게 된 것이다. 하지만 이러한 기발한 추측에 찬성하려면 하나의 걸림돌을 제거하지 않으면 안 된다. 인간이 직립보행을 시작한 역사는 수백만 년 전까지 거슬러 올라가기 때문이다. 그렇다면 발성과 리듬을 소유한 인류가 음악을 향유한 시기도 그만큼 유구하다고 할 수밖에 없다.

수렵채집시대는 "이동생활nomadism을 기본으로 한다. 즉 야생자원의 분포에 의존하여 먹이를 따라 옮겨 다니는 생활이다."[25] 이러한 생활패턴에서 이동은 걷기 쉽거나 이동이 편리한 노선 같은 건 관심의 대상에서 배제되고 오로지 먹잇감의 위치와 이동 방향이 중요할 따름이다. 먹잇감이 있는 곳이나 사냥감이 있는 곳은 이동의 편리나 불편과는 상관없이 행선지가 된다. 그곳은 가파른 산등성일 수도 있고 무성한 숲 속일 수도 있고 울퉁불퉁한 돌길일 수도 있으며 발이 빠지는 습지일 수도 있다. 한마디로 그들에게 평탄한 이동로란 애초부터 존재하지 않는다. 그 당시에는 도로가 없었을 뿐만 아니라 한곳에 오래 머물지 않은 탓에 걸어서 생겨난 오솔길 같은 것도 부재했기 때문이다.

인간이 보행이나 달리기를 할 때 절주나 리듬을 유지하려면 주행로의 평탄함이 선행되어야 한다는 사실은 상식이다. 제아무리 "리듬에 맞

---

24 스티븐 미슨, 앞의 책, p. 254.
25 김주희, 『문화인류학의 이해』, 성신여자대학교출판부, 1991, p. 45.

추어 걷는 효율적인 직립보행"[26]이라지만 산비탈을 오르고 내릴 때거나 울퉁불퉁한 길이나 질척한 길을 걸을 때에는 걸음의 절주나 리듬감을 살릴 수가 없다. 과학자의 실험실 보행기 위에서 목도되는 걸음의 리듬감을 느낄 수 없다. 지형이 평탄하지 않음으로 인해 보폭의 불일치와 두 발의 교차속도 내지는 시간의 불일치를 야기하기 때문이다. 결국 직립보행은 인체에 걸음이란 신체적 리듬감을 부여했지만 이동과 수렵채집이라는 생활 방식의 한계로 인해 오랫동안 그것을 살릴 기회를 놓치고 말았던 것이다.

> **한 걸음으로 시작해서 또 한 걸음, 그리고 또 한 걸음이 더해진다. 리듬에 맞춰 북을 치는 것과 같다. 걷기의 리듬이다.[27]**

인류가 걷기를 통해 북을 치는 듯한 리듬을 얻기 위해서는 수렵채집 생활 전부를 희생시켜야 하는 대가를 지불해야 했다. 그런 다음에도 수백만 년 동안 지속된 이동을 멈추고 한 곳에 정착해야 했고 촌락의 가옥들을 연결시키는 도로를 닦고 곡식을 저장하고 타작을 하는, 넓은 마당을 다져야 했다. 낟알 운반을 위해 집에서 밭으로 이어진 농로도 공동노동에 의해 닦아졌다. 이렇게 닦아진 평탄한 도로 위에서 인간은 비로소 "걷기의 리듬"이라는 그 역사적인 사건을 체험하게 되었던 것이다.

여성들은 물그릇이나 빨래그릇을 들고 잘 다져진, 집과 우물을 오가는 길에서 한껏 걸음의 리듬을 즐겼다. 평탄한 길 위에서 그녀들은 발걸

---

26 스티븐 미슨, 앞의 책, p. 219.
27 레베카 솔닛, 앞의 책, p. 9.

| 사진 81 | 신석기시대 차탈회위크(상) 예리코(좌) 세스클로의 잘 닦여진 마을길
인간이 걸음에서 음악과 무용에 필요한 리듬과 율동을 획득하려면 평탄한 지면에서의 보행이 선행돼야만 한다. 특히 마을길이나 도로에서의 걷기는 신체의 리듬과 율동을 살리는 가장 좋은 방법이다. 이러한 환경은 신석기시대에 들어와서야 비로소 충족되었다.

음을 옮길 때마다 탱탱하게 발육된 젖가슴과 풍만한 엉덩이를 절주 있게 흔들며 음악적인 리듬과 무용적인 신체율동을 뽐냈을 것이 틀림없다. 모든 조건이 성숙되자 음악은 드디어 백만 년의 자궁 속을 뛰쳐나와 탄생의 고고성을 울리게 된 것이다.

직립보행으로 진화된 인체에는 리듬 요소가 보행 말고도 두 가지가 더 장착되어 있다. 호흡과 심장박동이다. 음악에서 호흡이 차지하는 비중은 결코 과소평가할 수 없을 만큼 중요하다. 호흡의 조절은 성악뿐만 아니라 악기 연주 모두에서 선행조건이다. "호흡은 성악에 있어서 제일 중요한 핵심[28]"일 뿐만 아니라 "음악적 소리의 아름다움은" "호흡의 적절한 역할"[29]에서 오기 때문에 "성악에서는 발성 전 호흡부터 배우는"[30] 것이다. 그리하여 "좋은 호흡은…… 소리의 안정된 질감을 유지"[31]하는 관건이 되는 것이다. 호흡은 때로는 그 자체로도 음악이 되기도 한다. 역사가 가장 오랠 뿐만 아니라 가장 원시적인 악기인 타악기의 연주는 "인간의 호흡과 가까운"[32] 음악적 현상이다.

음악에서 호흡의 영향은 노래에 그치지 않고 악기 연주에까지 확대된다. 특히 관악기 연주에서 음악 미는 호흡에 의해 결정[33]된다. "호흡 방법이나 혀의 사용법에 따라 소리가 많은 영향을 받는"[34] 관악기는 "호흡만 완벽히 구사된다면 최상의 연주"[35]가 가능하다. 특히 구석기 유적에서 많이 발굴되는 악기인 플루트의 경우 호흡의 역할은 더욱 중요하다. "플루트는 연주할 때 많은 양의 호흡이 필요하며…… 그래서 처음 플루트를 배우는 사람들은 가끔 어지럼증과 두통을 호소"[36]할 만큼 플루트 연주에서 호흡이 차지하는 비중은 막중하다. 구석기시대의 원시인

---

28 음악저널 편집부 지음, 『음악저널』, 2008년 11월호(통권 제227호), 음악저널, 2009, p. 47.
29 위의 책, p. 47.
30 김미경, 『김미경의 아트 스피치』, 21세기북스, 2011, p. 212.
31 음악저널 편집부 지음, 『음악저널』, 2008년 11월호(통권 제227호), 음악저널, 2009, p. 47.
32 음악저널 편집부 지음, 『음악저널』, 2007년 7월호(통권 제211호), 음악저널, 2007, p. 120.
33 음악저널 편집부 지음, 『음악저널』, 2007년 6월호(통권 제210호), 음악저널, 2007, p. 101.
34 편집부 지음, 『오카리나 배우기』, 넥서스, 2003, p. 53.
35 음악저널 편집부 지음, 『음악저널』, 2007년 8월호(통권 제212호)』, 음악저널, 2007, p 106.
36 서희태, 『베토벤 바이러스: 서희태의 클래식토크』, MBC프로덕션, 2008, p. 163.

류가 호흡의 리듬을 적절하게 조절할 만한 기능이 갖추어지지 못했다면 뼈로 제작된 플루트를 불지 못했을 것이다.

음악적인 "소리의 아름다움"과 "소리의 안정된 질감"은 안정된 호흡의 리듬에서만 얻을 수 있는 결과이다. 그런데 안정된 호흡 또는 정상적인 호흡은 걷기 보법과 속도와 관련이 있다는 것을 지적하지 않을 수 없다. 숨쉬기의 절주나 리듬은 걸음의 방식과 속도에 따라 변하기 때문이다. 가장 안정된 걸음과 속도 그리고 보법만이 가장 안정된 호흡리듬을 유도할 수 있다.

> **보행은 4분의 2박자, 호흡은 2분의 1박자로 하는 것이다. 이 방법이라면 호흡과 보행의 리듬을 맞추기 쉽다.**[37]

보행과 호흡의 리듬이 황금 조화를 이루는 상태에서만 유인원은 신체의 음악적인 율동을 체험하게 되고 그것을 다시 음악화 할 수 있게 되었을 것이다. "2분의 1박자"의 호흡을 유발할 수 있는 "4분의 2박자"의 보행은 오로지 평탄한 지면에서만 가능하다는 것을 인정할 때 앞에서 언급한 농경 정착사회의 평탄한 도로의 탄생이 어떤 역할을 했을지는 말하지 않아도 명백해진다.

직립보행 덕분으로 짓눌려 목 쉰 소리가 나던 성대가 열려 맑은 소리를 얻는 동시에 평탄한 도로가 나타나 보행의 안정성까지 확보하게 되면서 호흡의 리듬은 더욱 원활하면서도 안정적이 되었던 것이다. 잘 다져진 평탄한 마당과 도로 그리고 평탄한 경작지에서의 이동은 보행의

37 후타쓰기 고조 지음, 나혜정 옮김, 『걷는 습관이 나를 바꾼다』, 위즈덤하우스, 2006, p. 154.

안정성을 보장함으로써 음악에 필요한 호흡을 유도해내는 역할을 수행했다.

심장박동 역시 음악적 리듬에 적잖은 영향을 끼쳤다. 심지어 음악의 기원을 "심장의 박동과 맥박의 리듬"[38]과 연결시키려는 움직임마저 존재할 정도다. 주지하다시피 맥박 역시 걸음의 속도와 방식에 의해 변화한다. 직립보행과 정착생활에 의한 도로의 탄생은 정상적이고 안정적인 심장박동과 리듬에도 영향을 미쳤을 것이 틀림없다. 그것은 다시 음악에서 사용되는 박자와 장단의 탄생에 기여했을 것이다.

음악이, 리듬이 "돌을 두드리는 규칙적인 소리에서 유래"[39]했을 거라는 견해는 그 발상의 기발함에도 불구하고 여전히 설득력이 부족하다. 석기를 제작할 때 격지를 떼어내고 연마하는 작업은 일정한 절주와 리듬을 수반하기 마련이다. 하지만 석기를 다듬는 소리와 리듬감은 돌의 생김새와 석질의 차이에 따라 달라질 뿐만 아니라 가공 자의 성격에 따라 가공 속도와 방식도 다를 수밖에 없다. 일관성이 없는 리듬은 경험에 누적되지 않는다. 석기 가공은 노동일 뿐 음악적인 활동이 아니다.

이밖에도 계절의 순환에서 생성되는 리듬감 역시 일정한 영향을 미쳤을 것으로 추정된다. 농경생활로 인해 인류는 계절의 변화에 대해 민감하게 되었고 그 생생한 체험을 경험화하면서 농사를 지었다. 춘하추동의 정기적인 윤환은 변함없는 절주와 리듬감을 나타냄으로써 인간에게 음악적인 요소로 다가왔을 것이다. 꽃이 피고 지고 싹이 트고 열매 맺고 하는 식물의 생장과정 역시 강력한 리듬감을 가지고 인간의 음악

38 민홍규, 『옥새』, 인디북, 2005, p. 253.
39 래리고닉 저, 이희재 역, 『세상에서 가장 재미있는 세계사』, 궁리, 2012, p. 85.

적인 감성을 자극했을 것이 틀림없다.

이러한 경험들은 수렵채집방식의 생활 속에서는 분명 한계가 있을 수밖에 없었다. 혹독한 추위가 기승을 부리는 빙하기 속에서 인간의 수렵활동은 계절의 순환보다는 동물의 이동이 관심의 초점이 되기 때문이다. 채집 역시 고정된 장소에서 정해진 식물의 생장 변화가 관찰 가능한 환경이 배제된 상태에서 일회성 채집이었기 때문에 계절에 따른 식물의 생장 변화는 경험의 대상이 아니었다.

음악의 기원을 발성, 조음기관의 진화와는 상관없이 전혀 엉뚱한 곳, 생물학적 가치 즉 짝짓기에서 찾으려는 시도도 있다. "인간의 음악이 구애를 위한 과시 행위로서 성 선택된 것"[40]이라는 다윈의 배우자 유혹설과 "노래와 춤은 짝을 고르는 자(특히 여성)가 유용하게 이용할 수 있는 수많은 지표 형질"[41]이라는 밀러Geoffrey Miller의 성 선택설이 그것이다. 하지만 이러한 주장에는 아래와 같은 몇 가지 풀리지 않는 문제가 존재한다.

a. 오랫동안 성 선택의 과정을 거쳐 온 동물들, "아름다운 노래로 이성에게 매력을 호소"[42]하는 새들은 음악을 향유할 수 없다. 이것은 성 선택 조건 하나만 가지고는 음악의 기원이 될 수 없음을 의미한다. 이것 외의 또 다른 조건이 충족되어야만 음악의 탄생이 가능해짐을 역으로 입증해주는 셈이다. 그것은 다름 아닌 발성, 조음기관의 진화다. 이 조건이 선행되어야 배우자를 유혹하는 음악의 사용이 가능해지기 때문이다.

---

40 스티븐 미슨, 앞의 책, p. 257.
41 위의 책, p. 257.
42 위의 책, p. 257.

| 사진 82 | 제프리 밀러의 저서
발음, 조음기관의 전제를 무시한 '성 선택론'을 주장한 책이다.

b. "음악이 구애를 위한 과시행위"에서 기인되었음을 인정한다면 음악의 기원을 인류의 성 선택의 기원에 맞게 연대를 상위 조절해야 한다. 그렇다면 인류가 성 선택을 시작한 것은 도대체 언제였을까. 확실한 건 알 수 없으나 적어도 직립보행 전이었을 것이라는 추측이 가능하다. 그렇다면 네발 보행 때부터 인류는 음악을 향유했다고 봐야 한다. 누가 보아도 설득력이 결여되어 있다. 구체적인 시기를 확인할 수 없다는 결여 때문에 실제로 성 선택 이론을 주장하는 밀러는 "음악이 20만 년 전에 진화했든 200만 년 전에 진화했든"[43] 발생 시기 같은 것에는 전혀 관심조차 없다.

c. 음악의 성 선택 가설은 발성, 조음기관의 진화가 선행되어야 한다는 원칙에 위배된다. 앞에서도 살펴보았듯이 음악은 발성, 조음, 리듬, 멜로디 등의 조건이 전제되기 전에는 탄생이 불가능하기 때문이다. 음악보다 먼저인 음성언어가 생성되려면 발성과 조음기관이 진화되어야 한다. 음악의 탄생은 여기에서 한 걸음 더 진화하여 리듬과 멜로디 등의 조건이 구비될 것을 필요로 한다.

d. 성 선택론과 같은 이러한 가설의 이론적 오류는 동물 특히 새의 울음을 단순한 의사소통으로 보지 않고 음악으로 착각한 데서 기인된 것이다. 새의 발성은 의사를 전달하는 신호음일 뿐 감정을 표현하는 음악이 아니다. "많은 새가 부르는…… 아름다운 노래는…… 이성에게 자

---

43 위의 책, p. 259.

신의 매력을 호소하기 위한 수단"이 아니라 단지 "이성을 부르는 신호음"[44]일 따름이다.

멜로디에 대한 검토는 다음 기회로 미루기로 하고 여기서는 생략한다. 인류의 음악에서 멜로디의 생성은 신석기시대에 시작된 농경과 밀접한 연관이 있기 때문이다. 노래, 악기, 무용 등이 본격적으로 인류의 문화로 영위되기 시작한 것은 죄다 이 시기와 인연이 있다. 물론 음악과 무속의 연관성도 추가되어야 할 것이다. 더구나 중요한 것은 이 시기가 드디어 음악이 여성과 떼려야 뗄 수 없는 밀접한 관계를 형성하기 시작한 시기라는 사실이다.

2) 악기의 기원과 여성

가장 간단하고 가장 원시적인 악기는 연주자가 두드리기에 적합하도록 다듬어진 나무판대기나 돌 판이었다. 사람들은 크고 작은 나무판대기에서 나는 소리의 높낮이가 서로 상이하며 속이 빈 물체와 속이 찬 물체가 내는 소리가 더 공명감이 있다(공기는 빈 공간에서 진동할 때 공명 현상이 일어나기 때문이다)는 사실을 발견했다. 속을 파낸 물체에 가죽 한 장만 씌우면 더욱 듣기 좋은 소리가 나는데, 이렇게 발명된 것이 북이다. 누군가 나뭇잎, 볏짚, 속이 빈 뼈, 소나 양 뿔 또는 파이프簧管를 불 때 가장 간단한 관악기가 생겨난 것이다.

최초의 현악기는 가능하게 기다란 활시위弦线를 당겼다가 놓을 때 나는 듣기 좋은 소리悦耳에 그 기원을 두고 있을 것이다. 한 걸음 더 나아가 줄에 공명통箱体 하나를 추가하면 소리를 더 크게 할 수 있다는 사실도 알

44 위의 책, p. 257.

게 되었다. 원시인들은 주변에서 쉽게 구할 수 있는 목재를 이용하여 각종 악기를 제조했다.[45]

"나무나 가죽으로 만들어진 북 같은 것은 만약 존재했다고 해도, 유적에는 남기 어렵다." "그래서 음악의 기원은 악기의 흔적으로 찾아야 한다."[46] 인간이 처음으로 사용한 악기는 손을 이용하여 두드려서 연주하는 목판木板이나 북과 같은 타악기와 입술을 이용하여 바람을 불어넣어 연주하는, 플루트나 피리와 같은 관악기들이다. 이런 악기들은 인간처럼 손을 자유자재로 움직이거나 뒤집어진 입술을 가지지 않고서는 소리를 낼 수가 없다. 네발걸음을 걸어 손을 사용하지 못하거나 안으로 말려든 입술로는 연주가 불가능하기 때문이다. 두말할 것도 없이 타악기는 사라지고 부식되지 않는 골제 악기만 남았다.

타악기는 그것이 조잡한 나무판대기거나 돌 판이든지 가죽을 씌운 북이든지를 막론하고 수렵 시 짐승몰이에 사용되었을 뿐만 아니라 인간과 인간 사이에 거리가 멀어졌을 때 두드림으로써 "조합한 신호를"[47] 교환, 해독하는 것으로 의사소통에도 사용되었다. "타악기는 역사가 가장 오래된 악기이며 가장 원시적이면서도 인간의 호흡과 가깝지만"[48] 아쉬운 것은 지금까지 남아 있는 유물이 존재하지 않는다는 사실이다.

음악과 무용이 구석기시대에는 존재하지 않았다는 필자의 지론을 입

---

45 作者 斯坦利, 萨迪, 主译 孟宪福, 『剑桥插图音乐指南』, 〔英〕 山东画报出版社, 2002年 9月, p. 21.
46 요코야마 유지, 앞의 책, p. 261.
47 헨드릭 빌렘 반 룬 지음, 조재선 옮김, 『발명 이야기(반 룬 전집 1)』, 서해문집, 2005, p. 223.
48 음악저널 편집부 지음, 『음악저널』, 2007년 7월호(통권 제211호), 음악저널, 2007, p. 120.

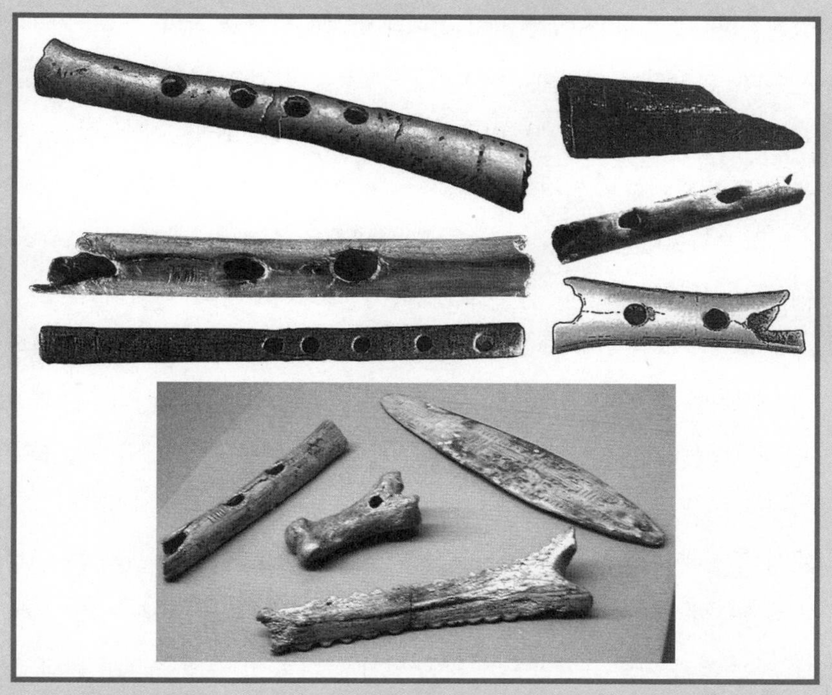

| 사진 83 | 유럽 구석기시대 유적에서 출토된 플루트와 피리

플루트와 피리는 입으로 공기를 불어넣어 음악을 연주하는 관악기이다. 취공吹孔으로는 공기를 주입하고 지공指孔으로는 바람을 조절하여 음을 만들어낸다. 그런데 이들 플루트와 피리의 공통점은 취공이 미비 또는 불완전하다는 것이다. 이런 상태에서의 득음은 거칠고 탁해 악음樂音에 미치지 못할 수밖에 없다. 하지만 수렵이나 원거리 연락에서 사용하는 신호음으로는 별 무리가 없다. 지공이 적은 것들은 끈으로 꿰어 목에 거는 소장품일 수도 있다.

증이라도 하듯이 유럽의 일부 유적지들에서 발견된 정체불명의 이른바 "악기" 외에는 분석할 만한 이렇다 할 텍스트가 거의 전무하다. 지금까지 발굴된 "악기"들이 음악 연주에 사용된 것인지 아니면 다른 용도로 쓰였는지 하는 문제는 아직도 논쟁거리로 남아 있다. 지금까지 석기시대의 유적들에서 발견된 이른바 악기들은 플루트나 피리와 같은 관악기들뿐이다. 그 이유는 이런 악기들이 뼈로 제작되어 부식되지 않았기 때문이다. 타악기는 재질이 나무나 가죽으로 되었기에 남아 있지 않다고 하지만, 벽화그림에도 관악기로 추정되는 장면만 나타날 뿐 북이나 징과 같은 타악기는 보이지 않고 있다.

악기냐 이빨자국이냐 하는 논쟁의 대상인 슬로베니아의 디베 동굴에서 1995년에 발견된 '플루트'는 "한두 살쯤 된 곰의 허벅지 뼛조각에…… 동그란 구멍이 두 개"[49] 거나 "네 개"[50] 또는 "한 줄로 구멍이 여러 개"[51] 뚫린 3만 5천~6만 7천 년 전으로 추정되는 유물이다. 연대로 볼 때 네안데르탈인이 만든 악기라는 주장과 이 구멍들이 "육식동물의 이빨로 인해 생긴 것"[52]이라는 견해가 팽팽히 맞서고 있는 실정이다. 후자의 주장에 명분을 실어주는 증거는 "자연적으로 쌓인 동물 뼈 가운데 육식동물이 깨문 자국이 있으며…… 그런 뼈에는 디베 바베에 있는 뼈에 있는 것과 거의 똑같은 구형의 구멍이 남겨져 있다"[53]는 것이 데리코의 조사 결과다.

플루트에 난 구멍이 이빨자국이라면 필시 송곳니 자국일 것이다. 송곳니 즉 "끝이 뾰족한 견치"[54]는 "음식물을 끊기 위한 절치(앞니)와…… 음식물을 분쇄하는 대구치(어금니)"[55]와는 달리 고기를 찢는 기능을 가졌기 때문이다. 한두 살 된 새끼 곰의 뼈는 포식자의 견치가 이 정도로

---

49 요코야마 유지, 앞의 책, p. 350.
50 만프레트 바우어, 앞의 책, p. 157.
51 크리스토퍼 로이드, 앞의 책, p. 132.
52 스티븐 미슨, 앞의 책, p. 350.
53 위의 책, p. 350.
54 송지영(2007), 앞의 책, p. 64.
55 송지영(2003), 앞의 책, pp. 79~80.

박히면 구멍이 뚫리기 전에 부서지거나 부러졌을 것이다. 턱의 힘에 의한 압박이 강하기 때문이다. 석기로 마찰을 가하여 구멍을 뚫는 것과는 다르다.

고기를 찢을 때 대칭을 이룬 상하 견치는 동시에 먹잇감을 압박한다. 반대편에도 대칭되는 구멍 두 개가 뚫려 있어야 된다는 말이다. 그리고 포식자의 견치에 의해 뚫린 구멍이(스티븐 미슨도 구멍이 두 개라고 했지만 뒤에서는 곧 '뼈의 양끝이 부러져 있는 형태로 미루어 구멍이 더 있었던 것 같다.'[56]부언하고 있다) 네 개씩이나 하나의 수평선에 일렬로 나란히 배열되어 있을 수는 없다. 당연히 무질서한 형태의 구멍이 뚫려 있어야 할 뿐만 아니라 구멍의 크기와 모양도 각이해야 한다. 결국 이 구멍은 짐승의 이빨자국이 아니라 네안데르탈인이 석기를 이용하여 뚫은 것이다. 물론 이 구멍 뚫린 새끼 곰 뼈가 악기인지는 별도의 문제다.

새의 뼈로 만든 악기들도 다수 발굴되었다. "새의 뼈는 겉껍질이 얇고 속이 비어 있기 때문에 플루트를 만드는 데 적당"[57]하기 때문이다. 대표적인 것은 독일 남부의 동굴인 가이센클뢰스테를레 유적에서 발견된 세계 최초의 악기로 알려진 3만 6천 년 전의 뼈 플루트다.

"큰 새의 날개 뼈로 만들어졌는데, 각각에는 잘 뚫린 손가락 구멍이 최소 세 개씩은 있다. 두 번째와 세 번째 구멍 사이의 간격이 첫 번째와 두 번째 구멍 사이의 간격보다 더 넓게 배열되어 있다."[58]

피레네 산맥 기슭에 있는 이스투리츠 동굴 유적에서는 20개가 넘는

56 스티븐 미슨, 앞의 책, p. 350.
57 요코야마 유지, 앞의 책, p. 261.
58 스티븐 미슨, 앞의 책, p. 386.

피리가 발견되었다. 가장 오래된 것은 3만 5천 년 전으로 추정된다. 독수리 날개 뼈로 만들어졌다고 한다.

> 손가락 구멍 네 개가 한 쌍씩 배열되어 있다. 부는 부분에 입김이 부딪히는 딱딱한 에지가 없는 것으로 볼 때, 아마도 리드를 넣어 입에 넣고 부는 방식이었을 것이다. 따라서 이것은 플루트가 아니라 피리였다. 손가락 구멍은 표면을 얇게 파고 그 안에다 뚫었다.[59]

취공吹孔[60]이 없는 상태에서는 득음이 불가능하다. 입김은 취공이 제공하는 제한된 통로를 따라 한 곬로 모이지 않고 흩어짐으로써 충분한 음량 확보에 실패하기에 잡음이 제거된, 아름다운 소리를 낼 수가 없다. 하지만 이러한 상황은 그것의 존재가 악기일 때에만 필요한 것이다. 그 소리가 아름답지 않고 거칠더라도 소리를 얻는 것만으로도 그 용도가 충분하다면 문제가 될 게 없기 때문이다.

그리고 취공 연주 악기가 아닌 리드 삽입 연주 악기일 거라는 견해는 한낱 막연한 추측에 불과할 따름이다. 설령 그것이 입에 물고 연주하는 피리라고 할지라도 리드를 부착하려면 부착 면이 고르도록 정밀 세공이 필요한데 석기로 모든 것을 제작해야만 했던 당시의 가공기술로는 굉장히 어려운 작업이 아닐 수 없다.

이밖에도 독일 "슈바벤알프스 지방의 동굴에서 약 3만 5000년 전의 매머드의 상아로 만든 피리가 발견"[61] 되었고 라스코와 알타미라동굴

59 위의 책, p. 387.
60 소리를 내기 위해 입김을 불어넣는 구멍이다.
61 아네테 크로이치거헤르 저, 홍은정 역, 『클래식음악에 관한 101가지 질문』, 경당, 2010, p. 30.

그리고 니오 동굴 등 유적에서도 피리와 플루트와 같은 악기가 발견되었다. 그뿐만 아니라 피리를 연주하는 레 트루아 프레르 동굴의 마법사처럼 벽화가 그려진 여러 동굴에서도 악기의 그림이 발견되었다. 하지만 이들 악기의 공통점은 그 목적이 음악연주가 아니라는 사실이다.

한마디로 지금까지 우리가 살펴본 원시 악기들은 수렵을 할 때 사냥꾼들 간의 의사소통에 사용된 신호용 도구다. 사냥할 때 "사슴을 유인하기 위해 사용"[62] 되었거나 "새와 짐승을 덫으로 유인하는 데 사용"[63] 되는 등 사냥감을 유인하거나 몰이할 때, 은신하여 몰래 접근할 때 또는 멀리 떨어진 사냥꾼들 간에 신호를 주고받을 때 사용되었다. 그 소리는 짐승유도를 위한 단순한 모방 음이나 사냥꾼들 간의 행동지시 신호음 또는 소리의 고저에 의한 진퇴 표시음일 뿐이다. 레 트루아 프레르 동굴의 마법사가 "걸으면서 악궁을 연주"[64]하는 모습은 포위를 좁히며 사냥감을 몰아가는 장면이라 할 수 있다. "구멍들이 피리의 축에서 약간 비스듬한 각도로 배열"[65]된 것은 악기(신호기)

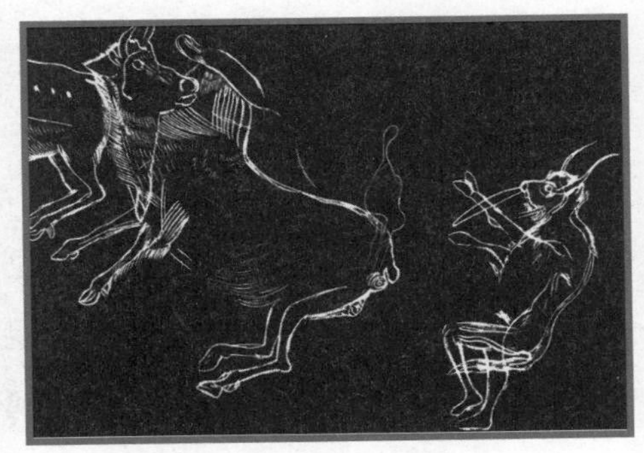

| 사진 84 | "악궁을 연주하는 '마법사'"
일단 레 트루아 프레르 동굴의 이 벽화의 "마법사"가 연주하는 악기가 활을 사용하는 현악기의 일종인 악궁(아르코$_{arco}$)인지는 확인이 불가능하다. 필자가 추정컨대 다만 확실한 것은 마법사는 사냥꾼이며 도구를 이용하여 소리를 내며 사냥감을 몰아가고 있다는 사실 뿐이다.

62 요코야마 유지, 앞의 책, p. 263.
63 존 리더 저, 앞의 책, p. 176.
64 요코야마 유지, 앞의 책, p. 344.
65 스티븐 미슨, 앞의 책, p. 387.

가 시선을 가리지 않도록 비스듬히 쥐고 불 수 있도록 하기 위해서였다.

북과 같은 타악기는 짐승을 놀라게 하여 달아나게 하지만 플루트나 피리소리는 동물들에게 전혀 공포감을 주지 않기 때문에 남자들의 수렵에 광범위하게 사용되었던 것이다. 수렵활동에 동원된 모든 남자들이 적어도 하나씩은 휴대했을 것으로 추정된다. 여성들이 수렵 도구의 제작은 물론 접근도 불허했다는 사실은 이미 앞에서 살펴보았다. 수렵 도구로서의 "악기"에 대한 접근은 여성에게 철저히 금지되었을 것이 틀림없다.

음악을 벽화와 연관 지으려는 시도에 대해서도 한마디 지적하고 넘어가야겠다.

"만약 동굴벽화가 원시적인 종교 때문에 그려진 것이라고 한다면, 이 벽화 앞에서 집회나 의식이 거행되었음은 당연할 것"[66]이라는 명분하에 노래나 춤은 공공연하게 종교적 외의를 걸치고 있다. 노래하는 의식을 위해서 벽화가 그려진 많은 장소가 미리 음향적으로 선택되었을" 뿐더러 "벽화가 그려진 동굴의 기능은 종교 의례적인 것"[67]이라고 주장한다.

벽화가 음향적으로 선택된 장소에 그려졌다는 이유 하나로 음악을 종교와 연결시키려는 학술적 시도는 어불성설이 아닐 수 없다. 일단 동굴 자체가 공명을 가지고 있다. 공명 즉 소리의 울림은 공간의 비어 있음에서 기인한다. 동굴은 비어 있는 공간이기에 "동굴 안에서 소리를 내

---

66 요코야마 유지, 앞의 책, p. 270.
67 위의 책, p. 187.

면 울림이 증폭"[68]되기 마련이다. 한자 빌 공空자는 구멍 혈 또는 굴 혈穴자(동굴) 밑에 장인 공工자가 추가되어 만들어진 형성자다.

또한 벽화를 그리려면 일정한 조건이 충족되어야 한다. 암반이 높으면서도 반반하고 캔버스와 같은, "벽화를 그리기에 적당한 벽면"[69]이 필요하다. 그다음에는 작업을 진행할 수 있는 공간이 확보되어야 한다. 그뿐만 아니라 그림을 한 눈에 볼 수 있는 감상 거리도 확보해야 한다. 이러한 몇 가지 조건만으로도 이미 "동굴 내부의 공명 구조는 단순한 주문소리도 영혼을 흔들어놓을"[70] 수 있을 만큼 된 셈이다.

그리고 단순히 "종교 의례" 목적이라면 그렇게 많은 곳에 그림을 그릴 필요가 없을 것이다. 이상적인 장소 한두 곳과 이상적인 그림 몇 폭이면 의례는 충분히 진행할 수 있기 때문이다. 그뿐만 아니라 그렇게 많이 낙서된 덧그림도 필요 없다. 그리고 과분한 공명효과는 메아리가 되어 의식 거행에 도리어 방해가 될 수도 있다. 메아리 때문에 잘 들리지 않기 때문이다.

결론적으로 말해 노래와 춤 그리고 악기의 연주를 곁들인 동굴 속 의례 같은 건 아예 존재하지도 않았다. 그것은 위대한 학자들이 자신들의 세계적인 명성에 부합하는 연구 업적을 만들기 위해 조작해낸, 기발한 장난에 불과할 따름이다.

그렇다면 벽화가 그려진 동굴에서 발견된 악기의 존재는 어떻게 설명할 것인가. 벽화가 그려진 동굴은 여성이 중심이 된 생활 공간이다.

---

68 정춘수, 『한자 오디세이』, 부키, 2003, p. 323.
69 요코야마 유지, 앞의 책, p. 271.
70 위의 책, p. 187.

또한 "벽화가 그려져 있는 동굴은 생활하던 흔적이 없다."[71] 무기 접근이 금지된 여성 생활 공간에 악기가 등장한 원인은 무엇일까.

단도직입적으로 말하면 동굴 속 악기는 외부와의 신호를 위한 도구였다고 할 수 있다. 동물의 이동을 따라 멀리 수렵을 나간 남자들이 길을 잃고 찾아오지 못할 경우를 대비하여 간헐적으로 불었을 것이다. 인간의 음성은 맹수에게 위치를 알려주는 결과를 초래할 수 있기에 위험하다. 이 악기는 부상당하여 동굴에서 상처를 치료받고 있는 남자 사냥꾼이나 혹은 늙은 남자가 불었을 것이다. 물론 이 악기는 잠시 볼일 보러 동굴 밖으로 나간 성원들과 연락을 취할 때에도 요긴하게 쓰였다.

결론은 명백하다. 구석기시대에 여성과 악기는 아무런 연관도 없다. 악기는 수렵을 하는 남자들의 전용 사냥 도구였다. 여성이 맡은 역할 분담은 변함없이 생육과 육아, 벽화를 통한 자식 교육, 채집과 노약자 및 부상자 간호였다. 악기가 여성과 인연을 맺은 것은 신석기시대에 와서야 시작되었다.

71 다카시 요이치 저, 주정은 역, 『화석 동물기 9(원시인, 나타나다!)』, 자음과모음, 2006, p. 58.

2

무용의 기원과 여성

무용의 기원을 가장 멀리 잡는 가설은 네발 보행을 하던 유인원의 "말뚝木桩 주위를 돌며 추던 춤을 계승"[72]한 것이라는 견해다. "자연적인 신체 율동 표현"으로서의 이 춤은 "자연인의 일종의 욕망과 쾌감의 발로인 동시에 생명과 환경의 화합에 의해 얻는 일종의 육체적인 만족의 표현"이라고 한다. "따라서 인간의 미감은 동물적인 쾌감에서 기인한다는"[73] 결론에 도달한다. 이 주장이 사실이라면 춤의 기원은 수백만 년 전으로 거슬러 올라가야만 한다. 한마디로 이 가설의 단점은, 춤이란 단순한 움직임이거나 동작이 아니라 리듬과 율동에 의해 규칙적으로 배열되어야 한다는 기본 원칙을 무시하고 있다는 데 있다. 춤의 발생을 불의 발견과 사용 또는 문신 문화와 연결[74]시키려는 시도 역시 대동소이한 오

72 金秋 著, 앞의 책, p. 5.
73 위의 책, p. 5.
74 위의 책, pp. 6~7.

류를 범하고 있다고 봐야 할 것이다.

> 고고학 발굴로 춤의 기원을 밝혀내기란 여간 어려운 일이 아니다. 많은 무용 학자들은 인간이 지구 역사에 등장하기 시작한 때부터 춤이 있었다고 생각하고, 춤의 기원에 대한 여러 가지 가설을 내놓았다. 인류의 조상들은 맹수로부터 종족을 보호하고 야생의 환경에 적응해야 했다. 그래서 자연을 경외하고 신을 기리는 의식을 치렀다. 이때 인간과 신의 의사소통을 매개해준 것이 바로 춤이라는 설이 있다. 또 이성에게 구애하기 위해 언어 이전 초기 형태의 의사소통수단으로, 부족의 연대를 위한 집단 활동의 하나로, 그냥 자신의 감정을 드러내기 위해서 춤을 췄다는 설도 있다.[75]

"인간이 지구 역사에 등장하기 시작한 때부터 춤이 있었다"는 막연한 억측은 인간의 산발적이고 비율동적인 몸짓 그 자체를 무용의 개념으로 인지한 데서 비롯된 결론이다. 몸짓의 이러한 포괄적인 보편화를 춤으로 인식할 때 동물의 동작 역시 춤으로 인식될 수밖에 없을 것이다. 리듬과의 연대가 배제된 이러한 일상적이고 평범한 몸짓들이 "자연을 기리고 신을 경외하는" 성스러운 동작이 된다는 주장에도 공감대가 결여되어 있기는 마찬가지다. 특정한 몸짓이나 제스처가 구애나 부족의 연대 또는 감정 표현의 수단이 될 수는 있지만 그 역시 리듬의 개입 없이는 춤이라고 할 수 없음을 지적하지 않을 수 없다. 그 몸짓은 적어도 "만족과 쾌감"을 유발해야 할 뿐만 아니라 궁극적으로는 "미감"[76]을 유

75 『과학동아(2005년 9월호)』. 동아사이언스, 2009, p. 44.
76 金秋 著, 앞의 책, p. 5.

도해 낼 때에만 비로소 무용이라 칭할 수 있기 때문이다.

무용의 기원에 대한 가설들을 개괄하면 "대체로 모방설, 유희설, 무속설, 종교설, 성애설, 노동설 등 여섯 가지로 분류된다"[77]고 한다. 아리스토텔레스가 그의 저서 『시학』에서 제시한 예술의 모방설은 후세의 학자들에 의해 부단히 이론적으로 강화되어왔다. 결국 모방설은 유희설을 산생시키는 모태가 되기도 한다. 19세기의 독일 학자 K.부셀K.Bucher은 "유희는 노동보다 먼저이고 예술은 유용한 물품의 생산보다 먼저이다"[78]라고 주장했다. 하지만 이 논점은 얼마 못가 동시대의 독일 심리학자 윌리엄 분트Wilhelm Wundt의 "유희는 노동의 산물이다"[79]라는 새로운 노동설에 의해 전복된다.

데모크리토스, 플라톤, 아리스토텔레스 등 서양 대철학가들에 의해 인정받은 모방설을 포함하여 유희설, 성애설, 노동설은 수백만 년이나 되는 모방, 유희, 성애, 노동의 역사에서 도대체 어느 시기에 해당하는가에 대한 물음에 정확한 대답을 줄 수 없다. 모방설의 경우 모방의 대상이 네발 보행을 하는 동물이라고 가정할 때 율동이나 리듬은 존재하지 않는다. 그렇다면 그러한 동물의 동작이 단순 모방된 인간의 표현에도 율동과 리듬은 배제되기 마련이다. 다시 말해 그러한 모방은 춤이 아니라 단순한 흉내에 불과하다. 굳이 이유를 대라면 수렵의 필요성 때문일 것이다.

춤의 기원에 대한 담론에 선행되어야 할 것은 춤의 개념에 대한 규

77 『世界艺术史·舞蹈卷』, 作者 欧建平, 东方出版社, 2003年 1月, p. 1.
78 위의 책, p. 2.
79 위의 책, p. 2.

명이다. 그래야만 춤이 되는 몸짓과 춤이 될 수 없는 몸짓을 구분할 수 있기 때문이다. 필자는 춤의 개념을 아래의 간단한 공식으로 명료화 할 수 있다고 생각한다.

춤(무용)이란: 동작(몸짓) + 율동(보행·호흡·맥박) = 미감이다.

"구슬이 서 말이라도 꿰어야 보배"라는 속담이 있다. 음과 동작(몸짓 언어 또는 제스처)들이 아무리 많아도 리듬(또는 율동)이라는 끈에 꿰어야 음악이 되고 춤이 되지 그대로는 그냥 단순하고 산발적인 음과 동작일 따름이다. 음악이 복수의 변별적인 음들이 리듬과 박자를 통해 구조화된 것이라면 무용은 복수의 변별적 몸짓들이 스텝의 리듬을 통해 구조화된 것이라 할 수 있다. 동물이나 유인원의 몸짓언어들이 상당한 수준으로 발달했음에도 불구하고 신석기 이전까지 무용으로 승화되지 못한 이유가 바로 이 리듬과 율동의 구조화가 개발되지 않았기 때문이다.

무용의 맹아는 무엇보다도 먼저 직립보행에 의한, 수렵에서 싹튼 것으로 생각한다. "아프리카 난쟁이부족의 춤 동작이 직접 채집과 수렵 등 생활에서 따온 것"[80]이라는 사실에서도 입증이 가능하다. 사냥을 할 때 인간의 몸동작(몸짓)은 상하체가 결부되어 진행된다는 점에 유의할 필요가 있다. 짐승을 추격하여 질주해야 하고 포위권 안으로 몰아넣어야 하는데 이때 수렵 자는 상하체의 사지는 물론 운신 가능한 몸 부위 전반을 움직인다.

---

80 金秋 著, 앞의 책, p. 9.

| 사진 85 | 아프리카 원주민의 수렵 무용

이 사진은 수렵이 무용에 미친 영향을 단적으로 입증해주고 있다. 하지만 이 동작들은 이미 무용이 인류사회에 보편화된 신석기시대와 고대를 지나면서 개진과 수정을 거듭하는 과정에 완벽하게 무용화된 것들이다. 동굴벽화에는 무용과 관련된 그림이 없다는 사실에서도 무용이 구석기시대에는 존재하지 않았음을 알 수 있다.

음악과 움직임 사이에 이런 연관성이 존재하고…… 직립보행의 진화에 따른 움직임의 변화가 인류의 음악 능력 진화에 근본적인 영향을 끼쳤을 것이다.[81]

육신의 움직임은 음악뿐만 아니라 무용에도 근본적인 영향을 미쳤다. 물론 예술의 태동에 충격을 던질 수 있는 그러한 움직임은 상하체의 동시성이 전제되어야 보다 효과적일 수 있다. 똑같은 움직임이지만 수렵활동은 춤에 영향을 끼친 데 반해 도구 제작 같은 작업은 아무런 자극도 되지 못한 원인이 거기에 있다. 간헐적인 말보다도 계속되는 의사소통 형태인 몸짓언어, 의사소통의 65%가 말보다는 몸을 통해 일어난다는 제스처[82] 전부가 무용이 될 수는 없다. 반드시 아마존 유역에서 사는

---

81 스티븐 미슨, 앞의 책, p. 220.
82 위의 책, p. 224.

현대 미개인의 춤 형식에서 가장 중요한 "발굴림이나 발동작의 반복"[83]을 수반하는 동작만이 춤으로 승화할 수 있다.

발굴림과 발동작의 반복이 무용 동작을 유발할 수 있는 까닭은 산발적인 몸짓들을 리듬으로 구조화할 수 있기 때문이다. 물론 발과 다리가 리듬을 얻으려면 직립보행 하나만 가지고는 아직 미진하다. 안정된 보행이 확보되어야 한다는 것은 이미 앞에서 언급했다. 그러기 위해서는 평탄한 지면 도로가 축조되어야 한다. 이 조건이 충족되기 전에는 그 어떠한 명분으로도 몸짓언어를 무용 동작으로 환치할 수 없다. 무용에서 "박자를 맞추는 발"[84] 즉 보법步法의 수반은 필수이기 때문이다. 수렵 몸짓이 춤의 맹아가 될 수는 있었지만 무용으로는 치환될 수 없었던 이유가 바로 여기에 있다. 그 몸짓이 무용으로 격상되기 위해서는 농경 정착시대에 나타나는 도로의 축조를 기다려야만 했다.

동굴벽화에 등장하는, 이른바 춤추는 벽화들은(그 수효가 극히 적다) 모두 수렵 현장을 묘사했거나 수렵의 원만한 성과를 위해 사냥을 나가기 전에 진행했던 수렵 예행 연습 장면일 가능성이 많다. 이탈리아 시칠리아섬 팔레르모 아다우라동굴의 선각화線刻畵, "몇 마리의 동물과 함께 춤추는 듯한 동작을 취하고 있는 사람들의 모습"[85]도 실제 사냥 장면이거나 훈련 장면일 수 있다. 더 정확히 말하면 사냥감을 에워싸고 포위권 안으로 몰아넣은 다음 사면팔방에서 일제히 공격하는 장면일 것이다. 수시로 공격의 위험이 존재하는 짐승을 앞에 놓고 춤을 춘다는 것은

---

83 배소심·김영아 편저, 앞의 책, p. 13.
84 신상미, 『몸짓과 문화: 춤 이야기』, 대한미디어, 2007, p. 126.
85 H·W. 잰슨, 앞의 책, p. 24.

말도 안 되는 소리다. 도리어 궁지에 몰린 동물의 단말마의 역습에 상처를 입을 수도 있을 뿐만 아니라 춤을 추느라 방심한 틈을 타 포위망을 탈출할 수도 있기 때문이다.

| 사진 86 | 이탈리아 아다우라 동굴의 선각화 「춤추는 사람들」

유럽의 구석기시대 동굴벽화나 동산 미술에는 춤추는 장면에 대한 묘사가 거의 보이지 않는다. 이탈리아의 선각화가 춤 장면을 묘사한 그림 중의 하나인데 이마저도 춤추는 장면이라기보다는 사냥감을 에워싸고 일제히 공격하는 장면일 가능성에 더 무게가 실리는 상황이다.

수렵에서 배태된 무용의 공통점은 여러 사람이 원형으로 둘러서서 빙글빙글 돌며 추는 환무環舞, 군무群舞다. 이 군무는 모든 원시무용의 형식에서 공통으로 나타나는 동작이다. 신체회전 동작은 이 동작에 비해 늦게 나타났을 뿐만 아니라 빈도도 적다. 원형을 이루고 돌며 추는 춤은 말뚝木주위를 돌며 추던 유인원의 원시무용을 계승한 것이 아니라 사냥할 때 짐승을 에워싸고 좁은 공간으로 압박하던, 전형적인 짐승몰이 동작으로부터 발전된 것이다. 이 춤은 고대사회에까지 그 형식이 계승되고 있다. 분포 지역도 서양과 동양을 횡단한다.

한편 채집 활동에서 나타나는 몸짓들도 춤의 생성에 일정한 기여를 한 것으로 보인다. 아프리카 난쟁이부족 춤의 내용 중에 "채집 활동 중 나뭇가지에 오르거나 흔드는 동작"[86]이 있다는 사실을 미루어 짐작할

86 金秋 著, 앞의 책, p. 9.

수 있다. 하지만 채집 활동에서 나타난 몸짓들 역시 리듬 즉 다리와 발과의 밀접한 협조를 상실하였기 때문에 춤동작으로 발양되지 못한 채 신석기시대를 기다려야만 했다. 더구나 채집을 주업으로 했던 여성들의 임신, 아기 업기 등 신체적 부담으로 인해 몸짓과 스텝의 연대가 더욱 어려울 수밖에 없었다. 율동과 리듬을 잃은 몸짓은 일상적인 동작으로 무의미하게 소비되고 만다.

원시인류는 수렵과 채집에 필요한 석기 제작에 많은 시간을 할애했다. 물론 돌로 석기를 제작할 때의 몸짓에서 인류는 리듬을 획득할 수도 있었다. 하지만 앞에서도 언급했듯이 석기 또는 골기 가공은 보행과는 달리 석기의 모양과 재질, 숙련 정도와 용도에 따라 다듬는 소리(리듬)도 천차만별일 수밖에 없다. 안정과 절주rhythm가 녹아든 음악적 리듬의 획득이 어렵다는 뜻이다.

그뿐만 아니라 석기 가공은 무용과의 관계에서도 적극적인 역할을 놀지 못했다. 작업 자세를 면밀히 분석해 보면 그 원인을 파악할 수 있다. 석기 가공작업은 수렵이나 채집과는 달리 보통 땅바닥이나 돌 위에 앉아서 진행한다. 이런 좌식 작업의 경우 하체 즉 다리와 발은 동작 정지 또는 억압 상태에 놓이게 되고 상체 즉 팔과 윗 몸뚱이만 움직이게 된다. 하체가 배제된 상태에서 팔, 어깨와 같은 상체만의 몸짓은 리듬감도 동시에 상실하게 될 수밖에 없다. 게다가 이 작업은 "쾌락과 미감"보다는 통증과 상처가 동반되는 고역이다. 그런 고로 석기 제작은 원시인류의 생활에서 중요한 위치를 차지함에도 무용에 털끝만 한 영향력도 전수하지 못한 채 평범한 동작으로 낭비되고 말았던 것이다. 이와 같은 현상은 발과 다리의 움직임이 몸짓을 무용화하는 과정에서 얼마나 중요한 역할을 감당하는가를 너무나도 분명하게 설명해주고 있다. 물론 이러한 결과는 비단 석기 가공의 몸짓에만 국한된 것이 아니다.

상기한 내용과 동일한 현상이 원시 수화手話에서도 재현된다. 손이나 팔을 빌려 표현되는 수화는 직립보행으로 손이 자유로워지면서 일찍부터 표정과 더불어 발달한 의사소통 방식이었을 것으로 추정된다. 물론 손의 발로부터의 해방은 "두 발의 사용을 강력하게 강화"[87]시키는 원인을 제공하기도 했다. 하지만 중요한 몸짓언어로서의 수화 역시도 발의 리듬 동작의 도움이 없이는 예술적인 동작으로 승화될 수 없기는 석기 가공 동작과 다를 바 없다. 춤의 탄생은 몸의 움직임에 다리와 발의 리듬이 연대할 때 비로소 가능해진다.

필자의 이러한 견해에 동의한다면 적어도 춤의 기원이 "인간이 집단생활을 하면서 자연에 대한 공포나 위협으로부터 자신을 보호하고, 초자연적인 힘을 얻기 위해 행하는 종교의식이나 무속행사를 하면서 시작되었다"[88]는 어영부영한 주장에 현혹당하지는 않을 것이다. 누차 강조하지만 무속은 신석기시대 이전에는 존재하지도 않았다. 리듬을 상실한 몸짓 그것은 결코 무용이 될 수 없기 때문이다. "누군가의 표현력 풍부한 몸짓언어가 다른 누군가에게는 춤이 될 수도 있으려면"[89] 리듬의 지배하에 구조화되어야 한다.

몸짓과 공연 공간—무대만 있다고 춤이 탄생하는 것은 아니다. 네안데르탈인이 살던 브뤼니겔 동굴의 그 "텅 빈 공간"에 "노래하고 춤추는

87 데이빗 하켄 지음, 이미애 옮김, 『인류학자가 본 미래문명』, 사군자, 2000, p. 144.
88 신상미, 앞의 책, p. 34.
89 스티븐 미슨, 앞의 책, p. 226.

무대"[90]라는 기호만 부여한다고 춤이 스스로 자생하는 것도 아니다. 춤이 리듬화 된 몸짓을 소유하기 전에는 그 "텅 빈 공간"은 필자가 보건대 단순한 음식물 저장 공간에 불과할 따름이다.

더구나 담론의 초점이 되는 것은 여성과 무용의 미묘한 관계다. 상식적으로 지금까지 무용은 여성과 밀접한 관계를 과시해 온 듯이 공인된 것이 사실이다. 그것은 묻지 않아도 여성의 몸매에 특유한 굴곡과 율동 내지는 유연성과 탄력 때문일 것이다. 하지만 이 장에서 누누이 언급했듯이 농경 이전에는 도로가 존재하지 않았고 그래서 보행의 안정성이 보장되지 않았던 관계로 직립보행을 함에도 인류는 확실한 리듬을 확보하지 못했다. 게다가 여성의 활동은 장신구 제작과 육아에 치우쳐 남자에 비해 다리와 발의 활동이 적어 리듬화된 몸짓 생산이 저조하게 마련이었다. 물론 여성도 수렵활동에 참여한다. 하지만 여성은 사냥할 수 있는 연령이 되면 이미 임신할 연령이 된다. 1장에서 보았듯이 구석기시대 여성은 12～14세면 임신을(소수의 학자들은 구석기시대 여성은 9세에 임신했다고 주장하기도 한다)했기 때문이다. 그리하여 그녀들이 리듬을 가진 몸짓을 할 수 있는 활동은 더욱 위축될 수밖에 없었다.

도리어 구석기시대에 무용과 연관되는 몸짓을 많이 했던 것은 남성들이었다. 그들의 몸짓은 제한적이긴 하지만 그래도 여성보다는 다리와 발의 협조가 많았다. 짐승을 포위하고 좁은 공간으로 몰아들이며 손과 팔을 휘휘 젓고 허리를 굽혔다 폈다 하는…… 이러한 동작들은 보행과 달리기와 결부되면서 제한적이나마 율동성을 할당받게 되었던 것이다.

---

90 위의 책, p. 348.

하지만 농경 정착 시대에 이르면서 축조된 도로에 의해 여성은 드디어 몸매의 우월성을 드러내기 시작한 것이다. 풍만한 가슴과 탄력 있는 엉덩이는 이 평탄한 길 위에서 단지 안정적이고 평범한 보행을 하는 것만으로도 충분한 리듬감을 발휘하며 춤의 형태로 치환되기 시작한 것이다. 물론 이 시기에도 여성은 임신과 출산 및 육아의 부담에서 자유로울 수는 없었다. 하지만 여성은 신석기시대에 발생한 다른 한 역사적인 사건에 의해 음악, 무용과 숙명적인 인연을 맺게 된다. 이 부분에 대해서는 기회가 생기면 따로 논하기로 하고 이만 접는다.

지금까지의 구석기시대 서양 여성에 대한 담론을 정리하면, 신석기시대 이전에 남성에게 비친 여성의 이미지는 신娠이라는 한 글자로 압축할 수 있을 것이다. 사회적으로나 성적으로나 여성의 역할은 태아를 임신하고 출산하여 양육하는 생식적인 측면에 한정되어 있었음을 알 수 있다. 그렇다면 이즈음에서 우리는 같은 시기 동양 여성이 처한 상황에 대해 궁금하지 않을 수 없다. 다음의 담론은 동북아를 중심으로 하여 중국과 한국은 물론 일본과 인도, 인도네시아 등 아시아 여러 지역의 구석기시대 여성의 생활상에 두루 렌즈를 향할 것이다.

구석기시대 아시아 여성

二. 구석기시대 아시아 여성

구석기시대 유럽과 아시아의 자연 및 인류 문명의 변천 과정은 대동소이하다. 그러한 유사성을 몇 가지로 분류해보면 아래와 같다.

1. **인류의 진화 과정.** 직립보행과 손의 해방 그리고 정면섹스의 변화에서 동일함을 보이고 있다. 다 같이 호모 에렉투스Home erectus에서 호모 사피엔스Homo Sapiens로의 진화 과정을 거치고 있다.
2. **시기와 기후.** 서양은 물론 아시아의 구석기시대 역시 빙하기와 간빙기라는 특정 교체 시기에 맞물려 있다. 빙하기에는 자연환경도 인류문명도 잠시 위축되었다가 간빙기에는 다시 활기를 찾는 반복적인 순환을 거듭했다.
3. **생활환경과 주거지.** 구석기시대의 유라시아에서 생활하였던 인류의 주거환경은 석회암 동굴과 노천 야영지라는 공통된 장소를 선택하고 있다. 물론 이 동굴과 노천 야영지는 하천 부근이 가장 이상적인 생존 공간이었다. 식수 해결과 먹잇감 내원인 물고기, 석기의 재료인 자갈돌 등을 확보할 수 있기 때문이다. 물론 맹수

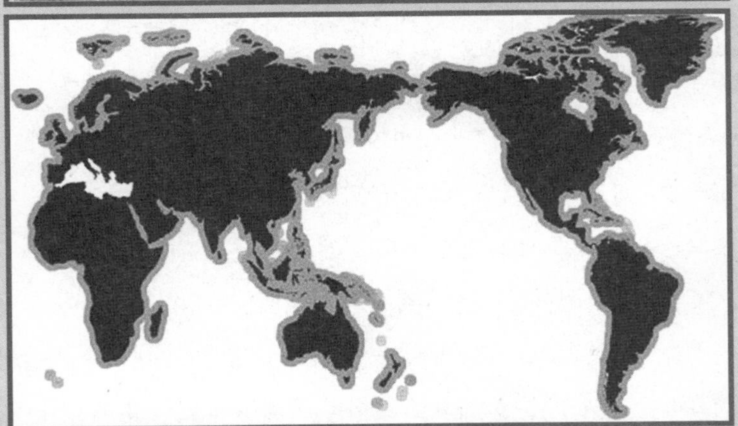

| 사진 87 | 빙하기의 세계(하)와 아시아 대륙 육지 확장 범위

해수면 하강으로 인해 빙하기의 아시아 대륙 주변 천해淺海는 육지의 부상으로 침식되었을 가능성이 제기된다. 이러한 결론은 단순한 추정이 아니라 학계의 연구 결과와도 일치하는 논리다. 고인류는 빙하기의 이 특수한 육로를 따라 중국, 한반도, 일본을 거쳐 인도네시아까지 이동함으로써 아시아에서의 새로운 삶의 터전을 개척할 수 있었다.

들로부터 생명 안전을 보장받을 수 있는 천연장벽이 되기 때문이기도 하다.

4. **생존방식.** 서양에서와 마찬가지로 동양에서도 구석기시대 인류의 생계방식은 수렵과 채집이었다. 물론 어렵고 중요한 생계수단이었다. 수렵대상인 동물의 이동과 계절에 따른 식물성 먹잇감 등의 원인 때문에 인류는 항상 유동해야만 했다는 점에서도 두 대륙의 구석기시대 상황은 다르지 않다.

5. **석기 제작.** 동서양의 구석기시대에는 공통적으로 대량의 석기를 제조하여 수렵과 채집 도구로 사용하고 있다. 물론 여기에는 골기와 지금은 썩어서 그 흔적이 없어진 목기도 포함된다. 그 유사성은 석기의 제조 기술뿐만 아니라 원료까지도 포함될 지경이다.

지금까지 열거한 이러한 유사성을 이 장절에서 다룬다는 것은 무의미한 반복 서술일 따름이므로 당연히 지양止揚되어야 할 바이다. 하지만 서양과 동양의 구석기시대의 문화가 이처럼 수많은 공통성을 지니고 있음에도 불구하고 여전히 뚜렷한 차이점을 보여주고 있다는 점에서 우리는 새로운 담론의 소재를 발견할 수 있게 되었다.

가장 중요한 차이점은 이동과 하천에 대한 문제다. 유럽과는 달리 큰 하천을 끼고 발달한 중국의 경우 구석기 문명은 그 대하가 자연적으로 강요하는 경계 때문에 자유로운 이동에 제동이 걸렸기 때문이다. 결국 아시아의 구석기 문명은 이동과 반정착을 겸한 반 유럽적인 차이점 때문에 부동한 문명의 결과에 도달하게 되는 것이다. 동서로 흐르며 남북의 이동로를 차단하는 이 대하들은 단지 이동을 한계 짓는 작용으로 끝나지 않고 풍부한 어류와 식물성 먹잇감을 제공함으로써 반정착의 가능성을 한층 제고하고 있다. 어로와 채집 활동의 비중이 커짐으로써 상대적으로 대형 수렵활동이 적어질 수밖에 없게 되면서 또 다른 결과들을 초래하기도 한다.

대하大河의 개입으로 인한 이동과 대형 수렵의 위축은 한 걸음 더 나아가 유럽의 구석기시대를 찬란하게 빛낸 동굴미술, 조각상과 현란한 장신구 그리고 신비한 악기에까지 그 영향을 미치며 두 대륙의 구석기 문명을 확연하게 갈라놓고 있다. 유럽과 달리 중국과 한국을 비롯하여 아시아 구석기시대 문명에서 홀연히 사라진 예술, 이른바 동굴미술, 조각상, 장신구, 악기 등의 문제에 대한 원인 규명이 본 장절의 중요한 화두가 될 것이다. 물론 이 담론은 중국, 한국 및 아시아 여러 나라의 당시 기후와 지형 등과 결부되어 진행될 것이다. 한국의 구석기시대 문명과 여성에 대해서는 따로 장절을 설정하여 담론을 진행하려 한다.

구석기시대 중국과 아시아 여성

1장

여성이 인류발전사에 남긴 족적은 멀리 구석기시대로 거슬러 올라가서도 뚜렷하게 찍혀 있다. 이들은 인류의 번식과 물질적 생존은 물론 정신문화 영역까지 총망라하는 넓은 범위 내에서 자신들의 영향력을 행사하였던 것이다. 이렇듯 역동적인 구석기시대 여성의 활약상을 집약 정리하면 크게 다섯 가지로 귀납할 수 있을 것이다. 첫째는 종의 생물적 유전자를 지속하기 위한 생육, 둘째는 식자재를 장만하기 위한 채집, 셋째는 공동체의 살림을 관장하기 위한 잡역, 넷째는 사냥꾼 육성과 성 파트너를 사모하기 위한 예술(벽화와 조각), 다섯째는 귀중품을 소장하기 위한 장신구 생산과 소비다.

그런데 이러한 사항 전부가 해당하는 지역은 단지 유럽뿐이다. 이 사항들을 아시아의 구석기시대 여성들에게 적용할 경우 앞의 세 개 조항은 무리가 없으나 뒤의 두 개 조항은 일부만 해당되거나 전혀 해당되지 않는다. 중국의 경우 유럽에서 대량으로 발견되는 벽화와 조각 예술품이 발견되지 않을 뿐만 아니라 그나마 출토되는 장신구도 지역적인 측면이나 시대적인 측면에서 극히 제한적이다. 장신구의 발굴 지점은 저우커우뎬周口店(주구점) 산딩둥이라는 특정한 지역과 구석기시대 말이라는 특정한 시대에 한정되어 있다.

중국, 더 나아가 동북아 전체에서 예술과 장신구의 발달이 침체상태에서 부진한 현상이 나타나게 된 원인은 두말할 것도 없이 생활 방식과 연관된다. 우리는 유럽 편에서 이미 동굴벽화와 동산 미술의 화려한 성과가 동물을 따라 이동해야만 하는 그들의 유동 생활과 밀접한 관계가 있음을 심층 분석을 통해 확인한 바 있다. 그런데 중국과 동북아의 경우 구석기시대 생활 방식은 유럽과는 다른 양상을 띠고 있었다. 그들은 이동을 겸한 반정착생활을 했던 것이다. 이러한 생활 방식은 두 대륙의 기후 차이에서 나타난 현상이다. 물론 지형과 하천 분포 상황의 차이가 미치는 영향도 홀시 할 수 없을 만큼 중요한 역할을 하였다.

아무튼, 미술이나 조각 그리고 장신구가 적게 발굴된다는 것은 이 분야에서의 여성의 참여가 그만큼 위축되었다는 사실을 의미하기도 한다. 공동체에서 여성의 활약은 생육과 살림살이, 그리고 생리적으로 허락된 일부 여성들의 채집 활동에 한정될 수밖에 없었다. 활동의 위축은 거기서 그치지 않고 여성의 사회적 지위를 약화시키는 결과를 초래하게 된다는 데 문제가 대두된다.

여성 활동범위의 위축과 공동체에 미치는 영향력의 약화는 결과적으로 남성 중심주의와 여성 소외라는, 동북아의 전통 사상의 맹아로 나타난 것이라고 볼 수도 있다. 역사적으로 여성의 이미지는 생육과 가사에 초점이 맞춰졌을 때 탈색했고 신성神性 또는 예술성과 연대할 때 제고되었다. 여성이 신성과 연대했던 건 신석기시대 이후임으로 구석기시대에 여성의 위상을 담보해 준 것은 예술(장신구의 생산과 소비를 포함)뿐이었다. 그런데 중국 구석기시대 여성의 경우 이 분야가 침체상태를 보였으니 그 결과는 말하지 않아도 자명한 일이다.

1) 하천과 구석기시대 인류의 생활

ㄱ. 유럽의 하천 분포와 역할

구석기시대에 예술과 여성은 긴밀하게 연관되어 있다. 장신구는 물론이고 동굴미술과 조각 예술도 여성과 떼려야 뗄 수 없는 인연을 맺고 있음을 우리는 유럽 구석기시대의 담론에서 이미 심도 있는 검토를 통해 확인하였다. 하지만 이 공식이 중국을 비롯한 아시아 구석기시대 문화에는 그 효력을 상실하고 마는데 그 원인에 대해 동서양 고고학은 어떠한 의미 있는 연구결과도 내놓지 못할 뿐만 아니라 아예 시도조차도 하지 않은 채 답보하고 있는 실정이다. 지금까지 발굴된 고고학 자료로는 그 원인 규명이 불가능하기 때문이라고 한다.

필자는 원인 규명의 난관은 고고학적인 자료 부족보다는 학계가 석기 제작기술과 이른바 미술의 기원이 되었다는 무속이라는 제한된 자료에 너무 빠져 있었기 때문이라고 간주한다. 도리어 당시의 지형이나 하천, 산맥의 분포 그리고 그에 따른 식생의 특성에 대한 연구를 통해 원인을 규명할 수 있는 가능성이 많지 않을까 생각한다. 그와 같은 추측은 이러한 자연 현상들이 원시 인류의 생활 방식에 결정적인 영향을 미쳤기 때문이다. 유동, 거주, 수렵, 채집, 어로 등 생활의 전반 영역에 걸쳐

| 사진 88 | 하천에서 생활하는 영국 구석기 인류(좌)와 중국 산딩둥인

하천은 구석기인들에게 식수공급원인 동시에 식료 및 석료石料 공급원이기도 하다. 그뿐만 아니라 맹수들로부터의 기습 공격을 막아주는 천연방벽이기도 하다. 하지만 구석기시대 하천의 의미는 여기서 끝나지 않는다. 인류의 생존방식과 여성의 생활 패턴을 규정하는 인소로도 작용한다.

통제 역할을 수행했다.

구석기시대에 있어서 유럽과 중국의 문화 차이는 주로 악기를 제외하고는 여성과 관련된 예술 분야에 집중되어 있다. 구체적으로 열거하면 동굴미술, 조각상, 장신구 등에서의 차이다. 구석기시대 유럽과 중국의 석기문화가 보여준 이러한 차이는 유동과 거주(정착)라는 이 두 가지 생존방식의 빈도의 차이에 기인한다고 간주한다. 그런데 유동과 거주는 또 하천의 분포와 대소大小에 의해 영향을 받게 된다. 구석기시대 유럽의 하천 분포 내지는 크기와 중국의 하천 분포 내지는 크기를 대조해보면 그 이유가 일목요연해진다.

하천이 석기시대의 주요한 생활 공간이 된 데에는 그럴만한 이유가 있다. 하천은 석기의 원료와 먹잇감을 제공할 뿐만 아니라 안전(천연 보호 장벽)도 보장된다. 석기시대 인류에게 생명과도 같은 석기의 원료는 주로 강가의 자갈돌이었다.

> **중국의 구석기시대의 조상들은 보통 주거지 부근의 강가에서 자갈돌鵝卵石(굵은 자갈)을 주어 석기를 제작했다.[1]**

> **옛사람들은 주거지 부근의 강변이나 산간벽계, 해변의 백사장에서 자갈이나, 산비탈에서 굴러 떨어진 돌덩이 등을 채집했다.[2]**

베이징원인(북경원인)이 석기 원료로 사용한 맥석영脉石英, 사암, 석회암, 부싯돌, 각혈암角页岩, 수정 등은 죄다 용골산龙骨山 "동굴 아래의 패아

---

1 宋兆麟·黎家芳·杜辉西 著, 『中国原始社会史』, 文物出版社, 1983年 3月, p. 9.
2 张智恒·黄建秋·吴建民 著, 『中国旧石器时代考古』, 南京大学出版社, 2003年 5月, p. 50.

하坝儿河 모래톱에서 채취한 자갈돌河光石이었다."[3] 산딩둥인이 제작한 석영과 녹색 사암 그리고 수석(부싯돌)의 석료石料도 "부근의 강변에서 채취한 것"[4]이었다. 가까운 강변의 자갈돌을 이용하여 석기를 제작하면 우선 무거운 자연 돌을 거주지까지 운반하는 거리가 줄어든다. 강변에서 반제품을 만들어 캠프로 운반하기도 용이하다. 그뿐만 아니라 견고한 석기 제작에 필요한 "6° 이상의 경도와 일정한 강도를 구비"[5]한 질 좋은 각종 석재도 풍부하다.

게다가 하천은 구석기인에게 충족한 식수자원을 제공할 뿐만 아니라 풍부한 먹을거리의 내원이 되기도 한다. 풍부한 어류와 살진 식생 지대를 품은 하천은 먹잇감의 천연 보물고이기도 하기 때문이다. 그리하여 "어로는 구석기인에게 채집과 수렵에 못지않은 주요한 경제활동"[6]이 될 수밖에 없었다.

정촌인丁村人이 생활했던 분하汾河의 "강 속에는 민물 청어青鱼, 잉어가 있었을 뿐만 아니라 강변의 진흙과 모래에는 각 종 펄조개가 서식했다. 강변 주위에는 원시 소, 물소 그리고 비버河狸가 살았다. 이것들은 모두 정촌인의 어렵대상"[7]이었다. 베이징원인이 살았던 "산 아래 강과 호수에는 물소, 수달이 있고 물고기들이 헤엄쳐 다녔다."[8] 그뿐만 아니라 하천 변의 숲에는 식용 가능한 각종 야생 과일들과 열매, 뿌리, 줄기, 잎들이 도처에 자라고 있어 여성들의 채집 대상이 되었다. 또한, "하천과 호

---

3 王兵翔 編著, 『旧石器时代考古学』, 河南大学出版社, 1992年 2月, p. 79.
4 张之恒 主編, 『中国考古学通论』, 南京大学出版社, 1995年 1月, p. 86.
5 王兵翔 編著, 앞의 책, p. 79.
6 宋兆麟·黎家芳·杜辉西 著, 앞의 책, p. 126.
7 王玉哲 著, 『中华远古史』, 人民出版社, 2000年 7月, p. 28.
8 위의 책, p. 21.

수들에는 각종 어류들과 물너구리河狸, 들오리들이 끊임없이 날아다닌다."[9] 강에는 "나무막대기로 때려잡거나, 손으로 잡는 것도 가능할"[10] 만큼 물고기가 많다.

하천은 포식자로부터 자신을 보호할 수 있는 천연적인 안전장치이기도 하다. 하천이 적어도 한쪽 면에서는 공격자들의 진입로를 유효하게 차단하기 때문이다. 동굴에서 열린 쪽은 언제나 하천을 향해 있다. 적의 공격에 노출된 이 개방된 공간을 하천이 장벽이 되어 방어해주는 기능을 수행하는 것이다. 이러한 조건들이 바로 구석기시대의 특이한 하천 문화가 발달한 원인이 되는 것이다.

그런데 하천의 기능은 여기서 멈추지 않고 한걸음 더 나아가 인류 생존에 결정적인 영향을 행사하게 된 것이다. 일단 우리는 여기서 결론부터 말하기 전에 유럽과 중국의 구석기시대 하천 분포에 대해 잠깐 살펴보고 지나가도록 하자. 그런 사전 지식이 없이 결론부터 말하면 이해가 어렵기 때문이다.

유럽 수계水系의 분포 특징을 보면 큰 하천들이 구석기 문명의 요람 지역을 벗어나거나 외곽으로 흐른다는 점이다. 길이 3,700km로 유럽에서 가장 큰 강인 볼가 강Volga River은 우랄산맥Ural Mountains 서쪽에서 카스피해로 흘러듦으로써 동굴미술과 동산 미술의 꽃을 피웠던 유럽의 석기시대 주요 발상지와는 멀찌감치 떨어져 있다. 다뉴브 강Danube river은 독일, 오스트리아, 슬로바키아, 헝가리, 세르비아, 불가리아, 루마니아, 러시아 등을 거쳐 흐르는데 그 유역은 오스트리아의 평원 슬로바키아 남

---

9 李治亭 著, 『关东文化』, 辽宁教育出版社, 1998年 6月, p. 52.
10 宋兆麟·黎家芳·杜辉西 著, 앞의 책, p. 98.

부 평야, 평원지대가 80%인 헝가리 남부 루마니아 평원 불가리아의 도나우 평원 등 죄다 평원지대이다.

총 길이 2,850km로 유럽에서 두 번째로 큰 강인 도나우 강 역시 독일 남부 알프스산맥에서 발원하여 동쪽으로 흘러 흑해로 유입함으로써 같은 지역을 비켜서 흐른다. 독일의 대하천 라인 강Rhine River은 그 길이가 1,230km에 달하지만 약속이나 한 듯이 구석기 유적의 중심부를 에돌아 흐른다. 스위스 중부 지방에서 발원하여 오스트리아, 독일, 프랑스 국경을 경유한 다음 네덜란드의 국경에서 이름이 바뀌어 북해로 흘러든다. 유일하게, 그나마 상류에서만 남북으로 흐르는 르와르 강은 길이 1,020km가 되는 프랑스에서 가장 큰 강이다. 하지만 길이가 1,400km 되는 중국의 랴오허遙河에도 미치지 못하는 중간 크기의 강이다. 길이 803km의 압록강만 하다. 중하류까지는 동서방향으로 평원지대를 횡단하여 흐르고 상류에서만 산지의 남북방향으로 흐른다. 이 상류부분은 중하류에 비해 유량이 적거나 강폭이 좁아 작은 강 수준에 머물 따름이다.

구석기 유적 지역을 흐르는 기타의 강들은 그 흐름의 방향이 동서이며 비교적 작은 하천들이라는 공통점이 존재한다. 구석기 유적이 가장 밀집한 도르도뉴 강Dordogne river의 길이도 472km로 길이 513km의 낙동강의 크기에도 미치지 못한다. 구석기 문화유적이 가장 집중된 베제르Vézère 강은 길이는 190km로 길이 244km인 임진강보다도 작은 강에 불과하다. 대형 하천으로 인한 교통 두절이 제거된 이런 영역은 인류의 이동이 자유로운 생존 공간이 될 수밖에 없다. 그리하여 유럽의 구석기 인류는 유동식 생활 방식에 익숙할 수밖에 없었던 것이다.

이곳에서는 빙하기가 되면 빙하호수와 작은 강의 물이 마르고 숲이 급속하게 줄어들게 된다. 하천에 의해 살아가던 물고기와 숲의 먹잇감들이 줄어들기 때문에 인류는 새로운 먹잇감을 찾아 다른 곳으로 이동할 수밖에 없었을 것이다. 그 결과 장기간의 원정수렵이나 거주지를 옮기는 유동 생활이 필수가 된다. 하지만 그 추운 빙하기에 임신부나 어린이 노약자들은 이동이 불가능했다. 여분의 음식물과 함께 이들을 사냥에서 돌아올 때까지 동굴 속에 남겨둘 수밖에 없었다. 앞에서 이미 언급했듯이 이들은 동굴에 남아 장신구를 제작하고 동굴미술을 창조한 주인공이 되었다.

그러나 간빙기가 되면 이곳에도 빙하호수와 강물이 불어나고 숲이 무성해지며 먹잇감도 동시에 풍부해진다. 하지만 강이 작아 거기서 공급받을 수 있는 식료는 항상 제한적일 수밖에 없었다. 무리의 숫자가 늘어나거나 가뭄 또는 홍수 때 제기되는 부족한 식량을 보충하기 위한 방법은 오로지 하나 이동이다. 기온이 따뜻한 간빙기의 이동은 여성의 동행도 가능했다. 여성들은 그동안 생산한 대량의 대신구들을 구멍을 뚫어 끈으로 꿴 후 목이나 어깨 또는 허리에 휴대하고 남자들을 따라 새로운 생존 공간을 찾아 이동했다.

프랑스와 독일의 수계 구조를 한번만 눈여겨보면 유럽의 구석기시대문명은 천연 수계(바다와 빙하 포함)와 산맥이 만들어준 영역 안에서 발달했음을 알 수 있다. 서쪽으로는 대서양이 막혀 있고 북쪽으로는 동쪽에서 서쪽으로 흐르는 루아르 강(중, 하류)Loire River과 빙하 그리고 평야가 이중삼중의 경계를 이루고 있다. 남에서 북으로 흐르는 길이 1,390km의 라인 강이 북동쪽에서 구석기 문화 발달지역을 외부와 차단하고 동남쪽으로는 거대한 도나우 강과 드넓은 평야가 동서 통로를 차단하고 있다. 그뿐만 아니라 남쪽으로도 알프스산맥에 의해 막혀 있다.

유럽 구석기 문화는 이들 큰 하천과 산맥 분포가 박약한 이베리아반도Iberia Pen.로 그 영역을 확장하고 있다는 점에 주목할 필요가 있다. 물(바다, 빙하)과 산, 평야가 견고한 장벽이 되어 생존영역을 구획 지은, 유럽 구석기 문화 발원지의 형상은 마치 중국의 고대 악기 편종을 닮아 있다. 이러한 형태는 전적으로 수계를 중심으로 한 지형의 특성에 의해 결정된 것이라 단언할 수 있다.

게다가 유럽 구석기 문화가 번성했던 지역은 큰 강이 없을 뿐만 아니라 높은 산도 없어 이동에 한층 편리를 보장했다. 독일의 지형을 볼 때 구석기 인류가 가장 활발한 활동을 한 지역에 속하는 중부 고원지대는(북부 평야 지대는 당시에는 빙하지역이었다) 해발이 6~700m밖에 안 되는 낮은 산지였다. 프랑스 역시 북부와 서부는 평야이며 구석기인의 주요 생존 공간이었던 남부와 남동부는 습곡산맥지역이다. 산지임에도 불구하고 피레네Pyrene, 쥐라Jura, 알프스Alps 산맥들과 연결된 손 평야와 론 평야가 포함되어 있다. 프랑스는 해발 300m 이하의 저지가 전 국토의 3분의 2를 차지한다. 국토의 평균 고도는 342m이고 500m 이상의 고지대는 국토의 17.8%에 달할 뿐이다. 250m 이하의 저지대는 61.8%에 달할 정도로 광대하다. 이처럼 대 하천과 산맥이 없는 공간은 유럽 구석기 인류의 유동 생활에 결정적인 편리를 제공했다고 볼 수 있을 것이다.

먹잇감 부족 현상 때문에 유동 생활을 할 수밖에 없었던 구석기 인류의 교통에 불편을 주는 것은 두말할 것도 없이 강(바다와 빙하를 포함)과 산이었을 것이다. 석기를 가지고는 교통 도구를 제작하기가 여간만

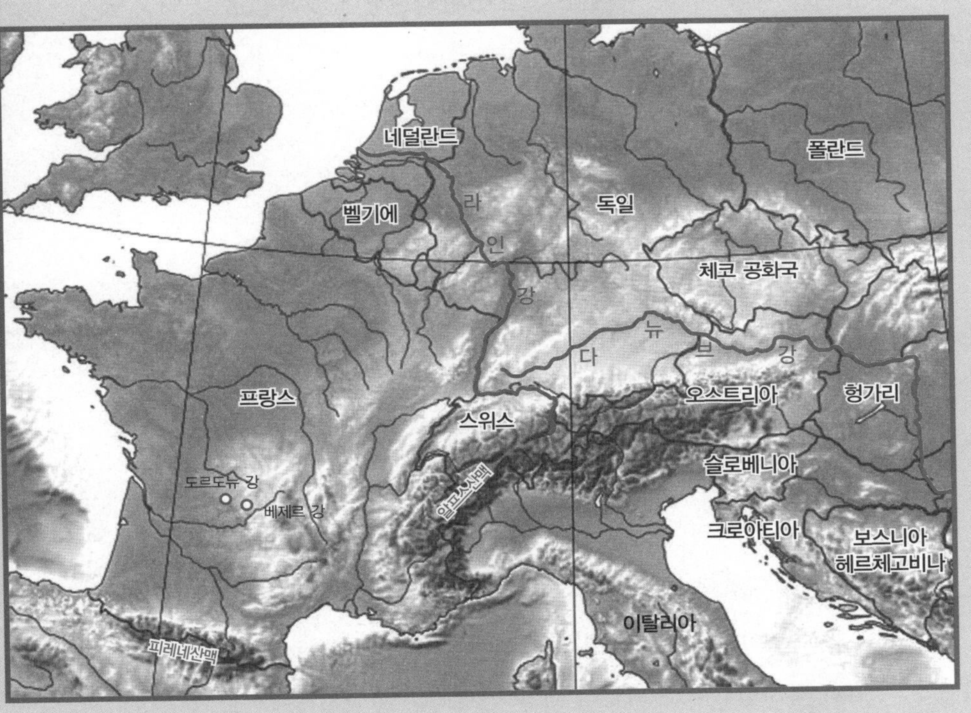

| 사진 89 | 동굴미술, 동산 예술 발상지

유럽의 동굴미술 발상지는 큰 하천과 유리되어 있다. 독일 중부, 프랑스, 이베리아반도 내에는 1,000km 이상의 큰 하천들이 존재하지 않는다. 서남쪽은 피레네 산맥과 알프스 산맥, 북쪽은 빙하로 뒤덮인 프랑스 평원과 북부 독일 평원으로 둘러막히고 중부고원 지대에는 하천의 상류거나 작은 하천들이 분포되어 이동이 편리하다. 동서 노선의 개방으로 인해 이동이 더욱 원활하다. 결국 서유럽의 이러한 천혜의 자연 지형은 구석기인들의 유동 생활에 유리한 조건을 제공했다.

어려운 일이 아니었을 것이기 때문이다. 아무런 교통 도구도 이용하지 않고 대하를 도강한다는 것은 오로지 죽음만을 의미하기에 유일한 선택은 포기뿐이었다. 이동을 오로지 도보에 의존했던 것처럼 도강 역시 네 팔다리에 의존할 수밖에 없었다. 지금은 다리나 배를 이용하여 쉽게 건널 수 있지만 당시로써는 팔 다리 외에 이용할 수 있는 교통운수 도구가 극히 제한적이었다.

마른 진대나무통이나 넝쿨로 엮은 뗏목이 아니면 순록 같이 순한 동물의 잔등에 타고 강을 건너는 방법 같은 것들이 당시 인류의 교통 도구였을 가능성을 배제할 수는 없다. 겨울에 빙산이나 고지대를 이동할 때에도 스키나 간단한 썰매 또는 순록 등을 이동 도구로 사용했을 것이다. 하지만 도나우 강이나 라인 강을 아무런 안전 대책도 없이 진대나무통이나 뗏목을 이용하여 남부여대의 무리 전체가 도강을 한다는 것은 여전히 무모한 모험일 수밖에 없다. 파도나 물결이 거세면 여성과 어린이, 노약자들은 위험에 직면하게 된다. 통나무는 물에서 파도에 밀려 회전하고 뗏목은 기울거나 파손될 것이기 때문이다.

가파른 산비탈이나 벼랑이 앞을 가로막는 고산지대에서도 이동장비가 없기는 마찬가지다. 밧줄 대신 식물의 넝쿨을 사용하여 톺아오를 수도 있지만 그 역시 젊은 장정들에게나 어울릴 뿐 여성이나 어린이, 노약자들은 등반의 엄두도 낼 수 없는 이동 방식이 아닐 수 없다. 만일 그 산에 빙하나 얼음 또는 눈이 덮여 있다고 한다면 그 난관은 몇 배로 증가할 것이다.

그리고 구석기시대에는 아직 말이나 순록 같은 동물들을 사육한 적이 없어 먹잇감 외에 교통 도구로 사용했을 가능성도 거의 없다. 먹잇감으로만 충당하려해도 부족했을 것이다. 설사 부득이한 사정에 의해 이동 도구로 사용했다하더라도 극소수에 불과했을 것이다. 임산부나 어린이, 노인 또는 부상자 그리고 사냥한 무거운 짐승을 운반할 경우에만 사용했을 것이다.

구석기 인류에게 가장 좋은 방법은 바다를 피했던 것처럼 될수록 큰 강이나 빙하 또는 산맥(예를 들어 알프스 산맥)을 피하는 것이었다. 도강과 등산이 없는 공간에서 이동하며 생활하는 것이다. 유럽의 석기시대 인류가 도나우 강, 라인 강, 루아르 강 등과 같은 큰 하천을 건너지 않고 그 안에서 길이가 불과 190km에 불과한 베제르 강과 같은 작은 하천 주위에 옹기종기 모여 산 이유가 여기에 있다. 이 작은 하천이 흐르는 베제르 계곡에는 수많은 선사시대의 유적들이 밀집해 있다. 이처럼 작은 하천은 천연 보금자리가 되어 주고 먹잇감을 제공할 뿐만 아니라 유동 생활에 장애물 역할도 하지 않는다. 가슴에 품어줄 뿐만 아니라 쉽게 풀어 주기도 하는 것이다.

유럽의 구석기 문화의 공간에서 큰 강이라는 자연적인 장애물이 제거된 것은 이 문화의 눈부신 발전을 촉진하는 계기가 되었다. 이러한 천혜의 조건은 장기적인 유동 생활을 가능하게 했을 뿐만 아니라 자유로운 이동으로 인해 중국이나 아시아와는 다른 그들만의 특이한 석기 예술을 창조할 수 있었던 밑거름이 되기도 했다. 유럽의 구석기시대 여성들의 찬란한 예술은 다름 아닌 큰 강의 배제와 그로 인한 유동 생활이 만들어낸 걸작이다.

그런데 다음 절에서 논하겠지만 중국이나 아시아의 경우 구석기시대 인류의 수계분포와 생활 방식은 유럽과는 상이하다는 것을 알게 될 것이다. 중국의 빙하기의 수계분포는 유럽과 달리 구석기시대 인류의 생존 공간과 밀착되어 있다. 대 하천들 이를테면 황허와 창장(양쯔강)은 물론이고 회화, 위하, 등 큰 강들이 구석기시대 인류의 생활 공간을 겹겹이 둘러쌈으로써 이들의 이동을 차단하고 있기 때문이다. 그 결과는 어떠할까? 여성과 연관된 석기 예술에 치명적인 영향을 미치게 된다.

ㄴ. 중국의 하천 분포와 역할

빙하기 중국 수계 분포의 특징은 큰 강들이 배제된 유럽과는 달리 도리어 주요 석기 문화 발상지들이 큰 하천들과 밀착 또는 근접해 있다는 점이다. 석기시대의 유적들은 서쪽에서 동쪽으로 흐르는 수많은 강들에 의해 독립적으로 분할된 형국을 이루고 있다. 이러한 강들은 황허, 창장이 주류가 되고 그 밖의 수많은 지류들로 이루어져 있는데 그 길이가 400km 이상 되는 대 하천들이 촘촘한 그물망 형태를 형성하고 있다. 더구나 남쪽에서 북쪽을 향하여 계단식으로 겹겹이 층을 이룬 대하들은 중국의 석기시대 문화의 지역적 경계를 형성하는 계기를 제공하고 있다. 중국 중원 지역의 구석기 문화에 일정한 영향을 미친 400km 이상의 큰 하천들을 아래에 열거하면 다음과 같다.

① 창장长江.(양쯔 강扬子江) 6,300km. 서쪽에서 동쪽으로 흘러 동중국해로 유입.

② 화이허淮河. 1,100km, 서쪽에서 발원하여 동쪽으로 흐르다가 동중국해로 유입.

③ 황허黃河. 5,463km. 서부에서 동북부로 흘러 발해로 유입.

④ 웨이허渭河(渭水) 864km.(베이징원인, 란텐원인 유적) 서쪽에서 동쪽으로 흘러 황허와 합류.

⑤ 펀허汾河. 550km. 북부에서 남부로 흘러 황허와 합류.

⑥ 하이허海河(沽河) 화북의 최대 규모 하천. 발해로 유입. 가장 긴 지류인 장허漳河의 발원지부터 하구까지의 거리는 1,329km.

⑦ 상건허桑干河 길이 506km. 베이징 남쪽. 서쪽에서 동쪽으로 흐르다가 천진에서 하이허海河에 합류.

⑧ 융딩허永定河(無定河) 747km. 네이멍구 서부에서 발원하여 천진에서 하이허海河에 합류.

⑨ 롼허滦河. 885km. 서부에서 동으로 흘러 발해에 유입. 베이징, 텐진 북쪽.

⑩ 다칭허大清河. 483km. 7대 하이허海河 수계 중 다섯 번째.

⑪ 다링허大凌河(鄂木伦河, 古称白狼水) 397(375)km.

⑫ 랴오허辽河. 1,430(1345. 1390)km. 발해로 유입.

⑬ 랴오하허老哈河. 426km. 동으로 흘러 서랴오허에 합류.

이외에 동북지역에도 큰 하천들이 많다. 위의 글에서 언급한 동북남부의 롼허 수계, 다링허 수계, 랴오허 수계를 제외하고도 쑹화장 수계, 무단장 수계, 압록강 수계 등 큰 하천들이 많이 분포되어 있다. 그중 쑹화장의 길이는 약 1,960km에 달하며 무단장의 길이도 700km이고 압록강의 길이는 803km이다. 이 하천들을 따라 동북지역의 구석기 문화 유적들이 분포되어 있다.

이처럼 큰 하천들은 그 계단식 분포를 통해 자연적인 경계를 형성하

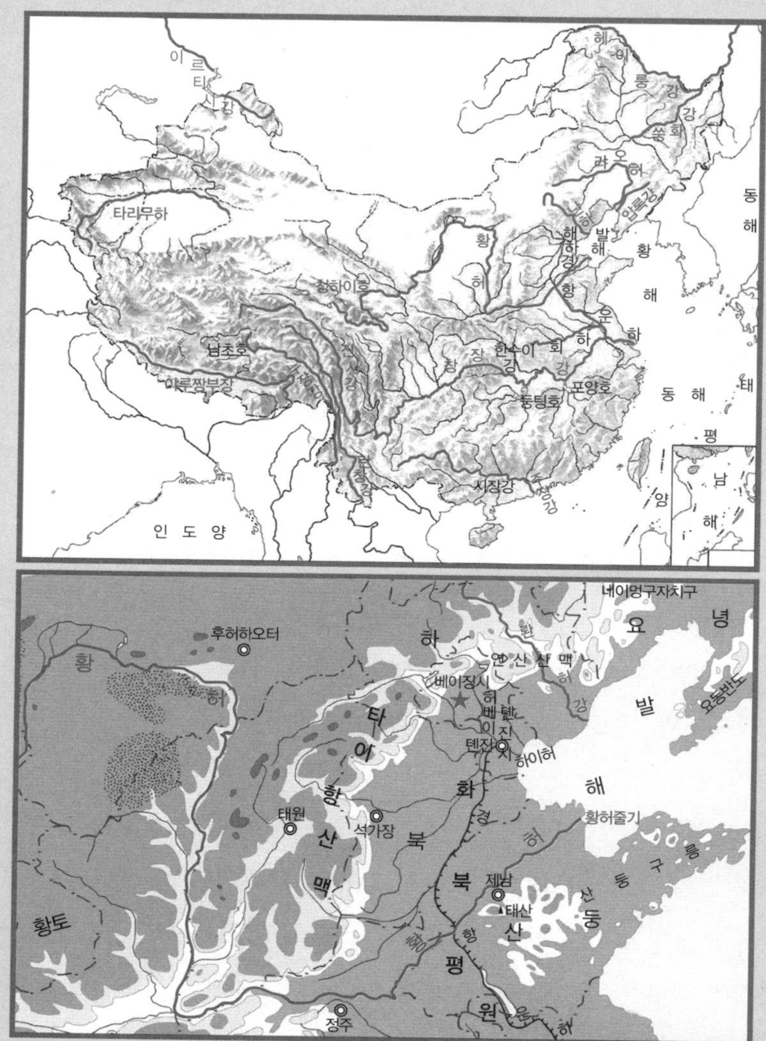

| 사진 90 | 중국의 하천 분포도(상)와 화북지방 하천 분포도(하)

중국의 구석기시대 사람들이 생활한 지역의 수계를 보면 유럽과는 달리 큰 하천들이 그물망처럼 촘촘히 분포되어 있다. 큰 하천들이 당시 사람들의 이동에 천연장벽이 되었음을 알 수 있다. 중국 구석기인들의 반정착생활 패턴의 원인 제공 요인이기도 하다.

여 구석기 인류의 자유로운 이동에 어느 정도 제동을 겺으로써 매개 집단들을 일정한 장소에 반정착화 하는 구실을 담당했음을 우리는 알 수 있다. 이를테면 베이징 저우커우뎬 구석기 문화는 크게는 황허와 랴오허를, 작게는 남쪽으로는 상건허 북쪽으로는 융딩허를 경계로 하는 고정된 생존 공간을 활용했을 것으로 추측된다. 이밖에 윈난성과 구이저우성의 여러 구석기 유적들의 경계는 하천과 함께 고산 지대에 의해 구분되었다고 가정할 수 있다. 강과 산은 지형적으로 교통수단이 전무했던 구석기시대 인류의 이동에 장애물로 작용했기에 유럽과 다른 생활방식 즉 이동과 반정착이라는 중국과 아시아만의 구석기 생활 패턴이 형성된 것이다.

중국 구석기 문화가 대규모 하천과 고산지대에 의해 남북이동이 제한적이었다면 동쪽으로는 동굴이 없는 평야지대와 바다가 있고 서쪽으로는 황막한 타이거지대와 빙하 때문에 통로가 두절되어, 인류의 생존 공간이 중원과 창장 중·하류 지역에 집중되었던 것이다. 그런데 이동의 한계와 주거의 반정착은 필연적으로 여성과 연관된 석기 예술의 침체를 초래하게 된다. 중국 구석기시대에 동굴벽화와 조각상은 전무하며 장식품도 유럽에 비해 산딩둥을 비롯한 아주 적은 유적들에서만 소량 발굴될 뿐이다. 이러한 현상은 인도네시아와 인도, 일본 등 아시아의 여타 지역에서도 예외는 아니다.

인도네시아는 인류 최초 발상지의 하나다. 고고학발굴과 과학적 추론에 의하면 일찍이 몇십만 년 전 원시인류의 무리는 자바 땅에 모습을 드러냈다.[11] 35만 년~45만 년 전으로 추정되는 갱신세 초기의 고대

11 王任叔 著, 『印度尼西亚古代史(上, 下)』, 中国社会科学出版社, 1987年 12月, p. 55.

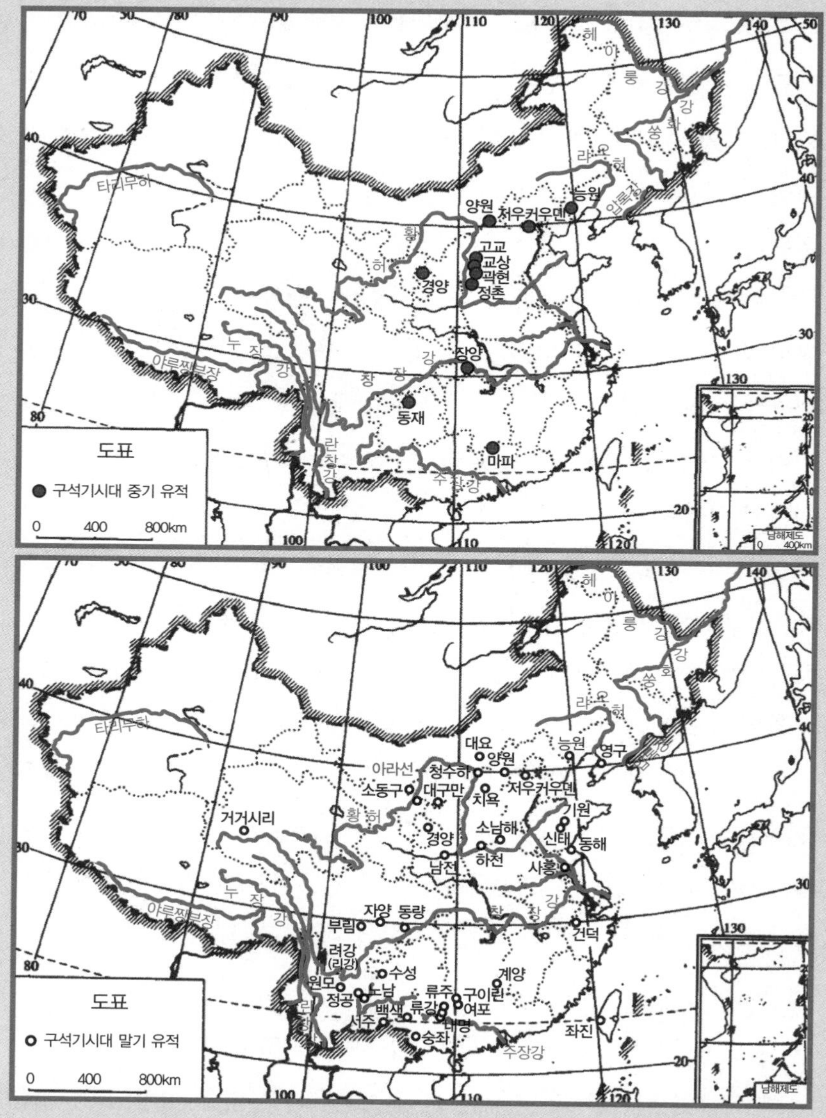

| 사진 91 | 중국 구석기 중기 문화유적(좌)과 말기 문화유적

중국 구석기 유적들은 모두 강을 따라 형성되어 있다. 식료, 석료 등의 생존자원을 획득하기 위해서다. 그런데 이 강들은 산맥과 더불어 남북 또는 동서로 이동로를 차단함으로써 생존 공간 범위를 한계 짓는 경계 구실을 하기도 한다.

자바메간트로푸스인魁人, Meganthropus과 모조케르토인Mojokerto(약 60만 년 이전이라고 주장하는 학자들도 있다), 3만 5천 년 전~8만 년 이전으로 추정되는 갱신세 중기의 자바직립인(약 30만 년 이전이라고 주장하는 학자들도 있다) 그리고 1만 5천 년 전~3만 5천년 경으로 추정되는 갱신세 말기의 솔로인(solo man. 혹은 안동인岸栋人이라고도 부른다), 와작인Wajak 등 인골들이 발견[12]되었을 뿐만 아니라 부싯돌, 옥수玉髓, 벽옥碧玉, 자갈돌로 만든 솔로인들의 석기도 발견되었다. 하지만 여성의 생활과 연관된 미술품이나 악기는 물론이고 장식품도 발견되지 않았다. 이른바 "권력의 상징"이라는 지팡이에 대해서는 다른 장절에서 언급하기로 하고 여기서는 생략한다.

1891년 네덜란드 해부학자 뒤부아(Eugeun Dubois. 1858~1940)가 발견한 인류 화석, 자바인(Java man. 트리닐인Trinil Man이라고 부른다)들이 살았던 곳은 자바 중부의 솔로 강Solo River 기슭인 트리닐Trinil[13]이다. 솔로 강은 길이 600(560)km 되는, 자바섬에서 가장 큰 하천이다. 동서 길이가 1,000km. 남북길이 150km인 자바섬에서 솔로 강과 브란타스 강, 치마누크 강, 루시 강 등은 비옥한 충적평야를 만들어 내고 있다. 남북으로 흐르는 하천들은 천연 동서 경계를 만들며 비교적 고정된 생존 공간을 만들어 내고 있다. 게다가 기후마저도 열대성 몬순기후로 따스하고 습윤하며 바람도 잠잠하여 정착생활에 도움이 된다. 이들을 이곳에서 반정착생활을 할 수 있도록 했던 환경조건은 풍부한 먹잇감이었다.

---

12 위의 책, p. 56.

13 리밍셩 외, 심규호 외 옮김, 『주구점의 북경인 1』, 일빛, 2001, p. 46.

| 사진 92 | 인도네시아 자바섬의 하천 분포도와 솔로 강

구석기유적이 발견된 인도네시아 자바섬에서 솔로 강과 브란타스 강, 치마누크 강, 루시 강 등 하천들은 비옥한 충적평야를 조성할 뿐만 아니라 남북으로 흐르며 산지와 연대하여 천연 동서 경계를 만듦으로써 구석기인들에게 비교적 고정된 반정착 생존 공간을 제공하고 있다.

솔로인梭罗人은 이미 항상 떠돌이(이동)사냥과 채집을 하지 않는 원시인 무리였음을 알 수 있다. 그들은 이미 고정된 지역에 비교적 장기간 정착 생활을 했다. 솔로인이 간단한 풀막(거소居所)을 만들 줄 알았는지에 대해서는 증거가 없다. 하지만 안동岸栋 지역에서 발견된 2만 5천 건의 동물유골은 솔로인이 식용 후 남긴 것이라고 하지 않을 수 없을 것이다. 이곳은 틀림없이 솔로인이 상당히 오랫동안 머물렀던 캠프의 하나다. 상당 기간 머물 수 있는 캠프 건립은 그들의 수렵방식과 생활 방식도 개변시켰다. 우선 그들은 이미 어디서 사냥하고 어렵하면 그곳에 야영하지 않았다. 그들은 야영지에서 출발하여 도처로 나가 사냥을 했으며 잡은

짐승들을 다시 야영지로 운반해왔다. …… 발견된 2만 5천 건의 동물 뼈 중 고대자바소古瓜哇牛의 뼈가 3분의 1을 점했다. …… 야영지를 만든 이상 야영지를 지킬 사람이 반드시 필요하다. 이런 수요 때문에 가능하게 남녀 분공이 출현하게 되었을 것이다. 일부 여자들은 야영지를 지켰다. …… 솔로인의 대다수는 솔로 강 부근에서 살았다. 석기가 발견된 지역의 대다수가 솔로 강 중·상류다. 이 역시 그들이 물고기도 잡았음을 설명한다.[14]

이러한 정착생활은 여성의 석기문화예술을 사라지게 한 중요한 원인 중의 하나다. 이들을 한 곳에 정착할 수 있도록 풍부한 먹잇감을 제공한 것은 두말할 것도 없이 큰 강이 길러낸 풍요로운 식품 자원이다. 물가에 서식하는 식물들과 수중에서 살아가는 물고기들은 모두 이들의 식량원천이 되었기에 정착생활이 가능했던 것이다. 하지만 유동 생활을 포기하는 순간 정착생활은 여성의 예술적 재능을 매몰시키는 악역향도 남기게 된다. 이 부분에 대해서 다음 절에서 상세하게 논하려고 한다.

인도의 경우도 마찬가지다. 그러나 "인도에서의 인류 활동의 흔적은 40만 년 전에서 20만 년 전까지 거슬러 올라가지만…… 발견된 구석기 유물은 비교적 적다."[15] 10만 년 전의 소안索安문화 역시 하천과 긴밀한 연관이 있다. "인더스 강 상류의 대표적인 구석기 문화인…… 소안문화는 인더스 강 지류인 소안 강Sohan에서 발원"[16]한 것이다. 이들 역시 큰 하천이 제공하는 풍요로운 식량인 식물성 먹잇감에 대한 "채집을 위주

---

14 王任叔 著, 앞의 책, pp. 79~80.
15 林太 著,『大国通史·印度通史』, 上海社会科学院出版社, 2007年 2月, pp. 3~4.
16 위의 책, p. 4.

로 하는"[17] 생활을 영위했다.

"40~10만 년 혹은 4만 년 전"[18]의 소안문화 중에서 "구자랏Gujarat의 랭 라즈Lang Raj, 라자스탄Rajasthan의 바고르Bagor와 나바다 강Narbadariver의 아담가르Adam Garr 등 유적의…… 활동 범위는 이미 삼림을 멀리 벗어나 하천河岸지역으로 깊숙이 스며들었다."[19] 인도 역시 인도네시아와 다를 바 없이 "구석기시대의 유적들은 주로 경사진 언덕과 하천의 연변 등에서 많이 발견"[20]되고 있다.

인도 구석기시대 인류가 "먹잇감을 따라 이동했으며 일반적으로 고정된 장소에 정착하지 않았다"[21]고 하지만 발굴된 석기가 "손도끼"나 "원시적인 자갈돌 도구"[22]들 뿐 조각상이나 장신구 같은 예술품들이 출토되지 않은 걸 볼 때 이동은 상당히 제한적이었고 반정착생활을 했을 것으로 짐작할 수 있다. 왜냐하면 필자의 천견에 벽화, 조각상, 장신구 등 여성생활과 연관된 구석기시대의 예술은 인류의 유동 생활과 밀접한 관계가 있다고 간주하기 때문이다.

다만 일본의 경우는 조금 특이하다. 중국이나 인도네시아의 구석기시대에 비해 큰 하천이 없다는 점에서 그렇다. 하천 분포 측면에서는 도리어 유럽과 유사하다. 규슈 지방의 해변에 위치한 오이타 현 하야미즈다이早水台유적과 나가사키 현 사세보佐世保시의 후쿠이福井동굴유적 주변

17 위의 책, p. 4.
18 中国社会科学出版社 著, 『印度文明「世界文明大系(全12卷)」』, 中国社会科学出版社, 2004年 2月, p. 37.
19 林承节 著, 『印度古代史纲』, 光明日报出版社, 2000年 12月, p. 30.
20 윤장섭, 『인도의 건축』, 서울대학교출판부, 2002, p. 13.
21 中国社会科学出版社 著, 앞의 책, p. 9.
22 위의 책, p. 37.

에는 큰 하천이 존재하지 않는다. 오이타천大分川의 경우 그 길이가 겨우 55km에 불과하며 나가사키 현 경내를 흐르는 하천 역시 그 길이가 길어야 20km 전후일 뿐만 아니라 대부분이 10km 미만이다. 사세보시佐世保市를 경유하는 가장 큰 하천인 사사가와佐々川도 21.862km다. 절대 대부분의 하천 길이는 1km 미만이거나 5km 전후다. 이는 중국의 하천들과는 비교도 안 될 만큼 작은 시냇물들이며 190km에 불과한 프랑스의 베제르 강 길이에도 불급하는, 훨씬 소규모임을 알 수 있다.

간토 지방 내륙에 위치한 구석기시대 유적들의 하천 분포상황도 상황은 별반 다르지 않다. 군마현群馬縣의 구석기시대 유적인 이와주쿠岩宿를 흐르는 하천인 와타라세 강渡良瀨川의 길이도 107.61km밖에 안 된다. 역시 내륙인 간토 지방의 사이타마현埼玉縣 스나가와砂川 구석기 유적이 있는 도코로자와시所沢市의 주요 하천들인 스나가와砂川천은 길이에 관한 정보마저도 자료에 표기되지 않을 정도로 미소하다. 아라카와천수계荒川水系에 속하며 신가시 강新河岸川지류라고만 적혀 있다. 참고로 아라카와천荒川의 길이는 173.0km이고 신가시 강의 길이는 34.6km이다. 그리고 야나세가와천柳瀨川의 길이는 26.8 km이고 동천東川 아주마가와あずまがわ천의 길이는 12.60km이다.

이러한 상황은 동서로 대규모 하천들이 흐를 뿐만 아니라 남북으로는 큰 강의 지류들이(상술한 일본의 하천들에 비하면 이들 지류들도 모두 큰 하천들이라고 할 수 있을 것이다. 게다가 황허는 중류 지점에서 먼 거리를 남북으로 흐른다) 흐르며 그물망처럼 이동로를 차단하는 중국의 수계분포와는 전혀 상이한 양상을 띠고 있다.

이렇듯 일본의 구석기시대 자연 지리적 환경은 중국이나 인도네시아와는 달리 석기 예술을 꽃피울 수 있는 지정학적 여건이 충분히 구비되어 있었음에도 결과는 도리어 그 정반대였다. 큰 하천이 배제된 상황에서 정착이 아닌 유동 생활이 가능했음에도 "이동하는 초보적인 수렵, 채집의 경제생활에 머물러 정착생활은 하지 않았기"[23] 때문일 것이다. 유럽의 구석기인들처럼 유동 생활을 하였음에도 불구하고 무슨 이유로 여성의 활약 즉 석기 예술이 침체되었을까? 원인이 될 만한 몇 가지 조건을 열거하면 아래와 같다.

① 일본 열도에서 인류가 생활한 역사가 너무 짧다. "인류가 일본 열도에 들어온 시간이 3만 5천 년보다 훨씬 이르다"[24]고 추정하는 학자들도 있지만 "일본 열도에 인간의 생활이 시작된 것은…… 1만여 년 전이나 4천 년 전"[25] 이라고 추측하는 견해도 병존한다. 그러나 적어도 "타제한 원시 몸돌 석기, 손도끼와 찍개砍砸器가 발견된,…… 대략 3만 년 이전"[26]에는 구석기 문화가 시작되었을 것으로 간주된다.

② 이들 원시인류는 본토민이 아닌 이방인이라는 점을 간과해서는 안 된다. 저명한 고고학자인 베이징대학의 페이원중裵文中 교수는 연구를 통해 일본 하야미즈다이早水台유적에서 출토된 구석기는 원료, 형태, 제작 방법 등 면에서 베이징 저우커우뎬 제15지점의 문화유적과 많은 공통점을 가지고 있다"[27]는 결론에 도달했다. "호시노星野 유적의 하층문

23 조영록 외 지음, 『동양의 역사와 문화』, 국학자료원, 1998, p. 155.
24 康拉德·希诺考尔 等著, 袁德浪 译, 『日本文明史·(第2版)』, 〔美〕 群言出版社, 2008年 5月, p. 6.
25 이노우에 키요시 지음, 성해준·감영희 엮음, 『일본여성사』, 어문학사, 2004, p. 36.
26 吴廷璆 主編, 『日本史』, 南开大学出版社, 1994年 12月, p. 6.
27 위의 책, p. 4.

화와 오이타현大分縣 니우丹生고지에서 발견된 자갈돌 석기, 몸돌, 석편 등도…… 저우커우뎬 문화와 동일한 특징"[28]을 가지고 있는 것으로 밝혀졌다.

한마디로 이들은 대륙에서 이주해온 이방인임을 알 수 있다. 그러니까 "구석기시대의 일본인은 중국 북부 베이징원인의 후예일 가능성이 많다. 기나긴 세월을 거치며 점진적으로 조선을 거쳐 일본으로 옮겨 온 것이다."[29] 그들의 이동 경로를 보면 지금은 바다가 가로막혀 있지만 당시에는 육지로 이어져 있었기에 통행이 가능했다.

"홍적세의 대부분 시기 동안 일본과 대륙은 서로 연결되어 있었다. 대략 홍적세 말기에서 충적세 초기에 일본 각지에 해진海進(바다가 육지를 먹어 들어오는 일. 해침海浸)이 발생하며 일본해가 등장했고 선후하여 조선해협, 쓰가루津軽해협, 소야(소오야)宗谷해협이 형성되었다."[30]

> **지리적으로 일본 본토는 마지막 빙하기였던 약 2만 년 전까지만 해도 한반도 및 사할린과 연결되어 있었다. 따라서 인간은 물론 동물도 자유로운 왕래가 가능했을 것이다. 이같은 빙하기가 끝나고 얼음이 녹아 바다의 수위가 높아지자, 일본 열도는 쓰시마對馬 해협, 쓰가루津軽 해협, 소오야宗谷 해협으로 나뉘면서 고립된 섬이 되어 신석기시대를 맞이한다.**[31]

28 위의 책, p. 4.
29 吴廷璆 主編, 앞의 책, p. 5.
30 위의 책, p. 3.
31 한국일어일문학회 지음, 『높임말이 욕이 되었다「일본문화총서5」』, 글로세움, 2003, p. 19.

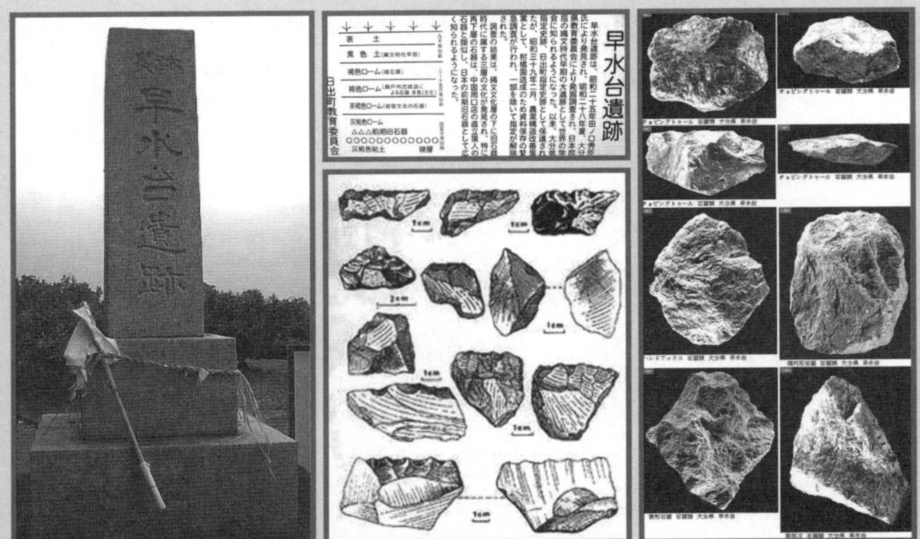

| 사진 93 | 일본 하야미즈다이 유적 출토 석기(좌)와 저우커우뎬 15지점 출토 석기

하야미즈다早水台 유적과 오이타현 니우 고지에서 출토된 구석기와 저우커우뎬 제15지점에서 출토된 구석기는 원료, 형태, 제작 방법 등 면에서 유사하다. 이는 두 지역 사람들 사이에 혈통관계가 있음을 설명한다.

저우커우뎬인이 한반도를 거쳐 일본으로 이주했는지 사할린을 경유하여 들어왔는지는 알 수가 없다. 다만 일본과 대륙과 연결하는 육교가 형성되어 있었음에도 아주 적은 숫자만 이동해 왔다는 사실은 여전히 교통이 불편했음을 말해준다. "대한해협(쓰시마해협)이 평균 수심 100m 내외의 대륙붕"[32]이라면, "1만 5천 년 전부터 지금까지 바닷물이 올라온 높이가 140m 안팎"[33]이라면 "평균 수심은 50m 이하이며, 최대 깊이가

32 윤경철, 『대단한 바다 여행』, 푸른길, 2009, p. 166.

33 "1만 5천 년 전 대한해협은 육지 울산자연사 9대 사건 Ⅱ", 울산제일일보, 2010년 02월 15일.

100m가 채 안 되는" 황해는 물론이고 평균 수심 18m인 발해는 더 말할 것도 없이 2만 년 전에는 모두 육지였을 것이다.

당연히 통행이 원활해야 함에도 일본 열도로 인류의 이동이 저조했던 원인은 무엇일까? 황해와 발해가 육지가 되었어도 이곳으로 흘러드는 강들, 이를테면 황허, 롼허, 랴오허 등의 하천들은 여전히 이 일망무제한 간석지(평원)를 횡단하여 흘렀을 것이다. 평야 지대를 가로지르는 대하의 도도한 흐름은 현재나 다름없이 인류의 이동을 제한하는 천연 장애물 역할에 놓였을 것은 두말할 필요도 없다.

이들은 이동이 자유롭고 유동 생활조건이 충족된 일본 열도에 옮겨 왔지만 비슷한 조건을 가진 유럽과 같은 석기 예술의 꽃을 활짝 펼치지는 못했다. 그들에게는 일단 새로운 환경에 적응하여 살아남는 일이 급선무였기 때문이다.

규슈 섬과 같은 해변에 보금자리를 튼 구석기인들은 새로운 먹잇감인 해산물을 획득하려면 바다 생활에 적응해야 했다. 간토지방처럼 내륙에 삶의 터를 잡은 구석기인들은 작은 하천으로 인해 줄어든 먹잇감—물고기를 대신할 새로운 식량을 확보해야만 했다. 반정착의 중국식 생활 방식을 대신하여 떠오른 대안은 유동을 통한 수렵과 채집생활이었을 것이다. 수렵과 유동 생활은 반정착생활 방식에 길들여진 이들 이방인들에게는 그 무엇보다 고통스러운 일이 아닐 수 없었다.

그뿐만 아니라 이들은 저우커우뎬에서 생활할 때에도 미술이나 조각상, 장신구 같은 것을 대량 생산하지는 않았다. 산딩둥 유적을 제외하면 중국 구석기시대 유적들에서는 벽화와 조각상은 둘째 치고 장신구들도 거의 발견되지 않고 있다. 예술창작에 대한 경험이 원래 결여되어 있었던 이들이 새로운 환경에 적응하고 목숨을 지탱해야 하는 치열한 상황 속에서 한가하게 그림이나 그리고 장신구를 제작할 여유가 없었을 거라는 주장에는 일리가 충분하다.

그러면 다음절부터는 본격적으로 생활에서의 유동 여부가 구석기시대 여성이 영위한 예술에 미친 결정적인 영향에 대해 담론하기로 한다.

2) 유동 생활과 석기 예술

ㄱ. 석회동굴 그리고 바위 그늘과 석기 예술

우리는 서양 여성의 담론을 통해 유럽에서 동굴벽화와 동산 미술 그리고 장식품 제작의 찬란한 구석기 문화가 꽃을 피웠음을 자세히 검토해 보았다. 그런데 중국과 인도네시아, 인도, 일본 등 아시아 국가들의 구석기 문화는 동일한 시대, 동일한 석회암 동굴과 바위 그늘에서 살았음에도 불구하고 벽화와 동산 미술이 전무할 뿐만 아니라 장식품 생산에서도 부진不振을 면치 못한다는 사실에 주목할 필요가 있다.

사실 인류가 동굴과 바위 그늘을 주거 장소로 선택한 목적은 예술적 공간 확보나 벽화를 그리기 위해서가 아니었다. "벽화가 그려져 있는 동굴은 생활하던 흔적이 없다"[34]는 사실에만 편승하여 집단적 의식의 전문 거행장소라고 단정 짓는 행위는 성급한 결론이다. 벽화를 통해 수렵의 풍요를 기원하거나 수렵의 성공을 염원하는 주술의식을 하기 위해 인류가 동굴을 선택한 것은 결코 아니기 때문이다. 그렇다면 구석기 인류는 왜 석회암 동굴을 생존 공간으로 삼았을까?

---

34 다카시 요이치 저, 주정은 역, 『화석 동물기 9(원시인, 나타나다!)』, 자음과모음, 2006, p. 58.

절리나 단층과 같은 균열구조 및 지하수와 같은 지질학적 조건과 "온도, 토양수분, 강수 등으로 인한 광물과의 화학반응에 따른"[35] 기후학적 조건의 교접에 의해 형성된 석회암 동굴은 그 생성 연대가 확실하지 않다. 그 형성 시기가 2억 6천만 년에서 200만 년으로 떨어졌다가 결국에는 안내판이 사라지는 칼스바드 동굴의 경우를 보고서도 짐작할 수 있다. 한마디로 석회동굴이 형성되려면 도대체 얼마나 시간이 걸리는지 지질학자들도 단언하기 힘들다고 한다. 어쩌면 구석기시대의 동굴문화 시기가 지구상의 동굴 형성이 가장 활발했던 시기인지도 모른다.

각설하고 동굴 거주 목적은 단도직입적으로 말하면 안전, 방한防寒, 식수자원, 적정온도 확보다. 동굴은 취침, 휴식 등을 취할 때 포식자들로부터 생명안전을 보장해주는 천연 방어막이 된다. 입구에 큰 돌 몇 덩이만 막아 놓으면 모든 위험은 일시에 제거되기 때문이다. 그뿐만 아니라 동굴은 빙하기의 혹독한 추위와 밤의 한기를 막아주기도 한다.

동굴 생활은 가까운 곳에서 언제나 취할 수 있는 식수를 확보할 수 있다는 편리함도 있다. 물론 석회동굴 안의 지하수에는 석회 성분이 녹아 있어 식음의 경우 속탈이 나기 때문에 식수로는 이상적이지 않지만 위생 상식이 전무했던 구석기인들에게는 빙하기의 혹심한 가뭄에도 손쉽게 구할 수 있는 유용한 식수였을 것이다. 워낙 석회암 지대에는 유난히 샘이 많다. 지하수에 녹으며 뚫린 구멍 안에서 솟아나는 물은 식수로 사용할 수 있다.

설령 이 샘물에 석회가 녹아들어 마시면 건강에 해롭다고 할지라도 걱정할 건 없다. 구석기인들은 추위나 취사 때문에 항상 동굴 안에서 불

35 김주환, 『지형학 「요약, Q & A, 용어해설」』, 동국대학교출판부, 2009, p. 376.

| 사진 94 | 마구라(좌), 산딩둥 석회암 동굴(우)과 옥섬암玉蟾岩바위 그늘 유적(하)

동굴과 바위 그늘은 온도, 식수, 방한, 방어 등의 기능 때문에 구석기시대 사람들이 가장 선호하는 주거지가 될 수 있었다.

을 피웠기에 주변에 재가 많이 쌓여 있었다. "'베이징원인(북경원인)'이 거주했던 동굴에서 두께가 4~6m에 달하는 색깔이 선명한 재가 발견"[36] 되었다. 식물이 연소된 이 재는 다름 아닌 석회수를 정화하는 탄산나트륨 역할을 하기 때문이다. 물론 구석기인들이 이 재를 이용하여 건강에 해로운 석회수를 정수할 줄 몰랐을 가능성도 배제할 수는 없을 것이다. 그런 만큼 이들의 수명이 짧은 원인 중에는 석회수를 식수로 사용한 사실도 포함되어 있을 수도 있다.

동굴의 또 하나의 신비한 특징은 계절에 상관없이 항상 일정한 온도

36 尚珑·杨飞 編著, 『中国考古地图(彩图版)』, 光明日报出版社, 2005年 3月, p. 15.

를 유지한다는 점이다. 불가리아에서 가장 큰 마구라 동굴의 온도는 연중 12도를 유지하며 영월군 하동면 고씨동굴 내부 온도는 섭씨 16도 정도다. 강원도 동해시 천곡천연동굴 역시 바깥 기온과는 상관없이 여름에는 시원하고, 겨울에는 따뜻하여 일정한 온도를 유지한다. 빙하기에 섭씨 12°~16°를 보장할 수 있다면 그보다 더 이상적인 온도는 아마도 없을 것이다.

그러나 이동이 많았던 유럽에서 동굴은 주거지보다는 임시 거처나 은신처로 많이 사용되었다. 동굴이 생활 공간으로 사용되었을 경우에는 벽화가 없을 뿐만 아니라 입구 쪽이나 바위 그늘 같은 장소를 주로 선택했다. 무리의 남자들이 원정 수렵을 떠날 때 이동이 불편한 임산부, 아기 엄마를 비롯한 여성들과 어린이, 노약자들은 안전한 동굴 속에 남겨졌다. 남자들의 보호가 배제된 상황에서 동굴은 깊고 험할수록 안전이 담보된다. 유럽에서 발견된 벽화가 그려진 동굴들은 대부분이 이렇게 깊고 험한 곳이다. 현란한 동굴벽화로 명성을 떨친 그 유명한 라스코 동굴도 예외는 아니다.

> **동굴은 거의 수직에 가까운 좁은 침니**chimney(암벽에 새로로 난 굴)**였다. 어깨까지 들어가자 더 이상 움직일 수 없게 되었다. …… 굴속은 완전히 캄캄한 어둠이었다. …… 동굴은 입구로부터 거의 동쪽을 향해 수직으로 뻗어 있다. …… 1948년에 대대적인 개조 작업이 이루어졌다. 입구의 좁은 구멍은 확대되었다. 경사가 급한 점토 비탈길은 완만한 돌계단으로 바뀌었다. …… 내부는 바닥을 파서 평평하게 하고, 거기에 금속제 사다리로 보도를 만들었다.**[37]

37 요코야마 유지, 앞의 책, pp. 13, 15, 24, 41.

이와는 대조적으로 동굴 속 깊은 곳이 아닌 바위 그늘 유적과 같은 생활 거주 지역에서는 벽화는 나타나지 않고 동산 미술품 정도만 발견되고 있다. "높이 45m의…… 높은 석회암 단애가 크게 휘어져 넓은 바위 그늘"[38]이 만들어진 라 마들렌 유적이 그와 같은 경우라 하겠다. 이러한 경우는 남자들이 원정 수렵을 나가지 않은 상태에서 여자와 어린이 등 무리와 함께 살았다고 할 수 있을 것이다. 남자들의 보호가 있는 한 운신이나 활동 모두가 불편한 깊은 동굴 속에 들어갈 필요가 없었을 것이 틀림없다.

반면 중국 베이징원인이 살던 산딩둥 동굴은 벽화가 부재할 뿐만 아니라 동굴이 깊지도 않고 험준하지도 않다. 그것은 이 동굴이 은신처가 아니라 당시 사람들의 일상적인 생활을 하는 주거 공간이기 때문이다.

> **산딩둥인이 살던 동굴은 길이가 약 12m이고 넓이는 9m이며 면적은 90여 ㎡이다. 십여 명 또는 수십 명을 수용할 수 있다. 굴 안은 상실과 하실이 있다. 상실은 동굴 입구가 있는데 그들의 공동 생활 공간이다.**[39]

산딩둥인의 생활 공간은 하실도 아닌 동굴의 입구였다. 동굴의 입구는 외계와의 소통과 차단이 동시에 가능하다. 출입이 수월하고 바깥 상황을 수시로 관찰할 수도 있으며 외부의 위험으로부터 자신을 보호할 수도 있는 장점이 있다. 게다가 여성들과 아이들 그리고 노약자들은 반정착이라는 생활 방식 덕분에 항상 남자들의 보호를 받을 수 있기에 안

---

38 위의 책, pp. 92~93.
39 王玉哲 著, 앞의 책, p. 44.

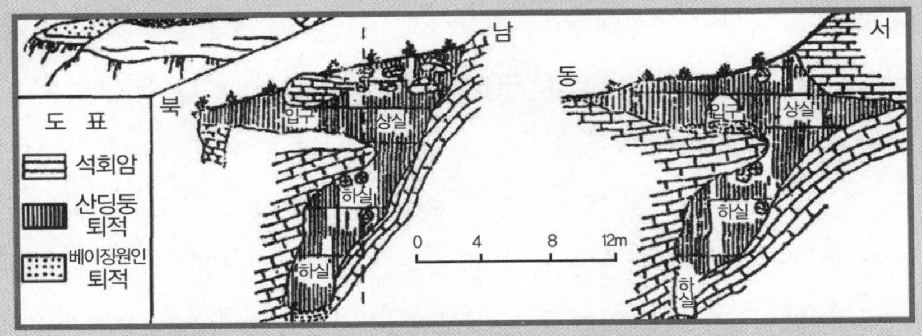

| 사진 95 | 산딩둥 동굴 내부 단면도

산딩둥인은 수십 명씩 무리를 지어 동굴에서 살았다. 실외와 멀리 떨어지지 않은 입구에서 주로 생활했다. 외부와의 소통과 차단 모두가 용이하기 때문이었다. 이곳에서의 반정착생활로 인하여 여성들과 아이들은 남성들과 동거하게 되었고 그들의 보호도 받을 수 있었다.

전을 확보할 수 있었고 그래서 그 어둡고 깊은 동굴 속에 들어가지 않아도 되었던 것이다.

그러나 이동을 주요한 생활 방식으로 하는 유럽의 구석기인들의 상황은 전혀 달랐다. 남성들은 항상 수렵을 위해 무리를 떠나 외지에서 오랫동안 머물러야만 했다. 계절의 변화와 동물의 이동에 따라 그들과 함께 이동하며 수렵을 해야 하기 때문이다. 이러한 생활은 무리의 남성들과 여성들을 자주 이별하게 하는 요인으로 작용할 수밖에 없었다. 그 이별의 시간이 짧으면 며칠 길면 몇 달까지 지속되었을 것이다.

동굴에 남겨진 여성들이 사냥을 나간 남성들을 기다리는 이유는 간단하다. 남자들이 곁에 있을 때 누렸던 편리함과 향수가 그립기 때문이다. 남자들이 있으면 먹잇감이 항상 풍족하고 포식자의 공격으로부터 안전을 확보할 수도 있다. "베이징원인 남녀 양성 머리뼈 차이는 아주 뚜렷하다. 남성이 여성에 비해 월등하게 튼튼하고 건강하다"[40]는 것을 의미한다. 남성은 강력한 포식자의 공격을 막아줄 수 있는 충분한 에너지를 소유한 존재들이었다.

그뿐만 아니라 햇빛 밝고 공기가 맑고 시야가 확 트인 노천 야영지에서 편안하게 취사와 육아, 장신구 가공은 물론 옷을 짓는 일상생활을 누릴 수 있다. 이 모든 것을 합친 것보다 더 중요한 것은 남자들이 곁에 있으면 원하는 시간에 성적 욕구를 만족시킬 수 있다는 사실이다. 중국과 아시아 구석기시대 상황은 바로 이 경우에 속한다고 할 수 있다.

하지만 남자들이 원정수렵을 떠나고 나면 볕도 들지 않는 캄캄한 동굴 속에서 살아야만 할뿐만 아니라 항상 먹잇감 때문에 전전긍긍해야만 한다. 남자들이 사냥을 떠날 때 잡아두고 간 먹잇감이 동이 나면 부족한 식량은 여성 스스로가 해결하지 않으면 안 된다. 혹시 원정 수렵이 순리롭지 않아 남자들이 예정된 시간에 귀환하지 않으면 먹잇감 해결은 더욱 어려워질 수밖에 없다. 그러니 여자들은 남자들의 귀환을 고대할 수밖에 없는 것이다. 그들이 돌아와야만 먹잇감도 생기고 숨 막히는 동굴생활에 종지부를 찍고 밖으로 나와 자유롭게 움직이며 적치된 성적 욕구를 만족시키며 육아도 하고 대신구도 가공할 수 있기 때문이다.

빙하기의 혹독한 추위와 포식자의 공격을 피해 깊고 좁고 어두울 뿐만 아니라 동굴이라는 폐쇄된 공간에 숨어 지내야 하는 구석기 여성들은 먹고 자고 수유하는 일 외에는(물론 비축한 식량이 떨어지면 위험을 무릅쓰고 밖으로 나가 먹잇감을 구해야 하지만) 한도 없이 남아도는 수많은 시간

40 张智恒·黄建秋·吴建民 著, 앞의 책, p. 209.

을 소비할 아무런 방책도 없다. 동굴 속 사람들은 무엇으로라도 그 지루한 무료함을 달래야만 했다. 그 대안으로 떠오른 것이 다름 아닌 벽화였다.

여자들은 그림 그리기를 통해 남자들의 귀환에 대한 간절한 기다림의 고통을 달랬을 뿐만 아니라 자식들에게 사냥의 기술을 가르칠 수 있었다. 혹시라도 사고나 피치 못할 사정에 의해 남자들이 돌아오지 않을 경우 자식들에게 사냥감과 사냥방법을 그림으로 가르쳐 장래 사냥꾼으로 육성할 수도 있었다. 많은 아이들이 아직 사냥감의 대상인 동물을 보지 못했고 사냥하는 방법도 몰랐을 것이기에 그림을 통한 사전 교육은 당시로써는 아주 효과적일 수밖에 없다. 결국 동굴벽화는 이동과 그 이동으로 인해 조성된 이별 때문에 나타난 결과임을 알 수 있다. 하지만 반정착생활을 했던 중국과 아시아 지역의 구석기인들은 이동이나 이별이 상대적으로 적었기 때문에 동굴벽화라는 석기 예술이 발생하지 않았던 것이다.

한편 먼 곳으로 사냥하러 나간 남자들의 객지 생활에서 가장 견디기 어려운 것은 생리적인 현상 즉 적치된 성적 욕구의 해결이었다. 하루의 사냥이 끝나고 한데서 잠자리에 들거나 휴식할 때면 머릿속에 떠오르는 이미지는 온통 동굴에 두고 온 여자들 생각뿐이었다. 그들의 기억 속에 여성의 이미지는 당시로써는 동산 미술의 빌렌도르프 비너스 상에서 볼 수 있듯이 풍만한 몸매였을 것이다.

그 이유는 아주 간단하다. "석기시대 성인의 평균 수명은 유골의 분석결과 30세에도 미치지 못한다"[41]고 한다. 또한 구석기시대 "여자의 수명은 남자에 비해 8년 정도 낮은"[42] 수준이다. 게다가 여성은 난산 등으로 인해 사망률이 높을 뿐만 아니라 "기원전 7000년 이전에는 네안데르탈인 10명 중 겨우 2명의 어린이만 청소년기까지 살 수 있을"[43] 정도로 사망률이 보편적으로 높았다. 신생아 사망률은 그보다도 더 높아 아이 한 명을 출산하려면 임신을 수차례 반복해야만 했다.

20세기 40년대 아프리카 반투인the Bantu의 한 여성이 두 자녀를 기르기 위해 12번이나 임신해야만 했다.[44]

임산부와 신생아의 높은 사망률에 대비하여 구석기인들이 고안해낸 방법은 여성이 나이가 어렸을 때부터 일찍 임신함으로써 출산율을 제고하는 시도였다. 이러한 관습은 고대국가에 이르러서도 변함이 없이 지속되었다. 고대의 "메소포타미아, 히브리인들은 11살, 12살에 결혼했고 이집트에서도 16세에 결혼"[45]했다. 12세에 첫 임신을 하여 평생 아이 셋을 낳는다고 해도 무려 열여덟 번이나 임신해야만 한다. 수명이 25~30년이라고 할 때 여성은 해마다 회임을 해야만 한다는 계산이 나온다. 따라서 가임可妊 여성이라면 어려서부터 죽을 때까지 항상 태기를 품어 유방과 복부가 부른 상태에 있을 것이 불 보듯 뻔하다.

---

41 히라이와 마사키 지음, 김희웅 옮김, 『암에 걸리는 사람 걸리지 않는 사람』, 국일출판사, 2002, p. 229.
42 坦娜希尔 著, 앞의 책, p. 22.
43 위의 책, p. 23.
44 위의 책, p. 23.
45 위의 책, p. 62.

다른 하나의 원인은 구석기시대 여성의 생활 방식과 연관이 있다고 할 수 있다. 구석기시대 "여성은 석기를 제작하는 일이나 사냥에 참가하는 일이 허락되지 않았으며, 주로 하는 일은 아이를 낳고 기르는 것이었다. 여성은 대개 사냥으로 잡은 포획물을 가지고 돌아오는 남편을 기다린 것으로 짐작된다." "그다지 움직이지 않고 잔뜩 먹기만 하면 살찌는 게 당연하다."[46] 는 주장에도 나름 설득력은 있어 보인다.

결국 동산 미술의 비너스 상은 바로 이러한 당시 여성들의 모습을 그대로 표현한 것이라 할 수 있다. 남자들은 여자들을 사모하여 휴식 시간이나 우천 등 원인으로 수렵을 할 수 없는 날에는 점토나 짐승 뼈로 "높이 10cm"[47]의 휴대가 가능할 정도의 크기로 여성상을 만들어 사진처럼 몸에 지니고 다녔던 것이다. 물론 여성의 이미지가 충분하게 묘사되지 않았거나 실패한 점토 조각상은 모두 불 속에 던져 폐기해 버렸다.

체코슬로바키아의 돌니 베스토니체 유적에서 점토로 멋지게 만들어진 동물이나 비너스 상이 출토되었는데, 완성품은 없고 모두 파편들뿐이다. 학자들은 이러한 현상을 "일종의 의식"으로 토기조각을 "불 속에 던져서, 그것이 폭발할 때 부서지는 모양을 보고 미래의 운명을 점치는…… 일종의 의식"이라고 간주한다. 하지만 운명점이 목적이라면 구태여 힘들고 시간이 소요되는 조각상까지 만들 필요는 없을 것이다. 그냥 점토 덩이를 불 속에 던져도 폭발하여 파편이 되기 때문이다. 이와 같은 현상은 실패작들을 건조되지 않은 상태에서 불 속에 던져 "큰 소리

46 요코야마 유지, 앞의 책, pp. 251~252.
47 위의 책, p. 149.

와 함께 폭발하여 부서져"[48] 파편이 된 것이 분명하다.

하지만 중국과 인도네시아를 비롯한 일부 아시아 국가들의 구석기인들은 반정착생활로 인해 남성과 여성의 이별이 상대적으로 적었기 때문에 동산 미술이 생성하지 못했다.

그렇다고 중국의 구석기인들이 유동 생활을 전혀 하지 않았다는 것은 아니다. 산딩둥 동굴(산정 동굴)에서 발견된 일부 타고장의 동물 "예를 들면 바다 조개, 껍질이 두꺼운 펄조개 그리고 물고기 알 형태의 적철광(즉 붉은 돌) 등"[49]을 통해서도 그 대체적인 활동범위를 짐작할 수 있다. "적철광은 하북성 선화宣化일대에서 생산되며 저우커우뎬으로부터 100km 떨어져 있다. 바다조가비 산지는 가장 가까운 곳이 발해인데 저우커우뎬에서 200km 떨어져 있다. 껍데기가 두꺼운 펄조개는 창장 유역에 가장 많다"[50]는 사실은 "산딩둥인은 활동범위가 이미 상당히 광활"[51]했음을 설명한다. "입수 경로는 타 종족과의 물물교환이나 타민족에게서 약탈했거나 그도 아니면 틀림없이 이미 직접 혹은 간접적인 교통을 이용하여 그곳에 갔을 수도 있다"[52]는 주장들이 많다.

| 사진 96 | 산딩둥 동굴에서 출토된 조가비

산딩둥 동굴에서 발견된 바닷조개 껍데기는 단 세 개뿐이다. 이는 산딩둥인이 발해처럼 200km나 떨어진 먼 곳으로 집단 이동을 하지 않았음을 말해준다.

저우커우뎬에서 발해까지의 거리를 감안할

48 위의 책, p. 283.
49 王玉哲 著, 앞의 책, p. 37.
50 张之恒 主編, 앞의 책, p. 86.
51 中国社科院考古研究所 編著, 『中国考古学论丛』, 科学出版社, 1993年 5月, p. 352.
52 王玉哲 著, 앞의 책, p. 37.

때 베이징원인의 활동 영역은 200km였다고 가정할 수 있다. 그런데 우리가 주목해야 할 점은 산딩둥에서 발견된 조가비가 단 세 개뿐이라는 사실이다. "프랑스 도르도뉴 지방 레 제지 마을 밖의…… 크로마뇽인이 살던 단애 기슭 바위 그늘에서 발굴된 조개껍데기는 300여 개"[53]나 된다. 모두 "대서양에서 가져온 것인데 유적에서 대서양 연안까지는 직선거리로 175km"나 된다. 무리의 집단 이동이 없이는 운반이 불가능한 숫자이다. 이에 반해 저우커우뎬에서 발견된 조가비나 껍데기가 두꺼운 펄조개의 수가 적다는 것은 집단의 대규모 이동을 전제로 하지 않고도 극히 소규모거나 개인의 우발적인 이동에 의해서도 가능하다는 것을 입증한다. 다시 말해 200km라는 거리를 베이징원인 전체의 활동영역인 것처럼 어림짐작으로 단정 지을 수 없다는 뜻이다.

비너스 조각상의 "젖가슴과 배가 부풀려져 있는" 공통된 특징에 대해 "다산과 풍요를 상징하는 의미"[54]로 해석하는 게 학계의 일반적인 통론이다. 하지만 이와 같은 주장은 설득력이 결여된 것임을 우리는 알게 되었다. 비너스 조상의 음부가 서 있는 자세에서는 보이지 않음에도 가시화되었을 뿐만 아니라 과장되기까지 했다는 점에 대해서도 "다산과 풍요"보다는 여자들과 오랫동안 갈라진 남자들의 성적 욕구가 상상력을 자극한 결과라고 해석하는 편이 더욱 타당할 것으로 생각한다.

ㄴ. 중국 구석기시대의 여성과 소장품

구석기시대 소장품이란 이른바 고고학계에서 장신구라고 하는 석기 세

53 요코야마 유지, 앞의 책, p. 179.
54 김용환, 앞의 책, p. 184.

공품을 말한다. 필자는 장신구의 용도가 장신裝身이 아니라 소장所藏이라는 의미로 서양 여성의 담론에서 몸에 휴대하는 방식을 통해 소장한다 하여 대신구라고 명명하였다. 그런데 이 소장품(장신구)이 유럽의 구석기 유적에서는 대량으로 발굴되고 있으나 중국이나 인도네시아 등 아시아지역에서는 그것과 비교도 안 될 만큼 그 출토 수량이 빈약하다. 중국의 경우 산딩둥 유적에서 그나마 소장품들이 발견되었지만 극히 적은 숫자에 불과하다. 소장품은 물론 석기 자체도 발견된 것이 적다.

> 산딩둥인의 석기 수량은 아주 적다. 모두 25건에 불과하다. …… 산정 동굴에서 발견된 장식품들로는 구멍 뚫린 돌 목걸이 한 개, 구멍 뚫린 돌구슬 일곱 개, 구멍 뚫린 바닷조개껍데기 세 개, 구멍 뚫린 물고기 뼈 한 개, 홈을 판 대롱 네 개와 구멍 뚫린 100여 개의 짐승 이빨들이다. 구멍 뚫린 돌 목걸이는 계란형의 작은 조약돌로 만든 것이다.[55]

> 산딩둥인 유적에서는 대량의 장식품이 발견되었다. 그중에는 구멍이 뚫린 작은 자갈돌 1점, 구멍이 뚫린 돌구슬 7점, 구멍이 뚫린 바다조가비 3점, 구멍이 뚫린 짐승 이빨 125점, 구멍이 뚫린 물고기 뼈 1점, 홈을 판 뼈 대롱 4점이다.[56]

산딩둥 유적에서 "대량으로 발견"되었다는 소장품은 115개가 조금 웃돌며(발견된 장신구가 141건이라는 통계도 있다.[57]) 석기까지 전부 합쳐도 고작 140여 건에 불과하다. 유럽에서 대량으로 발견된 소장품들에 비하

---

55 张之恒 主編, 앞의 책, p. 86.
56 王兵翔 編著, 앞의 책, p. 351.
57 沈從文 著,『中国古代服饰研究』, 世紀出版集团 上海书店出版社, 2002年 2月, p. 4.

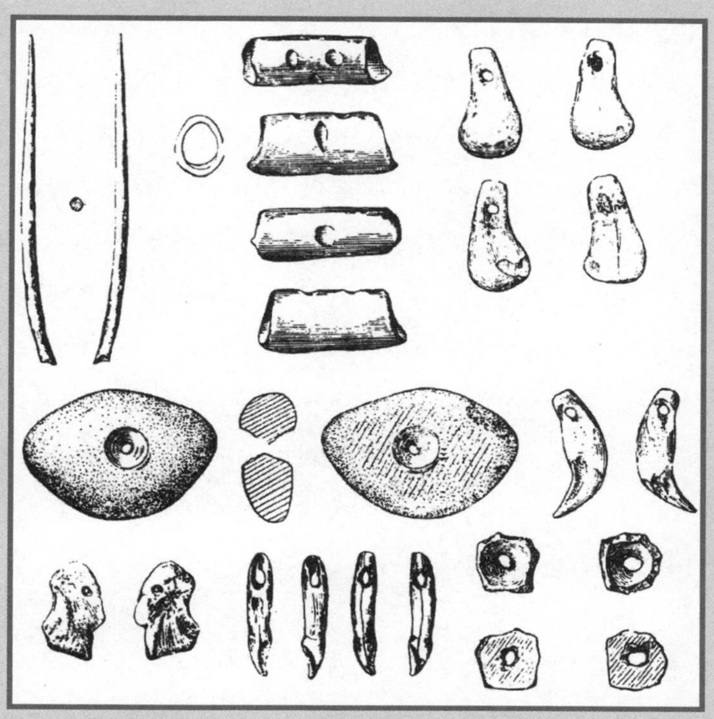

| 사진 97 | 산딩둥 동굴에서 출토된 장신구

중국 구석기문명에서 장신구가 발견되는 곳은 거의 산딩둥 유적이 유일하다. 그나마 산딩둥에서 발견된 장신구는 도합 115점에 불과하다. 엄밀한 의미에서 이 장신구들은 구석기시대가 아니라 신석기시대의 것이라 할 수 있다. 결국 중국에서 구석기시대의 장신구는 발견되지 않았다고 해야 할 것이다. 여성의 역할이 그만큼 축소될 수밖에 없는 조건이기도 하다.

면 보잘것없는 정도에 머물고 있다. 게다가 산딩둥 문화는 엄밀한 의미에서 "정밀한 석기를 가공했던 '신석기시대'"이지 "조잡한 석기만을 만들어 사용했던 '구석기시대'"[58]가 아니다. 환언하면 구석기시대에는 소

58 양산췬 지음, 김봉술 옮김, 『중국을 말한다1—200만 년 전~기원전 1046년(원시사회.하)』, 신원문화사, 2010, p. 23.

장품이 없다는 뜻이다.

사실 무겁고 단단한 석재를 다루는 일은 많은 체력 소모와 상처, 위험을 감수해야 하기 때문에 누구나 할 수 있는 쉬운 수공작업이 아니다. 어린이들과 노인들은 물론이고 여자들의 적성에도 어울리지 않는 중노동이다. 더구나 구석기는 타제打製석기를 주로 생산하던[59] 시대임으로 사고 위험과 체력이 수반되는 타제 가공업이 여자들에게는 힘에 부치는 일이 아닐 수 없었을 것이다.

그런 이유 때문에 뉴기니아의 원시 부족들은 "오직 남자만이 석기를 제작하고 사용할 수 있다. …… 비록 여자들이 우연히 석기를 사용할 수는 있지만 절대로 석기 제작에 참가할 수는 없다. 석기 제작은 남자의 일이다."[60] 석기 가공 작업이 얼마나 힘든가는 석기 제작 과정을 잠깐만 일견해도 금시 알 수 있다.

우선 석기를 가공할 원료를 취사선택하고 원료를 산지 또는 강변에서 원시 돌이나 반가공품 혹은 완성품을 야영지까지 운반해야 한다. 그 원료가 원시 형태의 돌일 경우는 말할 것도 없지만, 설령 반가공품일지라도 무게가 상당하여 남자들이라고 해도 장정이 아니고는 쉽지 않은 노동이다. 그뿐만 아니라 채취 또는 운반 과정에 떨어뜨리거나 부딪쳐 몸에 상처를 입을 가능성도 많다. 그러니 임산부는 물론 일반 여성들도 이 작업은 힘에 부칠 수밖에 없다.

석기 제작의 어려움은 원료를 산지産地에서 운반하는 것으로 그치지 않는다. 원시 재료를 다듬어 필요한 도구나 소장품으로 가공하는 작업

---

59 위안싱페이 지음, 장연 옮김, 『중국문명대시야 1』, 김영사, 2007, p. 62.
60 张智恒·黄建秋·吴建民 著, 앞의 책, p. 105.

도 여성에게는 부담스러울 만큼 어렵고 힘든 노동이다. 물론 요령과 기술도 필요할 것이다.

석기 가공방법에는 직접 타제와 간접 타제가 있다.

1. 직접 타제. 돌로 돌을 까부순다. 이 가공법에는 세 가지 방법이 있다.

① 가격법錘击法: 하나의 돌을 손에 쥐고 다른 돌을 가격한다.

② 다듬잇돌 가격법碰砧法: 두 손에 돌을 쥐고 하나의 다듬잇돌을 가격하여 깨뜨린다.

③ 솔격법摔击法: 손에 든 돌을 힘껏 뿌려서 다른 돌을 깨뜨린다.

2. 간접 타제. 구석기 말엽에 이르면 사람들은 간접 타제 방법을 사용하여 예리한 칼날이나 정교한 석기를 만들 수 있게 되었다. 간접 타제법은 더는 돌로 돌을 가격하는 방식을 사용하지 않고 두 돌 사이에 나무나 뼛조각을 받치고 충격파를 빌어 격지를 떼어내는 목적을 이룬다.[61]

돌로 때리거나 뿌려서 다른 돌을 깨뜨리는 직접 타제법은 힘도 부치고 위험하여 남자들이나 할 일이지 여자들은 할 수 없는 일이다. "두 돌 사이에 나무나 뼛조각을 받치고 충격파를 빌어 격지를 떼어 내는" 간접 타제법도 여성이 소화해내기에는 어려운 가공 과정이다.

61 위의 책, p. 46.

과학연구에 따르면 석기를 가공하는 석료는 두 가지 전제조건이 전제되어야 한다. 첫째 일정한 강도가 있어야 한다. 쉽게 부러지거나 부서지지 않고 다듬으면 모양이 나오고 사용하면 칼날이 예리해야 한다. 둘째 석재의 경도硬度가 6° 이상이어야 한다(5° 보다 낮으면 적합하지 않다). 이 두 가지 조건을 충족시키기 위해 유인원들은 부싯돌, 석영, 마노, 옥석 등 경도가 높은 석재를 사용하여 도구를 만들었다. 베이징 저우커우뎬 직립인은(북경원인)패아하坝儿河모래톱의 석영암 조약돌로 석기를 제작했다.[62]

용골산龙骨山의…… 석기를 제작하는 데 사용한 재료는 가까운 동굴 아래의 패아하坝儿河 모래톱에서 채취한 자갈돌河光石이었다. 맥석영脉石英이 가장 많고 그다음은 사암(돌의 부스러진 모래가 물속에 가라앉아서 단단하게 된 바위)과 석회암, 부싯돌, 각혈암角页岩(혈암이나 점판암, 사암 따위와 같이, 땅속에서 마그마의 높은 열을 받아 생긴 변성암. 흔히 잿빛을 띠며 짜임이 촘촘하고 단단하다)수정 등이다. …… 이들 석재의 경도는 모두 6° 이상이다. 그뿐만 아니라 일정한 "강도"를 가지고 있어 석기를 만들기에 적합하다.[63]

북경원인 석기 초기 원료는 대다수가 석영石英과 사암砂岩이다. 질이 우수한 석재인 수정水晶은 아주 적게 사용되었다. 석영의 질도 그리 좋지 않았다. …… 말기의 석기 원료로는 질이 우수한 석영이 위주였고 수정과 부싯돌도 사용량이 증가했다. 사암砂岩은 아주 적게 사용되었다.[64]

보다시피 석기를 제작하는 데 사용되는 석재들은 경도와 강도가 모두 높은 원료들이다. 중석기시대의 허가요许家窑 유적에서 발굴

62 王兵翔 編著, 앞의 책, p. 41.
63 위의 책, p. 79.
64 위의 책, p. 217.

된 "15074건의 석기 제작에 사용된 석재 통계를 보면 맥석영脉石英이 10,336건으로 68.57%를 점하고 석영암이 1050건으로 6.97%를 점하며 화강암이 136건으로 0.9%를 점한다."[65] 산딩둥 유적의 석기 재료도 단연 석영이 가장 많다.[66] 석영은 경도가 8°로 경도가 4.5°인 자연철보다도 더 견고하고 단단한 광물이다. 이렇게 석영이나 옥석과 같이 석질이 단단한 돌들을 물리적인 가격을 통해 깨뜨리고 격지를 분리하는 직접떼기 작업은 남성들에게도 힘에 부치는, 위험하면서도 힘든 중노동이 아닐 수 없다. 그러니 연약한 여성들로서는 엄두조차 내기 어려운 작업이었을 것이 틀림없다.

그렇다고 석기 제작 과정이 여기서 끝나는 것도 아니다. 이보다도 훨씬 복잡하고 정교한 작업이 필요한 노동이기도 하다. 유럽이나 시베리아의 유적에서 발견된 석기들을 보면 석기에 사용한 원료인 몸돌을 가열 처리한 흔적이 남아 있다. 그 목적은 돌에 함유되어 있는 수분을 제거하기 위해서라고 한다.

가열처리를 거친 석재는 내부의 항장력抗张强度이 40~50% 감소한다. 그 결과 석재는 부드러워져松脆 맞춤한 격지를 떼어낼 수 있게 된다.

가열 방법은 아래와 같다.

① 땅에 10㎡의 구덩이를 판다.
② 구덩이 바닥에 단단한 나무를 편다. 4시간 동안 충분히 연소한 뒤 이글거리는 숯으로 변하도록 한다.

65 위의 책, p. 116.
66 위의 책, p. 134.

③ 숯 위에 4인치 두께의 강모래를 편다.

④ 강모래 위에 석재나 반제품 혹은 석편을 놓는다. 석재 전체를 놓지는 않는다.

⑤ 석재 위에 또 4인치 두께의 강모래를 편다.

⑥ 모래 위에 다시 단단한 나무를 쌓은 후 8시간 연소시키면 한 층의 이글거리는 숯이 생겨난다.

⑦ 마지막으로 강모래로 구덩이를 채우고 24시간 동안 봉한다. 자연적으로 식기를 기다린 다음 연다. 전체 열처리 과정은 적어도 48시간이 소요된다. 밀봉한 구덩이 안의 온도는 260°~280°에 이른다.[67]

이렇게 복잡하고 전문적인 기술과 경험이 필요한 가공 과정은 여성들이 소화하기에는 무리가 따를 수밖에 없다. 이러한 사정은 구석기시대 "여자들이 절대로 석기제작에 참가할 수 없는" 이유 중의 하나가 될 것이다. 유럽의 여성들 역시 이런 이유 때문에 석기 제작 즉 도구 제작에 참여하지는 않았을 것으로 간주된다. 하지만 사정이 이렇듯 불리함에도 유럽의 여성들은 장신구(소장품)제작에는 적극 참여했다. 여자들은 손수 돌을 다듬어 소장품으로 만들었다. 이렇게 제작된 소장품들은 구석기시대 유적들에서 대량으로 발굴되었다.

유럽의 구석기 여성들이 이토록 제작 과정이 복잡하고 어려운 소장품을 만들게 된 이유 역시 그들의 장기적이고 항시적인 유동 생활 방식과 직결된다. 무리가 다른 곳으로 이동할 때 일정 기간 머물렀던 거주지의 특산품과 뼈, 이빨, 옥석 등 희귀품들을 운반해야만 한다. 아무리 희귀한 소장품이라 할지라도 무거운 돌을 그대로 운반할 수는 없었을 것

---

67 위의 책, p. 53.

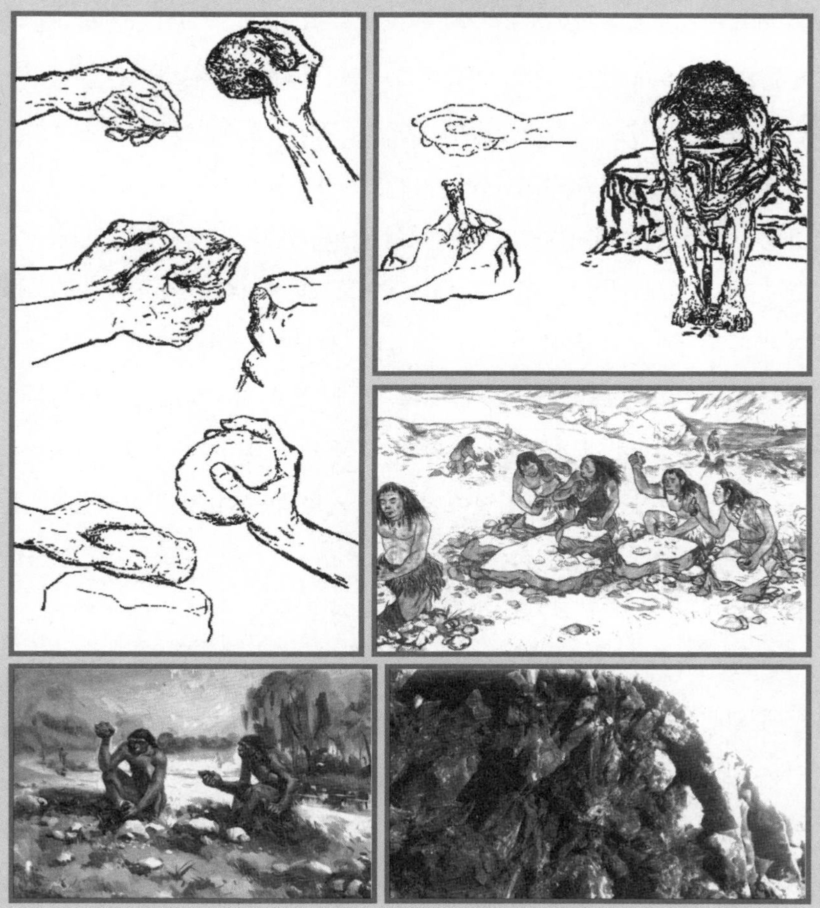

| 사진 98 | 구석기시대 사람들의 석기제작

구석기시대는 물론이고 신석기시대에도 석기제작은 남성에게도 힘든 노동이었다. 따라서 직접타제이든 간접타제이든 그 가공방법을 떠나서 여자의 몸으로는 더욱 힘에 부치는 작업이 아닐 수 없었다. 여성은 생육 때문에 신체적으로 연약하기까지 하다. 여성들에게는 견고한 재질을 가진 석영과 같은 암석의 충격파에 대한 인내력이나 격지를 떼어내는 압력에 필요한 에너지가 부족하기 때문이다.

이다. 일단 그것을 운반하려면 우선 1차적 가공을 거쳐 재료를 소형화하여('비너스 상의 경우 대부분 높이가 10cm 정도의 작은 입상'[68]인데 이는 남성들이 휴대하기에 알맞게 체적을 소형화한 것이다) 부피와 무게를 감량시킨 다음 모난 곳을 연마하는 2차적인 가공을 통해 휴대 시 몸에 상처를 입지 않도록 해야 한다. 소형화, 유선형이 된 2차적 가공물을 많이 휴대하려면 그것들을 상호 연결해야 한다. 연결 방법은 매 하나의 가공물에 구멍을 뚫고 끈으로 꿰는 것이다. 이렇게 해야 소장품을 목이나 어깨 또는 허리에 걸거나 두름으로써 많이 운반할 수 있다. 물론 이러한 작업은 소장품의 미관에도 영향을 미쳤을 것이며 그로 인해 소장 가치도 한층 높아졌을 것이다. 그러므로 반정착생활을 했던 중국 구석기시대에 "장신구의 선택, 가공은 여자들의 섬세함만이 비로소 가공 가능한 것"[69]이라는 주장은 억측에 불과할 따름이다.

하지만 중국의 구석기시대의 소장품 가공은 전혀 다른 경우임을 보여주고 있다. 이동생활을 하지 않았거나 유럽에 비해 이동이 적었기 때문에 희귀물품이나 귀중품을 운반할 필요가 없어진 것이다. "베이징원인은 하나의 무리로서 저우커우뎬에서 약 20여 만 년 동안이나 살았으며"[70] 인도네시아 자바섬의 "솔로인은 이미 항상 떠돌이(이동)사냥과 채집을 하지는 않는 원시인 무리였음을 알 수 있다. 그들은 이미 고정된 지역에 비교적 장기간 정착생활을 했다."[71]

정착생활로 인해 운반이 필요 없게 되었다면 구태여 제작이 어려운

---

68 요코야마 유지, 앞의 책, p. 149.
69 沈從文 著, 앞의 책, p. 4.
70 吴汝康·吴新智·张森水 主編, 『中国远古人类』, 科学出版社, 1989年 9月, p. 15.
71 王任叔 著, 앞의 책, p. 79.

소장품을 가공할 필요는 더구나 없었을 것이다. 귀중품은 이동으로 인해 생활 공간이 바뀌면서 유발된, 지역적 차이에서 나타나는 물산의 희귀성(특산물)이나 매머드 상아처럼 구하기 힘든 데서 오는 희귀성에서 그 가치를 획득하게 된다. 한 곳에 오랫동안 정착하면 지역적 차이에서 나타나는 희귀성은 배제되기 마련이다. 한마디로 구석기시대 중국이나 인도네시아 등 아시아의 여성들은 장신구(소장품) 같은 것을 제작할 필요가 없었다. 그것은 이동이 적어 소장품을 운반할 필요가 없었기 때문이다.

유럽과 중국의 구석기시대의 이러한 차이점은 신석기를 지나 고대사회에까지 심각한 영향을 미쳤다. 그 이유야 어찌 됐든 미술과 소장품 제작을 통해 충분하게 과시된 유럽의 구석기시대 여성들의 눈부신 활약이 궁극적으로 근현대 서양 여성 신분상승의 입지를 구축하는 데 일조했다면 미술과 소장품 제작에서 보여준 중국과 아시아 구석기시대 여성들의 지속적인 부진은 결과적으로 근현대 동양 여성의 비천한 신분을 결정짓는 근원이 되었다고 말할 수 있을 것이다. 이러한 추론에 설득력이 부여되는 것은 유럽의 구석기시대 여성들이 미술과 장식품을 통해 자신들의 활약 공간을 상대적으로 넓게 확보했을 뿐만 아니라 사회적인 지위가 분명했던 반면 중국이나 아시아 구석기시대 여성들은 미술과 장식품 생산라인에서 소외됨으로써 활약 공간이 그만큼 협착 또는 위축될 수밖에 없었고 사회적인 지위도 불안했기 때문이다.

ㄷ. 중국 구석기시대의 여성과 음악 그리고 무용

① 이동 수렵과 악기

서양 여성의 담론에서 보았듯이 유럽의 구석기시대 유적에서는 플루트나 피리 같은 악기들이 대량 출토되고 있다. 얇은 새의 뼈로 만든 플루트와 피리는 음계音階를 나타내는 지공指孔이 뚫려 있다. 연주는 못하더라도 여러 가지 음을 표현할 수는 있다. 그 다양한 음계는 연주가 목적이라기보다는 서로 다른 동물들의 음성을 모방하기 위해서일 것으로 간주된다.

> **구석기시대의 플루트는 프랑스 피레네 지방의 이스튀리츠 유적에서 많은 수가 출토되었다. 이곳은…… 오르냐크 문화, 그라베트 문화, 솔뤼트리아 문화, 마들렌 문화 등 여러 시대의 주거 층이 있어 동산예술에서는 프랑스 최대의 보고寶庫다. 이 유적 각각의 주거 층에서 플루트가 발견되었다. 그밖에도 페르농페르 유적, 레스포 유적, 로슈아세르제아크 유적 등지에서도 출토되었다.**[72]

하지만 중국의 경우 구석기시대의 유적들에서 이러한 악기들이 일절 출토되지 않아 유럽과는 현격한 차이를 드러낸다. 아주 드물게 산딩둥인 유적에서 새의 뼈에 "무늬를 새긴 대롱"[73] "다섯 개(크기가 다른 각구刻沟'새김 홈' 1~5줄 , 가장 긴 것은 38mm)가 출토"[74]되었는데 이는 악기가 아

---

72 요코야마 유지, 앞의 책, p. 216.
73 沈從文 著, 앞의 책, p. 4.
74 华梅 著. 앞의 책, p. 11.

니라 "겉면이 반들반들한데 그 위에 1~3줄의 짧으면서도 깊은 가로 홈을 파고"[75] "대롱을 끼워 만든 장식품"[76]이라고 판정이 났다. 인도네시아나 인도 그리고 일본의 상황 역시 다르지 않다. 중국의 구석기시대에 악기가 발견되지 않은 이유 또한 이동생활, 수렵과 연관이 있다. 대롱에 뚫린 구멍은 끈으로 꿰어 이동할 때 목이나 어깨 또는 허리에 휴대하고 다니기 위해서일 것이다.

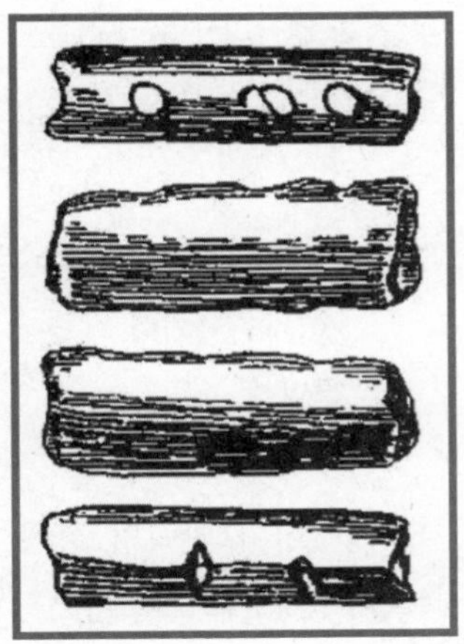

| 사진 99 | 새의 뼈에 무늬를 새긴 대롱(산딩둥 유적 출토)

산딩둥 유적에서 발견된 대롱은 유럽에서 발굴된 악기와 유사하다. 하지만 악기가 아닐 뿐만 아니라 무늬를 새긴 장식품도 아니다. 일종의 소장품이다. 대롱에 뚫린 구멍은 목이나 어깨 또는 허리에 휴대할 수 있는 끈을 꿰기 위한 것이다.

유럽의 네안데르탈인이나 크로마뇽인처럼 자주 주거지를 옮겨 유동 생활을 해야만 했던 구석기인들은 항상 낯설고 새로운 생존환경과 조우할 수밖에 없다. 지형, 기후가 생소하면 환경적 특징을 사냥에 충분하게 이용할 수 없게 된다. 이처럼 불리한 자연환경 속에서 수렵의 성공률을 제고하려면 지형의 이용보다는 인력의 힘을 빌릴 수밖에 없다. 무리 내의 많은 사람들을 동원하여 떼를 지어 이동하는 사냥물을 포위하거나 몰아서 잡는 집단 사냥법이다. 집단적 수렵활동에는 반드시 통일적인 지휘가 필요하다. 우리는 그와 같은 현상을 인도네시아 구석기시대 솔로인의 생활 방식에서 짐작할 수 있다. 솔로인 유적에서 이

75 张之恒 主编, 앞의 책, p. 86.
76 북경중앙미술학원 지음, 박은화 옮김, 『중국미술의 역사(간추린)』, 시공사, 2003, p. 15.

상한 지팡이가 발견되었는데 연구에 따르면 이 지팡이의 기능이 수렵에 동원된 사냥꾼들을 통일적으로 지휘하는 권력의 상징이라고 한다.

> **그것은 어쩌면…… 밖으로 나가 짐승을 에워싸고 사냥을 하는 무리들을 지휘하거나 사냥이 끝난 후 무리를 집합하는 권력의 상징일지도 모른다.[77]**

"지팡이가 권력의 상징"인지 아니면 지팡이와 유사한, 평범한 짐승 뼈인지 하는 문제는 잠시 뒤로 밀어놓도록 한다. 우리의 관심사는 통일적인 지휘에 의한 수렵활동이다. 그것이 꼭 지팡이일 필요는 없다. 물체를 두드려 청각 신호를 발생하는 소리는 지팡이든 짐승 뼈든 나무막대기든 돌멩이든 그 재질과는 상관없이 동일한 효과음을 낼 수 있기 때문이다. 두드림의 장단과 절주에 의해 생산되는 정보 역시 어떤 도구로든 두드리기만 하면 동일한 효과가 발생한다. 두드림의 목적이 소리나 장단을 얻기 위함이라면 평범한 나무나 돌멩이도 지팡이와 다를 바 없이 수렵 활동을 통솔하는 지휘 도구가 될 수 있다는 사실을 반증한다. 이 점에 착안한다면 필자가 담론의 편리를 위해 지팡이를 막대기라고 가정한다 하여 별로 문제 될 것은 없을 것이다.

막대기에 지휘봉의 구실을 부여하는 상징적 기능은 두 가지로 집약될 수 있다. 휘두름에 의한 시각적 메시지와 두드림에 의한 청각적 메시지가 그것이다. 하지만 인도네시아와 같은 열대 숲 속에서 인간의 시야는 제한적일 수밖에 없다. 포위망이 산을 에워싸고 진행될 때에도 막대

---

77 王任叔 著, 앞의 책, p. 80.

기의 신호는 시각에 포착되지 않는다. 그렇지만 청각을 자극하는 두드림의 장단과 절주의 차이에 의해 무리에게 효과적인 신호를 전달할 수 있다. 한마디로 필자가 말하고 싶은 것은 대형동물에 대한 집단적 사냥활동은 반드시 통일적인 지휘가 필요하다는 사실이다. "수렵활동은 공동체의 단결된 힘에 의거할 때에만 가능하다. 구석기인들이 마주 선 것은 항상 흉포한 맹수들"[78]이기 때문이다.

바로 이즈음에서 유럽의 구석기시대에 유일한 음악의 상징인 악기가 왜 그토록 많이 출토되었는지에 대한 답안이 제시된다. 낯선 곳에서 대형동물 무리를 공격하여 사냥물을 획득해야만 했던 네안데르탈인이나 크로마뇽인은 대규모로 동원된 사냥꾼들을 통일 지휘할 필요가 대두된 것이다. 이들의 사냥을 통일 지휘했던 신호 도구(정보 발신 도구)가 다름 아닌 플루트나 피리와 같은 "악기(신호 도구)"들이었다. 서로 다른 음계는 부동한 의미를 생산하여 수렵활동 참가자들에게 전달됨으로써 수렵의 성공을 도모했던 것이다. 물론 이 신호 도구는 신석기시대에 들어와서는 수렵에 사용되는 것에 만족하지 않고 전문적으로 음악을 연주하는 악기로 변신하는데, 이에 대한 담론은 다음 기회로 미룬다.

하지만 이동보다는 반정착생활을 선호했던 중국이나 인도네시아의 경우 상황은 전혀 다르다는 것을 알아야 한다. "산딩둥인이 가장 많이 수렵한 동물들은 사슴, 들소, 멧돼지, 영양 등"[79]이며 베이징원인이 사용한 석기가 가늘고 작은 소형 위주"[80]였다는 사실에서도 당시 대규모

---

78 王仁湘 主編, 『中国史前饮食史』, 青岛出版社, 1997年 3月, p. 47.
79 王玉哲 著, 앞의 책, p. 37.
80 자오춘칭 외, 앞의 책, p. 26.

인력 동원이 필요한 대형동물 사냥은 적었음을 알 수 있다. 사슴, 영양 등은 개별적인 수렵활동으로도 포획이 가능한 동물들이다. 사실 대형동물의 사냥은 수렵무기가 낙후했던 구석기시대에는 쉽게 시도할 수 있는 수렵이 아니었다. 일반적인 상황에서는 소형동물들을 사냥했을 것이다. 그와 같은 현상은 반정착생활을 했던 중국의 구석기시대에는 더욱 그러했을 것이다.

> **초기의 호모 사피엔스의 것보다 훨씬 성능 좋은 무기를 가지고 있는 현대의 수렵 채집민에 대한 연구에서도, 한 가족에게 필요한 열량의 대부분은 여성이 채취해 오는 식물성 음식물로 조달되는 것을 알 수 있다. 남성이 가지고 오는 것은 토끼 같은 작은 동물로, 모닥불 옆에 앉아서 떠들어댈 만한 영웅담은 못 된다. 때로는 남성이 큰 동물을 잡아 단백질을 공급하는 커다란 역할을 완수하기도 한다. 그러나 그것은 식량이 될 만한 식물이 거의 없고 대형 동물 사냥이 주요 식량 공급원이 되는 북극 지방에 국한된 것이다. 그리고 인류가 북극에서 거주하기 시작한 것도 과거 수천 년에 지나지 않는다.**[81]

보다시피 대형동물 사냥은 가끔일 뿐이며 그 지역도 제한적이다. 일상적으로 사냥하는 동물은 "가늘고 작은 소형 석기"로도 잡을 수 있는 토끼나 사슴 따위들이다. 이런 동물을 사냥하기 위해 필요한 수법은 구석기인이 사용한 사냥 수법 즉 "함정과 매복 습격, 포위, 추격 등"[82]에서 몇 가지 간단한 방법만 적용하면 가능한 것이었다. 이들은 포위, 습

81 재레드 다이아몬드, 앞의 책, p. 80.
82 王仁湘 主編, 앞의 책, p. 47.

격 등 대형동물 사냥 수법보다는 한곳에 정착함으로써 가능해진, 고장의 익숙함을 이용한 길목 매복, 함정, 올가미(식물넝쿨) 독약(식물성 극약. 동물이 먹도록 음식물에 섞어 길목에 놓는다) 사용 등 개인적이거나 또는 2~3명이면 수렵이 가능할 뿐만 아니라 성공률도 높은, 소형 동물 사냥을 선호했다. 이러한 사냥에 통일 지휘 같은 건 필요하지도 않았으며 그 통일 지휘를 위한 악기(신호용 도구)같은 건 더구나 소용없었을 것이다.

그렇다면 저우커우뎬이나 중국의 기타 구석기 유적에서 발견되는 매머드와 같은 대형동물의 뼈에 대해서는 어떻게 설명할 것인가? 이 문제 역시 풀기 어려운 난제는 아닌 것 같다. 이 문제에 대한 학계의 연구가 이미 활발하게 진행되고 있기 때문이다.

> **세렝게티 연구자들이 발견한(동물—필자 주)사체의 70% 가량은 포식의 결과가 아니라 자연사였다. 이동로 주변의 반경 5km 지역에서는 하루에 그런 사체가 적어도 하나씩은 있었다. 독수리들이 사체들을 발견하지만 독수리의 부리로는 짐승의 가죽을 쉽게 뚫지 못했다. 그래서 사체는 좋은 '틈새'의 자원이며, 직립보행을 하는 호미니드가 이동하는 동물을 따라 가다가 그 틈새를 메우게 된다.**[83]

자연사한 대형 동물의 사체는 구석기인들의 가장 중요한 먹잇감 내원의 하나였다. 그들은 동굴 주변에서 이런 사체를 발견하면 석기로 사지를 절단하거나 식물 넝쿨로 묶어 거처로 끌고 와서 먹었다. 당연히 그 뼈는 동굴이나 노숙지에 버려졌을 것이다. 대형동물에 대한 사냥과 이

83 존 리더 저, 앞의 책, pp. 94~95.

| 사진 100 | 동물의 자연사

동물들은 여러 가지 원인으로 자연사한다. 아사, 병사, 노사뿐만 아니라 간빙기의 익사, 빙하기의 동사와 상처, 사고, 난산 등으로 인한 죽음도 자연사에 속한다. 악어에게 발목을 물린 누우도 구사일생으로 사경에서 탈출하지만 곧 자연사할 것이다. 이렇게 자연사한 동물의 사체는 구석기인들이 수렵이라는 힘든 포획과정 없이 쉽게 입수할 수 있는 먹잇감이다. 대형 수렵이 배제된 정착생활을 했던 아시아인들에게는 더없이 좋은 식료였을 것이다.

를 위한 대규모 인력 동원을 통한 집단 수렵활동이 없거나 적었다면 이를 통일적으로 지휘할 명분도 덩달아 사라진다. 중국이나 아시아권의 구석기시대 문화에서 악기가 발전하지 않은 이유로 삼는다.

구석기시대 이 지역에는 아직 음악이 존재하지 않았다. 당연히 음악과 연결된 여성의 활동 범위가 위축될 조건이 될 수밖에 없었다. 물론 구석기시대에는 유럽에서처럼 음악이 수렵을 위한 하나의 전략으로써 그 원시적 맹아를 드러내는 경우에도 주도권은 항상 남성 독점물이었지 여성에게는 할당되지 않았다. 겨우 동굴벽화 화가들인 일부 여성들이 구난 신호용으로 "악기"를 제한적으로 사용했을 따름이다. 그런데 중국 구석기시대 여성은 예술창작과 장신구 제작에서뿐만 아니라 설상가상으로 자신들의 억압된 활동범위를 제한적이나마 확장할 수 있는 분야였던 음악마저 부재함으로써 그 활약 영역이 철저히 생식 하나에만 좁혀지는 최악의 결과를 맞이하게 되었던 것이다. 알고 보면 중국 여성의 생육 하나에만 철저히 결박된 삶의 숨 막히는 기나긴 여정은 다름 아닌 여기서부터 그 첫발걸음을 내디딘 셈이다.

② 이동 수렵과 무용

무용은 한마디로 정의하면 신체 움직임을 리듬화시킨 것이다. "인간의 육체를 토대로 한 신체의 움직임이 무용의 기초"[84]이기 때문이다. 여기서 신체 움직임은 무용의 근간을 이루는 질료라고 할 수 있다. 실제로 원시무용의 범주에 귀속되는 수렵무용, 전쟁무용, 농경무용, 종교무용에는 그 저변에 신체 움직임이 깔려 있다. 수렵과 전쟁 등은 격렬한 신체 움직임을 수반하는 인류활동이다. 결국 춤이란 이러한 자연적인 신체 움직임을 리듬이라는 구조 속에서 재편성하고 조직화한 것에 불과하다. 그런데 여기서 제기되는 리듬이란 것도 별로 신비한 것은 아니다. 인간은 직립보행을 한 그때부터 이미 신체 움직임 속에 리듬을 하나의 구성요소로 받아들였기 때문이다.

인간이 편안한 걸음걸이를 유지하려면 "호흡의 리듬이 발걸음과 조화를 이루어야"[85] 한다. 이러한 보행방법은 자연스럽게 인체의 운동에 박자(장단)와 리듬을 부여하는 것이다. 환언하면 인체의 운동을 리듬화시키는 것이다. "무용의 리듬은 음악과는 달라서 신체운동의 리듬이기 때문에 호흡관계나 보행이 기준이 되기"[86] 때문이다.

---

84 박승원 외, 『유아무용』, 문지사, 1997, p. 5.
85 후타쓰기 고조, 앞의 책, p. 154.
86 박승원 외, 『최신무용』, 문지사, 1997, p. 104.

2보 걸음 동안 계속 숨을 내쉬고 다음 2보를 걸을 동안 이번에는 반대로 계속 숨을 들이쉬는 방법이라면…… 호흡과 보행의 리듬을 맞추기 쉽다.[87]

숨 가쁘지 않고 편안한 보행을 할 때 인간의 움직임은 리듬과 만나게 되며 춤은 여기서부터 싹이 트기 시작한다. 그런데 발걸음과 호흡이 인체 운동 리듬의 발원지가 되는 건 사실이지만 가시적인 측면에서 고려할 때 호흡보다는 팔과 다리의 움직임이 리듬과 율동에서 차지하는 비중을 간과할 수 없을 것이다. "가장 근본적인 의미의 무용"이란 결국 "다리와 팔의 움직임"[88]이라고 할 때 그 중요성은 결코 무시할 수 없는 것이다.

결국 두 발로 걷는다는 것은 무용에 필요한 두 가지 조건, 신체의 움직임과 리듬을 제공한다는 것을 의미한다. 최초의 무용이 유럽의 석기시대 벽화에 "동물의 형태를 모방한 자세를 취하고 있거나 가죽을 뒤집어쓰고 있는 인간의 다양한 동작이나 자세를 묘사"[89]한 그림의 내용이라고 인정한다면 춤의 기원은 수렵활동과 직접 또는 간접적으로 연관될 수밖에 없다. 이 그림들의 내용이 "동물의 움직임을 모방하거나 수렵에 대한 즐거움을 표현하는 움직임"이라고 할 때 수렵활동은 팔과 다리 또는 호흡의 움직임을 수반하게 된다.

유동 생활이 주요 생활 방식이었던 구석기시대 유럽의 경우 짐승을 추적하여 늘 이동하고 수렵을 해야 했으므로 보행은 물론 팔다리의 움

---

87 후타쓰기 고조, 앞의 책, p. 154.
88 권윤방 외, 앞의 책, p. 29.
89 위의 책, p. 28.

직임이 많을 수밖에 없었을 것이다. 매복, 몰이, 추격, 기습 등 사냥활동에서 팔다리는 물론이고 춤 동작의 중요한 표현 부위들인 어깨, 허리, 엉덩이 등을 격렬하게 움직일 수밖에 없다. 수렵할 때의 이러한 신체의 움직임들은 호흡과 팔다리의 리듬과 율동에 따라 자연스럽게 춤의 싹을 틔웠을 것이다. 그것이 수렵무용이다. 최초의 무용수는 결국 여성이 아닌 남성임을 알 수 있다.

여성은 임신·육아 때문에 신체의 리듬 운동 즉 걷기 운동이 상대적으로 적었다. 아이를 낳고 기르는 일 외에 "그다지 움직이지 않고 잔뜩 먹기만 하여"[90] 생긴 비만 때문에 운신마저도 힘들었다. 물론 여자들은 임신이나 육아 기간에도 가벼운 채집노동 같은 것에 동참했다. 그런데 채집 활동으로 인해 유발되는 신체 움직임은 수렵과 비교해볼 때 격렬하지도 않고 리듬이 율동적이지도 않다. 그렇지만 유럽 구석기시대 여성은 무리의 잦은 이동 때문에 그나마 중국의 여성들보다는 리듬 운동을 할 기회가 많은 셈이었다.

중국이나 인도네시아 등의 경우 구석기시대 생활 방식이 반정착생활이었기 때문에 이동이 적었고 집단수렵도 적었다는 것을 이미 앞에서 지적했다. 이동과 수렵활동이 적었다는 것은 총적인 신체 운동량뿐만 아니라 리듬운동 역시 적었음을 설명한다. 물론 개별적인 수렵활동에도 팔다리의 운동과 신체 각 부위들의 보조운동이 필요하다. 그러나 무용의 다른 한 가지 특징을 더 꼽으라면 움직임의 복수적 동일성이다. 어떤 움직임이 리듬을 탈뿐만 아니라 여러 사람이 그 동작을 동시에 수행할

90 요코야마 유지, 앞의 책, p. 252.

| 사진 101 | 남성 전쟁무용(미국원주민 전쟁무용 상)과 여성 채집(오산리선사유적박물관 좌, 대전선사박물관 하)

전쟁무용은 그 기원이 수렵에서 온 것이다. 동적인 수렵활동은 다리와 팔은 물론 허리, 엉덩이 등 몸 전체를 격렬하게 움직여야 한다. 반면 정적인 채집 활동은 팔다리는 물론 몸의 움직임이 둔하다. 따라서 무용의 기원은 여성이 아닌 남성에게 있음을 알 수 있다.

때 비로소 완벽한 춤이 탄생하는 것이다. 원시무용 중의 수렵무용이나 전쟁무용, 농경무용은 더 말할 것도 없고 가장 오래된 춤 형식인 원무도 여러 사람들이 같은 리듬 동작을 일사불란하게 수행하는 것이다. 개별적인 신체 움직임이 춤과는 인연이 소원한 이유일 것이다.

결론적으로 말하면 구석기시대에 음악과 무용은 맹아 형태로는 존재했지만 아직 보편화 되지는 않았으며 이런 맹아 형태의 음악과 무용의 창시자는 여성이 아닌 남성이라는 사실을 강조할 필요가 있다. 그야말로 구석기시대 중국 여성의 이미지는 생식과 연관된 분야 즉 신娠 기능을 제외한 여타 분야에서는 거의 찾아볼 수 없을 만큼 불행하다. 음악과 무용을 포함하는 예술 분야 전반에서 암흑의 양상을 드러내고 있다. 유럽 여성의 굴곡적인 이미지는 그나마 중국 여성에 비하면 월등한 수준이다.

이 "음악"과 "무용"이 여성의 전유물이 된 것은 신석기시대의 일이다. 이런 교체에는 당연히 그럴만한 이유가 존재한다. 이 부분의 담론은 다음 기회로 미룬다.

3) 중국 구석기시대의 매장 습속과 무속

유럽과 중국의 구석기 문화는 석기 예술에서의 차이를 보이고 있는 반면 일부 국부적인 측면에서 공통성을 보이기도 한다. 그중에서 가장 대표적인 공통성은 무덤 장속葬俗 절차에서 시행되는 적철광 사용 현상이다. 유럽의 구석기시대 매장 습속에서 보이는 산화철 분말 사용과 중국의 구석기시대 매장 습속에서 보이는 적철광 분말 사용은 비단 두 나라 장속뿐만 아니라 "전 세계적인 현상"[91]으로 나타나고 있다.

유럽에서는 초기 산화철 말고도 시신에 황토를 뿌리는 매장 습속도 발견되고 있다. 후기 구석기시대(기원전 3만 5000~3만 8000년)부터 유럽에서는 "시신을 황토로 칠하"[92]는 매장 풍속이 나타나기 시작했다. "프랑스에서 약 3만 년 전 것으로 추정되는 크로마뇽인의 무덤이 발견되었다. 무덤에는 남자 3명과, 여자 1명의 뼈가 묻혀 있었다. 시신은 종교적 의식으로 매장되었으며, 황토가 뿌려져 있고"[93] "이스라엘의 카프제 동굴에서는 10만 년 전쯤에 살았던 호모 사피엔스 사피엔스 어른 여섯과 아이 여덟이 황토로 뒤덮여 매장되어 있는 것이 발견되었다. 같은 시기의 것으로 추정되는 유적이 동남아시아에서도 발견되었다"[94]고 전해진다.

그렇다면 시신에 황토를 뿌리는 목적은 무엇인지 궁금하지 않을 수 없다. 필자는 서양 여성 담론에서 제시한 가능성 외에 또 다른 가능성도 추가로 검토해 보았다.

첫 번째는 시신을 안치한 장지葬地에 황토가 바람에 날려 왔을 가능성이다. 중국과 유럽 대륙에 황토층이 퇴적된 연대는 약 40만 년 전에 시작된 리스 빙하기와 약 10만 년 전에 시작되어 약 1만 년 전에 사라진 뷔름 빙하기 기간이었다.

> **황토가 쌓이는 것은 중국과 마찬가지로 유럽에서도 두 개의 큰 황토기黃土期가 있는데 리스 빙하기와 관련이 있는 고황토기古黃土期와 뷔름 빙하**

---

91 박선주, 앞의 책, p. 364.
92 올라프 라더, 앞의 책, p. 42.
93 전진석, 『화석 FOSSIL』, 계명대학교출판부, 2007, p. 86.
94 자크 아탈리, 앞의 책, p. 58.

기와 관련이 있는 신황토기新黃土期로 구분된다. …… 황토층은 빙하가 최대한으로 확장된 시기에, 춥고 건조한 기후 아래서 형성된다. 이때 세찬 바람이 북해의 해수면이 점점 낮아지며 노출된, 깊은 곳의 흙먼지들과 강가에 있는 벌거숭이의 충적층沖積層에서 나온 흙먼지들을 휩쓸어 추운 스텝 지역의 빈약한 풀들만이 덮여 있는 대륙의 큰 평원, 경사진 곳에 황토를 퇴적시킨다. 그리고 이때는 대서양 연안의 유럽은 스텝 지역을, 중부유럽은 명실공히 동토지대凍土地帶를 형성하고 있던 때이다.[95]

황토는 "춥고 건조한 기후" 때문에 세찬 바람에 날려 온, 바다 밑 "깊은 곳의 흙먼지들과 강가에 있는 벌거숭이의 충적층沖積層에서 나온 흙먼지들"임을 알 수 있다. 빙하기는 건조한 기후로 인해 바람이 몹시 세차다. 말라버린 해저와 드러난 강바닥에서 황토를 휘몰아 올 만큼 거센 것이다. 그렇게 자연풍이 운반해온 황토가 고인을 묻은 장지를 덮었을 가능성도 배제할 수 없다. 풍속과 풍향 조건만 구비된다면 웬만큼 깊은 동굴 내부까지도 황토가 바람에 불려 들어올 수 있기 때문이다.

두 번째는 장례를 지낼 때 참가한 사람들의 발에 묻어 들어 온 점토일 가능성이 많다. 우천雨天 또는 설천雪天의 경우라면 발에 묻어 들어오는 황토는 그 양이 곱절이나 불어난다. 장례를 지낼 때 사람들의 발길은 시신을 중심으로 그 주변에 어지럽게 찍혔을 수밖에 없다. 매장 작업에 참가한 인원이 많을수록 무덤 주위에 남겨지는 황토의 양도 그만큼 늘어날 것이 틀림없다. 꼭 비나 눈에 개어져 접착력이 높아진 점토가 아니더라도, 마른 황토 역시 발에 묻어와 장지 주변에 떨어질 수 있다. 시신에 살포撒布된 점토가 붉은색을 띠는 적토일 경우 그것은 "기후가 습하고

95 드니즈 드 쏜느빌르 보르드, 앞의 책, p. 21.

더우며 숲이 무성한 간빙기 동안에…… 흙이 불그스름하게 변했기"[96] 때문이다. 필자의 이러한 주장은 황토가 덮인 시신이 극히 일부 무덤에서만 발견된다는 사실에서도 입증된다.

> **크로마뇽인의…… 후기 구석기시대 매장 유적은 14개소인데…… 붉은 황토를 시체 주위에 뿌리고 매장한 것도 이 시대의 매장에서 보이는 두드러진 특징이라고 하지만 황토를 뿌려 매장한 곳은 14개소 가운데 7개소에 지나지 않았다.**[97]

풍세風勢가 유난히 매서운 날에 지낸 장례식이나 또는 주변에 황토퇴적층이 각별히 두터운 지역에서 치른 장례식을 통해 형성된 무덤들이 바로 "황토를 뿌려 매장한 7개 매장지"였을 것이다. 무덤의, 시신 주변의, 장지의 황토의 유무는 인위적인 결과라기보다는 환경과 기후에 의해 결정된 현상일 따름이다.

유럽 구석기시대 장속葬俗에는 황토 말고도 산화철을 시신에 살포하거나 바르는 경우가 많다. "2만 년 전의 이탈리아의 아레내 칸디드Arene Candid유적에서 발굴된 남자의 뼈대는 붉은 산화철로 칠해졌다. …… 죽은 자의 뼈대에 붉은 산화철로 칠을 한 예가 멀리 오스트레일리아의 3만 년 전의 유적인 뭉고 호수에 묻힌 어른 남자에서도 나타난다."[98] 후기 구석기시대 무덤에서 붉은 산화철이 나타나는 것은…… 전 세계적인 현

---

96 드니즈 드 쏜느빌르 보르드, 앞의 책, p. 21.
97 요코야마 유지, 앞의 책, p. 154.
98 박선주, 앞의 책, p. 364.

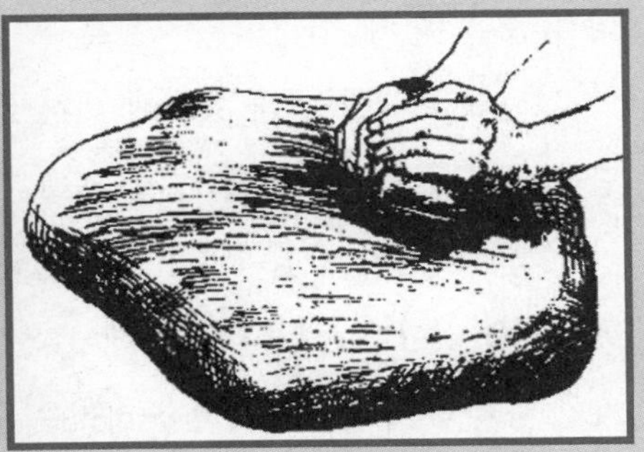

| 사진 102 | 돌에 갈아서 가루를 낸 적철광을 시신에 살포하는 장속葬俗
산딩둥 유적 하실의 노인과 여자의 주위에 뿌려진 적철광 분말은 보혈補血을 통해 사자死者의 부활을 도모하기 위한 무의식이 아니다. 그것이 목적이라면 차라리 동물의 피가 더 효과적일 것이다.

상"[99]이라고 한다. 하지만 장례의식에 산화철이 "사용된 용도에 관한 설명은 단지 추측"[100]에 그칠 따름이다.

거의 억측에 가까운, 학계에 유령처럼 떠도는 산화철에 대한 추측들을 요해하려면 중국의 구석기시대 매장문화에서 보이는 적철광에 대한 자료를 참고하면 도움이 될 것이다. 중국에서는 조기지인早期智人 단계부터 죽은 자를 매장하고 그 "시신이나 주위 또는 부장품에 적철광 가루를 뿌리는 습속"이 나타나기 시작했는데 "인골 주위에 많은 양의 적철광 가루가 뿌려진"[101] 산딩둥 유적 하실 무덤이 바로 그러한 경우다. 적철광 분말이 뿌려진 시신은 "젊은 여자와 늙은 여자, 그리고 늙은 남자

99 위의 책, p. 364.
100 위의 책, p. 364.
101 张智恒·黄建秋·吴建民 著, 앞의 책, p. 352.

의 유골"[102]이다.

그런데 이 적철광의 용도에 대한 국내외 학자들의 연구결과가 놀랄 만큼 설득력이 결여되어 있다는 점을 지적하지 않을 수 없다. "붉은색은 가능하게 혈액의 상징이었을 것이며 생명의 내원이고 영혼이 머무르는 곳이었을 것이다. 시체와 주변에 붉은색 적철광 가루를 뿌린 것은 죽은 자가 다른 세계에 부활하기를 바라는 뜻"이라는 식의 엉터리 주장을 펴고 있기 때문이다.

> 학자들의 추측에 따르면 산딩둥인이 이처럼 적철광 분말을 사용한 것은 그들이 이런 붉은 가루를 혈액의 상징으로 여겨 그것으로 죽은 자의 고갈된 혈액을 보충하여 다른 세계에 부활할 수 있다고 믿었기 때문이라고 한다. 세계상의 수많은 원시부족들은 붉은색 광물이나 흙을 전신에 바르거나 시체를 장식하는 풍속이 있다. …… 산딩둥인이 시신에 적철광 가루를 뿌리는 것은 일종의 무속행위일지도 모른다.[103]

이와 같은 주장의 저변에는 "사람이 죽으면 혈액이 상실된다"는[104] 어설픈 상식이 깔려 있다. "그래서 피와 같은 색깔을 가진 적철광을 뿌려 "죽은 자의 고갈된 혈액을 보충"만 하면 부활할 수 있다고 믿었다는 논리다. 하지만 이 문제는 결코 쉽게 단언할 것이 아니다. 일단 구석기 시대 사람들의 사망원인을 보면 질병과 기근, 영양실조가 가장 많다. 이러한 원인이 초래한 죽음은 유혈을 수반하지 않는다. 단지 혈액순환이

---

102 리밍셩 외, 앞의 책, p. 204.

103 胡新生 著,『中国古代巫术』, 山东人民出版社, 1998年 12月, p. 1.

104 张智恒·黄建秋·吴建民 著, 앞의 책, p. 282.

정지되고 피가 식으면서 응고될 뿐이지 혈액량이 줄어들거나 고갈되는 것은 아니다. 과다출혈을 유발하여 죽음에 이르는 외상外傷이 아닐 경우 인간의 거의 모든 죽음이 혈액의 소비(고갈)를 전제하지는 않는다.

물론 짐승 사냥을 통해 죽음이 피의 유실과 연관이 있을 거라는 사실을 어렴풋이 인지할 수도 있다. 하지만 이 경우에도 적철광보다는 직접 사냥한 동물의 피를 시신에 뿌려주는 것이 "죽은 자의 부활"을 위해서는 더욱 현명한 처사였을 것이다. 게다가 동물의 피는 인간의 혈액과 너무나 비슷하다. 구석기인들은 상처에서 흐르는 피를 통해 그와 같은 동질성을 이미 인지하고 있었을 것이다. 더구나 동물의 피는 분말인 적철광과는 달리 혈액을 닮은 액체이기도 하다. 일부 논자들의 주장처럼 적철광을 시신에 뿌리는 목적이 보혈補血이라면 차라리 동물의 피를 뿌렸어야 하는 것이 당연하다는 말이다.

적철광이 보혈의 용도로 쓰인 것이 아니라는 증거는 또 한 가지 더 있다. 산딩둥 유적에서 발견된 "늙은이·중년·유아 3대를 대표"하는 인골 중에서 "노인과 여자 시신의 주위에만 적철광 분말이 뿌려져 있다"[105]는 사실에 주목할 필요가 있다. 만일 학자들의 분석처럼 보혈을 통한 부활이 목적이라면 "혈액"인 적철광은 노인보다는 유아와 영아에게 할당되는 것이 당연할 것인데도 도리어 노인과 성인 여성의 시신에만 뿌려져 있다. 출산율이 형편없이 낮았던 당시 유아와 영아에 대한 소중함은 결코 "여성과 연장자에 대한 존중과 경의"[106]보다 못하지는 않았을 것이다.

---

105 宋兆麟·黎家芳·杜辉西 著, 앞의 책, p. 124.
106 위의 책, p. 124.

이 밖에 적철광을 입수하기가 동물의 피를 얻는 것에 비해 훨씬 어렵다는 사실도 홀시 해서는 안 된다. "하북성 선화宣化일대에서 생산되는 적철광은 저우커우뎬으로부터 100km 떨어져 있어"[107] 채취나 운반 모두가 힘들다. 운반도구도 발달하지 않았고 교통도 개발되지 않았기 때문이다. 그뿐만 아니라 적철광 가루(분말)를 내는 데도 복잡하고 힘든 작업이 필요하다. 적철광 덩이를 돌로 마찰하여 갈아야 분말을 얻을 수 있기 때문이다.

앞에서 우리는 적철광의 용도가 방한과 방충 등을 목적으로 하고 있다고 가정해 보았다. 그런데 이 가설은 황토, 재, 흑연(석묵)가루로 대신할 수도 있다는 반론 앞에서는 대답이 궁해진다. 사실 적철광이 혈액을 상징할 수 있는 건 붉은색 때문이다. 그렇다면 비밀은 붉음이라는 그 색채에 숨어 있을 것이 분명하다. 붉은색이 상징하는 건 혈액일 수도 있지만 동시에 불을 상징할 수도 있다. 베이징원인(북경원인)은 산딩둥 이전부터 불을 사용했다.[108] 구석기인은 이미 몇십만 년 전부터 인간의 생명을 위협하는 맹수들이 불을 두려워한다는 사실을 알고 있었다. 야외나 야영지 밖에서 활동해야만 하는 성인들은 항상 포식자들의 공격에 노출되어 있기에 적철광을 몸에 칠함으로써 불을 두려워하는 맹수들의 공격으로부터 자신을 보호했다. 아이들은 야외활동 없이 안전한 캠프에서 어른의 보호를 받을 수 있기에 아직은 적철광을 몸에 칠할 필요가 없었던 것이다.

---

107 张之恒 主编, 앞의 책, p. 86.

108 광하해운문화공사 엮음, 박지민 옮김, 『대륙의 찬란한 기억』, 북폴리오, 2004, p. 521. (저우커우뎬 베이징원인 동굴에서 50만 년 전에 불을 사용함으로써 남겨진 층층이 쌓인 잿가루를 볼 수 있다.)

| 사진 103 | 저우커우뎬의 잿더미 퇴적층(우)과 불을 사용하는 베이징원인
베이징원인은 퇴적층의 잿더미와 불에 탄 흙 등을 통해 77만 년 전 또는 50만 년 전부터 불을 사용했던 것으로 추정된다. 적철광의 붉은색은 혈액이 아니라 불을 상징한다.

산딩둥 유적에서 발견된 "구멍 뚫린 작은 조약돌, 구멍 뚫린 돌구슬, 구멍 뚫린 바닷조개껍데기, 구멍 뚫린 짐승 이빨, 구멍 뚫린 물고기 뼈와 속을 파낸 대롱 등"[109] 소장품에도 "구멍 부위에 붉은색이 남아 있었다."[110] 소장품에 "염색"된 "붉은색 장식"은 필자가 보기에는 "신령한 물건에 대한 주술 성격을 띠며…… 피를 숭배하고 붉은색을 숭상했던 산딩둥인이 적철광 가루로 죽은 자에게 주술을 행하고 있을 뿐만 아니라…… 액을 방지하는 호신물…… 액막이避邪주술"[111]이 아니라고 생각한다. 구멍에 붉은색이 묻은 이유를 "선사인류가 이런 장신구들을 적철광 가루로 염색한 끈帶子에 한 줄로 꿰어"[112]목에 걸었기 때문이라는 주장에도 허점이 있다.

소장품(장신구)의 구멍에 붉은 물이 든 것은 포식자들로부터 생명을

---

109 王幼平 著, 『中国远古人类文化的源流』, 科学出版社, 2005年 3月, p. 218.
110 위의 책, p. 218.
111 胡新生 著, 앞의 책, p. 1.
112 华梅 著, 『服饰与中国文化』, 人民出版社, 2001年 8月, p. 5.

보호하기 위해 몸에 바른 적철광이 끈에 묻고 끈의 가루가 다시 구멍에 묻은 결과다. 물론 소장품 자체도 목에 걸쳤을 경우거나 가슴이나 어깨에 멨을 경우 목과 허리와 마찰하면서 붉은 물이 옮겨 들었을 것이다. 하지만 겉면의 색깔은 빗물이나 땀에 씻겨나갔지만 구멍 내면의 붉은색 흔적만은 그대로 잔존해 있었던 것이다.

"산딩둥인의 주거 공간은 거주지, 창고, 묘지로 구성"[113]되었는데 "유적의 하실은 산딩둥인의 공동묘지"[114]다. "모두 여덟 개의 개체가 발견되었는데 그중 5명은 성년이고 1명은 소년이며 어린이가 두 명 있다. 성년 다섯 명 중 세 명이 여성이고 두 명이 남성이다. 두 남자는 화갑花甲 이상 1명, 장년 1명이며 세 여자는 장년 2명, 청년 1명이다."[115] 발견된 인체골격이 "8개 내지 10개"[116]라는 통계도 있다.

무덤의 성인 남성은 단 두 명에 불과하다. 그나마 1명은 화갑(61세)도 넘는 노인(101호)이며 나머지 1명도 중년 혹은 장년(108호)이다. 평균 수명이 저조한 구석기시대에 61세라면 현재의 120살 정도가 된다. 당시의 평균 수명의 추정치를 집계해보면 "네안데르탈인은 29세인데 구석기시대 초기와 중석기시대에는 32세였다. 신석기, 청동기시대에도 38세"[117]에 머물러 있었다. 이보다 더 낮게 잡는 경우도 있다.

---

113 자오춘칭 외, 앞의 책, p. 38.
114 张智恒·黄建秋·吴建民 著, 앞의 책, p. 352.
115 王兵翔 編著, 앞의 책, p. 133.
116 宋兆麟·黎家芳·杜辉西 著, 앞의 책, p. 124.
117 박석환 지음, 『환경생태학』, 신광문화사, 2007, p. 63.

유럽 각지에서 발견된 해골들에 관한 연구 결과에 의하면 마흔 살이 넘은 사람들은 극소수에 불과했으며 평균 수명은 스무 살 정도였다.[118]

시신의 주인들이 산딩둥에서 100년 동안 살았을 경우 평균 수명이 20세고 무리 구성원이 20명이라 가정할 때 전체를 1살부터 계산해도 100년이면 100명이 죽어야 한다. 평균 수명이 32세일 경우에도 사망 숫자가 60여 명이라는 계산이 나온다. 그런데 이른바 "산딩둥인의 공동묘지"[119]라는, 산딩둥 유적의 하실에는 시신이 고작 8~10구밖에 없다. 명칭이 공동묘지인데 8~10명만 이곳에 매장할 리는 없을 것이다. 나머지 시신은 어디로 갔는가? 그러므로 산딩둥 유적의 하실을 공동묘지라고 추정하는 데는 무리가 따를 수밖에 없다.

의혹은 그뿐만이 아니다. 노인과 소년, 어린이의 죽음은 구석기시대가 워낙 사망률이 높았던 시대임으로 그런대로 이해가 된다. 그런데 자립생존이 가능한 중년 혹은 장년 남성과 세 명의 여성은 왜 죽었는지 해명이 되지 않는다. 물론 남성도 질병으로 사망할 수는 있지만 여성 시신에 비해 상대적으로 적다는 게 문제다. 노약자들과 어린이 그리고 유아 또는 노인들의 수발을 들 여성들만 동굴에 남고 남성들은 밖으로 먹잇감을 구하러 나간 게 틀림없다.

동굴의 느닷없는 붕괴로 8~10명이 일시에 불상사를 당했을 수도 있다. 하지만 시신에는 붕괴로 인한 상처 즉 뼈의 골절 같은 흔적이 없기에 설득력이 부족하다. 가벼운 붕괴사고라 할지라도 어린이는 뼈에 상

118 만프레트 바우어, 앞의 책, p. 191.
119 张智恒·黄建秋·吴建民 著, 앞의 책, p. 352.

처가 날 가능성이 있기 때문이다. 필자는 말벌과 같은 유독성 동물의 공격으로 인해 동굴에 남아 있던 사람들이 몰살되지 않았을까 조심스럽게 추측해본다. 말벌이나 기타 유독성 동물의 위험을 모르는 어린이들이 실수로 둥지를 건드렸을 수도 있기 때문이다. 수렵에서 돌아온 남자들이 이들의 재난을 발견했을 때는 이미 모든 일이 끝난 뒤였던 것이다. 그들이 말벌 또는 기타 유독성 동물의 위험을 피해 시신 수습을 포기하고 거주지를 옮겼을 가능성도 배제할 수 없다.

지금까지 사람들은 여성과 무속의 인연은 선사시대부터 엮여온 것이라고 상식처럼 믿어왔다. 하지만 우리는 관련 담론을 통해 여성과 무속은 적어도 구석기시대에는 아직 연대를 형성하지 못하였음을 확인하게 되었다. 그 주요한 원인은 구석기시대에는 무속이 윤곽을 드러내지 못했기 때문이다. 학자들은 황토나 적철광을 무속과 연결시키려고 각고의 노력을 기울이고 있지만 부질없는 고민에 그칠 뿐 공감대를 상실한 채 이론적 방황만 거듭하고 있는 실정이다. 결국 이들의 야심찬 연구 결과가 허탈하게 무산될 즈음에 구석기 여성은 무속이라는 그들만의 활동영역마저 상실하고 실의에 빠지게 될 수밖에 없게 되는 것이다. 여성이 무속의 주체가 되기 위해서는 신석기시대를 기다려야만 한다.

그리고 방금 위에서 도출해낸 필자의 분석에 당위성이 존재한다면 구석기시대 여성의 주요한 활약은 출산과 육아였음이 다시 한 번 입증되는 셈이다. 물론 여기에 한 가지 더 추가한다면 노약자들에 대한 보살핌이라고나 할까. 여성들의 이러한 생활 패턴은 그들의 활동공간을 동굴이나 야영지라는 극히 협소한 공간에 위축시키는 결과를 초래할 수밖에 없다.

결론적으로 말하면 구석기시대 중국과 인도네시아 등 아시아 지역의 여성들은 소장품 제작을 비롯한 석기 예술 분야는 물론 무속을 향한 진출에도 실패함으로써 유럽의 여성에 비해 그 활동 영역이 더욱 위축되었다고 볼 수 있다. 여성의 활동은 철저히 아이를 낳아 기르는 신娠의 영역에 갇히게 되었기 때문이다. 그나마 여성이 남성과 대등한 권리를 누릴 수 있었던 유일한 자본은 남성의 개입이 배제된 상태에서의 생식 기능 하나뿐이었다. 실로 구석기시대의 여성을 위해서는 다행스러운 일이라 하지 않을 수 없다.

구석기시대 한국의 여성

2장

한반도의 구석기시대 문화 담론에서 유럽이나 중국과 비교할 때 변별적인 특징은 두 가지로 집약할 수 있다. 하나는 '한데 집터'다. 본 장에서는 집터 자리의 연대측정에 관한 의문을 하천의 영향과 기둥자리의 분석을 통해 보다 확실한 진실에 접근하려고 시도할 것이다. 그와 동시에 이른바 조각 예술품과 치레걸이에 대한 심층 분석을 통해 그 진면모를 밝히려고 한다.

집터의 경우 한반도에서는 유럽은 물론이고 중국이나 기타 아시아 국가들에 비해서도 월등하게 많은 유적들이 발굴되고 있다. 이 집터 유적들이 과연 구석기시대 유물이 옳은가에 대한 의문과 집터 역사의 유구함이 인류문명과의 상호관계에서 긍정적 혹은 부정적인 영향을 미쳤는지에 대한 관심사가 본 장의 집필 동기가 될 것이다.

한국의 경우 이미 발굴된 장신구는 유럽은 물론 중국에 비해서도 초라할 정도다. 두루봉에서 발견된 치레걸이가 그 전부라고 해도 과언은 아닐 것이다. 대신 발굴자의 주장에 따르면 조각 예술품은 중국에 비해 많이 출토된 것으로 전해지고 있다. 하지만 이 조각 예술품 역시 그 진위 판단에서 아직도 더 치밀하고 과학적인 연구를 필요로 할 만큼 의문의 대상으로 남아 있을 따름이다. 예술품들이 전부 가공 면에서 지나치게 간단하고 거칠어 거의 자연물 상태에 가깝기 때문이다. 물론 치레걸이 경우에도 다를 바 없다. 한반도에서 예술품과 장신구가 발달하지 못한 원인 역시 온난한 기후에 의한 반정착생활이다.

한반도의 구석기시대에 나타난 예술의 부재와 치레걸이 문화의 부진 현상은 여성 활약의 부진을 단적으로 암시한다. 그 결과 공동체 내에서 여성의 직책은 아이를 낳아 기르는 생육 활동에 더욱더 국한될 수밖에 없었을 것이다.

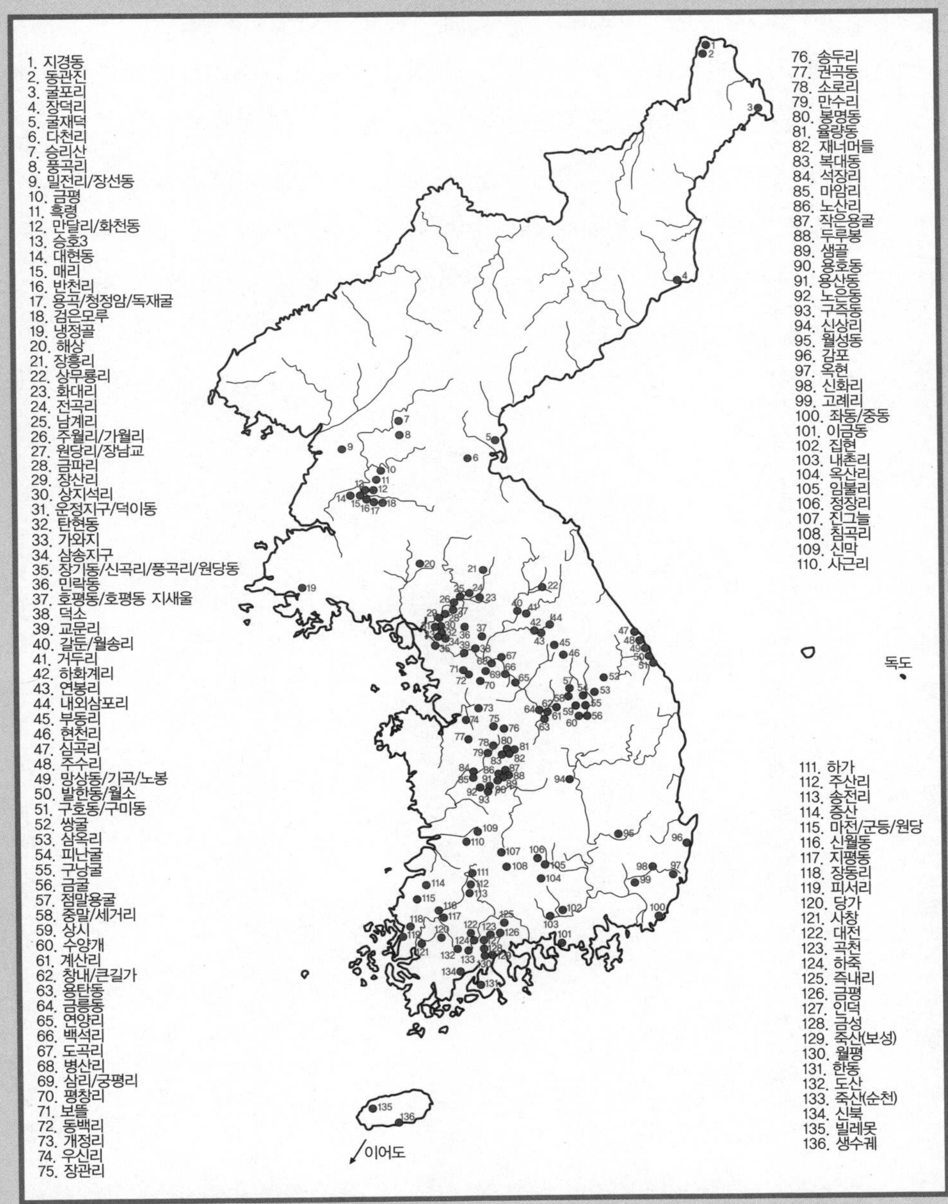

| 사진 104 | 한국 구석기시대 유적도(『한강 유역의 구석기 문화』, 진인진)

한반도 구석기시대 유적에서는 유럽이나 중국에 비해 상대적으로 집터자리와 기둥구멍 흔적들이 대량으로 발견되고 있다. 이 특이한 현상은 무엇을 암시해주고 있는 것일까?

한 가지 반드시 짚고 넘어가야 할 것은 한국의 구석기시대 유적에 대한 학계의 연구가 발굴 보고서에서 멈춰 선 채 연구가 거의 답보 상태에 있다는 사실이다. 고고학자들은 모두 어디서 무엇을 하고 있는지 의심이 들 정도다. 홍산문화에 대한 연구도 중요하겠지만, 한반도 내에서 발굴된 구석시대 유적 또한 그에 못지않게 중요하다고 생각한다. 찬란하든 창피하든 모두 한국의 문화이기 때문이다.

1

석기시대의 주거 형태

1) 한반도의 '집자리' 담론

ㄱ. '한데 집터'와 기둥자리

'한데 집터'는 한국 구석기시대 문화를 유럽이나 중국과 구별 짓는 가장 확실한 징표다. 유럽과 동아시아 다른 지역의 구석기문화에서는 '한데 집터'가 적거나 아예 발굴되지 않는 데 반하여 한반도에서는 남북한 전역에 걸쳐서 이른바 '집자리'가 발견되고 있기 때문이다. 그것이 집자리라고 명명될 수 있는 명분으로는 이른바 기둥자리와 화덕자리 그리고 자갈돌더미들이다. 유럽의 경우 집자리 유적은 극히 희소하다. "59만~60만 년 전…… 프라하 근처 프레츨레티체 절벽 가까이의 오두막집"[1]과 약 38만 년 전 프랑스 니스의 테라 아마타Terra Amata의 20여 개의 움집[2] 정도다.

---

1 자크 아탈리, 앞의 책, p. 55.
2 존 라이트 지음, 김주영 옮김, 『뉴욕타임스가 선정한 교양 2(예술 2)』, 이지북, 2005, p. 172.

프랑스 니스의 테라 아마타 유적에서는 길이 8~15m, 폭 4~6m 규모의 타원형 집터가 여럿 발견되었다. 한가운데에는 지름 30cm 정도의 큰 기둥구멍이 있고, 가장자리에는 지름 7~8cm 크기의 작은 기둥구멍이 타원형으로 쭉 늘어선 구조였다.[3]

이 유적지는 중심에 거대한 돌들을 타원형으로 배열하고 나뭇가지를 걸쳐 지은 20여 개의 움집 기둥자리와 화덕자리가 그리고 자갈돌더미가 있는 집자리가 발견되었다고 한다.[4]

"길이 8~15m, 폭 4~6m 규모의 타원형 집"을 지으려면 "지름 30cm" 또는 "지름 7~8cm 크기"의 목재가 "20여 개"나 필요하다. 기둥으로 쓰인 재목의 굵기가 기둥구멍보다 작다는 것을 감안해도 5~25cm는 되어야 할 것이다. 이렇게 굵고 큰 수목을 20여 그루나 자르고 다듬을 수 있는 기술이 아직 구비되지 못한 60만 년 전 또는 38만 년 전의 고인류가 과연 집을 지을 수 있었는지에 대한 의문은 잠시 접어두고, 일단 집터라는 학자들의 주장에 원인을 제공한 기둥자리에 대해 담론의 초점을 맞추도록 한다.

기둥의 사용은 동유럽의 주거유적에서도 발견되지만 목재가 아닌 동물의 뼈가 건재로 대용되고 있다. 우크라이나 메지리치 유적에서 발견된 "약 2만 년 전의 것으로 추정되는 이글루 모양의 움막"[5]은 "높이 3m, 마루 직경 22m², 최대 12명 정도 살 수 있는 규모"다. "95마리 분량

3 조병로 지음, 『인류와 문화』, 국학자료원, 2003, p. 65.
4 존 라이트 지음, 앞의 책, p. 172.
5 헬렌 피셔 지음, 최소영 옮김, 『왜 사람은 바람을 피우고 싶어할까』, 21세기북스, 2009, p. 321.

| 사진 105 | 테라 아마타 주거 복원도(상) 메지리치 유적 매머드 뼈 움막집
유럽의 경우 집자리와 기둥자리는 극히 적게 발견되고 있다. 테라 아마타, 메지리치, 말타, 부르트 유적 등 극히 희소하다. 게다가 집을 지은 재료도 나무가 아닌 뼈 위주다.

의 매머드 뼈를 사용"[6]하여 만든 집인데 나무는 일절 사용하지 않았으며 기둥자리 역시 없었다. 다만 안가라 강의 지류인 벨라야 강Belaya 왼쪽의 24,000년경의 말타유적과 안가라 강 오른쪽에 위치한 부레트 유적에서는 맘모스의 상아와 머리뼈, 뿔소 또는 순록의 뿔로 세운 움집이 각각

6 다카시 요이치 저, 주정은 역, 『화석 동물기 8(매머드는 살아 있다)』, 자음과모음, 2006, p. 130.

4채씩 발견되었는데 "기둥구멍 12개"[7]도 함께 발굴되었다. 유럽의 구석기시대에 기둥구멍이 동반된 집터 유적은 이것이 전부다.

그런데 한국의 경우는 이와는 정반대라고 할 수 있다. 중국이나 일본 그리고 기타 동남아시아 지역에서는 거의 발견되지 않는, 구석기시대의 한데 집터가 많이 발굴되고 있어 학계의 관심을 모으고 있다. "웅기 굴포리와 공주 석장리, 제천 창내, 화순, 대전 등지에서 한데 집터가 발견"[8]되었는데 이 중에서 함북 웅기 굴포리 서포항유적은 한반도에서는 유일하게 "중기 구석기시대의 것"[9]이며 주거 형태에서 "동굴을 중심"[10]으로 하는 북한지역의 "긴 네모꼴의 막집자리(11.5×8m)"[11]거나 "막자리"[12]라고 불린다.

이들 집자리유적은 굴포리 막자리만 예외일 뿐 나머지 집터에서는 모두 기둥자리와 화덕자리가 발굴되고 있다. 굴포리 유적은 다름 아닌 이 "기둥자리나 기둥의 흔적 또는 화덕자리와 같은 막집터의 증거가 제시"[13]되지 않았다는 이유로 막집터로 인정받는 데 걸림돌이 되고 있다. "막의 가장자리를 둘러놓았던 것으로 인정되는 분암덩이와 돌무지"[14]만으로는 집터자리로 인정할 수 없다는 주장이다. 국내에서 기둥자리와 함께 발굴된 한데 집터 유적들을 열거하면 아래와 같다.

---

7 국사편찬위원회, 『한국사2 구석기, 신석기문화』, 탐구당, 2013, p. 296.
8 한국박물관연구회 엮음 지음, 『한국의 박물관 2(경보화석박물관·양구선사박물관)』, 문예마당, 1999, p. 28.
9 국사편찬위원회, 앞의 책, p. 114.
10 박용안 외, 『한국의 제4기 환경—제4기 환경과 인간』, 서울대학교출판부, 2001, p. 528.
11 국사편찬위원회, 앞의 책, p. 114.
12 김용간, 『조선 고고학 전서(원시편 1)』, 민족문화, 1995, p. 73.
13 국사편찬위원회, 앞의 책, p. 129.
14 위의 책, p. 129.

> **석장리 제1지구 제1호 집터(51구덩이)에서는…… 기둥자리를 5개 찾았으며 지름은 모두 약 10cm 정도다. 기둥자리는 문돌로부터 250cm 지점에서 1개, 서북쪽 담돌과 180cm 떨어진 곳에서 1개를 찾았으며 나머지는 이들 2개의 기둥자리에서 100~150cm 정도 떨어진 상태로 모두 수직에 가깝게 나타났다.**[15]

> **석장리 제1지구 제3호 집터 제1지구 제3호 한데 집터(101구덩이)에서는…… 크고 작은 기둥자리가 여러 개 나왔으며 큰 것은 지름이 16cm, 작은 것은 지름이 4~8cm 정도 된다. 기둥자리는 한 줄 또는 두 줄로 이어져 나왔고 작은 구멍은 10°쯤 기울었다.**[16]

제천 창내 유적은 남한강과 그 지류인 창내가 마주치는 두물머리에 있으며 이곳에서 후기 구석기시대의 한데막집터를 찾았다. 강자갈층 위에 마련된 창내 막집터에서 기둥자리·화덕자리·당김돌 등 집터의 기본구조를 찾았다. 기둥자리는 10여 개 이상 찾았으며 기둥과 기둥 사이는 대개 60~160cm 간격이다. 기둥구멍은 지름과 깊이, 기울기가 각기 다르게 마련되었음을 확인하였다. 각 기둥구멍의 지름은 10~28cm이고 깊이는 11~49cm이다. 출입문 부분인 동쪽의 기둥구멍은 깊이가 모두 40cm 이상으로 매우 깊은 편이다. 기둥구멍의 기울기는 22°~81°로 기운 정도가 매우 다르지만 나들이 부분은 모두 80°이며, 버팀목을 세운 기둥자리는 모두 71°~76°에 이른다.[17]

---

15 위의 책, p. 130.
16 위의 책, p. 132.
17 위의 책, p. 133.

| 사진 106 | 굴포리서포항유적(좌)과 공주석장리 유적 1호 집자리의 기둥구멍
굴포리서포항유적 막집자리를 제외하고는 한반도 선사시대 집터유적에서는 모두 기둥구멍이 발견된다고 한다. 그런데 기둥구멍의 크기, 형태의 차이뿐만 아니라 위치와 배치 간격의 일치성도 상실하고 있어 그 용도에 대한 의문이 생기지 않을 수 없다.

> 화순 대전유적에서는…… 기둥자리는 24개로 확인되었으며 1~2m 정도의 간격으로 서로 대칭되게 길게 분포되었다. 각 기둥구멍의 지름은 5.5~28cm이고 깊이는 5~56cm이다. 출입문 부분의 기둥구멍의 깊이는 각각 33cm, 56cm로 다른 것보다 매우 깊은 편이다. 기둥은 10개의 기둥을 두 개씩 서로 마주 보게 하여 세웠다. 기둥구멍의 기울기는 51°~88° 사이로 나타났다.[18]

하지만 창내 유적과 화순 대전리 유적에서 발견된 구멍이 집을 지을 때 기둥을 세우기 위해 사용된 흔적인지에 대해서는 국내 학계에서도 논란이 많다. "문제는 지표상에 대단히 가까운 지층 속에 불확실하게 남아 있는 구멍을 곧바로 기둥구멍이라고 볼 수 있는가"[19]하는 의문이다. "이 구멍들은 여러 가지의 다른 연유로 인하여 만들어질 수도 있는 것이

18 위의 책, pp. 134~135.
19 위의 책, p. 235.

므로 반드시 주거지의 기둥구멍이라고 보기에는 보다 명쾌한 증거들이 제시되어야 할 것"[20]이라는 반론도 만만치 않다. 필자는 비단 창내 유적과 화순 대전리 유적의 집자리 기둥구멍뿐만 아니라 석장리 집터의 기둥구멍도 이러한 의문으로부터 자유롭지 못하다고 간주한다.

건축학적으로 기둥의 용도는 건물의 무게를 안전하게 떠받치고 기울어짐을 방지하기 위해 필요한 구조물이다. 그런 이유 때문에 밑에 견고한 판석을 깔고 그 위에 기둥을 세우는 것이다. 건물 무게의 압력 또는 중력을 받아내야 하기 때문이다. 판석과 기둥 밑면을 반듯하게 하는 것은 건물의 기울어짐을 방지하기 위해서다. 이 두 가지 기능에 따라 기둥은 공간상에서 무엇을 고정하기 위해 필요한 말뚝처럼 땅속에 박아 넣지 않는 것이다.

일단 구석기시대 막집형태를 볼 때 기둥이 감당해야 할 구조물이 존재하지 않는다. 막집의 벽은 나무 잔가지로 엮고 지붕은 풀[21] 또는 갈대[22]를 엮어 덮은 형태이기 때문이다. "온대 지방에서는 작은 풀들을 베어다가 한데 묶어 지붕을 덮었고, 풀조차 구할 수 없는 건조한 지방에서는 짐승 가죽을 덮었기"[23] 때문에 건물의 중량이나 압력이 부재해 기둥을 세울 필요가 없었다. 집이 태풍에 날아가는 것을 방지하기 위해 기둥을 세웠을 경우에도 지붕을 덮은 풀이나 나뭇가지들은 여전히 날려갈 수 있다. 이런 여건에서는 기둥보다는 말뚝을 박는 것이 더 효과적이었을 것이다.

---

20 위의 책, p. 235.
21 손보기, 『석장리 선사유적』, 동아출판사, 1993, p. 296.
22 손보기, 『석장리 유적과 한국의 구석기 문화』, 학연문화사, 2009, p. 438.
23 서윤영, 『사람을 닮은 집, 세상을 담은 집』, 서해문집, 2005, p. 15.

| 사진 107 | 창내 유적 집터와 수양개 22호 집터 기둥구멍(하)

창내 집터와 수양개 집터의 경우처럼 지표상에 불확실하게 남아 있는 구멍들은 여러 가지 연유로 인하여 만들어질 수도 있는 것이므로 반드시 주거지의 기둥구멍이라고 보기에는 보다 명쾌한 증거들이 제시되어야 할 필요가 있다.

집을 지을 때 기둥을 사용하는 목적이 지반의 변화에 따른 건물의 붕괴를 예방하기 위해서라면 그것은 장기 주거와 연관이 있음을 암시한다. 1년 이상 사는 주거 형태로서의 집은 봄·여름·가을·겨울이라는 사계절의 기후변화를 극복해야만 한다. 겨울에 얼었던 동토가 해동하면 지반이 변형되는데 이때 기둥이 없으면 건물은 붕괴되거나 기울 수밖에 없다. 그런데 유럽의 경우는 물론 한반도의 경우에도 막집의 사용기간은 장기 주거 형태가 아니라 임시 주거 형태다. 기둥이 필요 없다는 말이 된다.

프랑스 니스의 테라 아마타Terra Amata유적의 집자리는 "호모 사피엔스가 1년마다 이곳에 찾아와 집을 지은 것이 모두 11회고…… 체류 기간도 매우 짧았다"고 한다. "이곳에서 발견된 원석이 약 50km 이상 떨어진 곳에서 산출된다는 사실은 이곳을 이용한 사람들이 이동하였음"[24]을 의미한다. 이들은 이곳을 철에 따라 이용했는데 "매년 반복되는 방랑이 끝난 뒤—봄이 되면 새로 만들어지곤"[25] 했다. 하지만 "매년 봄부터 이듬해 봄에 움집을 버리고 떠나기 전까지 정기적으로 이 움집에 거주"[26] 했다는 주장에는 설득력이 결여되어 있다. 건물의 중압이나 하부 중력이 없을 뿐만 아니라 기울어짐에 대한 우려도 없는 상황에서 많은 시간과 인력이 동원되어야만 가능한 기둥을 세울 필요는 없기 때문이다. 구석기시대로 말하면 그것은 불필요한 시간과 인력 낭비이다.

우크라이나의 메지리치유적의 뼈움막의 "벽을 쌓는데 열 명 이상의 사람들이 꼬박 일주일 매달려야"[27] 했으며 오두막 천장을 만드는 데도 촌락의 또 다른 사람들이 동원되었다고 하니 당시 집을 짓는 일이 얼마나 힘든 작업이었던가를 짐작할 수 있다. 석장리의 경우처럼 단단한 재

---

24 조병로 지음, 앞의 책, p. 65.
25 만프레트 바우어, 앞의 책, p. 132.
26 존 라이트 지음, 김주영 옮김, 앞의 책, p. 172.
27 헬렌 피셔 지음, 앞의 책, p. 321.

질의 "상수리나무를 기둥으로 사용"[28]한 집 짓기는 재목의 채벌과 운반 등 작업이 더욱 어려울 것이 틀림없다. 이 문제에 대해서는 다음 절에서 담론을 이어가기로 하고 여기서는 접는다.

이러한 한데 집터는 봄에만 지은 것이 아니라 "여름철에 짓고 살기도 했고"[29] 겨울철에 사용하기도 했다. 석장리 유적에서 발굴되었다는 집터의 경우 "1호 집터는 겨울철에 쓰던 집이라면 3호 집터는 여름철 집터로 쓰였다"[30]고 한다. 집터가 여름철에 지었든 겨울철에 지었든 이들의 공통점은 임시 거처라는 사실이다. 석장리 제3호 집터의 경우에는 "여름철에 강가에서 사냥을 위하여 일시적으로 이용했던 집"[31] 터다. 그런데 겨울철에는 방한을 목적으로 집을 지을 수도 있겠지만 여름철에는 구태여 품과 시간을 들여 집을 지을 필요가 없다. 구석기시대 사람들이 요즘 사람들처럼 피부가 검게 탈까 봐 두려워서 자외선을 차단할 이유도 없다.

구석기시대 사람들이 집을 지을 필요나 능력이 결여되었다면 기둥구멍의 용도는 대체 무엇일까. 우리는 "이 구멍들은 여러 가지의 다른 연유로 인하여 만들어질 수도 있는 것이므로 반드시 주거지의 기둥구멍이라고 보기에는 보다 명쾌한 증거들이 제시되어야" 한다는 앞의 인용문을 상기할 필요가 있다. 그것은 홍수, 기후변화, 짐승의 활동 등 자연적인 원인에 의해 형성될 가능성도 배제할 수 없기 때문이다. 그뿐만 아니라 비록 인위적인 흔적이라 할지라도 기둥구멍이 아닌 다른 용도에 의

28 손보기(1993), 앞의 책, p. 256.
29 연세대학교박물관 편, 『한국의 구석기』, 연세대학교출판부, 2001, p. 145.
30 손보기(1993), 앞의 책, p. 296.
31 국사편찬위원회, 앞의 책, p. 134.

| 사진 108 | 단양 수양개 유적 석기 제작소
구석기시대 석기 제작소는 모룻돌에 격지를 떼어내는 작업과 함께 떼어낸 격지를 끈으로 막대기에 동여매어 사냥 도구를 만드는 최종 작업도 병행했다. 이렇게 제작이 완료된 수렵무기들은 주변에 파 놓은 구멍(사진 104 참고)에 기존의 도구들과 나란히 세워 보관했다.

해 만들어진 시설물일 가능성도 존재한다고 보아야 옳을 것이다.

필자는 이른바 이 기둥구멍은 집을 짓는 데 사용되는 건축시설물이 아니라 사냥 무기를 보관하던 장소라고 간주한다. 유럽의 담론에서 살펴보았듯이 구석기시대 사람들에게 사냥 도구는 신성한 물건이었다. 또한, 그것은 무리가 공유하는 공동재산이기도 하다. 사냥 무기는 보통 가공된 석기를 나뭇가지 끝에 가죽끈으로 연결한 것이었다. 물론 끝이 뾰족한 나무 자체가 수렵 도구로 사용되는 경우도 있었을 것이다. 이러한 수렵 도구들은 대체로 휴대와 사용이 간편한 크기인 2m 내외의 길이었을 것이라는 것도 의심할 여지가 없다. 30~40cm 깊이의 구멍에 그것을 꽂아 놓으면 유사시에 손쉽게 잡고 사용할 수 있다.

무기 보관 구멍들이 큰 돌들이 많은, 이른바 집터자리 부근에서만 발견되는 원인은 이곳이 무리가 공동으로 활동하는 생활 공간이기 때문이다. 집터자리는 사냥 도구를 보관하는 곳인 동시에 석기 제작 전문작업장이자 취사 장소였다. 이 부근에서 석기가 많이 발견될 뿐만 아니라 화덕 흔적이 나타난다는 사실이 이 같은 주장에 설득력을 부여해준다. 화덕은 취사용인 동시에 석기제작에 필요한 설비였을 것이라 추정된다. 이와 같은 추측은 석장리 유적에서 동물의 화석이 발견되지 않는다는 사실에서도 입증된다. 동물의 고기보다는 강에서 물고기를 잡아 구워 먹던 자리로 예측된다. 수렵이 동반되지 않았다는 것은 이곳이 석기 제작만을 위해서 단기적으로 이용되었던 장소임을 의미한다.

ㄴ. 석장리 유적의 구석기시대 집에 대한 재조명

석장리 유적의 발굴은 한반도의 구석기시대 문화의 공백을 메워준 의미 있는 고고학적 사건이라 할 수 있다. 한국의 구석기학 연구는 연세대학교의 석장리 유적 발굴조사를 계기로 중국이나 일본에 비해 뒤늦은 발걸음을 내딛기 시작했다. 하지만 아직도 발굴보고서 차원에서 답보할 뿐 비중 있는 연구가 병행되지 못하는 아쉬움이 남아 있다. 특히 집터 문제에서 기둥구멍과 문화층에 대한 연구가 미진하여 많은 의문점이 해결되지 않은 채로 고고학계의 과제로 남겨져 있는 안타까운 실정이다.

석장리 유적에서 발견된 기둥 역시 집의 구조물인지에 대해 확실한 증거가 결여된 상태다. 일단 기둥구멍의 모양에서 형태, 크기, 깊이가 불일치하며 배치에서도 대칭 구조, 평행구조 또는 기둥 사이 간격의 균일성 등 건축학적 측면의 조건과 배치된다. 이러한 조건들은 기둥이 건물의 중압을 지탱하고 기울어짐을 방지하는 데 선행되어야 할 것들임에도 불구하고 유적에서는 무시되고 있다. 단순히 방풍이나 방한이 목적이라면 그 설치 과정이 당시로써는 어마어마하게 어려운 기둥 세우기 작업을 하지는 않았을 것이기 때문이다.

사실 발굴과정을 면밀히 고찰하면 이른바 이 기둥구멍과 집의 존재가 무조건 직결되는 상관관계도 아니라는 것을 알 수 있다.

> 11차 발굴에서는 89, 90구덩에서 기둥 자리로 보이는 구멍들이 찾아져 집터일 가능성을 생각해보았으나, 12차 발굴에서도 그 이상의 사실을 밝히지는 못했다. 앞으로 정밀조사를 통해 집터로 밝힐 수도 있다고 보아 그것을 2호 집터로 했고, 101구덩에서 드러난 집터를 3호 집터로 이름하기로 했다.[32]

> 88ㄱ—ㄴ, 72ㅅ칸에서 서쪽으로 유물층이 이어지고, 잔 기둥 구멍들도 나오고 있었으나, 그 이상은 확인할 수 없었다.[33]

위의 예문에서 알 수 있듯이 이른바 기둥구멍이 반드시 집의 존재를 수반하지 않고도 독자적으로 설치될 수 있다는 사실은 이 시설물이 건물을 떠받치는 기둥을 세우는 데 사용한 구덩이가 아닐 수도 있다는 가능성을 제시하는 것과 다름없다. 환언하면 이 구멍들은 기둥을 세우기

---

32 손보기(1993), 앞의 책, p. 57.
33 위의 책, p. 271.

위해 필요한 보조적인 용도가 아니라 독자적으로 다른 용도에 쓰였을 가능성이 충분하다는 것이다. 그뿐만 아니라 이 구멍들은 인위적일 수 있는 것처럼 동시에 자연적인 원인에 의해 남겨진 흔적일 가능성도 배제할 수는 없다. 아직 도구가 발달하지 못한 구석기시대에 있어서 구멍과 기둥 그리고 집 이 삼자의 관계는 결코 불변의 공식이 될 수는 없다.

"이 주거지 자체가 왜 주거지로 보지 않으면 안 되는지에 대한 검토가 필요할"[34]뿐만 아니라 "주거지의 형태에 대해서는 아직도 설명되어야 할 점이 많다"[35]는 말속에는 과연 구멍이 기둥을 박았던 자리인가를 확인하는 과제도 포함되어 있을 것이다. 창내 유적과 화순 대전리 유적도 이와 마찬가지 경우다. 그것이 집터라는 것을 증명하려면 먼저 "지표상에 대단히 가까운 지층 속에 불확실하게 남아 있는 구멍을 곧바로 기둥구멍이라고 볼 수 있는가의 문제"를 해결해야 한다. 구멍과 집은 상관관계일 수도 있고 전혀 별도의 시설물일 수도 있기 때문이다.

이 구멍은 집의 골격인 기둥을 세우기 위해 설치된 지표시설물이라기보다, 이미 앞에서 언급했듯이 목제 자루가 달린 수렵 도구를 보관하기 위해 특별히 고안된 '도구 보관소'일 것으로 간주된다. 모룻돌과 격지들이 흩어진 집 앞에 석기를 만들던 공방이 있었음[36]을 알 수 있다. 여기서 수렵 도구라 함은 이들이 금강 기슭의 '석기 제작소'에 내려올 때 휴대했던 기존의 수렵 도구와 석기 공방에서 새로 제작한 수렵 도구들을 망라한다. 집자리가 아닌 곳에서 발견된 정체불명의 구멍들이 이

34 국사편찬위원회, 앞의 책, p. 234.
35 국사편찬위원회, 앞의 책, p. 234.
36 손보기(1993), 앞의 책, pp. 256, 296.

와 같은 주장에 명분을 달아준다. 만일 구석기시대에 어떤 이유에 의해 집을 지었다고 한다면 그것은 죽은 진대나무나 손으로 꺾을 수 있는 나무의 잔가지 또는 풀로 엮은 간이 풀막이었을 것이다. 기둥을 세운 후 벽을 쌓아올리고 지붕을 얹는 본격적인 집을 지은 것은 빨라야 신석기 후기이며 늦으면 청동기시대에 들어와서야 가능했다고 간주된다.

한반도에서 기둥이 건축 용재로 사용된 실례는 함북 회령시 오동 유적 집터에서 보인다. 그 시기를 김원룡金元龍은 BC 1,000~300년경으로 보고 북한 학자들은 BC 1,500년경으로 추측하지만 대체로 청동기시대에 국한된다. 그중에서 6호 집자리는 청동기시대도 지나 철기시대의 것이라고 보고 있다. 유적에서 발굴되는 "갈색토기"[37]와 밭을 가는 일종의 목제 보습인 '곰배괭이'의 발견을 통해 입증된 "낟알을 심는 밭농사"[38]가 이와 같은 추측에 설득력을 부여해주고 있다. 이 시기의 지붕 구조는 이미 가벼운 풀이나 나뭇잎을 덮는 간편한 방식이 아니라 "낟짚(화본과禾本科의 곡식짚)이나 나무가 탄 것"을 올려 "두터운 층"을 이뤘을 뿐만 아니라 "그 위에는 일정한 두께로 보드라운 모래"[39]까지 덮은, 상당한 중량감을 가진 건축 구조물이었다.

> **당시 지붕에는 낟짚이나 새초 같은 것을 잇고 그 우에 일정한 두께로 흙을 덮어 이영이 바람에 날리는 것을 방지하며 추위도 일정하게 막은 것이 아니었는가 싶다.**[40]

37 과학원출판사 저, 『회령 오동 유적 발굴 보고』, 과학원출판사, 1960년, p. 26.
38 위의 책, p. 61.
39 위의 책, p. 21.
40 위의 책, p. 21.

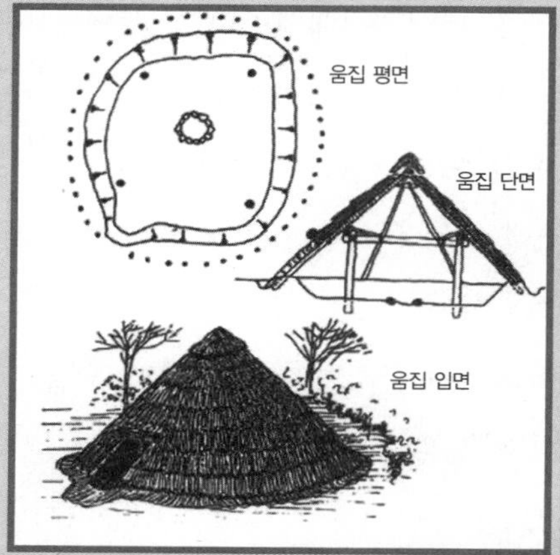

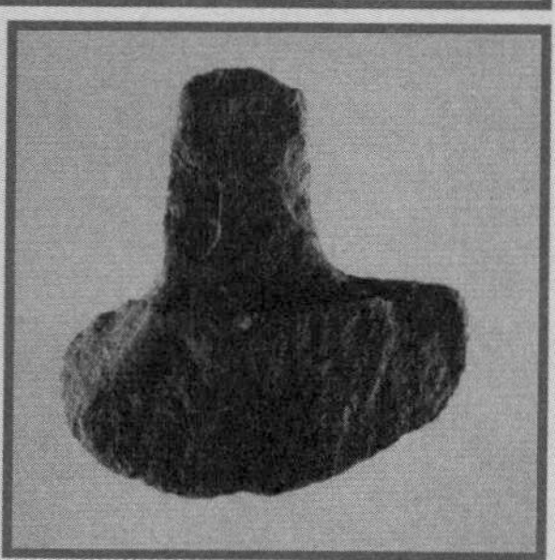

| 사진 109 | 오동 유적의 청동기시대 움집터(상 좌)와 갈색토기(하 좌) 곰배괭이

한반도에서 기둥이 건축 용재로 사용된 것이 회령 오동의 움집터에서 그 첫 모습을 드러냈다. 이 유적에서 발굴된 '갈색토기'나 '곰배괭이'와 같은 유물들을 미루어 볼 때 그 시기는 기원전 1,000년경의 청동기시대로 추정된다.

따라서 지붕 무게를 받아낼 수 있는 기둥과 구멍이 필요하게 되었던 것이다. 2호 집자리의 경우 "기둥은 한 대만 세운 것도 있으나 거의 2~4대씩 서로 한데 묶어 세운 것은 구멍이 가는 것으로 보아 가는 목재의 경우 지붕의 무게를 받기 위하였을 것"[41]이었다. 4, 5, 8호 집자리의 기둥 역시 한 대 또는 두 대씩 세웠는데 그 목적은 동일한 것이다. 여러 대를 한데 묶어 세웠을 뿐만 아니라 기둥이 약해서 후에 "덧대기"도 하였다(여기서 가는 기둥을 여러 개로 묶어서 세우거나 덧대는 것은 굵은 목재를 채벌하는 것은 도구가 구석기시대에 비해 비할 바 없이 선진화된 청동기시대에 와서도 쉬운 작업이 아니었음을 역설해준다).

기둥 설치가 지붕의 압력을 버티기 위한 것이라는 추측은 "주춧돌 사용"[42]에서도 나타난다. 5호 집자리 기둥 밑에 깐 "비교적 크고 납작한 돌"[43] 8호 집자리 기둥 밑에 "괸 돌"[44]의 용도는 다름 아닌 "모랫바닥에 세운 집의 무게에 눌려 깊이 들어갈 것을 염려하여 초석처럼 받치기"[45] 위해서였다. 정착 농경 생활의 필요에 따라 지붕이나 벽체가 이전에 비해 무거워졌기 때문이다. 결국 석장리 유적의 집터자리 기둥구멍도 빨라야 청동기시대의 유물일 것임을 알 수 있다. 다만 문화층의 교란에 의해 명료한 해석이 어려워졌을 따름이다.

하지만 문제는 여기서 끝나는 것이 아니다. 석장리 유적의 퇴적층 형성과정과 각 문화층 구분 및 해석에 대해서도 이의를 제기하는 학자들이 적지 않다. 유적의 지층이 출토되는 석기의 차이(다른 지층과의 차이)와 공통성(동일 지층 안에서 발견된 석기의 형태와 제작의 동일성)에 의해 구분된다는 연구방법은 인정하더라도 퇴적층의 형성과 문화층의 차이

---

41 위의 책, p. 18.
42 양태진, 「회령오동(五洞)원시유적」, 『마을따라—북녘의 문화유적지를 중심으로』, 동아시아영토문제연구소장, p. 112.
43 과학원출판사 저, 앞의 책, p. 21.
44 위의 책, p. 25.
45 위의 책, p. 25.

가 부차적인 인소의 영향이 배제된 상태에서 기계적으로 이해된다는 점에 있어서는 이견이 만만치 않다.

> **이 지역의 지층 구성을 생각하면 큰 간빙기에 자갈돌층이 쌓이고, 메마르고, 춥고, 바람 부는 속에서 로에스(황토)층이 쌓이고, 추위가 심한 동안 모암이 부서지고 그들이 굴러 석층을 이룬다. 다시 따뜻하고, 비오는 시기가 오면 이 시기에 모래와 염토가 쌓인 다음 또 다시 추위는 찾아와서 위의 모암을 분해시키고 석층을 구성하였다. 이러한 과정이 거의 주기를 이루며 반복되었던 것을 알 수 있다.**[46]

퇴적층의 이러한 주기적 형성은 홍수와 같은 부차적인 자연변화가 배제된 상태에서만 가능하다. 특히 석장리 유적의 지정학적 위치가 금강에서 지척인 강변일 뿐만 아니라 지대도 높지 않은 위치에 있다는 사실을 감안할 때 "쌓임층"에 미친 홍수의 영향을 결코 과소평가할 수 없을 것이다. 유적이 위치한 고도는 "본래의 수면보다는 약 6~7m 정도 높았을 것으로 추측되며⋯⋯ 집자리는 현재의 해발 7~8m에 해당하는 지역에 자리 잡은 것으로 나타난다"고 하니 이 지대는 구석기시대는 물론 그 후에도 홍수에 의한 쌓임층의 하류로의 쓸림과 상류에서 흘러내려온 모래나 흙 또는 돌들의 침전 현상이 늘 있었을 것이다. "약 40~50만 년 동안 한 지역에서 인류가 계속 살았으며 그것이 또 현재까지 남아 있다고 생각하기는 곤란할 뿐만 아니라 강물의 범람과 지형의 변화 등이 되풀이 되었을 것을 생각하면 그 흔적이 한 장소에 체계적으

46 손보기(2009), 앞의 책, p. 62.

로 쌓였다는 것은 더욱 문제가 된다."[47]는 예측은 그래서 당위성을 부여받는 것이다.

사실 현장에서 발굴 작업을 지도했던 학자인 손보기 자신도 쌓임층 형성과 홍수와의 연관에 대해 고려[48]하고 있다. 물론 그와 같은 조심스러운 예측은 "물을 따라서 흘러나온 모래층"에만 국한시키고 있지만 말이다. "지형의 변화가 되풀이"되는 것은 "강물의 범람"이 되풀이되기 때문이라고 할 수 있다. 다시 말하면 석장리 유적의 퇴적층은 강변에 위치했기 때문에 각별히 홍수의 영향을 많이 받음으로써 시간에 의해 변별된 순수 쌓임층보다는 혼합적이고 복합적인 상태였을 거라는 추측이 가능해진다. 실제로 중기구석기시대 퇴적층도 그러한 형태를 띠고 있어 주목된다.

> **81구덩 동벽 자름면에 나타난 층위 관계로 보면, 석층과 모래 찰흙층이 번갈아 쌓여 있음을 보여준다.**[49]

이른바 문화층은 이들 퇴적층 구성 내지는 발굴 석기의 차이에 의해 형성된 고고학적 개념이다. 석장리 2지구 해발 12.6m 지점의 세 개의 석층은 각각 11, 10, 8문화층으로 분할된다. 문화층마다 그 층에만 해당하는 석기들이 출토되고 있다. 하지만 9문화층은 2석층과 3석층 사이에 끼었는데 석층이 아닌 찰흙층이다. 두말할 것도 없이 다른 어떤 원인에 따

---

47 김갑동, "충청의 얼을 찾아서(공주 석장리 유적과 구석기문화)", 금강일보, 2014년 2월 12일, 2면.

48 손보기(2009), 앞의 책, p. 62.

49 손보기(1993), 앞의 책, p. 265.

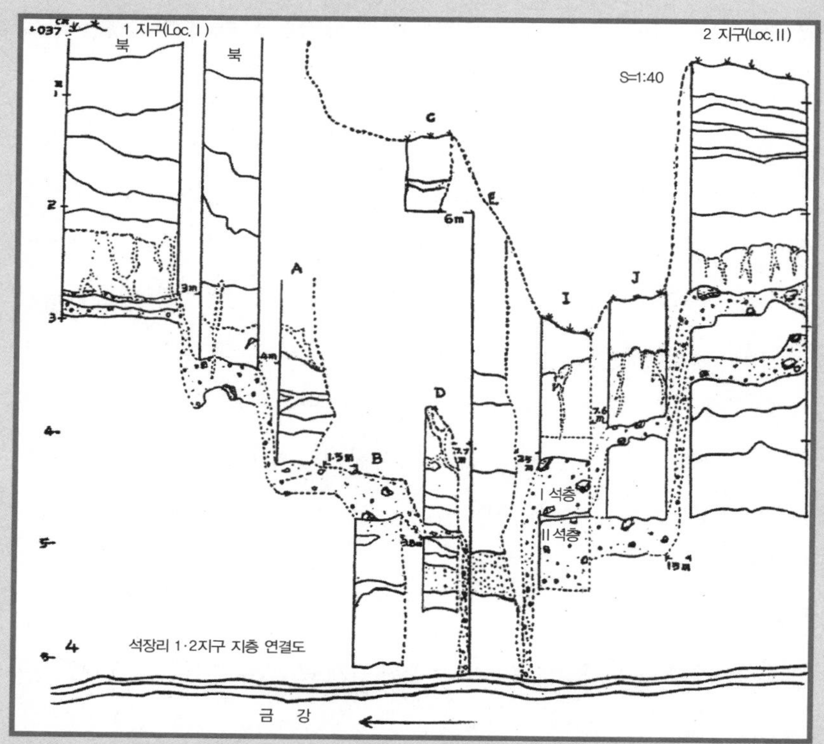

| 사진 110 | 석장리 1, 2 지구 지층 연결도

퇴적에 의해 형성된 석장리 구석기시대 유적은 하천의 경상적인 범람으로 인해 구조적 순수성이 교란될 수밖에 없는 지리적인 위치에 놓여 있었다. 그 결과 문화층의 구성은 혼합과 복합이라는 특수한 형태를 띠게 된 것이다.

라 퇴적층 형성이 변화된 것이다. 퇴적층에 영향을 줄 수 있는 자연적인 힘은 홍수밖에 없다. 퇴적층 구성이 "석층과 모래 찰흙층이 번갈아 쌓여 있는" 형태를 띠고 있는 건 홍수와 연관시키지 않고는 설명할 길이 없다. 왜냐하면 쌓임층의 거의 모든 층에서 모래가 나타나기 때문이다. 집자리층의 광물 구성을 보면 모래가 33.0%[50]를 차지한다. 반복하지만 모래는 "그 형태가 모가 없는 것으로 보아 물에 의하여 운반되고 쌓였을 것"[51]이다.

하지만 손보기는 한편으로는 이 퇴적층에 미친 홍수의 영향을 일정하게 인정하면서도 다른 한편으로는 여러 가지 지형상 이유를 들어 그 강물의 영향에서 배제시키려는 듯한 시도를 하고 있다. 수면의 낮음과 강과의 원거리를 그 조건으로 제시하며 홍수의 영향력을 약화시키려는 것이다.

> **이 집자리는 따리(뷔름)빙간기에 해당하므로 수면도 현재보다 많이 얕았을 것이다. 현재 수면의 높이는 해발 6.4m 정도에 해당하지만 물가에서 이 집자리까지는 현재와 같지 않고 상당한 거리를 가졌을 것이다.**[52]

이른바 "따리(뷔름)빙간기"는 유럽의 기후변화를 중심으로 한 것으로써 "우리나라는 얼음강(빙하기—필자 주)에 덮인 일이 없었다. 아직까지 우리나라에서는 고산지대를 제외하고 제4기의 얼음강 흔적이 발견되지 않았다."[53] 더구나 이 시기는 빙간기이기에 유럽에서처럼 춥거나 건조하지는 않았을 것으로 간주된다. 이 시기의 식생 역시 온대성 식물들인 "소나무속, 전나무속, 오리나무, 고비, 쥐똥나무, 목련, 수련, 석송, 단풍, 백합들의 나무풀이 자랐다"[54]고 한다. "따뜻한 기후에서 자라는

50 손보기(2009), 앞의 책, p. 434.
51 위의 책, p. 434.
52 위의 책, p. 428.
53 사회과학원 역사연구소, 『조선전사 1』, 과학·백과사전출판사, 1979, p. 21.
54 손보기(1993), 앞의 책, p. 320.

오리나무처럼…… 따뜻한 온대성 기후의 숲이 이 집자리가 이루어진 시기에 자랐음이 밝혀진"[55] 것이다. 이처럼 "유럽 대륙과 북아메리카 대륙이 넓은 빙상에 덮였던 것에 비해 동아시아에서는 빙상의 발달이 적었기"[56] 때문에 한반도의 조기 주거민들은 중국처럼 이동보다는 반정착의 생활이 가능했던 것이다. 하지만 퇴적층에 혼합된 다량의 모래는 이곳이 경상적으로 강물의 흐름과 홍수의 영향 속에 있었음을 입증해준다. 그리고 석장리 유적이 자리 잡고 있는 금강의 그 협곡은 홍수가 나면 전부 침수될 만큼 좁은 지역이다. 그러니까 이 좁은 협곡에서 강과 집터의 거리가 멀어보았자 홍수의 침수 지대에서 안전할 수 없었을 것이다. 간빙기에는 강물의 범람이 더욱 잦았을 것이고 그에 따라 퇴적층의 형성에도 직간접적으로 상당한 영향을 미쳤을 것으로 추측된다. 지금도 금강은 "여름철에 비가 많이 내리면 해발 15m까지 강물이 올라오는 경우도 있다"고 하니 홍수 때에는 더욱 범람했을 것이 틀림없다. "해발 11~14m 사이에 위치한 유적"[57]지대가 침수될 것만은 불 보 듯 뻔하다.

석기의 경우에도 그 석기와 매치되는 해당 쌓임층이 아닌 다른 층에서 발견됨으로써 홍수나 기타 자연적인 원인에 의해 퇴적층의 순수성이 교란되었음을 알 수 있다. 좀돌날 몸돌은 석장리 유적에서 중석기문화층을 대표한다는데 총 13점 중 "5점은 지표에서 찾은"[58] 것이다. 석장리 유적 제1지구의 오래된 뽕나무 밑 무너진 언덕에서도 "좋은 타제석기들

55 손보기(2009), 앞의 책, p. 428.
56 박용안 외, 앞의 책, p. 327.
57 손보기(1993), 앞의 책, p. 29.
58 위의 책, p. 271.

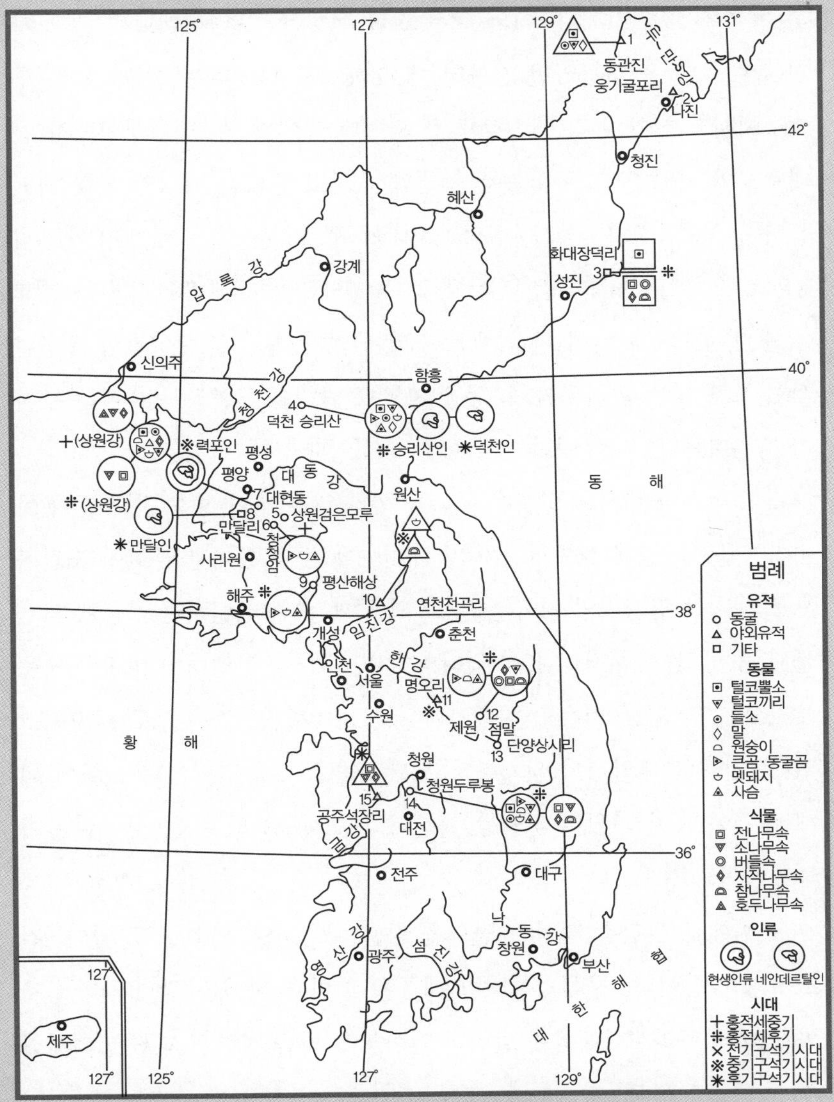

| 사진 111 | 홍적세 자연환경과 구석기시대 유적(『한국의 구석기 문화』, 집문당)

한반도의 홍적세 기후는 비교적 따스하고 식생 또한 온대성 식물들이 자라, 빙하 발달이 유럽에 비해 상대적으로 부진했다. 기후의 이러한 특징은 한반도 초기 주민들로 하여금 이동보다는 반 정착의 생활에 유리한 조건을 제공해주었다.

을 이곳에서 주웠다."[59] 이와 같은 교란 현상은 "고려시대나 이조 초기 경에 이 지점을 다듬었던 건물터"에 의해서도 나타나는데 그 결과 "부토층에서도 석기와 격지를 찾게"[60] 되었던 것이다. 이러한 상황에서 연대측정의 자료가 되는 꽃가루와 숯의 교란도 예외는 아니었을 것이다. 특히 중석기, 후기구석기, 신석기시대의 문화층은 그 두께가 얇아(쌓임층의 전체 두께도 '두께가 40여 미터에 달하는 베이징원인 동굴 퇴적층'[61]과는 비교도 안 될 정도다) 교란이 더 심했을 수밖에 없다. 단순한 쌓임층의 특징과 석기 분포 또는 꽃가루와 숯 등을 자료로 연대를 구분하는 데에는 무리가 따른다는 건 바로 이런 이유 때문일 것이다.

a 퇴적층의 형성에 영향을 주는 물의 교란은 비단 홍수 하나 뿐이 아니다. 폭우로 인해 산에서 쏟아져 내리는 토사와 불어난 물살에 순간적으로 생기는 잠정적인 지곡地谷, 기후와 함께 수위가 변하는 강물에 의한 물결 등이 있다. 석장리 유적 집터의 "자연환경을 추정하면 비도 적지는 않았고 연간 평균 기온도 현재보다 낮지는 않았던"[62] 것으로 보고되고 있다. 원래의 쌓임층이 씻겨나가고 새로운 토사가 덮이거나 물살에 의해 지면에 홈이 파이며 쌓임층이 붕괴되고 재구성되는 현상은 추측 가능하다.

이밖에도 쌓임층 형성에 영향을 주는 자연적인 요소는 또 있다. 건조기의 태풍이다. 구석기시대의 태풍은 메마른 바다와 강바닥의 황토와 모래를 유라시아대륙에 날라다 덮어놓을 만큼 강력한 파워를 과시한

---

59 손보기(2009), 앞의 책, p. 427.
60 위의 책, p. 175.
61 尚珑·杨飞 編著, 앞의 책, p. 15.
62 위의 책, p. 468.

다. 그러니 황토와 모래는 물론이고 꽃가루, 숯을 이동시키는 것쯤은 식은 죽 먹기일 것이다. 중국의 경우 저우커우뎬유적은 이 두 가지의 영향에서 자유롭다. 유적이 산마루에 위치해 있고 동굴이기 때문에 강물과 바람의 영향을 받지 않거나 적게 받기에 퇴적층의 순수성이 상대적으로 보장된다. 하지만 물가에 위치한 석장리 유적은 이 두 가지 자연 현상에 직접적인 영향권에 들어감으로 퇴적층의 순수성이 심하게 교란 받을 수밖에 없다.

석기를 제작하는 작업공방의 큰 모룻돌들도 인공적으로 운반되어진 것일 수 있지만 Olduvai Gorgy DK 지점의 돌담의 경우처럼 "홍수에 쓸려 내려와 쌓인 자연적인 현상에 불과"[63]할 수도 있다. 말이 나온 김에 한마디 부언하는바, 석장리 유적의 이른바 "돌담" 역시 그 용도가 결코 바람막이가 아니다. 15~25cm밖에 안 되는 돌담이 효과적인 방풍작용을 감당할 수도 없거니와 열악한 야외생활에 적응된 구석기시대 사람들은 강바람 같은 걸 두려워하지도 않았을 것이다. 굳이 용도를 지정하라면 작업을 할 때 어린애들이 강물에 굴러 떨어지는 것을 방지하거나 격지가 사방으로 튕겨 나가는 걸 방지하기 위해서 설치된 시설물이라고나 할까.

결론적으로 말하면 석장리 유적의 집터는 구석기시대의 시설물이 아니다. 그것은 퇴적층의 자연적인 교란에 의해 빚어진 연대 측정의 오류일 따름이다. 이러한 판단의 밑바닥에는 아직 구석기시대에는 석장리 유적에서 발굴된 집에 필적할 만한 건물을 지을 능력이 없었기 때문이다. 인류 역사에서 진정한 의미에서 집이라는 건축물이 탄생하기 위해

63 국사편찬위원회, 앞의 책, p. 231.

서는 신석기시대나 더 내려와 청동기시대라는, 선진화된 도구의 등장을 기다려야만 한다.

2) 움집 주거와 여성의 관계

ㄱ. 석장리 구석기시대 집터와 여성

이즈음에서 필자는 이 책의 주제인 여성과 주거형식을 연결시켜 담론을 전개할 때가 되었다고 생각한다. 그러자면 먼저 석장리 유적 집터의 주인들이 어디서 온 사람들인가 하는 기원부터 밝혀야 할 것이다. 그래야만 생존방식의 전통과 석기제작 및 주거 방식의 계보를 추적할 수 있기 때문이다. 중국과 한반도 및 일본 열도에서 발견되는 석기의 유사성은 주거 방식에서도 어떤 식으로든 계승되었을 것이기 때문이다.

> 남아프리카에서 처음 나타난 해부학상 현생인은 10만 년을 전후해 아프리카 대륙을 떠나 중동지방에 도착한 것으로 알려져 있다. 이들의 이동 경로는 크게 세 방향으로 가정해 볼 수 있으며, 최근의 유전자 연구는 30,000년 전 이후에 슬기 사람이 동북아시아에 도달한 것으로 설명하고 있다. 이후 20,000년 전을 전후해서 또 한 차례의 큰 갈래가 이 지역으로 이동한 것으로 가늠된다. 그리고 마지막 빙하기가 시작되는 20,000년 전을 전후해서 황해가 육지로 변하자 이 지역에 도달했던 갈래의 일부가 한국과 일본으로 퍼져나간 것으로 여겨진다. 최근 한국의 서남해 지방과 일부 내륙지방, 그리고 일본과 중국에서 발견되는 작은 석기의 친연성은 바로 이 시기에 같은 문화전통을 지닌 후기 구석기문화 담당자들이 동북아시아 일대에 작은 집단을 이루며 널리 퍼져 살았음을 보여주는 증거로 이해되어진다. ……

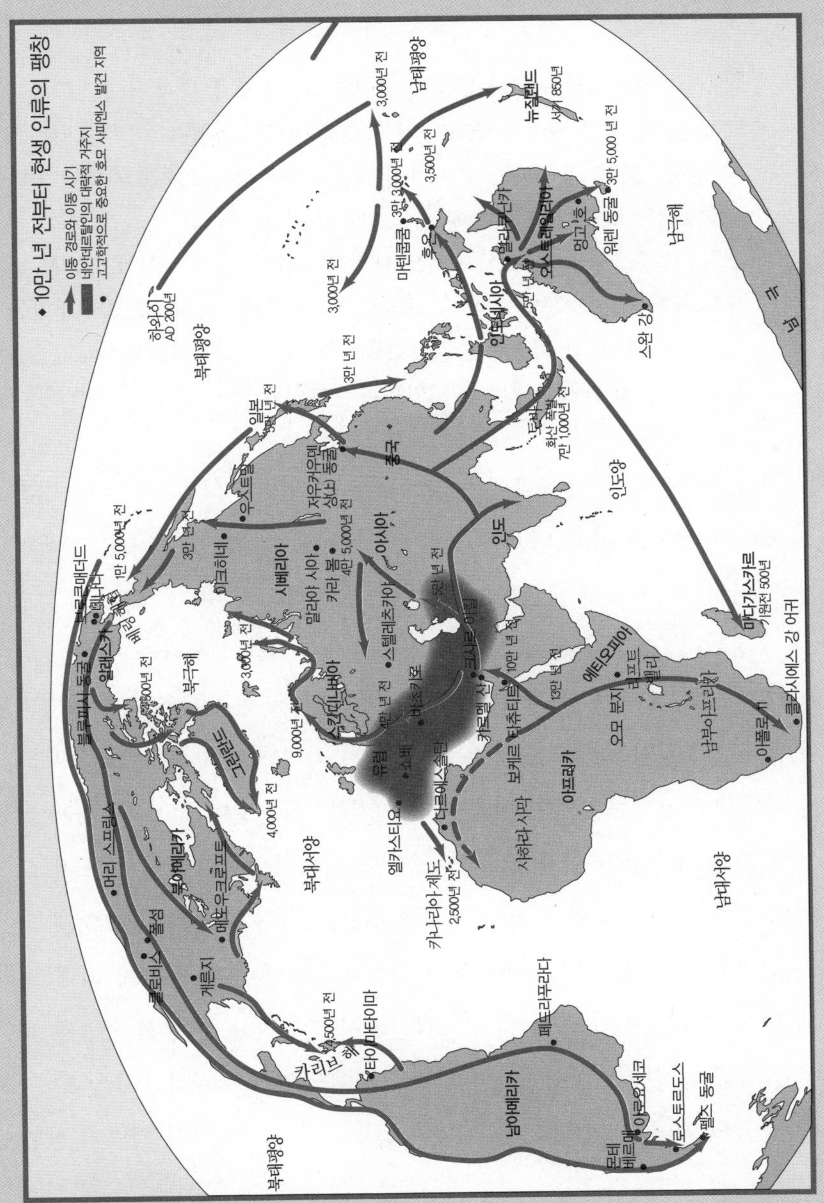

| 사진 112 | 인류의 이동 경로(『지도로 보는 타임스 세계 역사 1』, 생각의 나무)

한반도 초기 인류의 이동 노선을 보면 중국의 저우커우뎬을 거쳐 왔음을 알 수 있다. 이는 한반도와 일본 등 아시아 조기 인류의 계보를 저우커우뎬과 연결시키는 원인이 된다.

그런데 한반도의 구석기 유적 및 고인류 유적으로 중부 홍적세로 주장되는 것은 많지만 연대가 확립된 것이 별로 없어서, 한반도 내의 고인류의 기원이 시점을 추정하는 것은 아직도 많은 작업이 필요하고 자료를 기다려야 하는 실정이다. 북한에서는 상원 검은모루 유적이 100만 년 된 것이라고 주장하고 있지만, 아직도 확실한 연대나 인간 서식의 증거는 없다. 현재 알려진 고인류 화석으로는 비교적 오래된 것이 평양의 대현동 동굴에서 발견된 역포인과 덕천인들인데, 모두 호모 사피엔스Homo sapiens들이며 중부 홍적세의 말엽 이후의 것들이다.[64]

일본의 구석기시대유적에서 출토되는 석기의 모양이 저우커우뎬의 석기와 유사성을 띠고 있다는 점을 감안할 때 한반도에 이주한 현생인류는 남아프리카에서 출발한 이동 갈래가 중국을 거쳐서 들어왔을 것으로 추정된다. 석장리 집터 유적의 연대가 25,000년 전후라는 사실을 감안할 때 이와 같은 추측은 충분한 설득력이 있다. 아시아 대륙이 해양의 위축으로 육지가 확장된 사건은 "홍적세가 시작되는 100만 년 전쯤부터 충적세가 시작되는 1만 년 전쯤까지 네 차례"[65]가 일어났다. "빙하가 극심할 때는 해수면이 현재보다 140m 정도 낮아지는 경우도 있었으며 그때에는 바다 밑에 있던 지역이 해수면 위로 드러나게 되었다. 그렇게 되면 한국을 둘러싸고 있는 대륙붕지역이 대부분 육지로 변하게 되며 황해 같은 경우는 거의 없어지는"[66] 현상까지 발생했다. 이렇게 생성된 육로를 통해 중국에서 현생인류가 한반도로 유입했던 것이다.

중국의 베이징원인(북경원인) 등의 동굴주거형식은 북한 지역과 한반

---

64 박용안 외, 앞의 책, p. 495.
65 국사편찬위원회, 앞의 책, p. 274.
66 위의 책, p. 274.

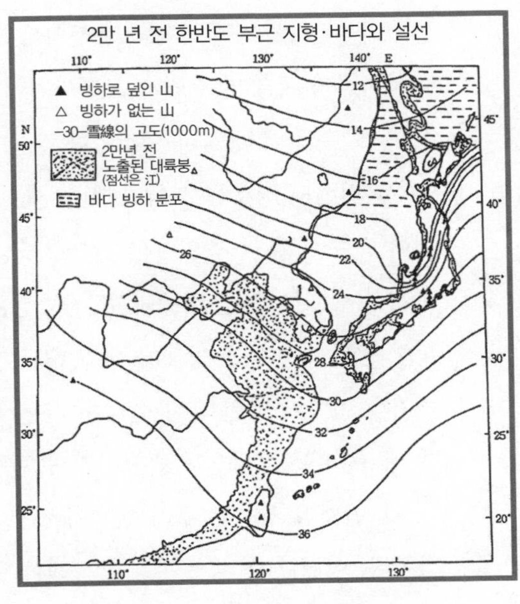

| 사진 113 | 2만 년 전 한반도 주변 육지와 바다
빙하가 발달하면 해수면이 낮아지고 대륙붕지대는 대부분 바다 위에 노출된다. 이런 현상은 2만 년 전까지도 발생하며 황해를 육지로 만들었고 한반도 이동에 편리한 육교를 만들어 주었다. 하지만 이 육교는 인류의 이동에 편리를 제공한 것은 사실이지만 여성에게는 여전히 통과하기 힘든 험난한 노정이었을 것이다.

도 남쪽의 일부 석회암 지대(강원도와 충청도)에서 계승되고 있음은 주지하는 바이다. 그런데 석장리 유적의 경우처럼 기둥을 세운 집은 전통도 기술도 없는 특별한 형태의 주거 방식이다. 그 원인을 밝히기 전에 우리는 먼저 이동과정에 대해 잠시 눈길을 돌려보도록 한다. 여기서부터 한반도에만 고유한, 구석기문화를 결정짓는 여성 문제가 내밀하게 태동하고 있기 때문이다.

한반도를 행선 목적으로 한 현생인류의 이동이 중국을 출발점으로 했다고 가정할 때 우리는 다음과 같은 세 가지의 경우를 고려할 수 있다.

첫 번째 경우는 현생인류가 동물을 따라 이동하는 방식이다. "중국의 구석기와 관련이 많은 한반도의 구석기문화"[67]가 "중국의 동북지방의 초원이 확장되는 과정에서 이 지역에 동물의 이동을 따라서 한반도의 서북지방에 들어와서 점진적으로 남하한 것"[68]이라는 주장을 받아들

67 국사편찬위원회, 앞의 책, p. 273.
68 위의 책, p. 273.

인다면 이 가설은 설득력이 충분하다고 해야 할 것이다. 그런데 이러한 이동방식의 특징은 수렵이 목적이기에 일반적으로 여성을 대동하지 않거나 그 수가 극히 적다는 것이다.

두 번째의 경우는 사냥감 또는 새로운 수렵지역을 찾기 위해 체력조건이 우수한 무리 중의 일부 정예 구성원들만 원정하는 이동방식이다. 이 경우에도 여성을 대동帶同할 가능성은 거의 전무하다. 수렵행위나 원활한 장거리 이동에 방해가 되기 때문이다. 결국 노약자나 임신부, 미성년자나 아기가 딸린 육아 여성은 기존 캠프에 남겨둘 수밖에 없다. 그렇게 떠난 뒤 본 고장으로 귀환하지 못하는 경우도 종종 발생했을 것이다.

세 번째의 경우는 무리 전체가 새로운 서식지를 찾아 떠나는 이동방식이다. 이럴 경우 공동체가 극복해야 할 어려움 역시 여성 대동문제다. 여성은 생리적인 측면에서건 체질적인 측면에서건 남성에 비해 연약하다. 여성은 이동 중에도 생리통에 시달려야 하며 임신과 출산의 고통을 감내하지 않으면 안 된다. 더구나 임신부나 어린애가 딸린 여성은 운신이 불편할 수밖에 없다. 이동이 느려 대오에서 일시적으로 낙오되거나 잠들었을 때 또는 남자들이 잠깐 먹잇감을 구하기 위해 곁을 비웠을 때 호시탐탐 노리고 있던 맹수들의 더없이 좋은 먹잇감으로 포식동물의 공격 대상이 되기 쉽다. 그뿐만 아니라 여성들은 의료시설이 없던 당시 자주 발생할 수밖에 없었던 난산과 수토, 기후변화에 따른 질병, 굶주림 또는 하천 도하, 습지나 고산준령 경과, 겨울철 엄한 속 강행군 등으로 인해 이동 도중 숨이 끊어지기도 했을 것이다. 이 세 가지 경우가 초래하는 결과는 여성 숫자의 감소가 남성에 비해 상대적으로 심각하다는 것이다. 이러한 현상은 동아시아의 구석기문화를 유럽은 물론 중국과도 다른 변별성을 유발케 한 원인이 된다. 우리는 이제 다음 절에서 이러한 현상이 한국의 구석기시대 '예술'과 여성 생활에 어떤 영향을 미쳤는지에 대해 면밀하게 살펴볼 것이다.

한반도에 이동해온 현생인류는 빙하가 없는 데다 따뜻한 온대기후를 보이는 새로운 환경에서 반 이동, 반정착의 생활이 가능하게 되었다. 북한 지역에 도달한 무리는 중국에서처럼 동굴을 삶의 터전으로 선택했고 동굴이 없는 남한 쪽에 도달한 무리는 바위 그늘이나 강변을 전전하며 생존을 영위해 나갔다. 그런데 이 무리들은 대륙을 횡단하는, 험난한 노정을 이동해 오는 동안 구사일생으로 살아남은 행운아들일 뿐만 아니라 그들 대부분은 남자들이었고 여성은 극소수라는 특수한 성 비례로 구성된 소규모 공동체였다.

이들이 다름 아닌 석장리 유적에서 발견된 이른바 구석기시대 집터의 주인공들이다. 한반도에 도착한 이들의 급선무는 먹잇감 획득과 여성의 대량 감소로 인해 위기에 처한 인구를 증식시키는 출산과 육아였을 것이다. 비상 상황에 처한 이들이 생존을 좌우하는 생육과 먹잇감 획득을 뒷전으로 밀어놓고 그처럼 어려운 집을 짓는 일에 대량의 인력과 시간을 투입했다는 주장을 누가 믿을 수 있는가. 더구나 이들에게는 야외에 집을 짓는 전통도 기술도 없었다.

> **구석기시대의 사람들은 아마도 집을 지을 수 있는 능력이 제한되었을 것이다. 적어도 땅을 파서 집을 지을 수 있는, 즉 수혈주거지를 만들 수 있는 능력은 신석기시대에 이르러서야 나타나는 것으로 생각된다. 자연적으로 생성된 거처, 즉 동굴이나 바위 그늘이 있으면 이를 이용하였다.[69]**

---

69 국사편찬위원회, 앞의 책, p. 233.

구석기시대에 기둥을 세우고 집을 짓는 일을 현재의 사고방식으로 이해해서는 안 된다. 집을 짓는 공정에는 비단 땅을 파는 수혈작업의 어려움만 수반되는 것이 아니다. 기둥감을 채벌하고 운반하는 공정에도 많은 인력과 시간이 소비된다. 이미 언급했듯이 구성원 중 여성의 숫자는 극히 희소할 뿐만 아니라 생육이 가능한 모든 여자들이 임신과 출산 및 육아활동에 종사해야 했기에 남성이 동원될 수밖에 없었다. 하지만 구석기라는 구식 도구로는 남자들의 힘으로도 땅을 파고 재목을 벌목하는 작업이 만만치 않았을 것이 틀림없다. 손가락 크기의 석기로, 그보다 커보았자 주먹 크기의 석기로 나무 한 대를 자르는 데 도대체 얼마의 시간이 필요할지 상상조차 되지 않는다. 결코 땅을 파는 수혈작업보다 용이하지는 않았을 것이다.

앞에서 보았듯이 "길이 8~15m, 폭 4~6m 규모의 타원형 집"을 지으려면 "지름 30cm" 또는 "지름 7~8cm 크기"의 목재가 "20여 개"나 필요하다. 기둥으로 쓰인 나무의 굵기가 기둥구멍보다 작다는 것을 감안해도 5~25cm는 돼야 할 것이다. 이렇게 굵고 큰 나무를 20여 개나 자르고 다듬을 수 있는 기술이 구석기시대에는 아직 구비되지 못하였다. 발달하지 못한 구식 석기로는 상수리나무와 같이 견고한 수목을 자르기에는 아직 역부족일 수밖에 없었다. 설사 스스로 죽은 진대나무라 할지라도 밑면은 다듬어야 기둥감으로 사용할 수 있다. 게다가 집은 한 채도 아니고 몇 채나 된다. 석장리 유적에 집이 확실히 존재했다면 결코 2~3채만 있을 리는 없다. 집터라고 가정되는 3채만 해도 기둥감이 60대가 필요하다. 10채라면 무려 200대나 필요하다. 그야말로 무리 안의 남성 인력이 총동원 되어도 산에서 목재를 잘라 강변까지 운반하려면 많은 시간이 필요할 수밖에 없다. 비바람이나 막는 임시 거처를 마련하기 위해 과연 남자들이 먹잇감을 구하는 일을 제쳐놓고 이 일에 달라붙을 만한 가치가 있었을까. 그들은 집보다는 짐승이나 물고기를 잡아 여성의 생육을 보장해야만 했다.

지금까지 우리는 구석기시대 집의 담론에서 건축학적 또는 기술적 측면에서만 검토해보았다. 그러나 집의 의미는 사실 이 범위를 훨씬 상회하여 사회적 기능은 물론이고 남성과 여성의 위계변화에까지도 심대한 영향을 미치는, 이데올로기적인 범주이기도 하다.

집의 사회적 기능은 무엇보다도 먼저 구성원 또는 공동체의 분할에

| 사진 114 | 신석기시대의 집터(강원양양 지경리. 상)와 움집생활

추위·바람·눈비를 자연으로부터 분리하는 공간적 기능이 집의 자연성이라면 수면·화식·물건 등을 공동체로부터 분리하는 공간적 기능은 집의 사회성이라고 할 수 있다. 성性과 식食의 독립적 생존방식은 가족이라는 태아를 잉태한 자궁일 뿐만 아니라 사회의 탄생을 예고하는 전주곡이기도 하다. 한편 여성에게 집의 의미는 남성에게 예속되는 억압 장치이기도 하다.

있다. 그런데 집에 의한 분할 대상은 구성원, 공동체에 그치지 않고 한 걸음 더 나아가 생산, 소비, 생육, 취침 분할은 물론이거니와 소유, 활동, 화식 분할까지 초래하게 되면서 사회적 구조에 거대한 영향력을 행사하게 된다. 집의 개입에 의한 이해관계의 분할은 또한 무리 속에서 결정의 주체를 공동체와 집이라는 두 개의 축을 형성함으로써 집과 집, 집과 공동체 간의 다분히 경제적, 정서적, 이데올로기적인 갈등 요소를 양상하게 된다. 집에 의해 분할된 성 결합과 화식의 독립성은 집을 단위로 한 소유와 연대하여 탈공동체로서의 기능을 수행하게 된다. 이럴 경우 공동체의 의사와 집을 단위로 한 개별적 이해관계는 늘 충돌할 수밖에 없다.

특히 집이라는 구조물은 내부 패턴상 이 안에 포섭된 구성원들 간의 서열 정형화를 강요한다. 이러한 서열에 의해 정해진 리더들은 무리의 리더와 함께 집과 집, 집과 공동체 사이에 권력 갈등을 조성할 수밖에 없다. 다시 말하면 집의 존재로 하여 사회의 권력구조가 형성되는 것이다. 그런데 문제는 이러한 사회 권력 구조는 농경에 의해 정착생활이 시작된 신석기시대에 들어와서나 가능한 것이라는 사실이다. 구석기시대는 아직 그렇게 방만한 사회 권력 구조가 운영될 만큼 규모가 큰 정착 집락이 형성되지 않았다는 것을 감안할 때 석장리 유적에서 발견된 것과 같은 집의 존재는 여전히 의문의 대상으로 남을 수밖에 없다는 얘기다.

그뿐만 아니라 집의 한계는 성 결합 방식에서도 기존의 자유결합 형식에서 탈피하여 훨씬 소유화된 보수적 방식으로의 전환을 전제로 한다. 다시 말해 결혼과 같은 단일 성 결합의 시작을 의미하는 것이다. 앞의 유럽 담론에서 언급했듯이 구석기시대에는 아직 생육에 미치는 남성 정자의 역할이 인지되지 않은 상황이기에 결혼 같은 것은 없었을 뿐만 아니라 남성의 지위도 성적인 측면에서까지 주도적이지는 않았다. 일부일처제나 일부다처제와 같은 결혼제도는 빨라야 신석기시대에 와서야 일반화된 성 결합방식이라고 할 수 있다.

집은 내부 서열구조에서 여성을 남성에게 종속시키는, 억압된 공간 형식이다. 남성이 집의 구성원들에게 먹잇감을 제공할 뿐만 아니라 여성 생육에 원천을 제공하는 중요한 역할을 담당하기 때문이다. 먹잇감과 생육 그것은 구석기시대에는 인류생활의 전부라고 할 수 있다. 이 두 가지가 모두 남자에 의해 충족될 수 있다는 조건은 집안에서의 남자의 서열 위계를 유리한 위치에 자리매김할 수 있도록 해 주었다. 그래서 남자는 집안의 구성원들을 통솔하는 우두머리였다. 더 정확히 말하면 여자를 지배할 수 있는 권위자였다.

이러한 상황에서 여성의 역할은 오로지 하나 생육일 수밖에 없었을 것이다. 그러나 남성 정자의 기능이 아직 베일에 가려 있던 구석기시대에 여성의 생육은 남성에게는 신비함 그 자체일 수밖에 없었다. 여성은 생육 기능 하나만으로도 남성과 대등하거나 또는 막상막하의 지위를 누릴 수 있었다. 만일 석장리 유적의 경우처럼 그때 집이 존재했다면 여성은 일찌감치 구석기시대에 진작 남성의 지배 밑으로 들어가 말할 줄 아는 생육기계로 타락하고 말았을 것이다.

결론은 아주 간단하다. 석장리 유적의 집터는 기둥을 세우고 지은 집 자리가 아니다. 그와 같은 판단은 기둥구멍과 집을 짓는 어려움에 대한 집중 분석을 통해 얻은 결과다. 그뿐만 아니라 그와 같은 추측은 집의 사회적인 기능과 성 결합에 대한 다각도의 검토를 통해서도 확인할 수 있었다. 집은, 기둥을 세우고 지은 집이나 땅을 파서 지은 수혈은 신석기시대에나 청동기시대에 와서야 나타난 인류주거문화다.

한마디로 석장리 유적의 집터는 집 자리가 아니다. 설령 집자리가 확실하다 할지라도 그것은 구석기시대의 집자리가 아니다.

ㄴ. 집 또는 온돌과 여성

국내 학자들의 주장에 따르면 한반도에는 집은 물론이고 온돌의 역사도 세계 그 어느 나라에 비해서도 이르다고 한다. 구들의 발생과 그 시기에 대한 가설 중 서방이입설, 산시성山西省이입설, 고구려 기원설보다도 더 빨라 심지어는 구석기시대까지 거슬러 올라간다. 물론 이러한 추측은 일고의 과학적 근거도 없는 추측 그 자체일 따름이지만, 왜 학자들이 구들에 집착하는지 그리고 구들과 여성은 어떤 관계가 있는지에 대한 담론을 전개하기 위해 잠시 시선을 멈추기로 한다.

> **지금으로부터 약 5만 년 전일 것으로 추측되는 회령 오동의 구석기시대 주거지 유적에서 구들로 추정되는 형태의 바닥과 벽이 발굴됨으로써 그 시기가 구석기시대로 거슬러 올라간다는 점을 알 수 있다. 또한 약 1백만 년 전으로 추정되는 황허 유역의 저우커우뎬 두개골 화석 유적에서 발굴된 바닥에 깔려 있는 화원석 등으로 미뤄 보아 구석기시대 혹한 지역인 중국 북부나 만주지역에서 유동하던 원시인들에 의해 초기 구들이 발생됐으리라고 추측하고 있다.[70]**

---

70 『과학동아(2001년 1월호)』, 동아사이언스, 2009, p. 20.

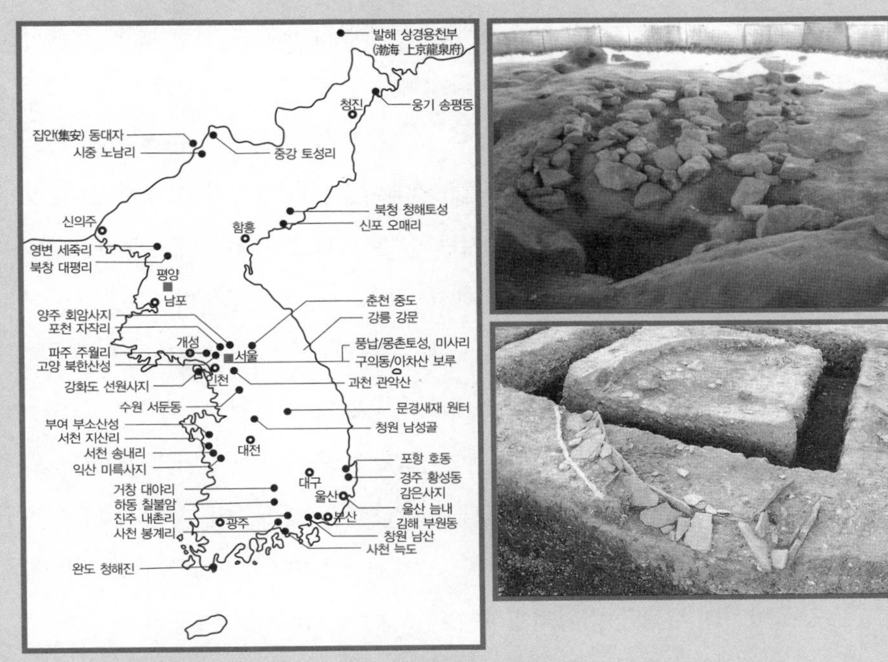

| 사진 115 | 온돌 유적 분포와(좌) 사천泗川 늑도勒島, 백제온돌 유적(우)
학자들의 연구에 따르면 한반도의 "찬란한 온돌문화"는 그 역사가 무려 5만 년 전으로 소급한다. 하지만 이러한 온돌 구조는 단지 여성들의 입장에서만 놓고 보아도 결코 찬란하거나 우수한 문화만은 아니라는 사실이 입증된다. 여성들에게 온돌은 일종의 억압 장치에 불과하기 때문이다.

구들 또는 온돌의 개념은 오늘날의 사고방식으로 해석 가능할 만큼 그렇게 단순한 것이 아니다. 온돌은 불의 직접적 또는 1차적 이용에 머물렀던 구석기시대(5만 년 전)에는 설치가 불가능했다고 보는 것이 타당하다. 화력에 직접 음식물을 익히고 화기로 보온하는 1차적 사용과는 달리 구들은 2차적이고 간접적인 사용 형태이기 때문이다. 연기를 통한 열전도를 이용하여 달아오른 2차적인 질료인 구들장의 온도와 간접적으로 교류한다. 더운 공기의 상승 원리와 열에너지 보존과 집중 및 이동 등에 대한 사전 상식 체득도 중요할 환절이다.

구들의 설치에도 비결이 있다. 일단 불이 잘 들어 개자리까지 덮이려면 구들 고래보다 아궁이를 더 낮춰야 한다. 연기가 고래를 잘 소통하고 구들장을 골고루 가열하려면 굴뚝도 필요할 것이다. 아니면 연기가 역류할 것이고 구들은 윗목까지 가열되지 않을 것이다. 구들장을 복개한다고 온돌설치가 완성되는 것도 아니다. 그대로 사용하면 달아오른 구들돌에 화상을 입을 위험도 배제되지 않기 때문이다. 그렇다고 나뭇잎이나 나뭇가지를 깔면 이번에는 또 항상 화재의 위험이 존재한다, 반드시 구들장 표면에 흙이나 모래를 발라 피부와 구들돌 사이에 완충 공간을 설치해야만 비로소 온돌로 사용할 수 있다. 이렇게 복잡한 작업을 구석기시대 사람들이 완성할 수 있었느냐에 대해서는 의문이 앞선다.

또한 건물의 외곽구조가 구비되지 않으면 구들장에 흡수된 열기 발산이 가속화될 수 있기에. 외풍을 차단할 방벽이 필요하다. 그뿐만 아니라 열원 생산 공간에는 별도로 "고래보다 깊은 아궁이"[71]를 설치해야 한다. 그러나 어떤 각도에서도 부뚜막은 온돌을 가열하기 위해 불을 지피는 전문적인 연소시설로 보기에는 무리가 따른다. 솔직히 부뚜막의 첫 번째 용도는 음식물 조리 장치이기 때문이다. 그렇다면 몇십만 년 동안 불만 때던 화덕자리가 어떤 이유로 홀연 부뚜막으로 탈바꿈했을까 하는 것이 궁금해진다.

71 이종호, 『신토불이 우리문화유산』, 한문화, 2003, p. 67.

> **화덕자리는 아무런 시설이 없이 땅바닥 위에 불을 피워 사용하였던 것으로 목탄木炭과 재가 섞인 불에 탄 흔적으로만 나타나고 있는데 이 시기에는 주거지住居址가 임시의 거처이기 때문에 화덕자리에 특별한 시설을 하지 않았던 것으로 생각된다.[72]**

> **원시인은 동굴이나 움막에서 음식을 요리하고 추위를 면하기 위해 모닥불을 피웠다. 그리고 그 주위에 돌을 세워 바람막이를 해 불을 오랫동안 보존해야만 했다. 그러다가 모닥불 주위에 세워 놓은 돌 위에 평평하고 넓은 돌을 얹어, 여기에 딱딱하게 얼어버린 짐승의 고기를 녹이거나 구워서 먹기도 하고 그 위에 앉아서 몸을 따뜻하게 하기도 했다. 이것이 바로 구들의 원시적 형태일 것으로 추정된다.[73]**

모닥불이 구들로 전변되기 위한 그 어떠한 계기도 주어지지 않아 설득력이 결여된 주장이다. 필자의 천견을 피력하면 화덕자리가 부뚜막 또는 아궁이로 변한 원인은 신석기시대부터 시작된 농경에 의해 새롭게 나타난, 음식문화현상인 곡물 조리와 연관이 있다는 것이다. 수렵이 위주였던 구석기시대에 잡아온 고기는 꼬챙이에 꿰거나 또는 고기 도막을 통째로 불더미에 놓고 구우면 섭취가 가능하다. 그러나 작은 알갱이로 형성된 곡물은 꼬챙이에 꿸 수도 없고 그대로 불 속에 던져 넣을 수도 없다. 재에 뒤섞여 낟알을 고르기도 힘들고 먹기도 힘들다. 따라서 고기와는 다른 조리법이 필요하게 되었던 것이다. 얇고 오목한 석판이나 동판에 곡물을 담아 볶거나 토기 그릇, 가죽 부대 또는 청동그릇 등에 넣어 낟알을 삼거나 가루 낸 분말을 물에 반죽하여 익히려면 따로 부뚜막

72 田昌基, 『우리나라 온돌의 발달과정(우리나라 溫突의 發達過程)』, 扶餘文化財硏究所, p. 2.
73 『과학동아(2001년 1월호)』, 동아사이언스, 2009, p. 19.

을 설치하지 않으면 안 되게 되었던 것이다.

그런데 이 부뚜막에서의 연소와 화력은 풍향의 영향을 받을 수밖에 없다. 따라서 풍향의 변화에 영향을 받지 않고 항상 불길이 잘 들게 하기 위해 고안해 낸 것이 굴뚝이었다. 굴뚝의 설치로 인해 열원 생산 공간 주변의 면적은 더 커졌을 것이 틀림없다. 그뿐만 아니라 화덕자리는 구석기시대부터 서포항유적 23호 집자리의 경우 "둘레에 강돌을 둘러놓았으며 돌 위에 진흙을 발라…… 진흙의 점성粘性을 이용하여 화덕자리 둘레의 돌들을 견고하게 보강"[74]한 것으로 미루어 청동기시대에도 부뚜막에 진흙을 발랐을 것으로 짐작이 된다.

곡물 조리 과정에 달아오른 부뚜막의 진흙은 농경민이었던 청동기의 인류가 장기 정착하는 데 이로운 최소 규모의 구들 역할을 했을 것이다. 아주 자연스럽게 부뚜막과 굴뚝 사이에는 구들 고래가 설치되었고 방고래를 통과하는 화기로 가열된 구들에서 방출되는 열 방사면적도 넓어졌을 것이다. 온돌고래는 세죽리 유적에서 발굴된 집터에서 보았듯이 "납작하고 길쭉한 돌을 세우고 그 위에 얇은 판돌을 덮어 만들었을"[75] 것이다. 물론 화상이나 화재를 방지할 수 있는 점토가 구들돌 위에 발라졌을 것이다. 이 진흙 사용 역시 처음에는 온돌이 아니라 부뚜막을 위해 구축된 강돌들의 견고성을 보장하기 위해서였다는 사실을 우리는 이미 위의 인용문을 통해서 인지한 상태다.

> **(8호) 집 자리는 정북에서 약 35도 서쪽으로 치우친 서북과 동남에 장축**

74 田昌基, 앞의 책, p. 4.
75 이종호, 앞의 책, p. 67.

을 둔 장방형의 것이다. …… 로지는 돌을 둘러놓고 가운데를 깊이 판 것으로서 집 자리 방향과 같이 좀 긴 장방형의 것인데 가운데에는 보드라운 재가 꽉 찼었다. 로지는 동남쪽 중심부에 있었으며 그 길이는 85cm, 넓이는 65cm였다. 집 자리의 서북쪽 벽 밑 중심 부분에 불에 탄 진흙 뚝이 있었는데 이것도 불을 피우던 자리였다.[76]

보다시피 『회령 오동 유적 발굴 보고』에도 5만 년 전 구들에 관한 문구는 그 어디에도 없다. 8호 집 자리는 청동기시대 유물이라고, 발굴에 참가한 학자들도 밝히고 있는 바다. 사실 재와 불에 탄 진흙 그리고 둑이 있다는 이유만으로 이곳이 구들자리라고 인정한다는 것도 무리가 아닐 수 없다. 그러면 왜 학자들은 구들이나 온돌의 존재 시기를 극력 높이 잡으려고 하는 걸까. 다른 나라에 비해 구들의 역사가 오래다는 사실이 도대체 무엇을 의미하는가. 한 걸음 더 나아가 구들 역사의 유구함과 여성의 관계는 어떤 결과로 이어지는 것일까. 만일 한반도에서 온돌이 구석기시대부터 존재했다면 그 결과가 여성에게 미친 영향은 어떠했을까.

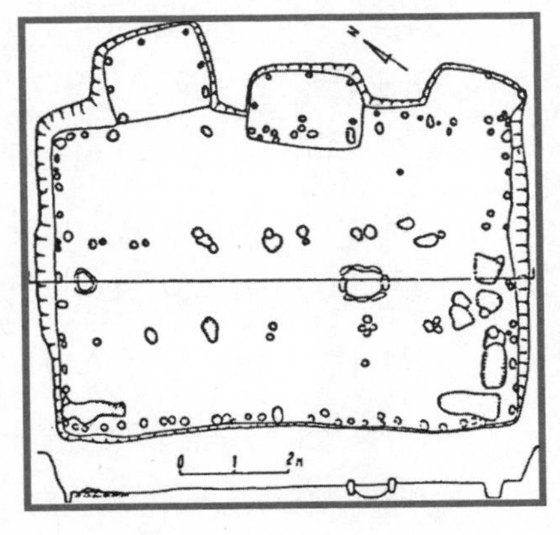

| 사진 116 | 회령 오동 8호 집터 온돌 유적
주변에 돌을 두르고 붉게 탄 진흙 둑을 쌓았다는 이유로 이 노지는 부뚜막 시설로 간주되고 있다. 하지만 5만 년 전의 온돌이라는 증거는 어디에도 없다. 그 역사를 멀리 잡아보았자 청동기시대의 유물로 추정될 뿐이다.

필자는 앞에서 온돌 또는 구들은 곡물 조리를 위해 탄생한 부뚜막의 파생물이라고 지적했다. 그런데 이 부뚜막(음식물 조리장)의 탄생은 여성의 새로운

76 과학원출판사 저, 앞의 책, p. 25.

생활 공간으로 부상하게 된다는 점에 유의할 필요가 있다. 곡물 조리는 여성의 생리 조건이나 힘에 알맞은 노동이라서 더욱 그렇다. 임신·출산·육아 등의 원인으로 집에 남아 있는 시간이 더 많은 여성은 이 부뚜막의 모든 조리 작업을 도맡게 된 것이다. 환언하면 여성은 생육의 책무에 부뚜막이라는 하나의 공간이 더 추가된 셈이다. 이른바 여성은 이때부터 집안 살림살이로 불리는 부뚜막 공간에 매인 몸이 된 것이다.

이와 같은 현상은 여성을 생육이라는 제한된 생활 방식과 부뚜막이라는 위축된 활동 공간에 억압함으로서 남성의 지배 밑으로 몰아넣을 뿐만 아니라 최악의 시나리오의 주인공으로 타락시키는, 역사적인 불행의 씨앗을 파종하게 된다. 구들과 부뚜막의 역사가 멀리 거슬러 올라갈수록 여성 굴욕의 역사도 그만큼 연장될 수밖에 없는 이유가 여기에 있다. 이 부뚜막이라는 공간이 좁은 집 안에서도 한구석에 불과하다는 것을 감안할 때 여성의 활동공간이 얼마나 위축되었는가는 불을 보듯 뻔하다. 어떤 의미에서는 여성의 불행은 바로 이 부뚜막과 그 부산물인 구들의 존재로 인하여 그 서막이 열렸다고도 단언할 수 있을 것이다.

구들과 부뚜막은 여성의 활동공간을 최소화하면서 집안 내에서의 서열에서도 말단으로 밀려나게 만들었다. 활동반경이 아궁이와 부뚜막에 국한됨으로써 구들의 중앙부로부터 배제될 수밖에 없었기 때문이다. 부엌에서 끼니를 준비하여 남성들이 사냥에서 돌아오면 식사를 제공하는 것이 그들의 하루 일과였을 것이다. 여성들이 보살펴야 할 사람들은 남자들뿐만 아니라 노인들과 자식들도 포함된다. 남자에게 아이를 낳아줘야 하고 자식들을 먹여 길러야 하는 여자들은 전적으로 남자들에게 딸린 몸일 수밖에 없었다.

복사남방방식인 구들 공간에서의 생활은 행동자세에서 좌식坐式 또는 와식臥式의 방식에 지나치게 편향될 수밖에 없다. 여기서는 이런 난방방식과 좌, 와식으로 인해 생기는 여성의 체형 변화가 문제시된다. 남자들은 수렵 때문에 야외활동 즉 직립활동이 많은 반면 집에 남은 여성은 부뚜막과 아궁이 혹은 구들에서 대부분의 시간을 보내야 하기에 상대적으로 좌, 와식 자세에 더욱 의존할 수밖에 없기 때문이다.

> 온돌은 좌식생활의 정착에 결정적인 환경요소를 제공했다. …… 구들에 앉는 행위는 상반신의 체중을 허리와 엉덩이에 집중시킨다. 허벅지와 종아리, 복사뼈도 교차되며 서로를 압박한다. 이는 중력이 등받이에 의해 분산되어 허리와 둔부에 가해지는 체중중압이 감량하는 의자와는 정반대의 효과라고 할 수 있다. 결국, 좌식생활은 엉덩이가 커지고 허리가 굵어지고 다리가 짧아지게 만든다. 요즘 말로 하체 비만이 생긴다. 하체에 비해 상체는 왜소해질 수밖에 없다. 다리의 형태도 O자형이나 X자형으로 굴절되며 굵고 짧아진다.[77]

온돌의 역사가 오랜 만큼 한국 여성의 몸매는, 하체는 비만하고 상체는 왜소하며 키는 작은 기형 또는 성장억제 형태로 퇴화될 수밖에 없게 된다. 하지만 여성의 활동에너지는 생육과 부뚜막 주변을 반경으로 하는 협소한 영역에 한정되었기에 이러한 몸매로도 생활이 가능했을 것이다. 그뿐만 아니라 구들—온돌 역사의 유구함은 여성의 체력을 약화시키는 결과마저 초래하게 되었다.

---

77 장혜영(2010), 앞의 책, p. 62.

> 온돌은 눕기에도 편한 구조다. 앉거나 눕는 행위는 안정감, 나른함, 무기력함, 권태, 의욕상실, 우유부단, 식욕부진, 게으름 등 부정적인 심리 현상을 촉발하여 육체적으로는 피로감으로 이어지게 마련이다. 그뿐만 아니라 주로 방 안에서 생활하는 겨울철에는 충분한 일조량을 확보하지 못해 골격 발달에도 이롭지 못하다. …… 온돌 좌식생활문화는 한국인의 민족적 성격 형성에도 많은 영향을 미쳤다.[78]

온돌에서의 장구한 생활은 한국 여성으로 하여금 "온순하고 소극적이고 의욕이 부진하고" 무기력할 뿐만 아니라 비활동적인 타입의 성격 소유자로 만들었다. 활동공간이 부뚜막으로 밀려남으로써 여성은 구들의 중심부에서도 배제되면서 서열 최하위에 머무른 채 남성의 권세에 참고 견뎌야만 했다. 따라서 이러한 성격적인 특징은 여성들의 생활 처지와 당연히 부합된다고 해야 할 것이다. 신석기시대의 온돌 난방방식이 한국 여성에게 긍정적인 기여를 했다면 그것은 생육에 미친 영향이라 할 것이다. 따스한 온돌은 "가장 완벽한 남녀정사공간을 제공"[79]함으로써 인구증장에 도움을 주었을 것이기 때문이다.

한반도와 만주 그리고 몽골 지역에서 온돌이 발달한 이유는 기후의 온난함과 그에 따라 가능해진 농경정착생활에서 기인되지만 이러한 동일성에도 불구하고 이 세 지역 사람들의 체형 또는 체질변화는 부동한 현상을 보이고 있다. 동일한 온돌난방을 하는 세 지역 중에서도 한반도인은 그 어느 지역 사람들보다도 체형 상 상대적으로 왜소하기 때문이다. 만주의 온돌일 경우 단일 난방구조가 아닌 복합구조로 되어 있다.

---

78 위의 책, pp. 62~63.
79 위의 책, p. 63.

이들의 온돌 즉 캉炕은 온돌 면적과 거의 정비례되는 바닥과 이곳에 비치된 의자 생활권이 중첩되고 있다. 그뿐만 아니라 구들 구조 역시 바닥과의 거리가 높아 많은 경우에 의자처럼 사용함으로써 일상생활 중 좌식 또는 와식 자세의 비중이 한반도의 구들에 비해 완화된다.

| 사진 117 | 안악 3호 고분의 부엌 벽화
부엌의 탄생은 여성의 활동 반경을 협소한 부뚜막 주변으로 축소시켰다. 구들의 중심부에서 배제되면서 서열에서도 남자의 밑으로 밀려나야만 했다. 이른바 부엌에서 여성이 누릴 수 있었다는 "가족의 식사를 분배하는 권위"는 남성 지배적인 사회에서는 천방야담 같은 소리일 따름이다. 부엌이라는 공간은 여성의 불행이 시작된 발원지다.

> 휴식과 수면이란 다른 것이 아니라 직립 상태를 포기하고 지면에 앉거나 누움으로써 중력과 타협하는 것을 의미한다. 좌식과 와식은 육신을 지면과 접촉하게 함으로써 중력에 대한 저항을 감소하고 안전을 도모하는 행위다. …… 한편 의자는 인체와 지면을 분리(혹은 간접 접촉)시킴으로써 육체는 휴식하지만 의식은 깨어 있는 상태가 유지된다. 인체가 지면에서 이탈하거나 혹은 지면으로부터 인체가 높은 위치에 있다는 것은 중력 작용이 진행 중이어서 항상 추락의 위험에 노출되고 불안한 상태가 지속될 수밖에 없어 긴장을 늦출 수 없음을 뜻한다. 좌식과 와식이 심신활동에 있어서 현재완료형이라면, 의자에 앉는 행위는 인체활동은 현재완료형이지만 의식 활동은 현재진행형이라는 차이가 존재한다. 이는 두뇌발달 내지는 인체성장과 밀접한 관계가 있을 것으로 추정한다.[80]

80 위의 책, pp. 87~88.

중국 남방인은 온돌문화권이 아님에도 불구하고 신체가 왜소한 현상은 기후의 원인도 있겠지만 그들의 과도한 좌, 와식 생활 자세와도 연관이 있을 것이라 간주된다.

> **더운 남방지역의 가옥 구조는 자연환경 조건으로 이와는**(중원—필자 주) **전혀 다른 특징을 보이고 있다. 창장 유역의 호수와 택지로 구성된 지역에서 발달된 하모도**河姆渡**유적 가옥 구조는 땅에 말뚝을 박고 그 위에 목조 건물을 세우는 난간식**欄干式**의 특이한 구조다.**[81]

남방의 가옥은 호수와 택지의 습기를 차단하기 위해 말뚝을 박고 건물을 지면과 분리시킨 구조다. 비록 한반도의 가옥처럼 온돌난방구조와는 전혀 다른 형태지만 분명히 좌식 또는 와식 생활 공간이다. 좌식 또는 와식이라는 생활 방식은 어떤 식으로든 남방인의 신체 구조 형성에 영향을 미쳤을 것이다.

어쩌면 동아시아 특히는 한반도의 온돌문화는 여성을 남성의 지배하에 예속시킨, 남존여비라는 유교사상이 뿌리를 내린 첫 토양인지도 모른다. 온돌은 남성 권위의 제물이 된 한국 여성의 비참한 운명을 가속화시킨 장본인이기도 하다. 국내 학자들이 온돌문화의 역사를 길게 부풀려 보았자 거기서 얻을 것은 역효과밖에 없다는 사실을 똑똑히 알아야 한다.

81 장혜영, 『한국의 고대사를 해부한다』, 어문학사, 2008, p. 169.

2

한반도의 석기시대 '예술'

1) 그림과 물감 및 조각 예술

ㄱ. 그림과 물감 그리고 여성의 역할

우리나라의 구석기유적에서 현재까지 발견된 예술작품 가운데 동굴의 벽이나 바위에 새겨진 벽예술품wall art은 아직까지는 없다.[82]

한반도의 구석기시대에 유럽의 동굴벽화나 동산 미술 그리고 중국의 장식품과 같은 예술품의 존재 여부에 대해 누군가 묻는다면 필자는 "아니오!" 하고 단호하게 대답할 것이다. 앞에서도 언급했지만 중국에서 한반도로 이동하는 과정에 여성은 무리의 숫자에서 차지하는 비중이 현

82 국사편찬위원회, 앞의 책, p. 240.

저하게 줄어들었다. 실제로 한반도의 구석기시대유적들에서도 남자 인골에 비해 여자 뼈 화석은 역포사람과 용곡동굴 3호 화석 등 극히 적은 수량이 출토되고 있다. 그중에서 용곡동굴 "3호 화석만 어른 여자"[83]일 뿐 역포사람은 "7~8살 된 아이"[84]에 불과하다. 중국에서 장신구 가공 작업에 종사하던 많은 여성 경력자(장신구 가공기술은 원래부터 소수의 여자들만 장악하고 있었을 것이다)들은 이러저러한 이유 때문에 본지에 남겨졌거나 장시간의 원정 중에 사망했을 것이며 가까스로 목적지까지 도착한 여자들도 이미 늙고 병들어 버렸을 것이다. 그리고 이동에 의해 감소된 인구를 불리기 위한 책무가 여성들의 어깨에 짊어졌을 것이 틀림없다. 여성 인구의 감소와 생육의 부담 및 반정착생활은 장신구나 예술품 제작의 필요성과 수요를 격감시켰다. 여성은 생육과 육아 그리고 먹잇감 획득 작업에 총동원되었을 것이다.

한반도 여러 유적들에서 적잖은 "예술품"들이 발굴되었다는 보고서들이 번연히 존재함에도 불구하고 그 존재를 부정하는 데에는 필자가 스스로 세운 일정 기준에 부합되지 않기 때문이다. 필자는 구석기시대에 이른바 예술품이라고 말할 수 있는 미술 또는 조각 작품들은 아래와 같은 몇 가지 조건에 부합되어야 한다고 여긴다.

① 어떤 유물이 예술품으로서의 자격을 부여받으려면 그것을 창작하게 된 원인이나 목적이 뚜렷해야 한다. 유럽의 벽화는 동굴에 남은 여성들이 자식들에게 어른이 된 후 사냥할 짐승들에 대한 사전교육을 진행

83 박용안 외, 앞의 책, p. 488.
84 사회과학원 역사연구소, 앞의 책, p. 24.

하기 위해 그린 것이고 동산 미술 조각상은 캠프에 두고 온 여자들을 사모하며 사진처럼 몸에 휴대하기 위해 제작한 것이다. 그러나 한반도의 예술품 중에는 동기와 목적이 뚜렷한 미술 작품이나 조각 작품이 발굴되지 않고 있다.

② 어떤 유물이 예술품으로서의 자격을 부여받으려면 실효성을 가지고 있어야 한다. 동굴벽화는 여성들이 자식들에게 짐승에 대한 이해와 사냥방법에 대한 가르침을 통해 유능한 사냥꾼으로 배양할 수 있었다. 남성들은 여성 조각상을 항상 몸에 지님으로써 수렵에 지칠 때 에너지를 충전하는 효과를 얻을 수 있었다. 이 역시 한반도 상황과는 무관한 조건이다.

③ 구석기시대 예술품의 소재는 대부분이 실존하는 질료를 모델로 삼는다. 동굴벽화에 생동하게 묘사된 동물상과 여인을 모델로 조각한 조각상은 모두 실존하는 질료, 즉 모습들이다. 사람이나 새 등 그 모습이 실존하는 형태가 아닌 그림들도 있지만 그와 같은 경우는 구석기시대 예술작품에서는 극히 소수에 불과하다. 한반도 구석기 예술(구석기 예술이라고 가정할 때)에서 소재는 그 모델의 정체가 거의 전부가 불확실하다.

④ 구석기시대 예술작품의 소재는 당시 사람들의 최대의 관심 대상이었다. 먹잇감의 공급원인 동물들의 생육과 성생활 파트너인 여성은 그 시대 인류의 최대 관심사일 수밖에 없다.

⑤ 구석기시대 예술작품의 또 다른 특징 중 하나는 모방에서의 진실성과 형태의 완전함 그리고 상징성이다. 여기서 상징성은 정확하게 말하면 신석기시대 예술에서부터 나타나는 현상이다. 동굴벽화에 그려진

그림들과 여인 조각상은 그 묘사에서 실물의 진실성을 추구하고 있으며 그 형태에서도 거의 완전함을 지향하고 있다. 그러나 한반도의 예술작품들에서는 이러한 기법이 무시된 것들이다.

⑥ 구석기시대의 유물은 그 진귀함과 그로 인한 소장가치가 충족될 때에만 예술작품으로 인정될 수 있다. 보석 같은 것은 그 진귀함 때문에 구멍을 뚫고 끈으로 연결하여 몸에 소장한다. 동산 미술로서의 여인 조각상도 그 작품의 우수성, 다시 말해 진귀함 때문에 몸에 휴대하는 것이다.

그러면 이 조건들을 척도로 한반도에서 발견된 이른바 미술작품들에 대한 담론을 전개해 보도록 하자. 미리 귀띔해 둘 것은 우리가 담론의 텍스트로 선정한 석장리 유적에서 발견된 일부 출토품들은 엄밀한 의미에서 미술품이 아니라 조각품이라는 점이다. 물감(안료)을 이용하여 손이나 붓 같은 것으로 캔버스에 칠한 것이 아니라 석기인 새기개로 석면石面에 홈을 그어 새긴 선각이기 때문이다. 석장리 유적에서 안료가 발견되었다고 하지만 그것을 이용하여 그린 벽화나 그림은 보이지 않는다. 선각은 마찰 흔적과 새긴 흔적의 차이가 선명하지 않은 단점이 있지만, 텍스트로 삼을 만한 미술작품이 없는 관계로 일단 분석의 대상으로 임시 대용함을 이해하기 바란다.

a. 석장리 구석기 유적에서 발견된"뗏목 그림"

> **d6칸에서 발굴된 이 반암의 몸돌은 여러 차례 격지를 떼어서 석기를 만들고, 그 나머지 몸돌을 찌르개처럼 쓸 수 있게 끝을 날카롭게 다듬었다.**

편편한 자연면이 남아 있는 곳에 새겨진 그림으로 보아 먼저 새긴 다음에 떼어 낸 것으로 보인다. 다음은 마치 뗏목이라도 나타내려고 새긴 것처럼 3개의 굵은 선을 수평으로 나란히 그리고 그 셋을 잇는 선을 수직으로 올려서 새기고 그 수직선이 3각형의 정점에서 밑으로 내려와 마주치는 그림을 그렸고, 그 바른쪽으로 복잡한 선과 쪼아진 점들이 보인다. 그리고 왼쪽 위에 마치 산을 표시하듯이 세모꼴의 봉우리를 두 개 새기고 바른쪽에 또 하나를 새겼다. 이 그림에서는 넓고 굵게 새긴 것과 길고 가늘게 새긴 것이 대조되어 나타나는데 이러한 상징이 남성과 여성 또는 양과 음을 나타내는 것일 수도 있겠다.[85]

손보기의 이러한 해석은 설득력이 전혀 없다. 일단 "3개의 굵은 선"을 뗏목이라고 판단하는 것부터 문제가 있다. 위에서도 언급했지만 당시의 석기로는 목재를 구하기가 여간 어려운 작업이 아니었다. 뗏목에 사용할 목재를 벌목하는 작업이나 그것을 떼로 묶는 공정 모두가 쉽지 않은 작업이라고 할 때 뗏목 주장은 뜬금없는 비약이 아닐 수 없다. 그리고 "넓고 굵게 새긴 것과 길고 가늘게 새긴 것이…… 남성과 여성 또는 양과 음을 나타내는 것"이라는 엉뚱한 주장의 근거는 도대체 무엇인가? 구석기시대 사람들이 "서주西周시기에 와서야 성행한 음양론"[86]을 구석기시대의 그림 분석에 적용한 시도는 기발함인가 어리석음인가. 그나마 수긍이 가는 대목은 달랑 "세모꼴의 봉우리" 즉 산에 대한 해석뿐이다.

이 그림(그림이라고 할 수 있다면)은 인위적인 것과 자연적인 것이 결합되어 탄생한 복합물이라고 할 수 있다. 석면의 선과 점들은 그것의 굵기

---

85 손보기(2009), 앞의 책, pp. 443~444.
86 배병철, 『기초한의학』, 성보사, 2005, p. 45.

와 형태를 떠나서 석기를 제작할 때나 강물이 범람할 때 또는 어린애들이 장난할 때 생긴 자연적인 흔적일 가능성을 배제할 수 없다는 사실을 전제로 한다. 이 부분을 의도적으로 배제한다면 이 그림은 아마도 당시의 석장리 자연환경을 담은 그림이 아닐까 추측된다. "3개의 굵은 선"은 뗏목이 아니라 금강을 축소 표현한 것이고 "수직선과 삼각형"은 작은 계곡을 나타낸 것일 가능성이 크다. 오른쪽의 "복잡한 선과 쪼아진 점"들은 석기제작 공방과 주거지를 나타낸다. 물론 "세모꼴의 봉우리"는 석장리와 금강 주변에 둘러선 산들을 의미할 것이다.

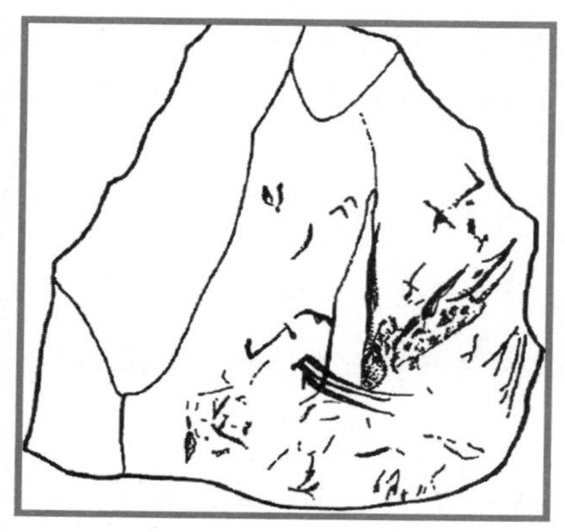

| 사진 118 | 석장리 구석기 유적 "뗏목그림"
"3개의 굵은 선"은 뗏목이 아니라 금강을 축소 표현한 것이고 "수직선과 삼각형"은 작은 계곡을 나타낸 것이다. 오른쪽의 "복잡한 선과 쪼아진 점"들은 석기제작공방과 주거지를 나타낸다. "세모꼴의 봉우리"는 석장리와 금강 주변에 둘러선 산들을 의미한다.

이 그림은 석기 가공작업을 잠시 멈추고 휴식하는 시간에 누군가 장난삼아 새긴 것일 가능성이 많다. 왜냐하면 석장리 유적에서는 이러한 "그림"이 발견된 것이 겨우 한두 개에 불과하기 때문이다.

b. 석장리 구석기 유적에서 발견된 "새 그림"

> 새겨진 자갈돌·불 땐 자리가 있는 e8칸에서 나온 선각된 돌은 장석 반암의 원판같이 생긴 자갈돌의 뒷면을 부딪쳐 떼기로 넓게 떼어 내고, 앞면은 위에서 두 차례 떼어 낸 다음 편편한 자연면이 앞면에 여러 가지 그림을 선으로 새긴 것이다. 떼어 낸 면에는 작살harpon을 두 개 그리고, 그

보다 위로 약간 불룩하고 편편한 윗면에 사람을 상징한 듯한 그림, 뾰족한 입부리와 눈을 가진 새 모양의 그림, 화살표, 동물 그림, 솟대같이 장대 위에 새가 앉은 듯한 그림 등으로 해석된다. 매우 가는 선과 후벼 파듯 파낸 곳이 있어 선각이면서도 입체감을 다소 살린 듯한 느낌도 주고 있다. 이 작살이 새겨진 면과 사람, 새, 짐승 등이 새겨진 자연면은 혹시 시기상 다를 수도 있겠지만 같은 시간이나 같은 평면의 내용이 아니라 다른 장면이나 세계를 표시하려는 의도를 나타내기 위한 것일 수도 있겠다. 이 그린 돌은 그림이 있는 자연면이 강 면을 바라보게 세워져서 나왔다는 것도 뜻이 있는 것으로 어떠한 소망을 나타내기 위하여 세워 놓았던 것으로 해석할 수 있겠다.[87]

발굴자는 "작살", "사람", "새", "화살표", "동물", "솟대" 이렇듯 서로 상이할 뿐만 아니라 "듯한" 표현처럼 불확실한 이미지들을 대체 어떻게 연결하여 의미구성('세계를 표시')을 하려 했던 것일까. "강 면을 바라보게 세워졌다는" 사실과 "소망"은 어떤 연관이 있으며 의미 부여가 가능했을까. 의문만 무성할 따름이다.

"사람"은 아무리 상징이라 할지라도 정체성과 진실성이 결여되었고 눈의 간격과 위치도 부적절하다. 사람이라고 가정할 때 얼굴이거나 몸통으로 추정되는 타원형 공간에서 눈은 당연히 대각선을 취해야 함에도 불구하고 수평 상태를 유지하고 있다. 오른쪽의 불확실한 선각이 측면에서 본 얼굴의 코와 입 또는 눈이라면 이 두 점은 스스로 눈이기를 거부해야만 한다. 왜냐하면, 이 눈의 형태는 정면 모습이기 때문이다. 게다가 얼굴과 몸통조차 분리되어 있지 않다. 코와 입, 귀와 머리카락은 아예 배제된 상태다.

87 손보기(2009), 앞의 책, pp. 443.

"새"의 이미지도 불완전하다. "뾰족한 입부리와 눈" 그리고 목 부위만 불분명한 윤곽을 통해 간신히 새의 이미지를 유추할 수 있을 따름이다. 당연히 몸통과 꼬리가 차지해야 할 부위는 알 수 없는 굵은 선각들로 이루어져 있다. 털과 날개도 생략된 상태다.

"화살표"는 부호언어 즉 일종의 문자다. 압축된 의미로서 사전 약속을 통해 소통될 수 있는 문자계통이다. 이 기호가 나타내는 의미는 방향제시다. 묘사 대상을 형상화하는 그림에서는 문자사용을 배제하는 것이 상식이다. 더구나 그 시대에는 문자 자체가 존재하지 않았음에랴.

필자는 이 그림을 선사시대를 살았던 석장리 사람들이 석기를 제작할 때 금강의 모습을 담은 것이라고 간주한다. 모든 원시예술의 공통점은 그 내용이 생활과 밀접한 연관이 있다는 사실을 염두에 둘 필요가 제기되는 대목이다. 금강은 그들에게는 식료자원의 공급원인 동시에 석기자원의 중요 채취 장소이기도 하다. 금강이 선사하는 물고기는 그들의 식자재 원천이고 자갈돌은 석기 제작에 필요한 원천이기에 생활과 직접적인 연관이 있다.

이 그림은 동북방향에서 서남방향으로 흐르는 금강의 모습이 형상화되어 있다. 서북쪽에서 남동쪽으로 대각선을 이룬 이미지 집결 부분은 금강의 여울이고 동북쪽과 서남쪽은 수심이 깊은 곳이라 할 수 있다. 동북과 서북 방면에는 물고기들이 배치되어 있고 상단의 사람과 새와 비슷한 선각은 물속의 바위나 작은 섬(섬에는 풀숲이 우거져 있다)일 것이다. 물결치는 강물은 수초들과 자갈돌을 스쳐 하류로 흘러간다. 한 마리의 물새(솟대 위에 앉았다고 하는)는 물을 차며 강 대안 쪽으로 날아가고 있다. 물결을 표시하는 "ɞ" 형태의 기호가 세 번이나 반복 강조되고 있다.

이 새의 이미지는 다른 이미지들과는 달리 부리, 머리, 배, 몸뚱이, 꼬리, 털 등 세부 묘사가 완벽하다. 이 그림이 금강의 모습을 담았다는 필자의 주장은 "그림이 있는 자연면이 강 면을 바라보게 세워져서 나왔다"는 사실에서도 입증된다.

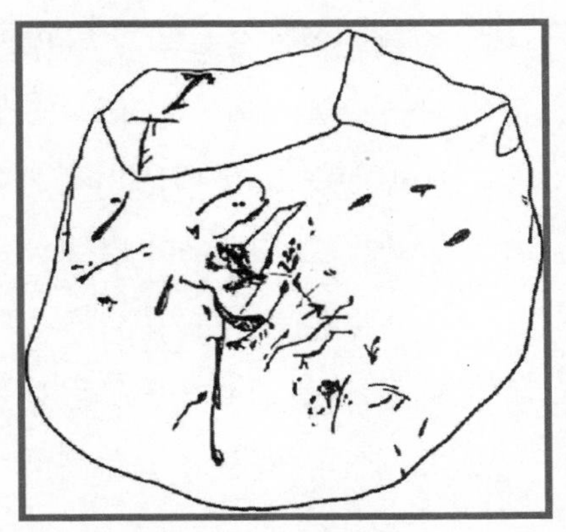

| 사진 119 | 석장리 구석기 유적 "새 그림"
"화살표"는 방향을 제시하는 부호다. 여러 가닥의 부정형 대각선들은 금강의 여울을 나타내고 있다. 동북과 서북쪽에는 물고기들이 배치되어 있고 상단에는 바위와 작은 섬들이 그려져 있다. 강물은 수초와 자갈돌을 스쳐 하류로 흘러가고 물새 한 마리가 강 대안쪽으로 날아간다. 물결을 상징하는 "ɞ" 기호가 세 번이나 반복 강조되고 있다.

한반도에서 출토된 원시예술에서 안료(물감)를 이용하여 그린 미술품은 현재까지는 전무하다. 석장리 구석기 유적에서 물감이 발견되었다는 보고가 있지만 그 물감을 이용하여 그린 그림은 발견되지 않고 있다.

> **물감이 나온 칸은 h, I 2~4칸과 g 1, 3, 7 등에서 나왔으므로 동쪽 담으로 가까운 곳에서만 나온 셈이다. 물감의 색깔은 붉은색, 검은색, 주황색 등인데 모두가 갈철석limonite을 포함하는 것으로 나타났다. …… 석장리 구석기인들이 물감을 칠했거나 그렸던 것으로 보이는 돌이 몇 개 나왔으나 무엇을 그렸던 것인지는 분명하지 않다. 그린 흔적이 많이 없어지고 흐려져서 뚜렷한 것을 알 수 없으나 자연의 자갈돌에 물감으로 그림을 그렸거나 칠을 한 것임을 알 수 있다. 앞으로 자외선 촬영을 하여서 더 연구할 계획이다.**[88]

---

88 위의 책, pp. 444~446.

유적에서 물감이 발견되었다는 사실이 반드시 물감 그림이 창작되었다는 것을 의미하지는 않는다. 그 물감이 다른 용도로 쓰였을 가능성도 배제할 수 없기 때문이다. 게다가 그림인지조차 불분명한 돌이 출토되었지만, 그마저도 단 몇 개에 불과하다고 한다. "흔적이 많이 없어지고 흐려졌다"는 이유가, 더구나 그 흔적의 원형이 확인 불가능함에도 어떻게 "그림을 그렸거나 칠을 한 것임을 알 수 있는" 근거가 되는지 이해하기 힘들다. 다른 작업을 하다가 자연석에 물감이 흘렀을 가능성도 있기 때문이다.

아무래도 물감을 이용한 본격적인 미술에 대한 담론은 관련 유물이 출토되기를 기다릴 수밖에 없을 것 같다. 하지만 굳이 그런 예술품의 발견을 기다릴 필요도 없이 그림의 존재 여부에 대해 다른 각도에서 분석을 진행할 수도 있다고 생각한다. 환언하면 한반도에 과연 이런 그림이 그려질 수 있는 환경과 여건이 구비되어 있었는지에 대한 탐구 같은 작업이다. 우리가 중국과 인도네시아나 또는 일본 열도에 왜 유럽에 비해 구석기시대 예술창작이 저조했는지에 대해 담론을 전개했듯이 말이다.

필자가 이 절을 막 마무리하고 있을 무렵 "호주와 인도네시아 연구팀은 8일자(현지시간) 네이처지에 실은 논문에서 인도네시아 동남부 술라웨시섬의 마로스 동굴에서 인간이 그린 벽화를 발견했다."[89]는 뉴스가 뜨기 시작했다. 물감을 살포하여 찍어낸 손자국까지 있다고 전해진다. 손바닥과 동물을 그린 이 벽화는 3만 9900년 전의 그림으로 유럽의 동굴벽화 연대를 훨씬 상회한다는 것이다. 학자들은 "인간의 창조적 능

---

89 이종선 기자, "유럽이 미술의 발상지라고? 印尼서 4만 년 前 동굴벽화 발견", 국민일보, 2014년 10월 10일.

력의 폭발이 유럽 지역에서만 특별하게 일어났고, 다른 지역에서는 훨씬 뒤에 있었다는 기존의 유럽 중심적 사고에서 벗어나게 해주는"[90] 사건으로 예술의 역사를 다시 쓰게 되었다고 흥분해 한다.

하지만 필자는 너무 흥분할 필요는 없다는 생각이다. 연구팀이 동굴벽화 연대를 분석한 방법은 "우라늄 연대 측정법"[91]이라는 사실을 염두에 두기 바란다. 우라늄 연대 측정 반감기는 5,730년인 탄소14 측정의 반감기보다 훨씬 길다. 우라늄235의 경우에는 약 7억 년이고 우라늄238의 경우에는 약 45억 년이나 된다. 자연에서 발견되는 우라늄의 대부분이 우라늄238이라면 우라늄235의 양은 약 0.7%밖에 안 된다. 그래서 비교적 짧은 연대 측정에 사용될 경우 "신뢰도가 다소 떨어질" 수밖에 없다.

> 인간이 만든 인공물의 연대를 측정하기에는 우라늄의 반감기가 너무나 길기 때문에 그리고 인간의 활동이나 유물에는 탄소가 연계되어 있기 때문에 인간과 관련된 유물을 연대 측정하는 데는 방사성 탄소14(핵 속에 추가로 두 개의 중성자를 가지고 있는 탄소 원자)를 사용한다.[92]

인도네시아에서 발견된 동굴벽화는 두말할 필요도 없이 "인간이 만든 인공물"이다. 한마디로 말하면 우라늄연대측정방법에 의해 분석된 인도네시아 동굴벽화의 연대 추산치는 방법상의 오류일 가능을 배제할

90 김창금, "유럽이 예술의 기원? 인도네시아에 4만 년 전 벽화", 한겨레 신문, 2014년 10월 9일.
91 속보부, "인도네시아서 4만 년 전 동굴벽화 발견…… 예술사에 파장 일까?", 매일경제, 2014년 10월 10일.
92 커크 헤리엇 지음, 정기문 옮김, 『교양 다시 읽기』, 이마고, 2006, p. 524.

수 없다는 의미다. 왜냐하면 그와 같은 현상은 다른 어떤 분석 각도에서도 도출할 수 없는 결론이기 때문이다.

| 사진 120 | 인도네시아 동남부 술라웨시섬의 마로스 동굴벽화

3만 9900년이라는 이 동굴벽화의 연대는 우라늄 연대 측정법에 근거한 추정치다. 탄소측정법에 비해 반감기가 긴 우라늄연대측정법은 비교적 짧은 연대 측정에 사용될 경우 "신뢰도가 다소 떨어질" 수밖에 없다는 점을 감안할 때 이 추산치는 정확도가 떨어질 것이라는 추측이 가능해진다.

ㄴ. 조각과 여성의 역할

한반도의 조각 예술과 장신구 세공기술 존재 여부를 확인하기 전에 먼저 지금까지 발굴된 예술품에 대해 잠깐 살펴보자. 일단 조각품 발굴지점은 물론 수량상에서도 손가락으로 꼽을 만큼 극히 희소하다. 용곡1호 동굴 제 4문화층의 동물머리 모양 조각 1점, 점말용굴 동굴 5층의 사람얼굴 형상, 두루봉 유적 2호 동굴의 사람형상과 동물형상 조각 각각 5점과 3점, 역시 두루봉 유적 9호 동굴의 사람형상과 동물형상 그리고 사자모양 조각 각각 1점, 수양개 유적의 물고기 모양 조각 2점, 상시 유적의 5층, 8층의 짐승 형상 3점, 석장리 유적의 곰, 개, 고래, 새, 사냥개, 멧돼지, 거북, 물고기와 불완전한 형체 조각품들까지 합쳐도 도합 50여 점 미만에 불과하다. 석장리 유적의 조각품들은 수양개 유적의 조각품들과 더불어 그 소재가 뼈연모가 아닌 재질이 견고한 석기로 만들어졌다는 점에서 다른 조각품들과 변별된다.

이들의 공통점은 ① 조각에서 자연석의 모양이 차지하는 비중이 크고 ② 가공작업이 극히 간략하고 수법이 소박하며 ③ 형태에서 입체미가 결여되고 불완전할 뿐만 아니라 ④ 석장리 유적과 수양개 유적을 제외하면 나머지는 석재에 비해 경도가 떨어지는 뼛조각이라는 사실에 있다. "조각된 면은 자연면이 주"[93]를 이룬다는 것은 2차 인공가공이 적을 뿐만 아니라 인공가공 역시 자연석의 모양일 가능성을 배제할 수 없음을 설명한다. "조각된 돌은 거의 반암 자갈돌로서 대개가 미세하고 간단한 선의 조각이 많은데"[94] 이러한 선각들은 인위적이기 전에 자연적인 원인이나 인류가 "사용하여 생긴, 긁힌 자국으로 해석"[95]할 수도 있기 때문이다.

a. 용곡1호 동굴(평양시 상원군 룡곡리) 조각품

제4문화층(11층)에서는 뼈를 납작하게 갈아서 조각을 한 조각품이 1점 나왔다. 이 조각품은 뼈를 일정한 크기로 자른 다음 뼈 안쪽 면을 평평하게 갈아 납작하게 만들었다. 그리고 짐승대가리 모양으로 둥실하게 갈아서 눈, 코, 입을 점과 구멍으로 형성하였다. 눈은 직경 3mm의 구멍을 파서 형상하였으며 코로는 직경 4mm의 구멍을 뚫었다. 입은 24개의 작은 점선으로 높이 10mm, 너비 18mm 되게 형상하였다. 조각품의 길이는 2.5cm이고 너비는 2.6cm, 두께는 2.5mm이다.[96]

가공 기법은 주로 연마와 구멍 뚫기 그리고 점선이 사용되었다. 쪼

93 손보기(2009), 앞의 책, p. 236.
94 위의 책, p. 235.
95 위의 책, p. 235.
96 한창균 엮음, 『북한의 선사고고학』, 백산문화원, 1990, p. 379.

아내기, 떼어내기와 같은 고난도의 수법은 의도적으로 회피하고 있다. 기술 부족으로 인한 선택이었을 것으로 추정된다. 연마 역시 극히 간략하여 그 형태가 거의 사용된 다리뼈 "원형에 가까울"[97] 정도다. 이 강아지 머리 조각은 "송곳으로 구멍을 뚫는 방법으로 눈과 코를 형상"[98]하였다. 그런데 눈은 3mm, 코는 4mm로 그 구멍의 크기가 작아서 천공穿孔작업이 비교적 용이하다. 23개의 점선으로 처리된 입의 경우는 가공작업이 더구나 용이했을 것이다. 그야말로 쪼아내기, 떼어내기와 같은 수법이 없이 "극히 적은 노력을 들여"[99] 만들어 낸 것이라 할 수 있다. 어쩌면 뼈에 자연적으로 생긴 흔적일 가능성도 배제할 수 없을 정도다. 석장리 유적에서 발견된 곰의 조각처럼 "눈 모양으로 둥그렇게 뚫린 자연의 구멍"[100]일 가능성도 있기 때문이다. 석장리 유적의 형체 조각품들처럼 "자연으로 생긴 돌이 원래 그러한 모양"[101]을 가지고 있었을 수도 있다.

사실 입 모양의 형상도 천공법으로 가공할 수 있었는데도 점선으로 처리했다는 점 그리고 눈과 코의 크기에 비해 입이 너무 클 뿐만 아니라 코 위의 점선이 해석불능이라는 점 등의 이유 때문에 의문은 더구나 눈덩이처럼 커질 수밖에 없다. 게다가 몸통이 생략되었을 뿐만 아니라 두상은 강아지와 유사한데 입 모양은 도리어 사람을 닮은 모습에 대해서도 추가 설명이 필요한 부분이다.

97 전일권·김광남, 『북부조선지역의 구석기시대유적』, 사회과학원 고고학연구소, 2009, p. 74.
98 위의 책, p. 74.
99 손보기(2009), 앞의 책, p. 439.
100 위의 책, p. 439.
101 위의 책, p. 442.

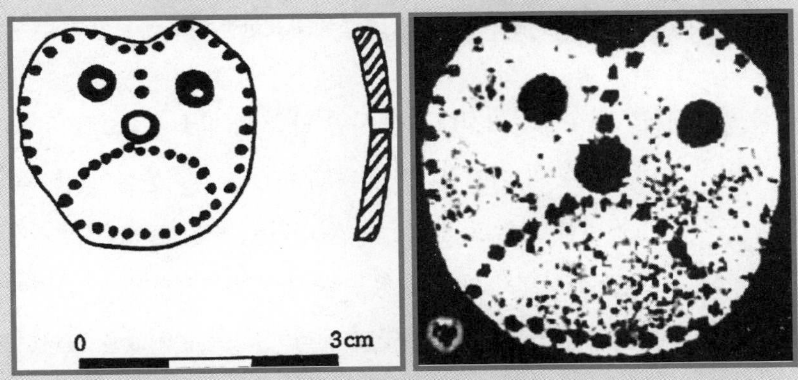

| 사진 121 | 용곡1호 동굴 「얼굴」 예술품 (평양시 상원군)
용곡 1호 동굴 "얼굴 예술품"은 아주 간단한 가공 흔적만 보이고 있다. 그 형태가 거의 뼈의 원형에 가까워 조각 작품이라고 할 수 없을 만큼 인위적인 작업이 배제되어 있다.

b. 점말용굴동굴 5층 「얼굴」 예술품

예술작품의 정의定義는 도대체 무엇인가? 그 예술품이 아무리 중기 구석기시대의 유물이라 할지라도 이른바 점말 「얼굴」 조각품같은 것을 예술품이라 일컬을 수 있는가. 가짜 유물 즉 자연 상태로서의 뼈의 모습은 아닐까. 이 의문에 대해서는 이 글의 말미에 상세하게 풀어보도록 하자.

> 점말 용굴의 IV층(붉은색 찰흙층)에서 발굴된 털코뿔이Coelodonta antiquitas의 앞팔뼈에 새겨진 예술작품이다. 발굴된 뼈대 중에서 가장 큰 뼈(390.0×56.0×42.6mm) 끝 쪽의 편평한 면에 꺾인 선으로 왼쪽(눈)을 새기고, 2.5cm 떨어진 곳에 둥근 망치로 쳐서 동근 굼을 만들고, 그 자리에서 이

어서 휘인 선(입)을 새겨 전체적으로 얼굴을 표현한 것으로 보인다.[102]

한반도에서 "중기 구석기시대부터 사람 얼굴 새기기 수법으로 두 눈과 입만 나타내는 전통이 이어져"[103] 왔다고 하지만 용곡동굴의 강아지 머리 조각상에는 비록 사람의 얼굴은 아니더라도 코가 분명히 새겨져 있다. 그리고 코는 선각으로 표현할 경우 수직선으로 처리할 수 있기에 입이나 눈보다 더 가공이 쉬울 테니 구태여 생략할 이유가 없을 것이다. 단언컨대 이 뼈는 그 형상이 거의 동일한 두루봉 9굴 「얼굴」상과 더불어 결코 인간 정서와 기술의 개입에 의해 창작된 예술품이 아니라고 생각한다. 그것은 그냥 뼈 자체의 모양이거나 짐승의 뼈에 우연한 기회에 남은 자연 상태의 흔적일 따름이다. 홍수에 휩쓸리며 다른 물체와 충돌했거나 또는 짐승의 이빨에 긁혔거나 아니면 사람이 도구로 사용하면서 생긴 것이다. 설령 그것이 인공적인 가공 산품이라 할지라도 새기개나 밀개 또는 주변의 뾰족한 돌덩이 하나를 사용하여 단 세 번의 긋기만 하면 완성되는 것인데 어느 순간 갑자기 '예술품'으로 둔갑하였으니 그냥 놀라울 따름이다.

---

102 국사편찬위원회, 앞의 책, p. 240.
103 손보기, 『한국구석기학 연구의 길잡이』, 연세대학교출판부, 1998, p. 245.

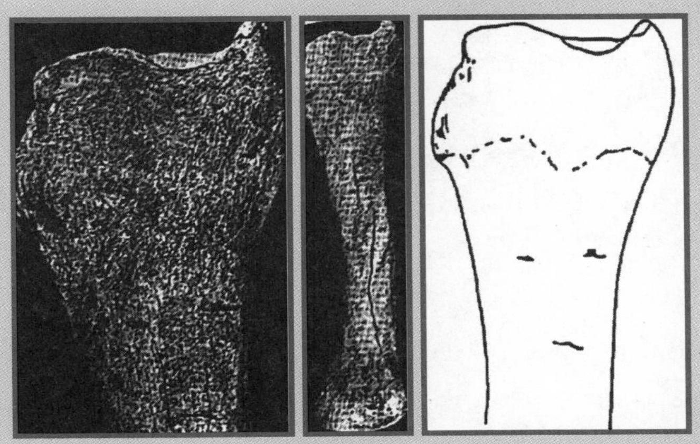

| 사진 122 | 점말 용굴동굴「얼굴」예술품
이 조각품은 인간의 정서와 기술의 개입에 의해 창작된 예술품이 아니라 뼈의 원래 모양이거나 우연한 기회에 생긴 자연 상태의 흔적일 가능성이 많다.

c. 두루봉 유적 2호, 9호 동굴 조각품

두루봉 유적 2호 동굴에서 출토된 조각품도 상술한 경우와 사정이 다르지 않다. "사람을 형상한 조각품들은 원래의 뼈 생김새를 그대로 이용"하였고 짐승 모양을 형상한 조각품들은 "엉덩뼈의 오목한 부분…… 돌기 부분…… 두텁고 뭉툭한 부분" 등을 이용하여 눈, 주둥이, 상아와 귀 등을 형상화하였다.

> 사람을 형상한 조각품들은 원래의 뼈 생김새를 그대로 이용하면서 일부분을 떼어 내어 모양을 갖추게 하는 방법으로 만들었다. …… 짐승 모양을 형상한 조각품은 3개다. 하나는 사슴과 짐승의 오른쪽 엉덩이 뼈로

> 만든 코끼리 모양 조각품이다. 엉덩이 뼈의 오목한 부분을 가공하여 눈, 주둥이, 상아의 모양을 나타내고 앞면으로는 구멍을 뚫어 꿰여맬 수 있게 하였다. 그리고 반대면의 돌기 부분을 가공하여 귀모양이 되게 하였다. …… 다른 하나는 짐승의 대가리 뼈를 이용하여 만든 멧돼지 모양 조각품이다. 두텁고 뭉툭한 부분을 주둥이가 되도록 하고 구멍을 뚫어 눈을 나타내었다.[104]

두루봉 유적의 조각품은 그 제작 방법에서 용곡동굴 조각의 단순한 수법에서 한 걸음 진보하여 쪼기, 파기, 떼기 기법이 사용되고 있다는 점에서 돋보인다. 하지만 조각 유물의 종류가 아무리 많다 해도 소재(뼈)의 원 모양을 이용한다는 점에서는 용곡동굴 조각품과 다를 바 없다. 극히 간략한 가공(가공이라 칭할 수 있다면)과 불완전함의 특징 역시 동일하다. 청원 두루봉 9굴 「얼굴」 예술품에서도 그러한 경향이 어김없이 나타나고 있다.

> 사슴 오른쪽 정강이뼈의 윗머리를 떼어내고 끝쪽을 위로 하여, 종아리뼈의 끝쪽이 닿는 볼록점 아래에 세모꼴로 새기고, 이와 1.7cm 떨어진 대칭되는 곳에 2선을 비스듬하게 새기어 세모꼴을 새겼다. 이 두 눈과 3.6cm쯤 떨어진 밑에 약 1cm 너비 옆으로 2선을 새겨서 사이를 파내고, 위로 방사선 모습으로 4선을 새기고 옆으로 작은 선을 새겼는데 가는 선 오른쪽 옆으로는 짧은 선을 새겼다. 마치 입가에 난 수염을 뜻하는 듯하다. 이 9굴 예술품은 점말 용굴의 예술품과 비슷하지만, 수법에 있어서는 찍어서 선을 이어가는 점이 용굴과는 다르다고 하겠다.[105]

---

104 한은숙, 『남부조선지역의 구석기시대유적』, 사회과학 고고학연구소, 2008, p. 18.
105 국사편찬위원회, 앞의 책, pp. 241, 243.

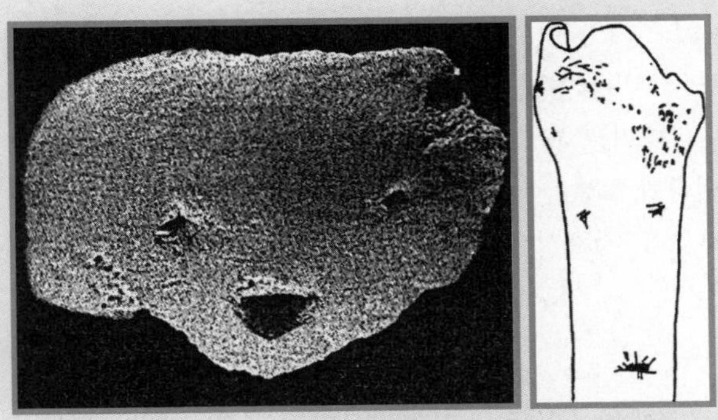

| 사진 123 | 두루봉 2굴(좌)과 9굴 「얼굴」 예술품
가공 과정을 거친 조각품이라 하기에는 너무나 자연적인 상태다. 뼈의 상흔이거나 짐승이 고기를 섭취하는 과정에서 생긴 흔적일 가능성이 많다.

"찍어서 선을 이어간" 원인인지는 모르겠으나 입 모양이 불필요한 선들이 지나치게 과밀한 점이라든지 수직선 처리라든지 적절하지 않은 선처리라고 생각될 수밖에 없다. 눈의 경우에는 눈썹을 미루어 생각할 때 그나마 선처리가 수긍은 간다. 흔적들이 입 주변에 집중된 것은 이 부분이 섭취 과정에 짐승이나 사람의 이빨에 의해 심하게 긁혔음을 의미한다. 무리 속의 아이들이 장난삼아 석기로 아무 생각 없이 쪼아댔을 가능성도 있다.

한편 두루봉 2굴에서 발견된 「얼굴」 예술품은 상술한 경우보다도 더 자연 상태의 뼈 모양임을 입증해준다.

> 두루봉제2굴의 문화층(7층)에서 사슴 왼쪽 윗팔뼈의 머리쪽proximal 부근에 쪼으기pecking방법으로 표현한 예술품이 발견되었다. 윗 관절부분을

다듬어 평행을 이루게 하였으며, 뾰족한 새기개로 오른쪽은 2번, 왼쪽은 1번, 그리고 입은 여러 차례(적어도 5차례) 쪼으기 방법으로 벌린 상태를 나타내려고 하였다. 그런데 왼쪽 것이 조금 크며, 입을 중심으로 보아도 왼쪽과 오른쪽의 불균형 수법을 응용하여 볼록한 면은 얼굴이 되도록 하였다. 전체적인 모습은 얼굴을 넓고 높게 나타내려고 한 것으로 보인다.[106]

두루봉 2굴에서 발견된 「얼굴」 예술품은 뼈 질환으로 인해 뼈에 원래 있던 상흔이거나 짐승이 고기를 섭취하는 과정에 생긴 흔적일 가능성이 가장 많다.

d. 석장리 유적의 「동물」 예술품

석장리 유적의 제1지구 가장 위 문화층은 한반도에서 구석기시대 조각 예술품이 가장 많이 출토된 곳이다. 이와 같은 단언은 출토된 석기 중 조각 가공에 많이 사용되는 "새기개가 41.29%로 가장 큰 비중을 차지한다"[107]는 사실에서도 입증된다. 손보기는 이를 근거로 이 문화층의 성격을 "예술 활동이 활발하였던 서구西歐의 후기 구석기 문화"[108]와 비견하고 있다. 하지만 이곳에서 발굴된 예술품들에도 인공적인 가공보다는 자연적인 원형의 비중이 현저하게 우위를 점하고 있다. 입체성의 결여는 물론 "극히 적은 노력을 들여 자연의 돌에 약간씩 쪼아 냈다거나,

106 위의 책, p. 243.
107 손보기(2009), 앞의 책, p. 179.
108 위의 책, p. 179.

떼어 낸"[109]것에 불과한 것이었다.

곰 조각은 "자연의 구멍을 그대로 눈으로 이용"[110]하였고 개 조각은 "한 돌을 머리 위, 눈, 턱 쪽을 약간씩 쪼아 낸 것에 불과"[111]했으며 새 조각도 "눈은 돌의 자연으로 튀어 나온 부분을 그대로 이용"[112] 하고 있다. 그밖에도 사냥개 조각은 "모난 원통의 자갈돌을 이용"[113]했고 멧돼지 조각은 "생김새가 멧돼지 같은 돌을 골라서"[114] 사용하고 있다. 특히 소형의 불완전한 "형체 조각품들은 자연으로 생긴 돌이 원래 그러한 것"[115]을 이용했다. 그뿐만 아니라 거의 모든 조각품들은 "가슴 위나 머리" 등 불완전한 모습을 형상하고 있다. "유독 거북만은 몸체까지 나타나게 한 까닭은 자연으로 생긴 돌이 원래 그러한 것"[116]이었기 때문이다.

그 원인은 이른바 이러한 조각품들이 석기시대 사람들에 의한 인공적인 가공작업을 거치지 않고 자연 상태 그대로의 유물이기 때문이다. 한마디로 말해 "가짜유물"인 까닭이다. 그것이 예술품으로 둔갑할 수 있었던 것은 일부 학자들에 의해 그 가치가 과도하게 부풀려졌기 때문이다.

수양개 유적의 「물고기」 예술품과 상시유적의 「짐승머리」 조각도 상술한 경우와 동일하기에 담론을 생략한다.

---

109 위의 책, p. 439.
110 위의 책, p. 439.
111 위의 책, p. 439.
112 위의 책, p. 440.
113 위의 책, p. 441.
114 위의 책, p. 441.
115 위의 책, p. 442.
116 위의 책, p. 442.

필자가 한반도에서 출토된 이른바 "예술품"들이 "가짜유물" 또는 "자연유물"이라고 추측하는 데는 그럴만한 이론적 근거가 있다. "2차 가공이 뚜렷이 드러나는 석기는 별로 많지 않다"[117]는 사실은 자연석自然石, 또는 자연골自然骨이 비인공적인 외부적 요인에 의해 예술품의 모양을 띨 가능성을 암시하는 단적인 증거라고 할 수 있다. 자연조건은 암석은 물론이고 뼈의 경우에도 "유물과 비슷한 조각을 만들어낼 수 있기"[118] 때문이다. 자연에 의해 만들어진 자연유물과 인간에 의해 가공된 인공유물은 확실한 분류가 곤란할 만큼 유사하다. 자연유물의 생성조건은 기후인데 기후는 또 바람, 온도변화와 습도변화를 통해서 결정된다.

> 기후로 인해 발생된 침식 과정은 다양한, 종종 서로 결합된 과정으로 암석에 미칠 수 있다. 그밖에 또 침식, 즉 중력에 의한 영향이 전제조건이 된다.
> 바람: 바람은 풍식작용을 일으킨다. 풍식작용을 받은 암석들은 특히 손도끼 모양의 형태 때문에 마연된 유물로 혼동될 수 있다.
> 온도 변화: 추운 기후 지역뿐만 아니라 따뜻한 지역에서도 온도 변화에 의한 암석 파쇄가 일어난다.
> 동파: 물이 미세한 구멍과 틈 속에서 팽창하기 때문에 병정압氷靜壓과 동파를 일으킨다.
> 물: 물은 바람, 온도와 함께 가장 중요한 침식요인에 속한다. …… 부딪쳐 부서지는 파도…… 해안에서 썰물과 밀물을 통해서 많은 수량이 움직이는데, 해일과 같은 대변동류의 과정은 자갈돌을 부수고 쪼개는 데 중

117 국사편찬위원회, 앞의 책, p. 37.
118 Joachim Hahn 지음, 이재경 옮김, 『석기와 골기의 인식과 규정』, 학연문화사, 2012년 4월 20일, p. 332.

요한 요인일 것이다.[119]

해변퇴적층의 경우 파도와 중력의 작용으로 말미암아 암석의 변화는 더욱 심하다. 물론 강과 개천의 경우에도 물결의 충격파에 의해 암석들이 부서지며 인공적인 가공에 의해 떼어낸 격지와 유사한 형태가 만들어질 수 있다. 특히 석장리 유적처럼 물가와 지근거리에 위치한 곳의 자갈돌들은 강물이 범람할 때마다 이러한 현상이 비일비재로 발생할 가능성이 크다고 할 수 있다.

강과 실개천에서는 계절적으로 큰물의 움직임이 존재한다. 무엇보다도 봄에 눈이 녹아 홍수가 일어나거나 반半 건조지역에서 폭우가 내릴 때 아주 큰 홍수가 일어날 수 있는데, 그때마다 큰 돌들이 휩쓸려가며 충돌 시에 타격하중이 나타난다. 강에서 유속은 모든 지점에서 똑같은 것이 아니라 유수의 중심에 있는 강의 밑바닥에서 가장 높은 운반에너지가 존재한다. 운반에너지는 암석을 심하게 깎거나 경우에 따라서는 암석을 부숴버리기도 한다. 유사한 큰 에너지는 충돌경사 면에서 나타난다.[120]

이러한 사정은 비단 암석에만 국한되는 것이 아니라 골기 형성의 경우에도 영향력을 행사한다. 지질학적인 원인이나 동물의 의도적인 개입에 의한 변형일 가능성이 강하게 제기되기 때문이다.

인공적인 가공의 유무에 대해서는 석기뿐 아니라 골기骨器에 대하여서

119 위의 책, pp. 57, 58, 60, 64.
120 위의 책, p. 65.

> 도 많은 논란이 있다. 갈아서 만드는 기법이 도입된 신석기와는 달리 구석기시대에는 타격에 의한 가공으로 골기를 제작하는 경우가 많았기 때문에 골기에 보이는 변형이 지역적, 즉 다른 동물이나 지질적인 과정에 의하여 이루어진 것인지 인위적으로 가공된 것인지에 대한 판정이 쉽게 이루어질 수 없다. 특히 골기에 대해서는 일찍부터 골각기문화설Oesteo-dontokeratic culture이 제기된 바 있는데 우리나라에서도 동관진유적에서 출토된 뼈들이 가공된 것이라고 주장된 이래 꾸준히 골각기의 존재가 구석기시대 도구연구에 있어서 주요한 테마가 되어 왔다. 근래의 서구의 골각기에 대한 연구에 의하면 흔히 인위적으로 만들어진 것으로 판단된 많은 유물들이 단순히 지질학적인 변형이거나 동일한 지점을 반복적으로 사용하던 다른 종류의 동물들, 즉 하이에나 또는 개과의 짐승들에 의해서 채집되고 변형된 것들이라는 것이 유적형성연구의 최근 결과로 밝혀지고 있다. 그래서 골각기의 존재에 대해서는 적극적인 증거가 없으면 바로 인위적인 것으로 판정하는 데는 많은 어려운 점이 있다.[121]

석장리 유적과 수양개 유적에서 출토된 조각품을 제외한 나머지 유적들의 조각 예술품들이 전부 뼈에 새긴 것이라는 사실을 감안할 때 "적극적인 증거"가 반드시 필요한 이유다. "자연 상태", "뼈의 원 모양", "원래의 뼈 생김새"라는 의미는 인위성의 증발을 더한층 부추기는 요인이 될 수밖에 없다. 그 골기가 구석기시대의 산물이라고 할 때 인위성의 판정은 더욱 어려워질 것이다.

물론 여기에는 연대측정의 오차 문제도 포함시켜야 한다. 기후, 홍수 등 자연적인 원인에 의한 퇴적층의 교란과 연대측정법의 선택 여하에 따라 구석기시대와 신석기시대 더 나아가서는 청동기, 철기시대문화

---

121 국사편찬위원회, 앞의 책, p. 16.

층까지 뒤섞였을 가능성을 인정할 때 이러한 주장은 명분을 부여받는다. 각설하고 한 가지 분명한 것은 한반도에 이른바 구석기시대의 조각 예술품은 존재하지 않았다는 사실이다.

2) 한반도 구석기시대의 장신구와 예술

ㄱ. 기술의 계승과 여성의 역할

문화의 전통은 계승에 의해 지속된다. 만약 우리가 3만 년 혹은 2만 년을 전후하여 슬기 사람이 대륙으로부터 동북아와 한반도로 유입했다[122]는 전제를 수긍한다면 한국의 구석기 예술 역시 이들의 이동에 의한 전통의 계승을 동시에 인정하지 않을 수 없을 것이다. 한반도의 석기 예술품 생산은 그 기술과 장인 모두 뿌리를 대륙에서 찾을 수밖에 없다. 이러한 가정은 장신구(장식품) 또는 치레걸이 하나만을 예를 들어도 금시 그 면면이 일목요연해진다. 치레걸이는 대륙과 한반도는 물론 일본 열도에서조차도 유럽과는 비견할 수 없을 만큼 그 숫자가 적다는 공통점을 가지고 있다. 시간상에서나 공간상(지역적 분포)에서나 동일하게 한계를 드러내고 있다.

산딩둥인 유적에서 발견된 장식품은 "구멍이 뚫린 작은 자갈돌 1점, 구멍이 뚫린 돌구슬 7점, 구멍이 뚫린 바다조가비 3점, 구멍이 뚫린 짐승 이빨 125점, 구멍이 뚫린 물고기 뼈 1점, 홈을 판 뼈 대롱 4점"[123]이

122 박용안 외, 앞의 책, p. 495.
123 王兵翔 編著, 앞의 책, p. 351.

다. 발견된 장신구가 141건이라는 통계[124]도 있지만 합쳐보아도 유럽에서 출토된 장신구에는 비교도 안 될 만큼 빈약하다. 장신구가 발굴된 지역도 "랴오닝성遼寧省 진뉴산金牛山, 구이저우성貴州省 마오마오동貓貓洞과…… 산시 성 치욕에서 마제 과정을 거친 짐승의 뼈가 출토"되긴 했으나 집중적으로 발견된 곳은 산딩둥 유적 하나뿐이라고 할 수 있다.

한국의 경우에도 치레걸이의 발굴 수량이 적다는 점과 치레걸이가 발견된 유일한 유적이 단 하나라는 점에서 중국과 유사하다. 한반도에서 구석기시대 치레걸이가 발견된 곳은 충북 청원군 가덕면 로현리 시남부락의 두루봉 일대 석회암 동굴인 두루봉 유적 하나뿐이라고 해도 과언은 아닐 것이다. 2호 동굴과 새굴에서 치레걸이로 추정되는 뼈가 발견된 것이다. 2호 동굴에서는 사슴발가락뼈로 만든 치레걸이와 새굴 동굴에서는 사슴뿔을 갈아서 만든 2점의 치레걸이(목걸이)가 출토되었다고 한다.

> 장식품은 사슴발가락뼈에 구멍을 뚫어 끈을 매서 차고 다닐 수 있게 만들었다. 모두 180여 개인데 완성품은 127개이다. 발가락뼈로 만든 것이므로 일정한 형태를 가지고 있지 않다.[125]

> **두루봉 새굴출토 치레걸이**(긴 길이 134mm · 73g, 133mm · 68g)
> **옛코끼리**Elephoas antiquitas**의 상아뼈가 출토된 새굴의 같은 문화층에서 큰꽃사슴의 두 뿔을 똑같이 쪼으기와 갈기로 다듬어서 입을 벌린 모습을 만들었으며 뿔의 돌기 부분을 갈아서 몸에 접촉될 때 불편을 느끼**

---

124 沈從文 著, 앞의 책, p. 4.
125 전일권·김광남 집필, 앞의 책, pp. 19, 20, 27.

지 않게 하였음도 관찰된다. 신경구멍을 이용하여 끈을 맨 것으로 해석된다.[126]

일단 연대 비교에서 치레걸이 기술 계승의 가능성이 깨어진다. 산딩등 유적의 장신구를 만든 주인공들이 "18,000년 전 구석기시대 말기에 속하는데"[127] 반해 두루봉 치레걸이를 만든 주인공들은 "10~20만 년 전으로 추정"[128]됨으로 시간적으로 역 계승이 이루어질 수는 없기 때문이다. 계승이란 과거에서 현재의 방향으로 흘러야 하는 것이라면 대륙에서 한반도로 전수되어야 할 정상적인 흐름이 역행되기 때문이다.

구석기시대를 전기(250만 년 전~10만 년 전), 중기(10만 년 전~4만 년 전), 후기(4만 년 전~1만 년 전)로 세분화하는 고고학의 분류법을 받아들인다면 10만~20만 년 전의 두루봉 유적의 연대는 전기 구석기 또는 중기 구석기에 해당한다는 사실을 알 수 있다. 결코 구석기시대 말기의 유적은 아니라는 말이 된다. 그런데 미리 말해 둘 것은 장신구 가공에 사용되었던 제작 방법인 마제와 천공법은 구석기 말 또는 중석기와 신석기(간석

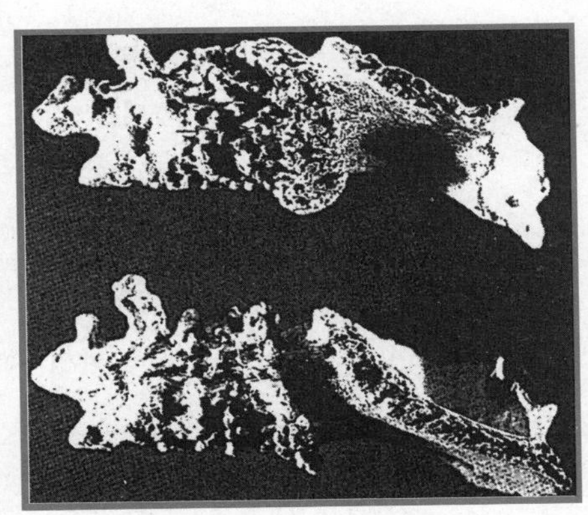

| 사진 124 | 두루봉 새굴 출토 치레걸이
두루봉 새굴에서 발견된 이 정체불명의 뼈가 과연 치레걸이(장신구)인지는 도저히 확인할 길이 없다. 판단은 독자들에게 맡길 뿐이다.

126 국사편찬위원회, 앞의 책, p. 244.
127 자오춘칭 외, 앞의 책, p. 38.
128 정노팔 외, 『생물과 인간 그리고 문화』, 연세대학교출판부, 2000, p. 346.

기)시대에 와서야 보편화된 기술이라는 사실이다.

마제석기방법으로 제작된 유물로서 가장 오래된 것은 프랑스의 라스코 동굴 등잔인데 이 동굴 역시 그 연대가 "2만 년 전"[129] 밖에 안 된다. 구석기 예술이 발달한 유럽에서도 "장신구가 발달하기 시작한 것은 2만 5천~3만 년 전"[130]부터였다. 여러 가지 상황을 고려할 때 10만 년~20만 년 전에 장신구가 생산되었다는 주장은 그래서 설득력을 상실할 수밖에 없다.

> **마제와 천공의 기술로 제작된 것은 대개 도구와 장신구였다. …… 산딩둥에서 출토된 구멍 뚫린 짐승의 이빨, 돌 구슬, 조약돌, 골관骨管 등은 그 기술이 이미 상당한 정도로 성숙되어 있다. 예컨대 조약돌의 구멍은 양면이 맞뚫려 있는데, 그 위치가 정확하다. 이는 제작 기술이 일정한 정도에 이르러야 가능한 것이다.**[131]

산딩둥 장신구와 두루봉 장신구를 비교한다는 것은 거의 불가능한 시도다. 2만 5천~3만 년 전에 제작된 장신구와 10만 년~20만 년 전 유물인 치레걸이를 비교한다는 것은 어불성설이기 때문이다. 하지만 한반도에는 산딩둥 장신구와 비슷한 시기에 발굴된 치레걸이가 없기 때문에 궁여지책으로 택할 수밖에 없었다. 두루봉시대에 아직 간석기 기술이 개발되지 않았음에도 불구하고 국내 일부 학자들이 그것을 치레걸이라고 인정하기에 고찰대상으로 삼은 것이다.

---

129 자크 아탈리, 앞의 책, p. 69.
130 커크 헤리엇, 앞의 책, p. 30.
131 자오춘칭 외, 앞의 책, p. 40.

먼저 산딩둥 유적의 돌 귀걸이는 앞면은 물론 구멍 주변과 안까지 반들반들하게 갈아져 있다. 석면과 구멍 갈기 세공작업을 거쳤음을 의미한다. 그와는 대조적으로 청원 두루봉 구석기유적에서 발견된 2호 동굴의 사슴 뼈 발가락 치레걸이는 인공적인 연마과정이 배제된 상태의 자연 뼈로 간주될 뿐만 아니라 새굴에서 발견된 사슴뿔 치레걸이 역시 "갈기로 다듬고…… 뿔의 돌기 부분을 갈았다"[132]고 하지만 거의 인공적인 가공을 거치지 않은 상태라고 단정할 만큼 뼈의 모양이 자연 상태 그대로다. 인공 연마 흔적처럼 보이는 부분은 자연적인 마찰에 의해 닳아진 것으로 간주된다. 마제기술이 없었던 시대인 만큼 당연히 가공 조작이 거칠고 단순할 수밖에 없었을 것이다.

그 조잡함과 거칠음은 천공법—구멍 뚫기에서도 뚜렷하게 나타나고 있다. 산딩둥인의 "천공 기술은 이미 상당한 정도로 성숙"[133]되어 "조약돌에 양면을 맞뚫은 구멍은 그 위치가 정확하여 제작기술이 일정한 정도에 이르렀음"[134]을 보여주고 있다. 그에 반해 두루봉에서 출토된 치레걸이들은 찌르개로 찍거나 쪼는 낙후한 천공법에 의해 뚫어졌기에 거칠고 조잡함은 물론 구멍의 모양과 크기, 위치의 불일치까지 드러내면서 치레걸이의 생명인 미관을 심하게 훼손시키고 있다. 많은 구멍들은 인공적인 개입이 배제된 채 자연적인 원인에 의해 생긴 흔적처럼 보이기도 한다. "끈을 매서 차고 다니려면"[135] 구멍이 위치와 크기의 동일성이

132 국사편찬위원회, 앞의 책, p. 244.
133 자오춘칭 외, 앞의 책, p. 40.
134 위의 책, p. 40.
135 전일권·김광남, 앞의 책, p. 27.

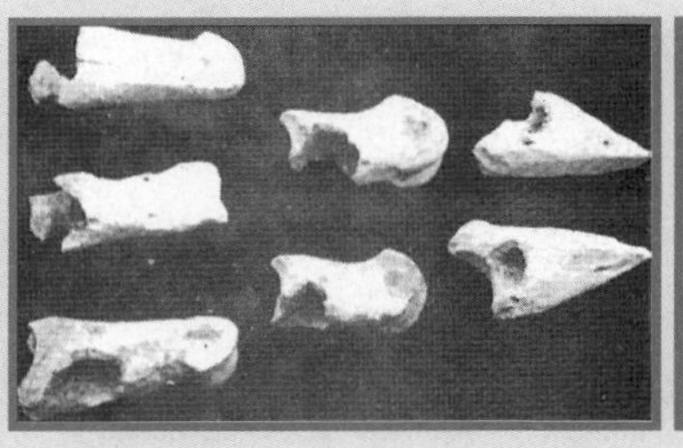
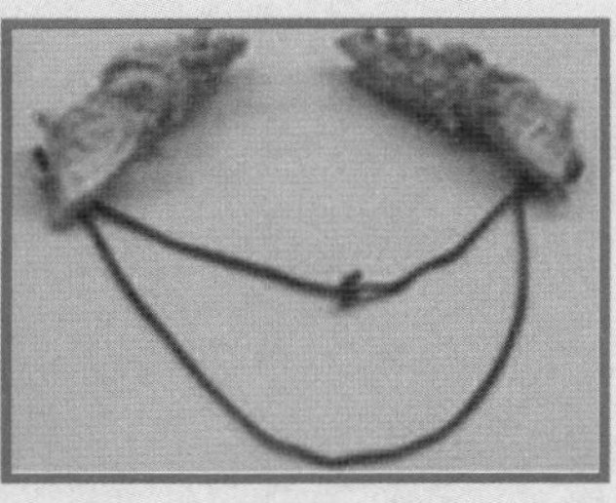

| 사진 125 | 두루봉 2호 동굴 치레걸이(좌)와 사슴뿔 목걸이
치레걸이라고 말하기에는 너무나 자연 상태 그대로이다.

전제되어야 함에도 저마다 각양각색이라는 점에서도 휴대를 위해 뚫은 구멍인지 의문을 불러일으키는 부분이다.

이즈음에서 구석기시대 말의 장신구가공과 여성은 불가분의 연관성을 가지고 있다는 점을 반드시 지적해야만 할 것 같다. 장신구 제작 과정은 남성과 다른 여성의 심리와 정서적 특징을 형성하는 중요한 요인이 되기 때문이다.

타제석기 제작은 힘과 에너지를 필요로 할 뿐만 아니라 경도가 높은 석재를 다루어야 하기에 위험 부담까지 감수해야 함으로 여성에게는 체력이 미흡한 작업이 아닐 수 없었다. 물론 그렇다고 하여 당시 여성들이 장신구 가공작업에 전혀 참여하지 않았다는 말은 아니다. 다만 제한적이었던 것만은 사실이다. 그러나 구석기시대 말에 들어와 석기 또는 장신구 가공에서 마제법과 새로운 천공법이 도입됨으로써 여성의 참여 비율이 급상승했을 것으로 추정된다. 그와 같은 추측은 마제가공법은 타제석기 가공처럼 힘에 부치지도 않을뿐더러 작업의 위험도 훨씬 제거되었기 때문이다.

"마제기술이란 사석沙石에 물을 부으며 갈아 내는 것을 말한다."[136] 이러한 공정은 여성의 체력에 적합한 경미한 노동으로써 시간과 인내력을 구비한 여자라면 누구라도 소화해낼 수 있는 작업이다. 도리어 남자들은 오랜 시간을 허비하며 연마작업에 종사할 시간적 여유가 없었다. 그들은 밖으로 나가 사냥을 하거나 채집을 하여 무리가 먹을 먹잇감을 획득해야만 하기 때문이다. 오로지 생육 때문에 캠프에 머무는 시간이 상대적으로 많은 한가한 여자들만이 품을 들여 가공할 수 있는 일이다.

연마 작업뿐만 아니라 천공 작업 역시 여성이 감당해 낼만한 경노동에 속했다. 천공에는 "찌르개를 이용하는 방법과 딱딱한 목기를 양손으로 비비면서 구멍을 내는 방법"[137]이 있는데 후자의 경우에는 시간적인 소모가 많은 반면 힘의 소모는 그다지 필요하지 않기에 여자들의 힘에도 수행하기에 알맞기 때문이다.

산딩둥의 여자들은 바로 이러한 새로운 기술의 도입으로 가능해진 장신구 가공작업을 통해 여성의 활동 범위를 확대했을 뿐만 아니라 미적 추구에 대한 그들만의 섬세한 정서를 구축해 나갔던 것이다. 장신구 제작활동은 여성 특유의 미적 감정의 섬세함과 예술적 감수성을 자극하는 요인이 되었다. 그런데 이 과정이 생략된 두루봉인들 또는 한반도의 구석기 말을 살았던 여자들은 활동범위가 그만큼 위축되어 생육의 부담만 안게 되었을 뿐만 아니라 미적 경험과 예술적 감수성이 메마를 수밖에 없는, 안타까운 현상이 초래될 수밖에 없었다.

한반도에서 장신구가 발달하지 않은 원인 중에는 생산주체의 결여와

---

136 자오춘칭 외, 앞의 책, p. 40.
137 위의 책, p. 40.

더불어 소비주체의 상실도 하나의 조건이 된다. 구석기시대 말 석기제작 방법의 갱신과 더불어 장신구 생산주체로 등장한 여성들은 인구 증식을 위한 출산과 육아에 모든 시간을 할애하며 장신구 가공에 필요한 한가함을 상실하게 되었다. 게다가 이들은 이미 대륙에서 한반도로 이동할 때 본지에 남겨지거나 행군 도중에 많은 수가 죽음으로써 기술 전수가 단절된 상태였다. 여유 시간과 전통 기술의 상실은 장신구를 제작할 수 있는 생산주체의 활약을 제약하면서 계승이라는 연결고리를 단절시키는 결과를 초래한 것이다.

소비주체의 상실 또한 한반도에서 장신구가 발달하지 않은 원인 중의 하나로 꼽을 수 있다. 공급의 다소는 수요에 의해 결정되기 때문이다. 장신구의 주요 소비주체는 두말할 필요도 없이 여자들이다. 대륙 이동 당시 여성인구의 대량 감퇴는 장신구에 대한 소비자층이 대폭 줄어드는 결과를 초래했다. 여성 인구의 감퇴는 필연적으로 장신구에 대한 수요의 감소로 이어지기 때문이다. 여자들의 관심사는 장신구보다는 소수의 생육주체들을 총동원하여 줄어든 무리의 숫자를 짧은 시간 내에 늘리는 것이었다. 그러자면 모든 시간을 임신과 출산 및 육아 활동에 쏟아 부어야만 했을 것이다. 성공적인 육아를 위해 남자들을 도와 먹잇감 획득에도 적극적으로 참여했을 것으로 추정된다.

금강산도 식후경이라는 속담도 있듯이 목마른 자에게는 물이 우선이고 배고픈 자에게는 먹거리가 최우선이다. 여성의 감소로 인구 멸종의 위기에 직면한 이들에게는 많은 자식을 낳아 성공적으로 기르는 것이 지상의 과업이었다. 게다가 그들은 대륙에서 이동해온 이방인으로서 새로운 환경에 적응해야 하는 막중한 부담까지 감수해야만 했다. 삶의 터전을 개척하고 먹잇감을 획득하는 일들을 포함하여 생활의 모든 분야에서 새로운 조건을 받아들여야만 했다. 그러니 그들에게는 한가하게 허다한 시간과 품을 들여 장신구나 만들 여유가 없었을 것이 틀림없다. 사치와 향수는 목숨을 부지한 다음에야 누릴 삶이기 때문이다. 인간의 미적 추구나 예술적 욕구도 배가 부른 다음에야 생각나는, 한낮 잉여적인 수요에 불과한 것이다.

ㄴ. 예술과 미적 추구 그리고 신앙과 의식

예술의 모태가 미적 추구인가, 신앙인가 아니면 실용인가하는 논쟁은 유럽을 포함하여 오랫동안 지속되어 왔을 뿐만 아니라 지금도 현재진행형이다. 물론 여기서 예술이라 함은 구석기라는 특정 시대에 국한된 범주다. 만일 예술이 미적 추구의 결과물이라면 반드시 구석기인의 미적 감수성이 전제되어야만 할 것이다. 그런데 문제의 요점은 과연 한반도의 구석기인들이 고도의 정신적 개념인 아름다움에 대한 감수성을 가지고 있었는가에 대한 의혹이다. 이 문제에 대해서는 국내 고고학계에서도 찬반 논란이 팽팽히 맞서고 있는 실정이다.

미적 정서를 가지고 있다는 대표적인 긍정론은 북한 학자들의 주장에서 가장 뚜렷하게 나타나고 있다. 청원 두루봉 제2동굴유적의 한 귀퉁이에서 검출된 포자화분 속에 진달랫과의 포자가 143개로서 91%에 달한다는 분석결과를 들어 이와 같은 결론을 도출해내고 있다. 다량의 진달래꽃 포분 검출을, 그곳에 살던 사람들이 진달래를 꺾어 동굴 안에 들여왔다는 증거로 삼은 것이다.

| 사진 126 | 발굴 당시 청원 두루봉 동굴

현재는 흔적조차 없이 사라진 유적 아닌 유적이다. 혹시 이 유적의 실종은 여기서 출토된 유물들의 가치가 학계의 주장과는 달리 평가 절하되었기 때문은 아니었을까 생각해본다. "우리 민족의 아름다움에 대한 지향"과 "정서 미학적 감정"까지도 포함해서 말이다.

아마도 사람이 진달래꽃을 꺾어다 그곳에 갖다 놓았기 때문에 그 꽃의 꽃가루가 화석화되어 오늘 진달래의 꽃가루가 검출되게 되었다고 해석하는 것이 가장 합리적이고 타당하리라고 생각된다. 그렇다면 왜 사람들이 진달래꽃을 꺾어다 놓았는가. 그 넓은 동굴 안에서 자기들이 생활하던 거처지에 꽃을 가져다 놓은 까닭은 무엇인가. 그것은 우리의 선조들이 남달리 일찍부터 꽃을 사랑한 것과 관계있다고 보인다. 그들에게는 이미 정서 미학적 감정이 싹터 아름다움을 보고 감상할 줄도 알았던 것이다. …… 그들이 이 정서적 감정, 아름다움에 대한 지향을 가지고 있는데 그치지 않고 그 심리적 충동에 따라 꽃을 꺾어왔으며 그 정서적 감정, 미적지향을 꽃으로 충족시키려고 노력하였다는 것이 더 대단한 것이라고 할 수 있다. 우리 선조들은 동굴 속 안의 '집안'을 꽃으로 아름답게 장식하려고 시도하였던 것이다.[138]

138 진인진, 『조선사람의 기원과 형성』, 사회과학원 고고학연구소, 2009, p. 59.

북한 학자들은 이러한 논리를 의도적으로 약진시키며 한반도 구석기 말기의 사람들은 "세계적으로 가장 일찍이 아름다움에 대한 미적 감정이 싹텄고 유달리 다감한 심리적 특성을 가지기 시작한 사람들 가운데 하나"라며 스스로 자부심에 들떠 있다. 하지만 조금만 심도 있는 사고를 발동하면 이러한 추측이 그야말로 근거 없는 억측임을 금시 알 수 있다. "동굴 입구로부터 멀리 떨어져 있고 또 바람도 전혀 통하지 않을" 뿐만 아니라 "동굴 주변에서는 진달래가 자랄 수 있는 생태학적 조건도 이루어지지 않아…… 동굴 속으로는 먼 곳의 진달래꽃가루가 어느 때에도 바람에 실려 들어올 수 없다."[139]고 하지만 이러한 조건은 다른 한편으로는 동굴 안이 어두운 공간이라는 사실을 역설적으로 암시한다.

동굴 속 어두운 공간에는 광선은 물론 조명도 안 된다. 있어 보았자 화톳불 정도였을 것이다. 동물 기름을 사용하여 조명을 해결했다면 당연히 등잔 같은 유물이 출토되었어야 하지만 그 역시 나타나지 않고 있다. 광솔 불을 켰으리라는 추측 역시 특수한 경우(출산과 같은)를 제외하고는 밝히지 않았을 것이다. 동굴 안 생활에서 화톳불 빛이면 족했을 것이고 구태여 밝은 조명이 필요하지 않았기 때문이다. 그러니 이렇게 어둡고 폐쇄된 공간에서 어떻게 "정서 미학적 감정이 싹터 아름다움을 보고 감상"[140]했을 것이며 "진달래꽃을 관상용으로 '집안'을 아름답게 장식"[141]할 수 있었겠는가.

꽃은 수분공급이 차단되면 금시 시들어버린다. 동굴 안에는 진달래

139 위의 책, p. 58.
140 위의 책, p. 59.
141 위의 책, p. 59.

꽃을 꽂아 둘 곳도 마땅치 않다. 그렇다고 석회수에 담가 놓을 수도 없었을 것이다. 석회수가 도리어 진달래꽃을 시들게 할 것이기 때문이다. 어쩌면 동굴에서 사는 "동굴곰이나 동굴하이에나"[142]의 발에 묻어 들어온 것일 수도 있다. 이들은 모두 두루봉 동굴 일대에 서식하던 동물들이다. 이 동물들은 사람들이 동굴을 비웠을 때 이곳에서 살았을 것이다. 이들 동굴 곰과 동굴 하이에나는 낮이면 먹이를 찾아 멀리까지 돌아다녔을 것이 틀림없다.

예술의 탄생이 구석기인의 원시 신앙에서 비롯되었다는 주장은 유럽의 예술작품 분석에서도 많이 제기되었던 견해다. 그런 차원에서 손보기는 석장리에서 출토된 조각품들을 "예술 의욕이나 종교의식에서 이루어진 것"[143]으로 간주하는 근거로 삼고 있다. 물론 이와 같은 추측은 아직 과학적 논증이 미흡하여 그 역시도 "이들 입체조각품에 대한 신앙, 사상 등을 해석하는 것은 뒷날로 미루고"[144] 있다. 그러는 와중에도 손보기는 개를 형상한 조각품을 동물신앙과 연결시키는 오류를 범하고 있다.

> **개의 신에게는 집을 보살펴 달라는 뜻에서 만들어 세웠을 것으로 여겨진다.**[145]

사람들이 개를 시켜 집을 지키게 하는 파수 목적은 두 가지로 귀납

---

142 한은숙, 앞의 책, p. 20.
143 손보기(2009), 앞의 책, p. 235.
144 위의 책, p. 439.
145 위의 책, p. 440.

할 수 있다. 하나는 도둑으로부터 재물을 보호하는 것이고 다른 하나는 포식자의 습격으로부터 가축을 보호하는 것이다. 그런데 석장리 유적의 당시 구석기시대 상황을 보건대 개를 신격화까지 하며 지켜야 할 만한 것이 별로 없었다는 사실이다. 석장리의 구석기 말기 사람들은 "짐승을 잡아먹기보다는 물고기를 잡아먹고 사는 것이 주가 되었기"[146] 때문이다. "금강은 많은 물고기가 떼를 이루며 살고 있었을"뿐만 아니라 이곳에서 출토된 석기들인 "좀돌날, 밀개, 새기개도 물고기잡이와 물고기 다루기에 알맞은 석기"[147]였다.

그리고 이 유적에서는 동물 뼈 화석이 발견되지 않아 당시 어떤 동물들이 서식하고 있었는지 자세한 것은 알 수 없으나 조각의 모델이 된 동물들을 미루어 볼 때 사람이나 가축을 잡아먹는 맹수(포식자)들은 없었거나 있다고 해도 그 수효가 그리 많지 않았을 것으로 추정된다. 그뿐만 아니라 가축을 사육했다는 증거도 제시되지 않고 있다. 그렇다면 구태여 개를 신격화하면서까지 집을 지키게 할 명분도 덩달아 사라질 수밖에 없다.

도리어 포식동물이 많았던 용곡1호 동굴의 경우에는 이러한 가설을 적용하면 그나마 설득력이 있을지도 모르겠다. 2, 3, 4문화층 모두에서 호랑이, 동굴 하이에나, 늑대 같은 포식동물의 뼈 화석이 발견[148]될 뿐만 아니라 개까지 사육했다고 하니 말이다. 하지만 이 강아지 조각이 "몸에 달고 다니면 사냥에서 성과가 있게 된다는 원시적인 신앙"[149]

146 위의 책, p. 179.
147 손보기(1993), 앞의 책, p. 321.
148 전일권·김광남, 앞의 책, p. 74.
149 위의 책, p. 75.

을 의미한다는 북한 학자들의 주장에는 지나친 과장감이 없지 않다. 이러한 조각품이 달랑 1점만 발견되기 때문이다. 게다가 설령 당시에 개를 사육했다고 하더라도 아직 사냥에 투입될 만큼 훈육이 완벽하게 진행되었는지에 대한 고고학적 자료도 제시되지 않고 있다.

석장리 구석기 유적의 제1지구 제5지층에서 발견된 제1호 주거지 바닥에 우묵하게 새겨 놓은 길이 53cm의 "고래 또는 돌고래" 형상물에 대한 발굴자의 해석 역시 예술품과 신앙을 연결시키려는 시도를 보여주는 일례에 속한다. 손보기가 이 형상물을 "보통 물고기가 아니고 고래"[150]라고 판단한 증거는 "꼬리가 수평으로 펼쳐졌다"[151]는 단 하나의 이유다. "눈"과 지느러미는 물고기에게도 있는 만큼 고래라는 것을 입증하는 증거로는 제시될 수 없다.

> 실용성보다는 어떠한 때에 고래를 보고 물고기 중의 왕이나 신으로 생각하게 되어 고래에게 물고기잡이에서의 행운을 빌기 위하여 땅에 새겨서 모셨을 것으로 짐작된다.[152]

일단 꼬리 형상 하나만 가지고는 이 형상물이 고래인지 돌고래인지 또는 민물고기인지 가늠하기 어렵다. 조각 실수일 수도 있고 처음부터 아예 민물고기를 표현하려 했던 것일 가능성도 배제할 수 없다. 구석기 시대의 모든 예술품이 실용성과 연관이 있다는 필자의 주장을 대입해 보아도 설명이 안 되는 부분이다. 고래는 일단 민물고기가 아니고 바다

---

150 손보기(2009), 앞의 책, p. 440.
151 위의 책, p. 440.
152 위의 책, p. 440.

에서 사는 해어류다. 또 공주는 서해와도 거리가 멀어 고래가 이곳까지 올라올 수도 없거니와 내륙지방에 속하는 이곳 사람들이 고래를 자주 볼 수 있는 상황도 못되었다.

금강에는 많은 어류가 서식하는 하천이다. 중류에는 가물치, 가시납지리, 갈겨니, 기름종개, 동사리, 새코미꾸리, 쉬리, 쏘가리, 얼룩동사리, 왜몰개, 은어, 좀구굴치, 참종개, 퉁사리, 피라미가 살고 하류에는 가시고기, 강주걱양태, 강준치, 날망둑, 눈불개, 대농갱이, 동자개, 두우쟁이, 드렁허리, 메기, 모래무지, 밀자개, 웅어, 잔가시고기, 종어, 한둑중개, 황어 등 다양한 어종이 서식하고 있다. 특히 대청댐 하류에는 일명 눌어訥魚라고도 불리는 잉어과의 누치가 많이 산다. 그 크기가 약 10cm~70cm로서 비교적 대형 어종에 속한다.

어쩌면 이 고래 형상물의 원형은 누치일지도 모를 일이다. 구석기인들은 자신들의 생활과 밀접한 연관이 있는 동물들을 형상했을 것이기 때문이다. 석장리 구석기인들이 자신들의 삶과는 아무런 연관도 없는 고래를 "고기잡이의 행운을 빌기 위해" 신격화할 아무런 이유도 없다. 설령 동물을 신격화했다 할지라도 자신들과 연관이 깊은 민물고기를 신앙대상으로 모셨을 것이다.

동물의 배치 방향이 신앙을 나타낸다[153]고 하는 주장도 설득력이 결여되기는 다른 경우와 마찬가지다. 손보기는 개의 형상물이 "집자리의 북쪽에 있으면서 동쪽을 바라보게 한 것에서 그들의 사상·신앙과 깊은 관계"[154]가 있는 것으로 추정할 뿐만 아니라 "거북의 머리가 동쪽을 바

---

153 위의 책, p. 470.
154 위의 책, p. 442.

라보게 놓은 데서도" 앞날을 위한 신앙적 믿음과 연관시키고 있다. 여기서 개와 거북 형상물이 신앙물로 둔갑하게 된 원인은 "동쪽"이라는 방향 또는 방위의 신성神性 때문일 것이다.

구석기 사람들에게 동식물 또는 물고기 서식지의 방위나 기후조건 같은 것은 관심의 대상일 수 없었다. 방위나 기후와는 무관하게 그곳에 먹잇감이 될 만한 동식물과 물고기가 서식하는 것만으로도 충분했기 때문이다. 그러나 농경이 시작된 신석기시대에 들어서면서부터 상황은 달라졌다. 인류만의 고정된 서식지(경작지)가 나타나면서 방위와 기후조건이 농작물의 소출에 직접적인 영향을 미쳤기 때문이다. 충분한 일조량과 적절한 기온의 구비 여하에 따라 수확량의 다소가 결정되었다. 그런데 농경에 유리한 일조량과 기온은 경작지의 위치 즉 방위에 의해 부여되는 것이다. 이른바 소출이 높은 "문전옥답"이라 함은 일반적으로 주택의 위치가 남향이라는 점을 고려할 때 충분한 일조량과 따스한 온도 조건이 구비된 양지 쪽에 위치한 경작지임을 알 수 있다. 그뿐만 아니라 방위는 농경민에게 농사계절을 알리는 전령사 역할도 담당한다. 겨울이 끝날 무렵에 남쪽에서 불어오는 남풍은 봄을 알리고 농사준비를 할 것을 일깨워준다. 북쪽에서 불어오는 차가운 북풍은 곡물의 수확을 재촉한다.

방위는 신석기시대의 정착생활로 인해 나타난 집락생활을 통해서도 새로운 관심사로 부상했다. 가옥의 방향을 남향으로 함으로써 북쪽으로는 냉기를 차단하고 남쪽으로는 따스한 온도와 광선을 확보하는 것이다. 가옥 내부의 서열도 방위에 의해 조절되기도 한다. 실내에서 북쪽을 등지고 남쪽을 향해 앉는 사람과 동쪽의 따스한 온돌에 앉는 사람 그리고 서쪽의 차가운 개자리에 앉는 사람의 서열은 다를 수밖에 없기 때문이다. 결국 우리는 방향에 따른 동물의 배치를 신앙과 연관시키려는 시도는 근거 없는, 비과학적이고 무리한 발상이라는 결론에 이르게 된다.

> **서북쪽으로 담과 평행하여 100cm 거리에 밑을 여러 차례 떼어서 뾰족하게 땅에 세워져 있는 채로 발굴된 것은 마치 제단에 음식이라도 올리기 위한 것으로 느껴지는 것이 눈에 띄었다.**[155]

제단은 제사에서 사용하는 구조물이다. 그리고 제의는 모시는 대상이 존재해야만 한다. 이를 해명할 만한 증거가 부족하여 막연하게 그 경배 대상이 하늘이거나 강물 또는 토양이라고 지칭할 수도 없는 상황이다. 제천신앙은 농경이 시작된 신석기시대부터 나타난 제사습속이다. 토양신 숭배 역시 농경시대의 산물이라 할 때 남은 것은 강물과 동물신앙 뿐이다. 지속된 연구가 필요한 부분이라 하겠다.

예술은 물론 신앙도 여성과 각별한 연관이 있다. 여성은 장신구 생산의 주체일 뿐만 아니라 가장 적극적인 소비(사용)자이기도 하다. 예술은 창조도 중요하지만 향유 또한 그에 못지않게 중요하다. 소비자 또는 사용자가 없는 예술은 생명력을 잃게 된다. 생산자와 소비자로서 여성은 인류예술의 발전에 커다란 기여를 했다고 단언할 수 있을 것이다.

그런데 신석기시대는 물론 청동기시대를 지나 중세시대까지도 예술은 신앙과 떼려야 뗄 수 없는 긴밀한 관계를 가지고 있었다. 여성이 신

---

155 위의 책, p. 438.

앙과 인연을 맺게 된 것도 다름 아닌 이 예술이라는 매개를 통해서만 가능했던 것이다. 여성은 유럽의 동산 미술에서 예술의 모델로 등장할 때부터 벌써 신앙과의 끈질긴 인연을 예고하고 있었다고 해야 할 것이다.

하지만 거듭 말하지만 한반도의 구석기시대는 예술, 장신구, 신앙 등 이 모든 것들이 아직 그 윤곽을 분명하게 드러내지 않았던 시기였다. 따라서 여성이 영위할 수 있었던 활동 공간도 그만큼 위축될 수밖에 없었던 것이다. 게다가 여성은 생육이라는 무거운 중압에 짓눌려야 했기에 자유로운 운신의 폭마저 좁아졌다. 그 결과는 두말할 것도 없이 중국이나 한반도의 구석기시대 여성들은 예술과 장신구라는 영역을 누볐던 유럽 여성들의 눈부신 활약상에 비해 부진하고 침체될 수밖에 없었다. 이 사실은 결국 동양 여성의 상대적인 불행은 구석기시대에 이미 그 맹아가 싹트기 시작했음을 의미한다.

그나마 수백만 년 동안 남자들과 동등한 지위를 보장해주었던 생육이라는 오묘한 신비는 그 자체만으로도 신성神性을 과시하기에 충분했다. 여성의 생육 관련 신체 기관들인 유방과 복부 그리고 엉덩이는 먼저 예술의 형태를 취했다가 신석기시대라는 비상사태에 봉착하며 신앙의 대상으로 급부상하게 되었다. 이 과정에 대한 담론은 다음 기회로 미룬다.

나가는 말

동서양의 구석기시대를 통람通覽하는 한 권의 여성사를 집필하는 작업은 고된 정신적 노동의 대가를 지불하지 않으면 안 된다. 자료와 연구 부족은 물론이고 현지답사와 원문보고서 열람에 한계가 있을 뿐만 아니라 모든 분야에서 필자의 새로운 견해를 천명해야 하는 난관을 넘어야만 하는 어려움이 존재했다.

유럽의 경우는 그나마 자료 정리와 학자들의 연구가 활성화되어 다행스러웠지만, 여전히 도처에 도사린 난제들이 필자의 집필을 어렵게 만들었다. 여성과 연관된 동굴벽화나 동굴미술 등에 대한 연구들은 구석기라는 특정한 시대적 상황을 홀시한 결과 부동한 견해들이 난립할 뿐 설득력이 부족함으로 처음부터 마지막까지 다시 면밀하게 검토한 다음 새로운 해석을 진행해야 했기 때문이다.

그뿐만 아니라 해석의 방법론에 있어서도 신석기·청동기·철기시대 상황에 대한 사고방식을 그대로 구석기시대에 적용하여 예술과 여성을 신앙·제의·무속 등과 무리한 연결을 시도함으로써 중대한 학술적 오류를 범하고 있기에 일일이 교정해야 했다.

반면 중국이나 한국의 경우에는 자료나 연구 모든 면에서 침체와 부진을 면치 못한 상황이었다. 특히 한국의 구석기시대 여성과 예술에 대해서는 손보기의 보고서에 기록된 약간의 연구 외에는 거의 백지상태여서 학술적 개척이나 다름없는 집필의 난도를 감내해야만 했다.

천신만고 끝에 도달한 결론은 동서양을 막론하고 구석기시대 여성의 이미지는 한마디로 개괄하면 신娠이라는 사실이다. 물론 유럽과 중국 그리고 한국 등 지역에 따라 차이는 존재했다. 유럽의 구석기시대 여성은 예술, 치레걸이 등의 생활 공간에서 창조 주체와 소비자가 되면서 자신의 활동 범위를 확장했다면 중국의 구석기시대 여성은 이보다 한 계단 위축된 공간—장신구 영역에서만 활약함으로써 상대적으로 생육의 한계 속에 더 갇히게 되었다는 점이다. 한편 장신구 생산에서도 소외된 한국의 구석기시대 여성의 경우는 유럽은 물론 중국보다도 더 열악한 상황에서 오로지 신娠의 이미지 하나에 목매어 살아야만 했다.

말이 여성사일 뿐이지 이 책에서는 사실 남성의 역사도 담론의 주요 대상으로 취급하고 있다. 여성사를 남성과 분리해서 독립적으로 논한다는 것은 거의 불가능하기 때문이다. 여성의 운명과 생활 방식 내지는 사회적 지위 등의 변화를 좌우하는 원인 제공자는 사실상 남성이다. 번식을 위한 성 결합과 생존을 위한 먹잇감 획득은 물론 예술의 발전에서도 남성이 차지하는 비중은 결코 홀시 할 수 없다.

그렇다면 신석기·고대에 들어와서는 유럽과 중국 그리고 한반도 여성들의 삶은 어떻게 달라졌을까. 생육 하나의 신비로 남성과의 관계에서 대등한 지위를 누렸던 여성이 정자 역할 인지認知 이후인, 신석기시대에 느닷없이 신娠의 이미지에서 신神과 신鞋이라는 이미지로 급변한 원인은 무엇일까. 인류는 무엇 때문에 수백만 년 동안 영위해온 수렵을 버리고 어느 날 갑자기 농경으로 전환했을까. 또 여성은 여기서 어떤 역할을 했을까. 신석기시대의 신神이 고대사회에 이르러 신鞋으로 그 신분이 갑자기 타락한 이유는 무엇일까. 이에 관한 담론은 다음 기회로 미룬다.

| 남자의 신 여자 |

구석기시대 세계 여성사

초판 1쇄 발행일 2015년 5월 08일

지은이 장혜영
펴낸이 박영희
편집 배정옥·유태선
디자인 김미령·박희경
마케팅 임자연
인쇄·제본 AP 프린팅
펴낸곳 도서출판 어문학사
서울특별시 도봉구 쌍문동 523-21 나너울 카운티 1층
대표전화: 02-998-0094/편집부1: 02-998-2267, 편집부2: 02-998-2269
홈페이지: www.amhbook.com
트위터: @with_amhbook
페이스북 페이지: http://www.facebook.com/amhbook
네이버 블로그: http://blog.naver.com/amhbook
다음 블로그: http://blog.daum.net/amhbook
e-mail: am@amhbook.com
등록: 2004년 4월 6일 제7-276호

ISBN 978-89-6184-369-0 93900
정가 26,000원

이 도서의 국립중앙도서관 출판예정도서목록(CIP)은 e-CIP홈페이지(http://www.nl.go.kr/ecip)와 국가자료공동목록시스템(http://www.nl.go.kr/kolisnet)에서 이용하실 수 있습니다.
(CIP제어번호: CIP2015010563)